2024 서울 버스 정책 관련 자료집

2024 서울 버스 정책 관련 자료집

초판 1쇄 발행일 · 2025년 2월 27일

ISBN : 979-11-989502-2-2 (93300)

편저자 | 임삼진, 이한나
디자인 | 윤성인
펴낸곳 | 서울특별시버스운송사업조합 (Tel. 02-415-4101, http://www.sbus.or.kr)
㈜ 케이에스앤에스 (Tel. 02-739-6778, http://kosns.com)
만든이 | ㈜ 케이에스앤에스
등록 : 2024년 9월 5일 제2024-000106호

정가 : 30,000원

내용에 대한 문의나 의견이 있는 분께서는 서울특별시버스운송사업조합이나 ㈜케이에스앤에스로 연락 주십시오.

© ㈜ 케이에스앤에스 , 2025

2024
서울 버스 정책 관련 자료집

〈2024 서울 버스 정책 관련 자료집〉
이렇게 구성되어 있습니다

- 〈2024 서울 버스 정책 관련 자료집〉은 2024년 한 해 동안 서울 시내버스와 관련하여 이루어진 법·제도의 변화(제1부)와 이해관계자들의 동향을 파악하는 데 도움이 될 수 있도록 버스 정책 관련 이슈들에 관한 보도자료나 보고서를 정리하여(제2부) 편집한 것입니다.

- 이 자료집은 주요 이해관계자들이 만든 보도자료나 자료들 가운데 서울 버스 정책이나 비전을 세우는 데 도움이 된다고 판단되는 것들을 선택하여 담았습니다. 서울특별시와 서울특별시의회, 국토부 등 중앙정부와 공단, 사업조합과 노동조합, 학계, 시민단체에 이르기까지 시내버스에 관한 여러 정책과 논평, 대안 등을 수정 없이 실었습니다. 방대한 양이지만 이해관계자들의 다양한 목소리가 어우러져 서울 시내버스를 발전시키는 자양분이 되기를 바라는 마음으로 자료를 정리했습니다. 누락된 정책 관련 자료가 있다면 그것은 전적으로 편저자의 판단과 역량 한계로 인한 것입니다.

- 이해관계자들 사이에는 같은 사안에 대해 전혀 상반된 입장도 있고, 지나치거나 일방적인 주장이라고 생각되는 부분도 있을 것입니다. 이런 견해 차이를 문제라고 생각하기보다 서울 버스의 미래를 만드는 데 필요한 여러 요소 중 하나로 받아들여 주시길 부탁드립니다. 이 정책자료집 출판이 버스에 관한 깊이 있는 논의가 이루어지는 데 보탬이 되고, 결과적으로 서울 시내버스를 보다 쾌적한 시민의 교통수단으로 만드는 데 도움이 되기를 기대합니다.

- 〈2024 서울 버스 정책 관련 자료집〉은 종이책은 서점에서 구입할 수 있으며, 서울특별시버스운송사업조합 홈페이지에서 pdf 전자책으로 다운로드 받을 수 있습니다.

편저자 임삼진 드림

목차

정책 키워드 ·· 15

제1부 법·제도 변화

1. 서울시특별시의회 조례
   - 서울특별시 시내버스 재정지원 및 안전 운행기준에 관한 조례 일부개정 조례안 ············· 31
   - 시내버스 필수공익사업 지정을 위한「노동조합 및 노동관계 조정법」개정 촉구 결의안 ······ 33
   - 서울특별시 시내버스 재정지원 및 안전 운행기준에 관한 조례 일부개정 조례안 ············· 34
   - 서울특별시 시내버스 준공영제 운영에 관한 조례 일부개정 조례안 ································ 35

2. 버스 관련 법·시행령
   - 조세특례제한법 일부개정 법률 ·· 37
   - 대중교통의 육성 및 이용촉진에 관한 법률 일부개정 법률 ·· 38
   - 여객자동차 운수사업법 일부개정 법률 ·· 40
   - 교통약자의 이동편의 증진법 일부개정 법률 ·· 42
   - 여객자동차 운수사업법 시행령 일부개정 ·· 44
   - 여객자동차 운수사업법 시행령 일부개정 ·· 55
   - 유가보조금 지급단가 및 유가연동보조금 지급기간 연장 ·· 60

제2부 정책동향

Ⅰ. 서울특별시
   - 시내버스 관리 운영 결과보고서 ·· 67
   - 2024년 버스 서비스 만족도 조사(시내버스) 결과 ·· 70
   - 서울시, 명동입구 정류장 교통혼잡 해소 대책···노선·정차 위치 조정 추진 ·························· 77
   - 명동입구 정류소 노선 조정 추진상황 ·· 80
   - 서울시, 서울백병원 중앙정류소 혼잡 해소 대책 마련·시행 ··· 82
   - 서울시, 새벽근로자 위한 '자율주행 새벽동행버스' 출범···첨단교통으로 민생 밝힌다 ······ 84
   - 경기도민도 서울버스 타면 기후동행카드 이용가능!···무제한 교통혁신 누리세요 ················ 87
   - 서울시, 광역버스 정류소 및 노선 혼잡 개선 대책 시행 ·· 91
   - 서울시, 도시고속도로 사고 AI 영상검지기로 예방한다 ··· 안전 강화 효과 ························· 96
   - 서울시, 청계천~광장시장 자율주행버스··· 외국인도 편하게 탄다 ··· 99
   - 명동입구 정류소, 보행밀집도 절반 이상 감소 등 개선대책 '효과' ······································· 102
   - 서울시, 버스 파업 대비 비상수송대책 시행 ··· 교통 대책 추진·시민이동 지원 ··············· 105

- 서울시내버스 노사 협상 결렬…비상수송대책 즉시 시행 "시민 불편 최소화에 총력" …… 107
- 오세훈 시장, 시민 불편 최소화 위해 버스파업 조속한 타결 당부 …… 108
- 시내버스 노사간 협상 타결…파업 전면 철회·전 노선 정상운행 …… 109
- 서울 도심 속 달리는 명물, 편(FUN)하고 귀여운 '해치버스' 만나보세요! …… 110
- 오세훈표 자율주행버스, 전국으로 확산 … 민생맞춤 우수사례로 자리매김 …… 112
- 서울시, 강도높은 시내버스 운영 개혁…파업에도 최소운행률 의무화 …… 114
- "교통약자 편한 길 어디?"… 서울시, 맞춤형 교통서비스 '서울동행맵' 시범 출시 …… 118
- 오세훈표 서울동행버스, 판교·의정부 등 4개 노선 추가, 5.7.(화)부터 10개 노선 운행 …… 125
- 퇴근길 명동·강남 지나는 광역버스 노선 조정… 상습정체 해소 …… 131
- 오세훈표 서울동행버스, 판교·의정부·고양 시민과 출근길 동행…5.7.(화) 첫 출발 …… 134
- 달리는 서울 명물 '해치버스', 1개월만에 승객 16만명 돌파 … 운행 확대 추진 …… 140
- 서울동행버스, 퇴근길도 수도권 주민과 동행…6.10.(월) 전 노선 확대 운행 …… 143
- 서울시, '23년도 교통사고 사망자 역대 최저 경신…지자체 최초 1명대 (인구10만명당) …… 158
- 서울시, 6월 29일 강남·명동을 통과하는 22개 광역버스 노선·정류장 조정 …… 161
- 서울시, 청와대 자율주행버스 다음달 1일 운행 재개… 교통·기후동행카드로 탑승 …… 168
- 당산역에 광역버스 전용 환승센터 생긴다… 8월 31일 첫차부터 운영 〈서울 ↔ 김포·인천〉 …… 170
- 서울시, 소외지역 맞춤형 자율주행버스 선보인다…교통약자·지역주민 첨단교통 수혜 …… 175
- 서울시-권익위, 교통안전 제도개선 토론회…교통환경 변화 속 시민안전 최우선 …… 178
- '대중교통 이용자 9명 중 1명' 기후동행카드, 서울 교통 판도 바꾼다 …… 180
- 서울시내버스 준공영제 20주년 혁신 단행…재정·공공성·노선 전면 개편 …… 183
- 오세훈표 민생맞춤 교통혁신 '새벽동행 자율주행버스' 26일(화)부터 달린다 …… 187
- 서울시, 2024 대중교통 혁신 성과…시민 삶의 '일상 혁명' 더했다 …… 193

II. 서울시의회
- 서울시 버스 내 음란행위·영상 시청 등 불가 …… 201
- "친환경 버스 도입에 따른 안전점검 강화를 위한 조례 개정안 본회의 통과" …… 202
- "기후동행카드, 시범운영 문제점 지적 및 개선책 마련 촉구" …… 203
- "전기버스 도입 기준 높여 환경과 안전 잡는다" …… 204
- '파업해도 시내버스 운행할 수 있게' 노동조합법 개정 촉구 …… 205
- 서울 시내버스 필수공익사업 지정을 위한 「노동조합 및 노동관계 조정법」개정 촉구 결의안 …… 206
- 대중교통 취약지역 시내버스 증설을 위한 조례 발의 …… 207
- 대중교통 취약지역 시내버스 증설을 위한 조례 본회의 통과 …… 209
- "너무 저렴한 외래관광객용 기후동행카드, 과연 현명할까?" …… 210
- "천문학적 수치의 서울버스조합 운송 적자 해소 위해 코로나19 특별회계 투입 검토해야" …… 212

- 기후동행카드 돌려쓰기 방지 대책, 가격 산출 근거 마련한다 ·················· 214
- "500억 절감? 노사갈등 촉발하는 사전확정제도입 재검토 필요!" ·············· 215
- "서울시내버스준공영제 사전확정제 정책에 대한 노동자 참여 보장 촉구" ········ 216
- "시내버스 재정 위기 해결 방안 강력 촉구" ··························· 217
- 시내버스와 마을버스 중복정류소 4개 초과 완화 관련 '서울시 규칙 마련 촉구' ······ 218
- 강남·강북 교통 불균형 해소 촉구 ··································· 219
- 서울시 전기버스 도입시 국산 버스 공급 유도할 수 있는 정책 설계 요구! ········ 220
- 기후동행카드가 프리패스카드? 형평성에 맞지 않은 입장료 면제는 역차별 ········ 221
- 시내버스 관리운영 결과보고서, 사모펀드에 잠식되어가는 상황에도 자화자찬 일색에 충격" ····· 222
- 교통비 할인해주는 기후동행카드의 전후모순 "그럼 교통요금은 왜 올린건가요?" ······ 223
- 12년 만의 시내버스 총파업예견된 시민불편에도 수수방관한 오세훈 시장 ·········· 224
- 기후동행카드 발전방안 모색을 위해 공론의 장 마련 ····················· 225
- "25km/h에서 18km/h? 승용차 위주의 신호체계, 버스 중앙전용차로 도입 취지 퇴색시켜." ··· 227
- "수소충전소도 부족한데 말도 안 되는 공급은 불가능" ···················· 229

Ⅲ. 국토교통부 · 대도시권광역교통위원회 · 한국교통안전공단

1. 국토교통부, 대도시권광역교통위원회
- 2층 전기버스 확대로, 수도권 광역버스 출퇴근길을 더욱 편안하게 ············· 233
- 서울-경기 광역버스 예약제 확대 시행 ······························· 235
- 6월 29일부터 강남·명동을 통과하는 22개 광역버스 노선·정류장 조정 ········· 237
- 서울 가는 출근길 쉬워진다, 24년 광역버스 준공영제 노선 10개 선정 ·········· 239
- 강남·명동 광역버스 노선 조정 결과, 버스 운행속도 최대 31% 향상 ············ 241
- 통근버스 출퇴근길 안전, 첨단 AI 모니터링 기술로 지킨다. ················· 243
- 2030년까지 전체 광역버스 25%를 수소버스로 보급한다 ··················· 245

2. 한국교통안전공단(TS)
- 수소버스 안전성 정밀 관리한다 ····································· 247
- 한국교통안전공단 노선버스 위험운전, AI로 막는다! ······················ 248
- 버스"전국 노선버스 교통안전 강화!" ·································· 250
- 버스"AI 기술로 노선버스 교통사고 막는다" ···························· 251
- 버스TS, 중국산 전기버스 배터리 안전성 확보에 앞장 ····················· 252
- TS, 수소·CNG 버스 2만3천대 안전 점검 완료 ·························· 253
- TS, AI 기술 활용해 노선버스 사고 감소 효과 톡톡 ······················ 255

Ⅳ. 대한교통학회

- "탄소중립 시대 지속가능 도시교통 위해 버스우선정책 전환 필요" 대한교통학회 정책토론회 (2024. 7. 1.) ··· 259
- "다시 버스에 주목할 때" ·· 268
- "서울 시내버스 재정지원금, 글로벌 도시 대비 크게 낮아" 대한교통학회 정책토론회 (2024. 11. 18.) ·· 273
- "버스는 가장 좋은 기후변화 대응책" ·· 278
- "재정지원 절감보다 버스 서비스를 우선시해야" ··· 283
- 서울 시내버스 발전 방안에 관한 전문가 델파이조사 분석 결과 ···································· 289
- '서울 버스에 관한 7개의 미신과 7개의 사실' 발간 ·· 295

Ⅴ. 서울특별시버스운송사업조합

- 버스준공영제 20년, 미래지향 전면 재설계 시급하다 ··· 299
- 서울시 준공영제 혁신안 발표에 따른 서울시버스운송사업조합 입장 ··························· 301

Ⅵ. 노동조합

1. 전국자동차노동조합연맹

- 버스노동자들의 근로조건 개선, "버스 살리기"의 첫걸음이다. ·· 305
- 죽어가는 노선버스, 운전기사가 없다. 열악한 근로조건이 원인 ··································· 306
- 서울시내버스 파업 초읽기, 서울시 정부와 사업자들의 교섭의지가 원인이다 ············· 307
- "즉흥적이고 비용 중심적인 정책으로 시민의 안전을 짓밟지 말라" 서울시는 외국인 마을버스 운전기사 채용방안을 즉각 철회하라! ·· 308

2. 전국자동차노동조합연맹 서울시버스노동조합

- "노사갈등 촉진하여 파업 유도하며 일관성 없는 서울시 버스정책" ······························· 310
- 청년 일자리 보호에 역행하는 서울시의 외국인 버스 기사 채용계획은 즉각 중단되어야 한다 ··· 313

Ⅶ. 시민단체

1. 녹색교통운동

- 「기후」도 「동행」도 사라진 기후동행카드 ··· 317
- 국민의 생명과 안전을 위협하는 노선버스 차령 연장에 반대한다 ································· 318
- 월권 서대문구청, 불통 이성헌 구청장은 지금 당장 신촌 지구단위계획 재정비용역 재검토하라 ··· 319
- 국회는 즉각 탄소중립법 개정 논의를 시작하고, 정부는 2030년까지의 부문별 이행계획을 전면 재검토 해야 한다 ·· 320
- 녹색교통운동, '움직이는 소나무' 캠페인으로 소나무 12,479그루의 탄소감축 성과 ········ 321
- 스스로의 원칙을 무너트린 서울시의 교통정책 ·· 323

2. 공공교통네트워크

- 국회 국토위 버스 차령 연장안 통과, 국민의 안전을 위협하는 개악이다. ·················· 324
- 버스는 준공영제를 전제로 '시내버스 필수공익사업 지정'결의안, 고작 파업금지가 대안인가? · 326
- 서울시 기후동행카드, 과장하지 않아도 좋은 정책이다 ······································ 328
- 현재 버스 정비의 실태를 알고도 차령 연장을 하려는가? ································· 330
- 왜 버스산업 인력이 부족한가 : 본질적인 구조를 봐야 풀린다 ······························ 332
- 서울시민들은 공공성 훼손하는 대중교통 요금인상 반대하고, 기만적인 '기후동행'을 넘어, 보행·자전거·대중교통 중심의 교통시스템 전환을 요구합니다! ································ 336

2024년 가장 많이 언급된 서울 시내버스 키워드 TOP 7

정책키워드

1. 기후동행카드
2. 준공영제혁신
3. 재정지원
4. 노사갈등·파업
5. 친환경버스
6. AI기술 사고 예방
7. 자율주행버스

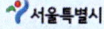  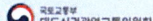 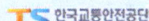 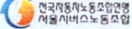 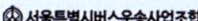
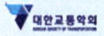      

❶ 기후동행카드

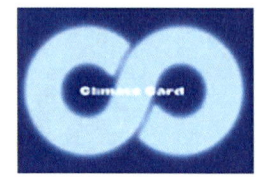

서울특별시

서울시는 '2024년은 대중교통 혁신의 해'라고 선언하고, "교통혁신을 대표하는 전국 최초 무제한 대중교통 정기권 '기후동행카드'는 시민들의 생활에 풍요를 더하며 일상 혁명을 이끌어냈다"고 밝혔다.
기후동행카드는 1월 27일 출시 이후 70일 만에 누적 판매 100만 장을 돌파했으며, 2024년 서울시민이 가장 사랑하는 1위 정책으로 선정되었다. 2024년 7월부터 본사업에 들어간 기후동행카드는 9월 말 기준 서울 대중교통 이용자의 11.8%, 즉 '9명 중 1명'이 이용하고 있는 것으로 나타났다. 이를 뒷받침하듯 서울시가 2024년 한 해 동안 발표한 보도자료 및 '서울시 정책 뉴스' 분석 결과, 교통 부문에서 가장 많이 보도된 정책이 기후동행카드 관련으로 나타났다.
서울시는 "무엇보다 가장 큰 변화는 기후동행카드를 이용하는 시민 누구나 교통비 걱정 없이 지하철, 버스, 따릉이까지 마음껏 타며 이동의 자유를 얻었다는 점이다."라고 평가하면서, "교통복지, 친환경, 경제적 효과뿐만 아니라, 시민들의 가까운 일상이 변화했다는 점을 괄목할 성과라고 본다.
서울시는 이 '무제한' 교통카드에 문화 혜택, 수도권 확대 등 서비스 확장을 추진하고, 한강 버스, 자율주행버스 등 신규 교통수단과도 연계해 교통혁신을 이어갈 예정이다. 서울시는 앞으로 서울시민은 물론이고 더 많은 수도권 주민이 기후동행카드 혜택을 누릴 수 있도록 인근 도시들로 사용 범위를 확대하고 신용카드 결제 기능이 결합한 후불카드 출시, 손목 닥터 9988 마일리지 연계, 공유 이동 수단 연계 등 서비스를 다양화할 계획이다.

서울특별시의회

서울시특별시의회 의원들은 기후동행카드의 긍정적인 측면을 인정하면서도 우려나 보완의 목소리를 내고 있다.

"기후동행카드가 고물가와 기후 위기에 대응하겠다는 목적으로 출시된 만큼 이용 편의 개선분만 아니라 자가용 수요를 대중교통 수요로 전환할 유인책을 개발해야 한다." (정준호 의원)

"서울교통공사의 누적 적자가 17조 이상이고, 시내버스도 매년 수천억씩 지원받고 있는 상황에서, 과연 기후동행카드 손실분을 서울시와 버스 및 지하철 운영기관이 각각 50%씩 분담하는 것이 가능할지 의문이다. 이들 기관이 서울시가 요구하는 손실금을 메꾸기 위해 대출을 하게 되면, 그 원금과 이자까지 서울시가 갚아줘야 하는 것은 아닌지 심각한 우려를 낳고 있다." (임규호 의원)

"1인당 많이 사용했을 경우 약 3만 원 정도의 재정 부담이 발생하는 것으로 파악된다. 운송기관별 요금 정산 절차와 비용 부담 주체를 명확히 해야 한다. 경기도민에게 제공되는 혜택이 서울시민의 세금으로 보전하고 있는 현 상황은 형평성 문제가 있다. 아울러 대중교통 요금 인상과 기후동행카드의 적자 문제가 상충하는 부분에 대해서 심도 있는 고민이 필요하다. 기후동행카드로 인해 발생하는 문제점들을 최소화하고 개선하기 위해서는 서울시와 서울시의회, 서울교통공사, 카드사 등 관련 기관들의 협력을 통한 대응 방안 모색이 필수적이다." (김성준 의원)

"기후동행카드 단기권과 수도권 MPass의 가격이 터무니없이 저렴하다. 우리 교통체계에 대해 조금이나마 도움이 될지 미지수라 가격 현실화에 대한 심도 있는 고민이 필요하다." (문성호 의원)

"세금을 내지 않는 외국인 관광객을 대상으로까지 가격이 지나치게 저렴해, 시와 운송업체의 재정 부담으로 이어질 수 있다.", "기후동행카드를 여러 명이 돌려쓰는 등 부정 사용을 막고, 시민 세금으로 운영하는 사업인 만큼 더 정확한 가격 산출과 추계를 거치도록 하는 근거도 마련하고, 제도의 미비점을 보완하고 지속성을 담보하여야 한다." (소영철 의원)

"기후동행카드를 소지한 시민을 대상으로 한 입장료 면제는 실제 걸어 다니거나 자전거를 이용함으로써 탄소중립을 실현하며 친환경적인 이동 수단을 택하고 있는 서울시민들에게는 오히려 형평성에 맞지 않은 역차별이다. 세수가 부족한 현실에서 시민의 혈세가 불공평하고 불공정하게 쓰여서는 절대 안 된다."
(이영실 의원)

전국자동차노동조합연맹 서울시버스노동조합

노동조합은 기후동행카드의 교통복지 측면이 과도하게 부각되어 버스회사에 대한 인건비 감축 압박으로 이어질 것을 우려한다.

"오세훈 서울시장은 공공연하게 임기 중 최고의 성과로 기후동행카드를 뽑고 있다. 더 나아가 오세훈 서울시장은 종전 65,000원으로 버스, 지하철, 따릉이(공공자전거)를 무제한으로 이용할 수 있는 정기 이용권에 불과 3천 원만 추가하면, 2025년도부터 이용할 수 있는 '리버 버스'까지 무제한으로 이용할 수 있다고 홍보하고 있다. 이는 서울시민이 이용하는 대중교통 제도를 '비용'과 '수익'으로 보지 않고, 시민의 이용을 활성화할 수 있는 '교통복지' 제도로 바라보겠다는 선언이기도 하다. 서울시 버스회사는 인건비를 절약하기 위하여 임금교섭에 소극적으로 임할 수밖에 없으며, 노동조합은 조합원을 인위적으로 구조조정하고 징계권을 남용하는 회사를 상대로 헌법상 부여받은 노동3권을 적극적으로 사용할 수밖에 없다. 버스회사는 인건비를 아끼기 위한 노력으로 정년이 지난 고령자의 채용을 늘려나가게 될 것인바, 극한의 노사갈등과 대규모 노선 감축, 고령 운전자의 증가로 인한 피해는 결국 모두 서울시민만이 받게 된다."

시민단체

2024년 「시민이 바라보는 서울시 대중교통 정책 토론회」를 개최하기도 했던 환경단체 '그린피스'와 시민단체 '우리모두의교통운동본부'가 시민단체들은 기후동행카드의 이용률을 높이기 위해 혜택을 늘릴 것을 강조한다.

"설문 응답자의 90.2%가 대중교통 이용 문화 확산에 동의하고, 주요 이유로 도로혼잡 감소와 미세먼지 및 온실가스 감소를 꼽았다. 도로에서 발생하는 온실가스가 서울시 전체 배출량의 18%를 차지하는 만큼 현 서울시 탄소중립 주요 전략 로드맵에 더 구체적인 탈내연기관 목표와 교통수요관리 정책이 필요하다."
(그린피스 기후 에너지 캠페이너)

"수도권 시민 10명 중 9명은 기후동행카드를 이용하지 않고 있으며 20명 중 1명은 이용한 경험이 있지만 현재 사용하지 않는다고 응답했다. 기후동행카드의 효과와 확장성이 현재 함량 미달임이 여실히 드러났다. 서울시가 자가용 수요를 대중교통 수요로 전환하기 위한 내세우고 있는 거의 유일한 정책 수단이 기후동행카드라는 점에서 더욱 우려스럽다." (우리모두의교통운동본부)

"공공교통네트워크는 기후동행카드의 정책 방향에 동의하지만, 여전히 보완되어야 할 부분이 많다고 생각한다. 상식적으로 자가용 이용자가 대중교통 이용자로 전환되었다고 보려면 최소 40회는 대중교통을 이용하고 기후동행카드의 혜택까지 고려하면 45회 이상이 되어야 한다. 그런데 서울시는 이를 '완전 수요 전환'으로 간주해서 탄소 감축량을 계산했다." "서울시는 기후동행카드의 하루 사용량이 50만 건이라고 밝혔는데 이는 하루 930만 건의 대중교통 이용 건수에 비교하면 18%에 불과하다. 즉 대중교통을 이용하는 시민들의 80% 가까이가 기후동행카드를 사용하지 않고 있다는 사실이다. 이는 애당초 기후동행카드의 사용자가 '혜택을 볼 수 있을 것이라' 기대할 수 있는 사람에게만 한정되었다는 것을 의미한다."

❷ 준공영제 혁신

서울특별시

서울시는 시민 일상과 가장 밀접한 대중교통이자 서민의 발인 '서울 시내버스'의 준공영제 시행 20주년을 맞아 '재정', '공공성', '서비스'의 3대 분야에 대한 혁신을 추진하여, '세계 최고 수준의 교통복지 도시 서울'로 한 발 더 도약하겠다는 의지를 천명했다.

① 재정 혁신: 재정지원방식 개편해 市 재정부담 완화… 운수회사 자발적 경영혁신 유도

운송수지 적자분을 정산 후에 전액 보전하던 '사후정산제'를 다음 해 총수입과 총비용을 미리 정하여 그 차액만큼만 지원하는 '사전확정제'로 전환한다. 기존 전액 보전 '사후정산제'는 운수회사 입장에서 적극적인 비용 절감 노력을 기울일 유인 요소가 없었으나, '사전확정제'로 제도가 변경되면 운수회사가 자발적인 수입 증대와 비용 절감 등 경영혁신에 힘을 쏟을 것으로 기대한다. 또한 사전확정제로 전환되면 정산 업무 간소화로 정산 인력을 줄일 수 있어(11명→4명) 행정비용 감소와 함께 대출이자 등 연간 최대 180억 원을 절감할 수 있을 것으로 예상한다. 이와 함께 인건비와 연료비의 경우 많이 써도 모두 실비로 보전해 주는 정산 방식의 상한선을 정하여 보전해 주는 표준단가 정산제(이하 표준정산제)로 바꾼다.

② 공공성 혁신: 민간자본 엄격한 진입기준 마련·과도한 수익 추구 불가 구조 확립

현재 준공영제 운수회사를 안정적 투자처로 인식한 사모펀드 등 민간 자본이 서울 시내버스 회사 6곳을 인수한 상황으로 이에 따라 발생할 수 있는 공공성 훼손 우려를 해소하는 것이 목적이다. 진입 전·후, 이탈 시 등 단계별로 가이드라인을 마련해 체계적으로 관리할 계획이다. 엄격한 진입 기준에 따른 사전심사제도를 도입해 불건전·외국계 자본과 과다 영리 추구 자본의 진입을 사실상 제한한다. 아울러 외국계 자본, 자산운용사의 진입을 금지하고 국내 자산운용사의 경우엔 설립 2년 이상 경과 된 곳에만 기회를 준다. 이미 진입한 민간 자본에 대해서는 배당 성향 100% 초과 금지, 1개월분의 현금성 자산(운전자본) 상시 보유 의무화 등을 통해 배당수익을 제한한다. 또한 회사채 발행 시 사전 신고를 의무화하고 회사채로 인해 이자 비용이 늘어날 경우, 회사 평가 등에 반영해 과도한 수익 추구가 불가능한 구조를 확립한다는 계획이다. 마지막으로 민간 자본이 준공영제 허점을 악용해 알짜 자산매각 후 단기간에 운수업계를 청산·이탈하는 이른바 '먹튀'를 원천 차단한다.

③ 서비스 혁신: 노선 굴곡도 완화, 장거리·중복노선 폐지, 자율주행버스 등 전격 투입

준공영제 시행 후 20년간 변화된 교통수요를 제대로 반영하지 못했고 교통 소외지역에 대한 배려가 부족했다고 판단하여 버스노선 전면 개편을 통해서 서울시민 누구나 걸어서 5분 내 대중교통에 접근할 수 있는 '대세권'을 실현한다. 계획부터 건설까지 장기간 소요되고 막대한 건설비와 운영비가 투입되는 철도를 대신하여 가성비가 높은 버스를 중심으로 대중교통 체계를 구축하여 시민과 학생들의 통근과 통학 시간을 단축시키고 대중교통에서 소외되는 지역이 없도록 촘촘한 대중교통망을 형성해 버스 서비스를 혁신하겠다는 취지다.

서울특별시의회

"서울시가 준공영제의 재정 지원을 제공하더라도, 임금 협상에 있어 서울시가 사용자의 지위에 개입해서는 안 된다. 특히, 사전확정제 도입이 공공기관의 총액 인건비 체계와 유사한 구조를 가질 수 있고, 사전 확정된 인건비 상한선이 노사 간 협상에 과도하게 영향을 미칠 위험이 있다. 덧붙여, 노동자 삶의 질 향상과 서비스 질의 개선을 동시에 달성하기 위한 정책적 노력이 필요하다. 정책이 제대로 실행되기 위해서는 모든 당사자가 함께하는 과정이 필요하며, 서울시가 모든 관련 당사자와의 협력을 통해 정책을 세밀하게 다듬어야 한다." (송도호 의원)

"준공영제를 새롭게 설계하려면 20년 전 이 제도를 도입할 때 보여준 담대한 용기가 필요하다. 적자 보전을 교통복지라는 이름으로 바꿔 그 뒤에 숨어서는 안 된다. 요금 인상, 정치적 판단으로 수익자 부담의 원칙을 무시하는 것은 옳지 않다. 버스 이용 만족도가 높다고 하는 데 그것은 낮은 요금 탓이 크다. 운송원가에 해당하는 요금을 받는다면 우리나라 버스 제도가 그렇게 좋다고 평가하지 않을 것이다. 수익자 부담 원칙을 지키면서 노선 간, 운송수단 간 중복에서 오는 비효율을 걷어내는 것이 중요하다. 시민들이 적정 요금을 부담할 수 있도록 정책적인 유도가 선행되어야 준공영제가 지속 가능할 것이다." (김종길 의원)

학계 및 전문가

"대중교통수단 분담률이 2014년을 정점으로 점차 감소하고 승용차 통행이 코로나 이후 급증하는가 하면, 전용차로 버스 통행속도가 승용차 통행속도보다 늦어져 버스의 경쟁력이 갈수록 약화하고 있다. 2030년 대중교통 분담률을 75% 목표로 하는 대중교통 체계 확립이 시급하다. 차량 운행 제한, 교통유발부담금, 주차 요금 인상 등 승용차 수요관리를 통해 버스 우선 정책을 강력하게 추진할 필요가 있다. 정부가 도로에만 61%를 배정하고 교통체계 관리 계정에는 3.1%만 배정한 교통 시설 특별회계 교통체계관리 계정의 재원을 10%까지만 늘려도 버스 등 교통복지 재원이 확보될 수 있다. 3년 단위로 정기적으로 대중교통 요금을 현실화하는 노력과 함께 버스회사의 경영 능력을 발휘할 수 있도록 인센티브 및 페널티를 확대해야 한다." (황보연 서울시립대 교통공학과 초빙교수)

"교통복지와 교통 정의가 준공영제를 통해서 상당 부분 실현됐음을 인정해야 한다. 하지만 버스 개혁 이후에 Agenda들이 계속 유지되는 걸 보니 지난 10여 년간 혁신의 큰 변화가 없었다는 생각이 든다. 교통체계 전반에 대한 중앙정부 인식 변화와 직접 지원이 필요한 시점이 왔다. 버스회사의 경영혁신을 위한 인센티브나 페널티 강화가 필요하며, 승용차 수요 감축을 통한 BRT 등 대중교통수단의 다변화가 필요하다. 이제는 밤 9시가 되면 심야로 설정해서 대중교통 체계도 대낮 시간과 심야 시간을 획기적으로 다르게 접근할 때가 왔다고 생각한다. 운수종사자들도 저녁이 있는 삶을 누려야 하는 그런 시대가 왔고 70~80년대 산업화 시대의 대중교통 시스템을 다변화하고, 혁신적으로 바꾸고자 새로운 판을 짜보자는 제안을 하고 싶다." (신종원 YMCA연맹 실행이사)

"2023년 코로나 이후에 교통수단에 급격한 변화가 있었다. 지하철은 28%에서 43.5%로 늘었고 버스는 24.9%에서 20.1%로 오히려 감소했다. 이런 변화에는 여러 가지 요인이 작용했겠지만, 정시성 요인이 가장 크게 작용했다고 본다. 버스가 이동시간 단축이라는 목표를 달성하고 있는지 유심히 볼 필요가 있다. 속도가 떨어지는 원인은 광역버스, 특히 경기도에서 도심까지 들어오는 버스들을 그 한 가지 원인으로 들 수 있다. 서울시도 모호한 시그널을 보내는 정책을 많이 시행하고 있다. 속도가 떨어지는 건 차량이 증가하고 있다는 것이고 서울시는 자가용을 타고 다니면 불편하게 만들어 지하철이나 버스를 이용하도록 유도해야 함에도 자가용 이용의 편의를 개선하는 정책을 시행하고 있다. 혼잡통행료를 사실상 인하한 조치가 그 대표적인 예이다. 현재의 버스노선 불편한 점 많다. 추가로 효율적이고 합리적인 노선 개편 및 승객이 감내할 수 있는 요금 수준에 관한 연구를 통해 재정 부담을 줄일 수 있도록 적정 요금 수준 확보가 필요하다고 본다." (강갑생 중앙일보 교통전문기자)

서울특별시버스운송사업조합

"준공영제 20년 동안 애초의 취지가 퇴색되어 사후정산이 반복되고 있다. 그러나 경기 상황에 따라 달라지는 서울시 세수 때문에 시의 재정지원금 규모가 버스회사들이 이미 지출한 실비를 쫓아가지 못하는 현상이 반복됐다. 또한 사회적으로 사모펀드에 대한 우려가 크다는 점을 인지하고 있다. 다만 자유경제를 기반으로 하는 현 경제체제에서 사모펀드는 한국 경제 곳곳에 진입해 있으며 이를 근본적으로 막을 수는 없다는 현실도 전제되어야 한다는 점이다. 마지막으로 서울은 20년 동안 지하철이 새로 운행되고 아파트와 신도시가 들어섰지만, 그동안의 짜깁기 성 버스노선 부분 변경만으로는 변화된 환경을 충분히 반영했다고 보기 힘든 것이 사실이다. 굴곡 노선의 직선화, 편리한 환승 시스템 구축 등 시민 편의성 제고를 노선 개편의 원칙으로 삼고 충분한 검토와 대안 마련에 적극 노력할 계획이다."

전국자동차노동조합연맹 서울시버스노동조합

"서울시가 일방적으로 발표한 준공영제 제도 개선안에 대해서는 노·사가 모두 반대의 견해를 분명히 밝히고 있다. 더 큰 문제는, 서울시민의 이동권에 심대한 영향력을 줄 수 있는 '준공영제 제도 개선'을 발표할 때까지 현장에 있는 노동조합과 버스회사의 목소리를 전혀 듣지 않았고, 앞으로도 듣지 않겠다는 데에 있다. 심지어, 서울시는 2024. 11. 7. '재정 지원 방식과 표준운송원가의 결정 사항은 노동조합과 협의할 사항이 아니'고, '근로자의 임금수준 및 근로조건에 미치는 영향에 대해 향후 설명하겠다.'라고 발표했는데, 이는 서울시가 제도 개편안에 대하여 현장에는 필요한 부분만큼만 통보할 예정만 갖고 있을 뿐, 현장의 의견은 수렴할 의지가 전혀 없다는 점을 분명히 표명한 것이다. 전국자동차노동조합연맹 서울시버스노동조합은 '준공영제 개편은 시민들의 이동권과 생존권에 직접적이고 막대한 영향력이 있는 만큼, 서울시버스노동조합, 일선의 버스회사 관계자들의 참여가 보장된 기구에서 숙고하여 논의하며 장단점을 파악한 후 시행되어야 한다'라고 입장을 분명하게 밝힌다."

❸ 재정지원

서울특별시

서울시가 시내버스의 준공영제 시행 20주년 추진 과제 중 하나로 재정 지원 방식 전환을 발표했다. 운송수지 적자분을 정산 후에 전액 보전하던 '사후정산제'를 다음 해 총수입과 총비용을 미리 정하여 그 차액만큼만 지원하는 '사전확정제'로 전환할 방침이다.

"인구절벽 현실을 고려하면 버스 승객 수는 계속 줄어들 것으로 예상한다. 또한 경제 성장률 둔화 등으로 1인당 구매력이 급격히 늘어나긴 어려운 현실이다. 운송수지 적자분을 재정지원금에서 조달하고 있는데, 재정지원금의 포션이 더 커질 수도 있다는 우려가 있다. 지속가능성에 대한 우려가 제기된다."

서울특별시의회

"코로나19가 창궐했던 2020년부터 운송 적자가 최대 8천5백억 원대 규모로 늘어나며 이를 보완하기 위해 임시방편으로 마련한 서울버스조합의 대출금 역시 천문학적 수치의 스노우볼이 되고 있다. 2015년 6월 27일 요금 인상 후, 약 8년이 넘게 운행 요금은 동결된 바 있다. 이에 환승제도와 여러 교통편의를 위한 정책이 시행되며 서울시민의 편의는 증대되었지만, 더욱 몸집을 불리고 있는 대출금 스노우볼을 타개할 확실한 대안은 아직 마련되지 않은 것으로 보인다. 2025년 대출한도는 8천억 원에 근접할 것으로 보이는데, 이는 아직 제1금융권에서 제시한 한도 8천억 원에 아직 여유가 있는 것으로 볼 것이 아니라 그에 근접할수록 오히려 더 긴급한 상황으로 인식하고 발 빠르게 상황을 분석 후 대안을 마련해야 한다. 예산 심의에서 최대한 기조실과 협조하여 넉넉한 재정지원금을 확보해 가능한 범위에서 최대한 스노우볼을 녹여버려야 한다." (문상호 의원)

"코로나19 팬데믹으로 인해 시내버스 재정 상황이 악화된 것은 이해하지만, 이후에는 부채를 점진적으로 줄이기 위한 정책적 노력이 필요하다. 현재 버스조합의 부채가 약 1조 원에 이르러 추가적인 신용대출이 사실상 불가능한 위기 상황이며, 서울시가 재정 지원을 소극적으로 추진하면서 버스조합에 부채 부담을 전가하는 것은 무책임한 행정이다, 예산편성과 집행 과정에서 교통 분야의 중요성을 우선으로 고려해 재정 지원을 확보해야 한다. 내년부터는 부채를 체계적으로 감축할 수 있는 구체적이고 실현할 수 있는 계획을 수립하여 반드시 실행해야 한다." (송도호 의원)

"코로나로 인해 버스 지원금이 급격하게 늘었다고 하지만 코로나가 진정된 2023도 지원금 그리고 2024년도 전망치는 근본적인 원인이 코로나가 아니라 대내외적인 환경이 변화로 인한 것이라는 시그널을 보내고 있다. 수도권 통합 환승 요금, 소비자 입장에서는 굉장히 좋은 제도지만 각 운송수단별로 원가에 미치지 못하는 배분을 하다 보니 적자가 누적되고 있다. 국비 지원 없는 무임승차도 부담을 가중하고 있다. 운송수단이 2004년에 비해 다변화되었다. 버스와 경쟁 관계에 있는 대체 수단들이 점점 갖춰지고 있다. 우이선과 신림선 승객 탑승률이 예상치의 50%밖에 안 된다. 버스노선 조정이 안 된 상태에서 경전철과 버스가 중복운행하다 보니 양쪽 다 비효율에 허덕이고 있다. 이것을 세금으로 메꾸고 있다." (김종길 의원)

학계 및 전문가

"기후 위기 시대의 핵심 교통수단은 지속가능성과 탄소중립에 기여할 수 있는 버스다. 버스는 철도와 달리 저비용 고효율의 교통수단임에도 교통시설특별회계를 활용하면서 궤도교통에만 쓸 수 있게 되어 있는 규정과 제도는 참으로 현실과 동떨어진 잘못된 것이다. 용인이나 의정부 경전철의 어이없는 낭비는 궤도교통에만 지원이 이루어지는 잘못된 제도가 만든 비극이다. 지금부터라도 교통환경에너지세 재원이 버스와 관련된 투자에 사용될 수 있도록 제도 개선이 이루어져야 한다." (김세호 전 국토교통부 차관)

"서울의 재정 지원 규모는 뉴욕, 런던과 같은 다른 글로벌 대도시에 비해 상대적으로 낮은 수준을 유지하고 있다. 2022년의 경우 시내버스 1대당 재정지원금은 서울이 1.1억 원으로, 런던의 1.7억 원, 뉴욕의 4.6억 원(MTA NYCT), 11.2억 원(MTA Bus Company)에 비해 상당히 낮은 수준이다. 서울 시내버스는 런던, 뉴욕과 비교할 때, 전체 운영비용 대비 가장 저렴한 요금으로 재정지원금도 가장 작은 규모로 높은 서비스 수준을 유지하고 있다. '재정지원금 감축' 강박에서 벗어나 '서비스 강화'를 목표로 삼는 인식 전환 필요하다. 실제 코로나 팬데믹으로 2020년의 시내버스 이용 승객 수는 전년 대비 3억 4,522만명, 23.3% 줄었고, 그에 따라 서울 시내버스 재정지원금이 폭증할 수밖에 없었는데 이것을 코로나 특별회계 등으로 처리하지 않다 보니 사실상 사업 조합 측에 부담이 전가되었다. 이런 논란의 과정에서 '특정 금액(3,000억 원) 이 적정하다', '얼마 이상은 안된다'라는 흐름이 존재하고 있는데 이것은 적정한 비판이 아니다. 중앙정부의 적극적인 재정 지원이 필요하다." (임삼진 한국 환경조사평가원 원장)

"재정 지원은 마치 운영이 미흡하고, 잘못된 운영을 해서 적자가 난 것 같은 느낌을 주기 때문에 용어의 자체가 바뀔 필요가 있다. 세계 어느 나라를 봐도 대중교통을 요금 수입으로 운영하는 나라는 없다. 명분이 필요해서 적자를 메꾼다는 건 과거의 발상이기 때문에 분명한 정비가 필요하고, 시각의 규정이 필요하다. 재정 지원이 합리적으로 지출이 됐는지, 시민의 복지나 시민의 서비스에 기여했는지에 대한 검토가 필요한 시기이며, 재정지원금을 기반으로 기득권을 유지하는 것은 앞으로 불리해지는 상황에 처해질 수 있다." (이신해 서울연구원 선임 연구위원)

서울특별시버스운송사업조합

"서울 시내버스는 적자다. 그것은 사실이다. 그러나 적자의 원인은 방만 경영이 아니라 요금정책 때문이다. 지난 20년 동안 소비자 물가 54%, 국민소득은 2배 증가했다. 이에 따라 인건비 원자재비 모두 증가했다. 서울 시내버스는 인건비 비중이 전체 비용의 60%를 넘는다. 이런 지표는 당연히 운송비용 증가와 직결된다. 하지만 요금 인상에 인색했으며 오히려 할인 혜택을 늘렸다. 그런 이유로 적자가 지속해서 커졌다. 환승할인으로 인한 피해도 크다. 버스 정상 요금 1,500원이지만 환승할 경우 실제 받는 요금은 1,090원이다. 30퍼센트를 할인하고 있다. 시내버스는 1년 내내 모든 이용객에게 30%를 할인해 주고 있다. 결론적으로 수익을 낼 수 없는 요금구조다. 표준원가 가운데 86%는 버스회사 경영 행위를 통해 통제할 수 없는 부분이다. 즉 인건비, 연료비, 차량 감가상각비다. 통제 가능한 비용은 14%에 불과하다."

전국자동차노동조합연맹

"서울시의 재정 지원을 늘리는 것은 불가피한 사실이다. 경제가 발전하면 재정 문제는 계속 팽창할 수밖에 없다. 노조 입장에서 총 1조 원의 돈이 든다고 가정했을 때, 70%를 시민이 요금으로 담당하자고 한다면, 30%는 재정 지원으로 감당해야 한다고 본다. 교통환경에너지세법을 개정하고, 버스 계정을 신설해야 한다." (이태주 전국자동차노동조합연맹 정책실장)

❹ 노사갈등·파업

서울특별시

2024년 3월 28일 임금 협상 결렬에 따른 시내버스 파업은 서울시 버스노조(이하 노조)의 12.7% 임금인상 요구를 서울시버스운송사업조합(이하 사측)이 수용하지 않음으로써 당일 15시까지 이어졌다. 시의 중재 끝에 4.48% 임금인상, 명절 수당(65만 원) 신설로 협상이 마무리되었으나 파업으로 인해 95% 이상의 버스가 멈춤에 따라, 시민 불편은 피할 수 없었다. '공공성'을 담보로 하는 시내버스 준공영제임에도 불구하고 임금인상을 이유로 한 노조의 승무 거부에 따라 파업 당일 시내버스의 운행률은 4.4%(첫차~12시 기준)에 불과했다. 또한 일부 노조원들이 파업에 참여하지 않은 노조원들의 버스 운행을 차로 막아 세우는 등의 정상적인 운행을 방해한 사례도 있었다.
버스 파업 대비 비상 수송 대책을 시행하기 위해 시·교통 운영기관·자치구 비상 수송 대책본부를 구성하고 대체 대중교통 등 시민 교통 이용 불편 최소화에 집중하겠다.

서울특별시의회

"서울 시내버스 파업으로 시민들이 큰 불편을 겪은 가운데, 파업 시에도 '필수 인력 유지'가 필요하다. 이번 파업 당시 서울 시내버스(7,382)의 97.6%에 해당하는 7,210대가 운행을 멈췄다. 서울시는 지하철을 증회하고 무료 셔틀버스를 긴급 투입했지만, 시민 피해를 막기엔 역부족이었다. 파업의 권리는 인정하지만, 막대한 시민 불편이 발생하는 만큼 혼란을 줄일 최소한의 의무를 부여하여야 한다. 현재 필수공익사업에는 철도·항공운수·수도·전기·가스·통신사업·병원 등 총 11개의 사업이 포함돼 있다. 서울 시내버스는 서울시가 버스업체의 적자 등을 보전해 주는 대신 공공성을 유지하는 '준공영제'를 시행하고 있다. 하지만 필수공익사업으로 지정돼 있지 않아 파업 시 필수 유지업무 인력에 관한 규정을 적용받지 않는다." (김종길 의원)

"서울 시내버스의 표면적인 임금 협상의 주체는 버스회사와 노조지만, 실질적인 협상 주체는 바로 서울시다. 그러나 오세훈 서울시는 합의를 위해 어떠한 노력도 보여주지 않았다. 여기에는 노조를 불법단체로 치부하고, 협상의 대상으로 여기지 않는 오세훈 시장과 국민의힘의 편향된 인식이 자리한다. 서울시는 협상 당사자로서 이번 총파업 사태 해결에 당장 나서야 한다. 매년 수천억 원의 혈세를 지원하면서도 시내버스 노·사간의 문제로 치부하며 개입하지 않겠다는 것은 명백한 직무 유기이다."
(임규호 의원)

전국자동차노동조합연맹 서울시버스노동조합

서울시버스노동조합은 서울시의 일방적인 버스 정책이 서울시 버스 노동자들에게 과도한 고통을 주고 있다고 주장하며 우려를 표명했다. 서울시의 준공영제 제도 개선 발표에 대해서도 다수의 버스회사는 '결국 아낄 수 있는 금액은 인건비' 밖에 없다며, 추후 준공영제 제도가 개선되면 인력을 대규모로 감축하고, 노동자에 대한 징계권을 적극적으로 사용하겠다고 공언하고 있다.
"서울시의 전·현직 관료는 공공연하게 공무원 임금 인상률을 최대치로 하여 그 안에서 버스 노사가 임금인상을 하는 것이 바람직하다. 표준단가제, 사전확정제가 예산의 상한선을 정해놓고, 노사가 알아서 경쟁하게 만드는 일종의 '파업 촉진 제도'이다. 서울시와 사업주의 일방적 책임회피로 이뤄진 서울 시내버스 파업을 두고 오로지 노동조합의 잘못으로 몰고 가는 저들의 모습을 보고 우리는 분노했다.

예산을 줄이면 모두가 좋아할 줄 알고, 계획 없이 500억 원의 예산을 절감하겠다고 선언했지만, 지금까지도 500억을 어떻게 아낄 수 있는지 어떠한 근거도 제시하지 못하고 있다."

"버스가 죽어가고 있다. 열악한 근로조건은 운전 인력의 유입을 차단하는 가장 커다란 원인이 되고 있으며 운전 인력의 부족은 전국적인 노선버스의 정상 운행을 방해하는 심각한 사유로 작용하고 있다. 운전 인력의 확보가 이루어지지 않는다면 대중교통의 가장 중심축인 버스가 회생할 수 없는 상태로 무너지고 만다."

시민단체

"서울 시내버스 총파업의 본질은 서울시의 버스준공영제다. 현행 버스준공영제는 모든 업체에 동일한 임금을 주라는 기준이 아니라, 최소한의 표준적인 원가를 정하고 있을 뿐이다. 그런데 개별 업체는 서울시가 지급하는 보조금 외에 별도의 임금을 지급하지 않는다. 그러다 보니 버스 사업자가 이익을 남겨도 노동자들은 임금이 오르지 않는, 이익의 독점이 발생한다. 노동조합의 대응 역시 아쉽다. 역의 특수성과 사업의 규모가 다른데 이처럼 서로 임금 올리기 경쟁하는 것은 타당하지 않다.

❺ 친환경 버스

서울특별시

서울시는 지난 2017년 '서울 차 없는 날' 기념식에서 "서울 전기차 시대 선언"을 발표한 이후, 2020년 그린뉴딜 추진을 통한 2050 온실가스 감축 전략을 마련하여 2025년까지 친환경 차량인 전기·수소 버스 4,000대를 도입하겠다는 계획을 밝힌 바 있다. 서울시는 2023년 기준 서울시 친환경 시내버스(전기) 1,172대, 시내버스(수소) 51대, 마을버스(전기) 171대를 도입하여 운영 중이다.
또한, 서울시는 연료비 절감을 위해 친환경 버스를 '26년까지 2,498대(전기버스 2,355대, 수소 버스 143대) 도입할 예정이며 수익 확대를 위한 버스회사의 경영혁신 유도, 광고 수입금 확대를 위한 다변화 방안을 모색할 계획이다. 2022년 기준 연료비 현황(1일 1대 기준)은 CNG 148,992원, 전기 44,922원, 수소 81,728원이다.

"2024년에 150대의 수소차를 보급하는 것을 목표로 삼고 있으며, 그중 73%인 110대를 보급 완료했다"라며 "남은 기간동안 최대한 목표를 달성하기 위해 노력하겠다." (서울시 기후환경본부)

환경부·국토교통부

2024년 2월 20일 발표한 '전기차 보조금 업무처리 지침'을 통해 올해 전기차 모델별 보조금을 확정 발표했다. 이에 서울시도 정부의 보조금 인하 정책에 따라 보조금을 차등 지원하고, 전기차 보급에 있어 대중교통 및 화물차 중심으로 집중 전환할 계획이다. (환경부)

국토부 대광위에서는 수도권 광역버스 출퇴근길 편의 개선을 위해 올해 연말까지 16개 광역버스 노선에 2층 전기버스 50대를 추가로 투입한다. 2층 전기버스는 지난 '19년 국토부와 현대차가 공동으로 개발하여 국산 기술로 생산하고 있는 친환경·대용량 교통수단으로, 44인까지 탑승 가능한 1층 버스와 다르게 최대 71인까지 탑승할 수 있다. 동일한 대수의 1층 버스 대비 160% 이상의 승객이 탑승할 수 있어 도심부 버스전용차로 등 도로의 정체를 최소화하면서 출·퇴근 시간대 차내 혼잡을 완화할 수 있다. 수소 버스는 '2030 국가 온실가스 감축목표(NDC)' 등에 따라 2030년까지 누적으로 2만 1,200대가 보급되어야 한다. 2024년 8월 31일 기준으로 수소 버스는 1,185대가 보급됐다. 수도권 광역버스 노선에는 수소 버스 40여 대가 운행 중이며, '제2차 대도시권 광역교통 기본계획(2021~2040)'에서 2030년까지 전체 광역버스의 25%를 수소 버스로 보급하는 목표를 설정한 바 있다. (국토교통부 대도시권광역교통위원회)

교통안전공단

국토부, 지자체 등과 2024년 5월~10월 5개월간 수소·CNG 버스 특별안전점검을 실시하여, 총 23,611대 점검 결과 가스누출 등 1,123대 결함을 조치했다. 또한 점검을 통해 노후 버스 80대를 조기 폐차 유도하며, 운수업체의 안전관리 강화에 기여했다.

추가로 TS는 그간 법적 의무는 아니었으나, 자동차검사 과정에서 전기차 배터리의 BMS 정상 작동 여부 확인이 가능한 KADIS 장비를 '19년 5월 개발하여, 검사소에 방문한 자동차검사 고객을 대상으로 사용하고 있으며, 배터리 안전검사 시행 이후에는 민간검사소 보급을 통해 보다 안전한 전기차 운행 환경을 만들 수 있을 것으로 기대하고 있다. TS는 제조사들과의 협업을 통해 빠른 시일내에 배터리 안전검사 기술을 개발하고, 소규모 제작사가 수입한 자동차도 배터리 안전검사가 시행될 수 있도록 지원할 예정이다.

서울시의회

"발의한 개정 조례안은 시내버스와 마을버스의 연료 시스템 관련 안전 검사 항목을, 현재 CNG (압축천연가스)를 사용하는 버스에서 전기 및 수소 버스로 차츰 전환되는 추세에 발맞춰 'CNG 용기' 검사에서 '차량의 연료 용기 또는 전기 배터리' 검사로 확대하는 내용으로, 서울시의 친환경 차량 전환 정책을 지원하고, 버스 운행의 안전성을 강화하기 위한 조치이다. 조례 개정을 통해 서울시 친환경 버스의 안전한 운행을 도모하고, 차량 화재 등의 사고를 미연에 예방할 수 있을 것으로 기대하고, 서울시가 친환경 버스 도입을 더욱 확대하고, 시민들의 안전한 교통환경을 조성할 수 있기를 기대한다." (김성준 의원)

"시내버스 준공영제로 운영되는 시내버스의 경우, 올해 도입하는 전기버스부터 적용될 수 있도록 서울시의 적극적인 행정개입이 필요하다. 서울시는 그동안 전기버스 도입에 있어 LFP 중국산 배터리를 탑재한 버스를 다수 도입해 왔다. 현재 전기버스의 50% 이상이 중국산 버스인 상황에서 중국산 배터리의 안전성 문제가 제기되면서, 시민 안전을 위협할 수 있다는 우려가 커지고 있다. 가격적인 장점 등 저렴한 중국산 배터리 전기버스가 50% 이상을 차지하고 있다는 것은 국산 배터리를 장착한 버스나 승용차 구매를 권장하는 정책 유도가 부족했기 때문이다. 전 세계가 전기차 보조금과 관련해 자국 우선주의 정책을 펼치고, 탈탄소 흐름을 고려한다면, 시민의 혈세가 재활용이 불가능한 LFP 중국산 배터리 회사의 이익으로 돌아가선 안 된다. 서울시는 안전하고 지속 가능한 국산 전기버스 보급을 확대하여 시민의 안전을 확보하고, 국내 산업의 경쟁력 강화에도 기여할 수 있기를 바란다."
(이영실 의원)

"서울시에 3천 대가 넘는 수소차가 있는데 충전소는 10개가 겨우 넘는다. 심지어 수소 버스는 50대가 넘는데 버스 수소충전소는 강서에 1개뿐 이라며 기반 시설의 부족을 지적했다. 원래 2026년까지 34,000대를 보급하기로 했는데 2024년 1월 업무추진계획에는 해당 내용이 사라졌다. 사라진 34,000대 대신에 자리를 채운 것은 10,000대라는 숫자이며, 이는 보급이 부족하니까 목표치를 반대로 줄여버린 졸속행정의 실태이다. 어느 사업이나 행정을 하던지 계획을 면밀하게 세우고 검토를 잘해야 한다. 진행하는데, 있어 필수적으로 동반되어야 할 사항을 부차적인 요소로 파악해서 진행에 문제가 생기는 것이다." (한신 의원)

❻ AI기술 사고 예방

서울특별시

서울시는 지난해 9월부터 강변북로 성산~반포구간 내 AI 영상검지기 시범운영을 통해 안전관리를 강화하고 있다고 밝혔다. 운영 기간 중 도시고속도로에 진입한 보행자 등 33건(보행자 28건, 자전거 1건, 이륜차 4건)을 검지하는 성과를 냈고, 이 중 11건은 즉시 출동 경찰에 인계하며 현장 대응과 정보 전파에도 빠르게 적용하는 효과를 확인했다.
앞으로는 서울 도시고속도로 전 구간을 대상으로 AI 영상검지기 도입을 확대해 안전성을 강화할 예정이다.

국토교통부 대도시권광역교통위원회

"AI 기술을 활용한 운전자 안전운전 지원 사업이 교통사고 예방 및 승객 안전 확보에 크게 기여할 것으로 기대한다. 정부는 민간기업과 함께 버스 교통사고 예방을 위해 첨단 안전장치 장착 사업이 확산할 수 있도록 지속 노력해 나가겠다."

교통안전공단

TS는 올해 ㈜에이아이매틱스와 함께 노선버스(고속·광역·시외·시내)를 대상으로 하는 'AI 안전운전 플랫폼을 활용한 노선버스 교통사고 예방 사업'을 추진한다. AI 영상인식 안전운전 플랫폼은 노선버스에는 차량 전방과 내부에 장착된 머신러닝 운영(MLOps) 기술이 적용된 AI On-Device와 차량 ECU (Electronic Control Unit)를 통해 운전자의 행동, 차량의 운행 행태 등 데이터를 실시간으로 수집·분석하여 운전자의 위험 운전 행동을 인식하고 운전자에게 경고하는 시스템이다.
지난해 'AI 시내버스 안전운전 모니터링 시범사업' 성과 분석 결과 ▲ 운전자의 신호위반 71.4% 감소 ▲ 중앙선 침범 10.6% 감소 ▲ 전방주시 태만 33.3% 감소 ▲ 흡연 86.9% 감소 등 주요 법규 위반 건수가 대폭 감소하는 성과를 올렸다. 특히, 신호위반과 휴대전화 사용, 흡연, 안전띠 미착용, 아차 사고 등 위험 운전 행동 이벤트 발생 시 AI 안전운전 플랫폼에 자동으로 저장되어, 운수회사에서 법규 위반 운전자를 대상으로 한 교육·지도에 적극 활용했다. 이에 해당 시내버스 회사(2개社, 464명)의 교통사고율이 93.5% 감소(0.123→0.008건/대)하는 등 사업효과가 큰 것으로 분석됐다.

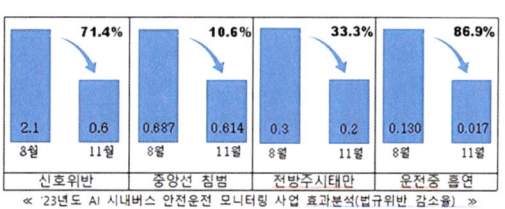

❼ 자율주행버스

서울특별시

미래 첨단교통은 국내 교통환경의 운영 수준을 크게 높인 주요 분야다. 특히 첨단 기술을 약자와 민생을 위해 사용해야 한다는 시정 철학을 담아 새벽 근로자를 위한 '새벽 동행 자율주행' 버스가 탄생했고, 자율주행버스는 운전기사 수급이 어려운 새벽, 심야시간대 청소·경비 등 새벽 노동자 탑승이 많은 노선에 우선 공급했다.

그 결과 모리기념재단의 세계 도시 종합경쟁력지수에서 6위를 기록하는 등 국제적 인정을 받았다. 외신 또한 서울 교통에 대한 높은 관심으로 영국 BBC의 경우 전 세계 최초 심야 자율주행버스를 심층적으로 다뤘고, 독일 방송 프로지벤에서는 "서울 대중교통에서 독일이 배울 점"을 주제로 자율주행버스 등을 소개한 바 있다. 서울시는 "그간 누구보다 서울의 하루를 먼저 여는 시민들의 어려움에 공감해 약자와 함께하는 '새벽 동행 자율주행버스'를 계속 확대해 나갈 계획"이라며 "자율주행버스뿐 아니라 앞으로 첨단 기술 교통의 수혜가 소외된 사회적 약자에게 먼저 돌아갈 수 있도록 역량을 집중할 것"이라고 말했다. 자율주행버스는 무제한 이용권 기후동행카드로 마음껏 이용하게 할 계획이며, 지하철, 버스와 마찬가지로 수도권 환승할인이 적용되는 만큼, 정식 대중교통수단으로써 시민들의 교통 편의를 높일 전망이다.

학계 및 전문가

"스마트 모빌리티에 대해서는 3대 축을 이야기한다: 1) e-mobility(전기 에너지 기반), 2) 자율주행, 3) 공유 모빌리티. 많은 전문가가 전기 에너지로의 전환은 큰 문제 없이 될 것으로 전망한다. 자율주행은 단기적으로 시민 저항은 있겠지만 실현 가능할 것이다. 하지만 공유가 문제로 본다. 공유 교통체계가 아무리 친환경적이고 미래세대를 위해서 도움이 된다고 하여도 인간의 욕망은 공유보다는 소유를 원하기 때문에 공유 교통체계가 압도적 비교 근간으로 자리 잡지 않으면 스마트 모빌리티 시대는 실패할 것으로 본다." "대중교통도 편하고 자가용 이용도 편한 대도시는 전 세계 어디에도 없다. 수요관리를 통해 자가용 억제 정책을 병행해야 막대한 재정 보조금 지원하는 시내버스를 살릴 수 있다. 그리고 중장기적으로 인구 변화, 그에 따른 교통의 수요 변화, 자율주행과 같은 기술적 변화 등을 고려하여 거시적이고 종합적인 설계를 해야 한다." (장수은 서울대학교 교수)

전국자동차노동조합연맹 서울시버스노동조합

서울시의 자율주행버스 확대 및 외국인 버스 기사 채용계획이 청년 일자리 보호에 역행하고 있다고 보는 전국자동차노동조합연맹 서울시버스노동조합은 다음과 같이 비판적인 입장이다. "서울시가 자율주행으로 인간의 노동을 대체하며 자율주행버스를 도입해 운영비용을 줄일 수 있다고 대대적으로 홍보하고 나서고 있어, 청년 구직자들은 평생직업으로서의 버스 기사에 대한 꿈을 버린 지 오래다. 서울시는 노동을 기계와 기술이 완전히 대체할 수 없으며, 대체해서도 안 된다는 사실을 명확히 인식해야 한다. 자율주행 자동차는 운전이라는 인간 노동의 보완재로서 작용하는데 머물러야 한다. 서울시는 노동의 기계화에 대비해 노동의 가치를 존중하고 노동자를 배려하는 '정의로운 전환'에 집중해야 한다. 청년들로 하여금 버스 운전을 미래의 평생직업으로 선택할 수 있도록 가치를 부여하는 정책을 펼쳐야 한다. 그것이 진정한 약자와의 동행이다."

제1부 법·제도 변화

서울특별시의회 조례
버스 관련 법·시행령

1 서울특별시의회 조례

〈서울특별시의회 조례 개정, 2024년 3월 8일 의결〉

서울특별시 시내버스 재정지원 및 안전 운행기준에 관한 조례 일부개정 조례안

1. 시민의 권리와 의무 관련

1. 제안 이유
- 최근 버스 안에서 음란물을 시청하거나 일부 승객에게 성적 수치심이 드는 행동을 함으로써 버스 이용에 불편과 불안을 초래하고 있음.
- 버스 이용과 관련된 여객자동차 운수사업법에는 철도안전법과는 다르게 운전자나 여객 등에게 성적 수치심을 일으키는 행위를 금지하고 있지 않아 시민 안전에 대한 공백이 생기고 있음.
- 이에 따라 서울시에서 선제적으로 관련 규정을 조례에 명시하여 버스 운전사와 시민분들의 안전을 확보하고자 함.

2. 주요 내용
- 시민의 권리와 의무 조항에 시내버스 안에서 성적 수치심을 일으키는 행위를 하지 않도록 규정을 신설함.(안 제10조의 2제 4항)
- 시장이 안전을 위하여 그 밖의 공중이나 여객에게 위해를 끼치는 행동을 금지할 경우 시민의 적극적인 협조를 할 수 있도록 규정을 신절함.(안 제10조의 2제 5항)

현 행	개 정 안
제10조 (시민의 권리와 의무) 〈신설〉	④ 시민은 시내버스 안에서 운전자와 여객 등에게 성적 수치심을 일으키는 행위를 해서는 안 된다. ⑤ 시민은 시장이 시내버스 안전을 위하여 공중이나 여객에게 위해를 끼치는 그 밖의 행동을 금지할 경우 이에 적극 협조하여야 한다.

2. CNG 버스 관련 등

1. 제안 이유
○ 서울시 시내버스는 CNG(압축천연가스) 버스로 운영되었으나, 최근 친환경 교통수단으로 평가받는 수소버스, 전기버스로 교체하고 있는바, 안전 점검시 연료용기(CNG, 수소), 전기 배터리를 추가하여 안전한 버스 운행을 도모하고자 함.

2. 주요 내용
○ 전기, 수소버스 차량 도입을 반영하여 안전점검에 차량별 연료용기, 전기배터리 부분 보완하여 반영
○ 제9조제3항 중 "투명성 제고를"을 "투명성을 높이기"로 한다. 제11조제5항 중 "CNG 용기"를 "차량의 연료용기 또는 전기배터리"로 한다.

현 행	개 정 안
제9조(시장의 책무) ③ 시장은 시민안전과 사업자별 버스기사 채용의 <u>투명성 제고를</u> 위하여 제도개선에 지속적인 노력을 하여야 하며, 시내버스의 안정적 운행을 위하여 「여객자동차 운수사업법」제24조 제5항에 따른 운전경력 및 범죄경력 자료의 조회를 경찰청장에게 요청할 수 있다.	③ --------------------------- ------- 투명성을 높이기 --------- ---------------------------------- ---------------------------------- ---------------------------------- ---------------------------------- --.
제11조(안전운행 방안) ⑤ 사업자는 <u>CNG 용기</u>에 대해서 지속적인 안전관리를 하여야 한다.	⑤ ------ 차량의 연료용기 또는 전기배터리 ----------------.

〈서울시특별의회 결의안, 2024년 5월 3일 의결〉

시내버스 필수공익사업 지정을 위한 「노동조합 및 노동관계조정법」 개정 촉구 결의안

1. 제안 이유
○ 전체 대중교통수단 중 24%의 운송을 분담하는 시내버스 운송사업은 시민의 일상 및 경제생활에 필수 교통수단이며 타 교통수단으로 대체하기 어려움.
○ 도시철도사업 등과 달리 시내버스 운송사업은 필수공익사업에서 제외되어 있어 파업 시 최소한의 필수유지업무를 유지하지 못하여 지역경제와 시민에게 피해가 발생할 수 있음.
○ 시내버스 운송사업은 전국 17대 시도 중 8개 시도가 준공영제 형태로 운영됨에 따라 '공공성' 담보는 필수적이나 관계 법령이 이를 보장하지 못하는 실정임.
○ 이에 시내버스운송사업이 필수공익사업에 포함될 수 있도록 정부와 국회는 조속히 「노동조합 및 노동관계조정법」을 개정해 줄 것을 촉구함.

2. 주요 내용
○ 파업 시에도 최소한의 운행수준을 유지하고 중단된 업무를 대체할 수 있도록 시내버스운송사업을 '필수공익사업'으로 재지정할 것을 강력히 촉구한다.
○ 국회는 「노동조합 및 노동관계조정법」에 시내버스운송사업을 필수공익사업으로 지정할 수 있도록 조속히 처리한다.
○ 정부는 「노동조합 및 노동관계조정법 시행령」을 개정하여 시내버스 차량의 운전업무 및 필수 정비업무 등을 필수유지업무에 포함될 수 있도록 조속히 처리한다.

⟨서울시특별시의회 조례 개정, 2024년 12월 20일 의결⟩

서울특별시 시내버스 재정지원 및 안전 운행기준에 관한 조례 일부개정 조례안

1. 제안 이유
○ 최근 서울시 시내버스는 친환경 교통수단으로 평가받는 전기버스, 수소버스로 교체·도입되고 있는 바, 특히 전기버스로의 전환 추세가 두드러지고 있음.
○ 향후 전기버스 사용 후 배터리의 배출량이 급증할 것으로 예상됨에 따라, 신규 시내버스(전기버스) 선정 시 배터리 효율과 재활용 가치를 고려하도록 규정함으로써, 자원의 낭비를 막고 전기버스 사용 후 배터리의 재사용, 재활용, 재제조 산업을 활성화하여 탄소중립 사회실현을 도모하고자 함.

2. 주요 내용
○ 시장은 사업자가 전기버스를 신규 시내버스로 도입하는 경우 배터리 효율과 재활용 가치 기준을 충족하는 전기버스가 도입될 수 있도록 지원시책을 시행할 수 있도록 규정함. (제9조 제8항 신설)
○ 사업자는 배터리 효율과 재활용 가치 기준을 충족하는 전기버스를 도입하도록 협조할 것을 규정함. (제10조 제3항 신설)

현 행	개 정 안
제9조(시장의 책무) 제8항 〈신설〉	⑧ 시장은 사업자가 제6항에 따른 전기자동차를 신규 시내버스로 도입하는 경우, '전기자동차 보급사업 보조금 업무처리지침'의 전기승합차 보조금 산출방식에 따른 배터리 에너지밀도 구간 등급 및 배터리 재활용 가치 지표 구간 등급이 2등급 이상인 전기버스가 도입될 수 있도록 지원시책을 시행할 수 있다.
제10조(사업자의 책무) 〈신설〉	③ 사업자는 신규 시내버스로 제9조 제8항에 따른 전기버스가 도입될 수 있도록 적극 협조하여야 한다.

〈서울특별시의회 조례 개정, 2024년 12월 20일 의결〉

서울특별시 시내버스 준공영제 운영에 관한 조례 일부개정 조례안

1. 제안 이유
○ 서울시내버스는 2004년 7월 이후 준공영제를 도입하여 승객편의 증진, 안전성 확보 및 운수회사의 안정적 운송서비스 제공 등 대중교통 체계 개선에 기여함.
○ 2019년 말부터 민간자본인 사모펀드가 시내버스회사를 인수함에 따라 준공영제의 공공성 훼손 및 신뢰성 저하 등에 대한 사회적인 우려가 증대되고 있고, 최근 사모펀드가 인수한 시내버스회사의 매각을 추진하고 있고, 그 과정에서 외국계 자본이 인수할 경우 국부유출에 대한 논란이 있어 이를 개선하고자 관련 조례를 개정하고자 함.

2. 주요 내용
○ 민간자본에 대한 용어를 정의함 (안 제2조 제7호)
○ 민간자본이 준공영제 버스운영에 진입하는 경우 시장의 책무를 규정함 (안 제3조 4항 및 제5항)
○ 민간자본이 준공영제 시내버스 사업권을 확보한 경우 민간자본의 책무를 규정함 (안 제4조 제5항 및 제6항)

현 행	개 정 안
제2조(정의)	제2조(정의)
1.~6. (생략)	1.~6. (현행과 같음)
〈신 설〉	⑦ '민간자본'이란 「자본시장법과 금융투자법에 관한 법률」에 따른 사모집합 투자기구 및 이에 준하는 금융자본 등을 말한다.

제3조(책무) ①~③(생략)	제3조(책무) ①~③ (현행과 같음)
〈신 설〉	④ 시장은 준공영제 버스운영에 민간자본이 진입하는 경우, 준공영제의 목적 및 취지가 훼손되지 않도록 건전한 감시 및 감독을 하여야 한다.
〈신 설〉	⑤ 시장은 제4조제6항의 심사를 위하여 별도의 심사위원회를 구성하고, 구체적 심사기준 및 절차를 정한다.
제4조(사업자의 책무)	제4조(사업자 및 민간자본의 책무)
①~④ (생략)	①~④ (현행과 동일)
〈신 설〉	⑤ 민간자본이 양수도 방식으로 시내버스 사업권을 확보한 경우에도 준공영제에 기반한 수입금공동관리 및 재정지원을 받기 위해서는 공공성을 기반으로 하는 운행기준 준수 및 노선관리 등 준공영제를 존중하고 재정건전화 및 버스산업의 지속가능한 발전을 위해 노력하여야 한다.
〈신 설〉	⑥ 민간자본이 제7조에서 제9조의 수입금공동관리, 표준운송원가 적용 및 재정지원을 받기 위해서는 양수도 신고와 별도로 경영 및 재무건전성에 대한 사전심사를 받아야 한다.

2 버스 관련 법·시행령

〈2023년 12월 31일 공포, 시행일자 2024. 1. 1.〉

조세특례제한법 일부개정 법률

□ 주요 내용
- 노선버스사업자가 구내식당을 직접 경영하여 공급하는 음식용역 및 조합이 위탁계약을 통하여 공급받는 음식용역에 대한 부가가치세 면제 기한을 '23년 12월 31일에서 '26년 12월 31일까지로 3년 연장.
- 시내버스 운송사업용으로 공급하는 천연가스버스의 부가가치세 면제 기한을 '23년 12월 31일까지 공급한 것에만 적용.
- 「환경친화적 자동차의 개발 및 보급 촉진에 관한 법률」에 따른 전기자동차 또는 수소전기자동차로서 시내 및 마을버스 운송사업용으로 공급하는 버스에 농어촌 운송사업용으로 공급하는 버스도 포함.

조세특례제한법 [법률 제19504호, 2023. 6. 20., 타법개정]	조세특례제한법 [법률 제19936호, 2023. 12. 31., 일부개정]
제106조(부가가치세의 면제 등) ①다음 각 호의 어느 하나에 해당하는 재화 또는 용역의 공급에 대해서는 부가가치세를 면제한다. 이 경우 제1호, 제4호의2, 제5호, 제9호의2, 제9호의3 및 제12호는 2025년 12월 31일까지 공급한 것에만 적용하고, 제2호, 제3호, 제4호의5 및 제9호는 2023년 12월 31일까지 공급한 것에만 적용하며, 제8호 및 제8호의2는 2014년 12월 31일까지 실시협약이 체결된 것에만 적용하고, 제8호의3은 2015년 1월 1일부터 2025년 12월 31일까지 실시협약이 체결된 것에만 적용한다.	제106조(부가가치세의 면제 등) ---------------------- 이 경우 제1호, 제4호의2, 제5호, 제9호의2 및 제12호는 2025년 12월 31일까지 공급한 것에만 적용하고, 제2호, 제3호 및 제4호의5는 2026년 12월 31일까지 공급한 것에만 적용하며, 제8호 및 제8호의2는 2014년 12월 31일까지 실시협약이 체결된 것에만 적용하고, 제8호의3은 2015년 1월 1일부터 2025년 12월 31일까지 실시협약이 체결된 것에만 적용하며, 제9호는 2023년 12월 31일까지 공급한 것에만 적용하고, 제9호의3은 2024년 12월 31일까지 공급한 것에만 적용한다.

〈2024년 1월 9일 공포, 시행일자 2024. 7. 10.〉

대중교통의 육성 및 이용촉진에 관한 법률 일부개정 법률

□ 주요 내용
- 2층버스에 대한 재정지원 근거 마련(제12조제2호)
- 국가 또는 지자체가 소요자금의 전부 또는 일부를 보조하거나 융자할 수 있는 대상에 국토교통부령으로 정하는 규격·기준을 갖춘 2층전기버스를 추가.

대중교통의 육성 및 이용촉진에 관한 법률 [법률 제19050호, 2022. 11. 15., 일부개정]	대중교통의 육성 및 이용촉진에 관한 법률 [법률 제19972호, 2024. 1. 9., 일부개정]

제12조(대중교통육성을 위한 재정지원) 국가 또는 지방자치단체는 대중교통의 육성 및 이용촉진을 위하여 지방자치단체, 「공공기관의 운영에 관한 법률」에 따른 공공기관 또는 대중교통운영자에게 다음 각호의 어느 하나에 해당하는 사업에 필요한 소요자금의 전부 또는 일부를 대통령령으로 정하는 바에 따라 보조하거나 융자할 수 있다. 1. (생 략) 2. 저상(底床)버스의 도입 등 대중교통수단의 고급화·다양화 3. ~ 6. (생 략)	제12조(대중교통육성을 위한 재정지원) 국가 또는 지방자치단체는 대중교통의 육성 및 이용촉진을 위하여 지방자치단체, 「공공기관의 운영에 관한 법률」에 따른 공공기관 또는 대중교통운영자에게 다음 각호의 어느 하나에 해당하는 사업에 필요한 소요자금의 전부 또는 일부를 대통령령으로 정하는 바에 따라 보조하거나 융자할 수 있다. 1. (현행과 같음) 2. 저상(底床)버스 또는 2층전기버스(국토교통부령으로 정하는 규격·기준을 갖춘 버스를 말한다)의 도입 등 대중교통수단의 고급화·다양화 3. ~ 6. (현행과 같음)

⟨2024년 1월 9일 공포, 시행일자 2024. 7. 10.⟩

여객자동차 운수사업법 일부개정 법률

□ 주요 내용
- 운수종사자의 운전 중 금지행위 추가 및 제외(제26조제1항제7호의4, 제49조의8제1항에 제6호의2)
- 운전 중에 방송 등 영상물을 수신하거나 재생하는 장치(휴대전화 등 운전자가 휴대하는 것을 포함)를 이용하여 영상물 등을 시청하는 행위를 추가함.
- 다만 지리안내 영상 또는 교통정보안내 영상, 국가비상사태·재난상황 등 긴급한 상황을 안내하는 영상, 운전시 자동차의 좌우 또는 전방을 볼 수 있도록 도움을 주는 영상은 제외함.

여객자동차 운수사업법 [법률 제19387호, 2023. 4. 18., 일부개정]	여객자동차 운수사업법 [법률 제19978호, 2024. 1. 9., 일부개정]

제26조(운수종사자의 준수 사항) ① 운수종사자는 다음 각 호의 어느 하나에 해당하는 행위를 하여서는 아니 된다.
 	
⟨신 설⟩
	제26조(운수종사자의 준수 사항) ① 운수종사자는 다음 각 호의 어느 하나에 해당하는 행위를 하여서는 아니 된다.
	7의4. 운전 중에 방송 등 영상물을 수신하거나 재생하는 장치(휴대전화 등 운전자가 휴대하는 것을 포함하며, 이하 "영상표시장치"라 한다)를 이용하여 영상물 등을 시청하는 행위. 다만, 다음 각 목의 어느 하나에 해당하는 경우에는 그러하지 아니하다.
	  가. 지리안내 영상 또는 교통정보안내 영상
	  나. 국가비상사태·재난상황 등 긴급한 상황을 안내하는 영상
	  다. 운전 시 자동차의 좌우 또는 전후방을 볼 수 있도록 도움을 주는 영상

제49조의8(플랫폼운수종사자의 준수사항) ① 플랫폼운수종사자는 다음 각 호의 어느 하나에 해당하는 행위를 하여서는 아니 된다.	제49조의8(플랫폼운수종사자의 준수사항) ① 플랫폼운수종사자는 다음 각 호의 어느 하나에 해당하는 행위를 하여서는 아니 된다.
〈신 설〉	6의2. 운전 중에 영상표시장치를 이용하여 영상물 등을 시청하는 행위. 다만, 다음 각 목의 어느 하나에 해당하는 경우에는 그러하지 아니하다. 　가. 지리안내 영상 또는 교통정보안내 영상 　나. 국가비상사태·재난상황 등 긴급한 상황을 안내하는 영상 　다. 운전 시 자동차의 좌우 또는 전후방을 볼 수 있도록 도움을 주는 영상
제94조(과태료) ① (생 략)	제94조(과태료) ① (현행과 같음)
6의2. 제34조의2제2항을 위반한 자동차대여사업자	6의2. 제26조제1항제7호의4 또는 제49조의8제1항제6호의2를 위반하여 영상물 등을 시청한 운수종사자 또는 플랫폼운수종사자
6의3. 제34조의5를 위반한 자(제90조제6호의2에 해당하는 경우는 제외한다)	6의3. 제34조의2제2항을 위반한 자동차대여사업자
〈신 설〉	6의4. 제34조의5를 위반한 자(제90조제6호의2에 해당하는 경우는 제외한다)
4. 제26조제1항 또는 제2항을 위반한 자	4. 제26조제1항(같은 항 제7호의4는 제외한다) 또는 제2항을 위반한 자
5. 제49조의8제1항, 제2항 또는 제3항을 위반한 자	5. 제49조의8제1항(같은 항 제6호의2는 제외한다), 제2항 또는 제3항을 위반한 자
④ ~ ⑦ (생 략)	④ ~ ⑦ (현행과 같음)

⟨2024년 1월 16일 공포, 시행일자 2025. 1. 17.⟩

교통약자의 이동편의 증진법 일부개정 법률

□ **주요 내용**
- 운수종사자의 교통약자서비스교육 의무사항(제13조의2)
- 노선·구역·수요응답형 여객자동차운송사업의 운전업무에 종사하는 사람은 교통약자서비스교육을 의무적으로 받도록 함

교통약자의 이동편의 증진법 [법률 제19723호, 2023. 9. 14., 일부개정]	교통약자의 이동편의 증진법 [법률 제20038호, 2024. 1. 16., 일부개정]
제13조의2(승무원 등에 대한 교육) ① 다음 각 호의 어느 하나에 해당하는 사람을 고용하는 자는 해당 종사자에 대하여 교통약자서비스에 관한 교육을 실시하여야 한다.	제13조의2(승무원 등에 대한 교육) ① 다음 각 호의 어느 하나에 해당하는 사람을 고용하는 자는 해당 종사자에 대하여 교통약자서비스에 관한 교육(이하 이 조에서 "교통약자서비스교육"이라 한다)을 실시하여야 한다.
1.·2. (생 략)	1.·2. (현행과 같음)
3. 그 밖에 대통령령으로 정하는 사람	3. 다음 각 목의 어느 하나에 해당하는 사람 가. 「여객자동차 운수사업법」 제3조제1항제1호에 따른 노선 여객자동차운송사업의 운전업무에 종사하는 사람 나. 「여객자동차 운수사업법」 제3조제1항제2호에 따른 구역 여객자동차운송사업 중 대통령령으로 정하는 여객자동차운송사업의 운전업무에 종사하는 사람 다. 「여객자동차 운수사업법」 제3조제1항제3호에 따른 수요응답형 여객자동차운송사업의 운전업무에 종사하는 사람
⟨신 설⟩	4. 그 밖에 대통령령으로 정하는 사람

② 제1항 각 호의 어느 하나에 해당하는 사람은 같은 항에 따라 실시하는 교통약자서비스에 관한 교육을 받아야 한다. 〈단서 신설〉	② 제1항 각 호의 어느 하나에 해당하는 사람은 같은 항에 따라 실시하는 교통약자서비스교육을 받아야 한다. 다만, 제1항제3호에 해당하는 사람이 「여객자동차 운수사업법」 제25조제1항에 따른 운수종사자 교육을 통하여 교통약자서비스교육을 이수한 경우에는 이 법에 따른 교육을 받은 것으로 본다.
③ 제1항에 따른 교육의 방법 및 내용 등에 관하여 필요한 사항은 국토교통부령으로 정한다.	③ 교통약자서비스교육을 실시하는 자는 국토교통부령으로 정하는 교육 실시 관련 자료를 3년간 보관하여야 한다. 이 경우 교육 실시 관련 자료는 「전자문서 및 전자거래 기본법」 제2조제1호에 따른 전자문서로 작성·보존할 수 있다.
〈신 설〉	④ 국토교통부장관은 제1항에 따른 교통약자서비스교육 실시결과에 대한 점검을 할 수 있다.
〈신 설〉	⑤ 국토교통부장관은 제4항에 따른 점검을 위하여 교통약자서비스교육을 실시하는 자에게 국토교통부령으로 정하는 바에 따라 교통약자서비스교육 실시결과 제출을 요청할 수 있다. 이 경우 요청을 받은 자는 특별한 사유가 없으면 이에 따라야 한다.
〈신 설〉	⑥ 국토교통부장관은 교통약자서비스교육이 원활하게 이루어지도록 교육교재 등을 개발하여 보급하여야 한다.
〈신 설〉	⑦ 제1항에 따른 교통약자서비스교육의 방법 및 내용 등에 관하여 필요한 사항은 국토교통부령으로 정한다.

⟨2024년 7월 2일 개정, 즉시 시행, 일부 조항은 2024.7.10. 시행⟩

여객자동차 운수사업법 시행령 일부개정

□ **주요 내용**
ㅇ 수요응답형 여객자동차 운송사업의 대상에 '대도시권 광역교통 관리에 관한 특별법 시행령' 별표1에 따른 대도시권의 같은 권역 내 둘 이상의 시·도간에 일상적인 교통수요를 신속하게 처리하기 위한 대중교통수단이 부족한 경우로서 국토교통부장관이 지역을 정하여 고시하는 경우를 추가(제2조의2제6호 신설)

※ 참고 : 대도시권 광역교통 관리에 관한 특별법 시행령 별표1

권역별	범위
수도권	서울특별시, 인천광역시 및 경기도
부산·울산권	부산광역시, 울산광역시, 경상북도 경주시 및 경상남도 양산시·김해시·창원시·거제시·밀양시
대구권	대구광역시, 경상북도 구미시·경산시·영천시·청도군·고령군·성주군·칠곡군·의성군·청송군 및 경상남도 창녕군
광주권	광주광역시 및 전라남도 나주시·담양군·화순군·함평군·장성군
대전권	대전광역시, 세종특별자치시, 충청남도 공주시·논산시·계룡시·금산군 및 충청북도 청주시·보은군·옥천군

■ 대도시권 광역교통 관리에 관한 특별법 시행령 [별표 1] ⟨개정 2023. 10. 18.⟩
대도시권의 범위(제2조관련)
  - 위 수요응답형 여객자동차 운송사업에 대해 면허 등의 권한을 대도시권광역교통위원회장에게 위임(제4조제1항 일부개정 및 제37조제1항제1호의2 신설)
  - 위 수요응답형 여객자동차 운송사업의 영업소 및 운송부대시설의 변경에 대한 사업계획 변경의 인가 권한을 시도지사에게 위임 (제37조제2항제6호 개정)

ㅇ 운전 중 영상물 등 시청시 과태료 조항 신설(별표6 제2호 머목 신설)
  - 운수종사자가 운전 중 영상물을 시청하는 등의 경우 과태료(50만원)

※ 운수종사자 및 플랫폼운수종사자의 금지행위에 운전 중 방송 등 영상물을 수신하거나 재생하는 장치를 이용하여 영상물 등을 시청하는 행위를 추가하고, 이를 위반한 경우 500만원 이하의 과태료를 부과하도록 하는 등의 내용으로 「여객자동차 운수사업법」이 개정(법률 제19978호, 2024.1.9. 공포, 7.10. 시행)

ㅇ 시행일(부칙) : 공포한 날부터 시행. 다만, 별표6 제2호의 개정규정은 '24.7.10부터 시행

여객자동차 운수사업법 시행령 [대통령령 제34499호, 2024. 5. 7., 일부개정]	여객자동차 운수사업법 시행령 [대통령령 제34653호, 2024. 7. 2., 일부개정]
제2조의2(수요응답형 여객자동차운송사업의 대상) 「여객자동차 운수사업법」(이하 "법"이라 한다) 제3조제1항제3호나목에서 "대통령령으로 정하는 경우"란 다음 각 호의 어느 하나에 해당하는 경우를 말한다.	제2조의2(수요응답형 여객자동차운송사업의 대상) 「여객자동차 운수사업법」(이하 "법"이라 한다) 제3조제1항제3호나목에서 "대통령령으로 정하는 경우"란 다음 각 호의 어느 하나에 해당하는 경우를 말한다.
1. ~ 5. (생 략)	1. ~ 5. (현행과 같음)
〈신 설〉	6. 「대도시권 광역교통 관리에 관한 특별법 시행령」 별표 1에 따른 대도시권의 같은 권역 내 둘 이상의 특별시·광역시·특별자치시·도 또는 특별자치도(이하 "시·도"라 한다) 간에 일상적인 교통수요를 신속하게 처리하기 위한 대중교통수단이 부족한 경우로서 국토교통부장관이 지역을 정하여 고시하는 경우
제4조(시·도지사의 면허 또는 등록 대상인 여객자동차운송사업) ① 법 제4조제1항 단서에 따라 시·도지사의 면허를 받아야 하는 면허 대상 여객자동차운송사업은 법 제3조제1항제3호에 따른 수요응답형 여객자동차운송사업(이하 "수요응답형 여객자동차운송사업"이라 한다)으로 한다.	제4조(시·도지사의 면허 또는 등록 대상인 여객자동차운송사업) ① 법 제4조제1항 단서에 따라 시·도지사의 면허를 받아야 하는 면허 대상 여객자동차운송사업은 법 제3조제1항제3호에 따른 수요응답형 여객자동차운송사업(이하 "수요응답형 여객자동차운송사업"이라 한다) 중 제2조의2제6호에 따른 사업을 제외한 사업으로 한다.

② · ③ (생 략)	② · ③ (현행과 같음)
제7조(운임 · 요금을 신고해야 하는 여객자동차운송사업자) 법 제8조제2항에서 "대통령령으로 정하는 자"란 다음 각 호의 자를 말한다.	제7조(운임 · 요금을 신고해야 하는 여객자동차운송사업자) 법 제8조제2항에서 "대통령령으로 정하는 자"란 다음 각 호의 자를 말한다.
1. 법 제4조제3항에 따른 여객자동차운송사업의 한정면허(제37조제1항제1호 각 목 외의 부분에서 규정한 시내버스운송사업의 한정면허는 제외한다)를 받은 자	1. 법 제4조제3항에 따른 여객자동차운송사업의 한정면허(제2조의2제6호에 따른 수요응답형 여객자동차운송사업 및 제37조제1항제1호 각 목 외의 부분에서 규정한 시내버스운송사업의 한정면허는 제외한다)를 받은 자
2. ~ 4. (생 략)	2. ~ 4. (현행과 같음)
제13조(벽지노선 등의 운행에 관한 개선명령) 국토교통부장관, 시 · 도지사 또는 시장 · 군수(농어촌버스운송사업, 마을버스운송사업 및 수요응답형 여객자동차운송사업의 경우만 해당한다)는 법 제23조제1항제10호에 따라 벽지노선(僻地路線)이나 수익성이 없는 노선의 운행에 관한 개선명령을 하는 경우에는 다음 각 호의 사항을 적은 개선명령서를 운송사업자에게 내주어야 한다. 이 경우 개선명령서를 받은 운송사업자는 개선명령일부터 50일 이내에 그 명령에 따른 운송을 시작하여야 한다.	제13조(벽지노선 등의 운행에 관한 개선명령) 국토교통부장관, 시 · 도지사 또는 시장 · 군수[농어촌버스운송사업, 마을버스운송사업 및 수요응답형 여객자동차운송사업(제2조의2제6호에 따른 사업은 제외한다)의 경우만 해당한다]는 법 제23조제1항제10호에 따라 벽지노선(僻地路線)이나 수익성이 없는 노선의 운행에 관한 개선명령을 하는 경우에는 다음 각 호의 사항을 적은 개선명령서를 운송사업자에게 내주어야 한다. 이 경우 개선명령서를 받은 운송사업자는 개선명령일부터 50일 이내에 그 명령에 따른 운송을 시작하여야 한다.
1. ~ 4. (생 략)	1. ~ 4. (현행과 같음)

제15조(개선명령 또는 운행명령으로 인한 손실의 보상) ① 법 제23조제3항에 따라 손실보상을 받으려는 자는 다음 각 호의 사항을 적은 청구서에 손실액의 산출명세서를 첨부하여 국토교통부장관, 시·도지사 또는 시장·군수(농어촌버스운송사업, 마을버스운송사업 및 수요응답형 여객자동차운송사업에 대한 개선명령의 경우만 해당한다. 이하 이 조에서 같다)에게 제출하여야 한다.	제15조(개선명령 또는 운행명령으로 인한 손실의 보상) ① 법 제23조제3항에 따라 손실보상을 받으려는 자는 다음 각 호의 사항을 적은 청구서에 손실액의 산출명세서를 첨부하여 국토교통부장관, 시·도지사 또는 시장·군수[농어촌버스운송사업, 마을버스운송사업 및 수요응답형 여객자동차운송사업(제2조의2제6호에 따른 사업은 제외한다)에 대한 개선명령의 경우만 해당한다. 이하 이 조에서 같다]에게 제출하여야 한다.
1. ~ 3. (생 략)	1. ~ 3. (현행과 같음)
② (생 략)	② (현행과 같음)
제37조(권한의 위임) ① 국토교통부장관은 법 제75조제1항에 따라 다음 각 호의 권한을 「대도시권 광역교통 관리에 관한 특별법」 제8조에 따른 대도시권광역교통위원회에 위임한다. 1. (생 략)	제37조(권한의 위임) ① 국토교통부장관은 법 제75조제1항에 따라 다음 각 호의 권한을 「대도시권 광역교통 관리에 관한 특별법」 제8조에 따른 대도시권광역교통위원회에 위임한다. 1. (현행과 같음)
〈신 설〉	1의2. 제2조의2제6호에 따른 수요응답형 여객자동차운송사업에 대한 제1호 각 목(나목 및 차목은 제외한다)의 권한
2. 제3조제2호다목 및 라목에 따른 일반택시운송사업 및 개인택시운송사업에 대한 다음 각 목의 권한(사업구역이 「대도시권 광역교통 관리에 관한 특별법」 제2조제1호에 따른 대도시권 안에 있는 경우에 한정한다) 　가. 법 제3조의4에 따른 여객자동차운송사업 사업구역의 지정 및 변경 　나. 법 제78조에 따른 여객자동차운송사업에 관한 조정, 결과 통보 및 직접 처분	2. 제3조제2호다목에 따른 일반택시운송사업 및 같은 호 라목에 따른 개인택시운송사업에 대한 법 제78조에 따른 조정, 결과 통보 및 직접 처분(사업구역이 「대도시권 광역교통 관리에 관한 특별법」 제2조제1호에 따른 대도시권 안에 있는 경우로 한정한다)

② 국토교통부장관은 법 제75조제1항에 따라 다음 각 호의 권한을 시·도지사에게 위임한다.	② 국토교통부장관은 법 제75조제1항에 따라 다음 각 호의 권한을 시·도지사에게 위임한다.
1. 법 제4조에 따른 여객자동차운송사업(제1항제1호 각 목 외의 부분에서 규정한 시내버스운송사업 및 운행형태가 고속형인 시외버스운송사업은 제외한다)의 면허	1. 법 제4조에 따른 여객자동차운송사업의 면허. 다만, 다음 각 목에 따른 여객자동차운송사업의 면허는 제외한다. 　가. 제2조의2제6호에 따른 수요응답형 여객자동차운송사업 　나. 제1항제1호 각 목 외의 부분에서 규정한 시내버스운송사업 　다. 운행형태가 고속형인 시외버스운송사업
2. (생　략)	2. (현행과 같음)
3. 법 제8조에 따른 여객자동차운송사업(제1항제1호 각 목 외의 부분에서 규정한 시내버스운송사업 및 시외버스운송사업은 제외한다)의 운임·요금의 기준 및 요율의 결정	3. 법 제8조에 따른 여객자동차운송사업(제2조의2제6호에 따른 수요응답형 여객자동차운송사업, 이 조 제1항제1호 각 목 외의 부분에서 규정한 시내버스운송사업 및 시외버스운송사업은 제외한다)의 운임·요금의 기준 및 요율의 결정
4. (생　략)	4. (현행과 같음)
5. 법 제9조에 따른 여객자동차운송사업(제1항제1호 각 목 외의 부분에서 규정한 시내버스운송사업 및 운행형태가 고속형인 시외버스운송사업은 제외한다)의 운송약관 및 그 변경신고의 수리	5. 법 제9조에 따른 여객자동차운송사업(제1호 각 목에 따른 여객자동차운송사업은 제외한다)의 운송약관 및 그 변경신고의 수리

6. 법 제10조제1항 본문에 따른 여객자동차운송사업의 사업계획 변경(제1항제1호 각 목 외의 부분에서 규정한 시내버스운송사업의 경우에는 운행시간 변경, 영업소 변경, 정류소 변경, 관할구역 내 기점 또는 종점의 변경을 제외한 운행경로의 변경 및 운송부대시설의 변경만 해당하고, 운행형태가 고속형인 시외버스운송사업의 경우에는 운행시간, 영업소, 정류소 및 운송부대시설의 변경만 해당한다)의 인가. 다만, 다음 각 목의 경우는 제외한다.	6. 다음 각 목의 구분에 따른 변경사항에 대한 법 제10조제1항 본문에 따른 여객자동차운송사업의 사업계획 변경의 인가
가. 시내버스운송사업의 운행형태를 제1항제1호 각 목 외의 부분에서 규정한 시내버스 운송사업으로 변경하는 사업계획 변경의 인가	가. 제2조의2제6호에 따른 수요응답형 여객자동차운송사업: 영업소 및 운송부대시설의 변경
나. 시외버스운송사업(운행형태가 고속형인 경우는 제외한다)을 제1항제1호 각 목 외의 부분에서 규정한 시내버스운송사업으로 변경하는 사업계획 변경의 인가 다. 삭제	나. 제1항제1호 각 목 외의 부분에서 규정한 시내버스운송사업: 운행시간, 영업소, 정류소 및 운송부대시설의 변경과 관할구역 내에서의 운행경로의 변경(기점 또는 종점의 변경은 제외한다) 다. 운행형태가 고속형인 시외버스운송사업: 운행시간, 영업소, 정류소 및 운송부대시설의 변경

〈신 설〉	라. 법 제4조제1항 본문에 해당하는 여객자동차운송사업 중 가목부터 다목까지에서 규정한 여객자동차운송사업을 제외한 사업: 다음의 사항을 제외한 변경 　1) 시내버스운송사업을 제1항제1호 각 목 외의 부분에서 규정한 시내버스운송사업으로의 변경 　2) 시외버스운송사업(운행형태가 고속형인 경우는 제외한다)을 제1항제1호 각 목 외의 부분에서 규정한 시내버스운송사업으로의 변경
6의2. (생 략)	6의2. (현행과 같음)
7. 법 제13조에 따른 여객자동차운송사업(제1항제1호 각 목 외의 부분에서 규정한 시내버스운송사업 및 운행형태가 고속형인 시외버스운송사업은 제외한다)의 관리위탁신고의 수리	7. 법 제13조에 따른 여객자동차운송사업(제1호 각 목에 따른 여객자동차운송사업은 제외한다)의 관리위탁신고의 수리
8. 법 제14조에 따른 여객자동차운송사업(제1항제1호 각 목 외의 부분에서 규정한 시내버스운송사업 및 운행형태가 고속형인 시외버스운송사업은 제외한다)의 양도·양수에 대한 신고의 수리 및 인가와 법인의 합병에 대한 신고의 수리	8. 법 제14조에 따른 여객자동차운송사업(제1호 각 목에 따른 여객자동차운송사업은 제외한다)의 양도·양수에 대한 신고의 수리 및 인가와 법인의 합병에 대한 신고의 수리
9. 법 제15조에 따른 여객자동차운송사업(제1항제1호 각 목 외의 부분에서 규정한 시내버스운송사업 및 운행형태가 고속형인 시외버스운송사업은 제외한다)의 상속에 대한 신고의 수리	9. 법 제15조에 따른 여객자동차운송사업(제1호 각 목에 따른 여객자동차운송사업은 제외한다)의 상속에 대한 신고의 수리
10. 법 제16조제1항에 따른 여객자동차운송사업(제1항제1호 각 목 외의 부분에서 규정한 시내버스운송사업 및 운행형태가 고속형인 시외버스운송사업은 제외한다)의 휴업 또는 폐업의 허가	10. 법 제16조제1항에 따른 여객자동차운송사업(제1호 각 목에 따른 여객자동차운송사업은 제외한다)의 휴업 또는 폐업의 허가

11. (생 략)	11. (현행과 같음)
12. 법 제23조에 따른 운송사업자에 대한 사업개선명령(법 제23조제1항제1호에 따른 사업계획의 변경 중 둘 이상의 시·도에 관련되는 사업의 운행계통·운행횟수 및 운행대수의 변경에 관한 사항으로서 국토교통부령으로 정하는 것은 제외하며, 법 제23조제1항제3호에 따른 운임 또는 요금의 조정에 관한 사항과 제1항제1호 각 목 외의 부분에서 규정한 시내버스운송사업의 사업자 및 운행형태가 고속형인 시외버스운송사업자에 대해서는 권한이 위임된 사항에 관한 사업개선명령만 해당한다)	12. 법 제23조에 따른 운송사업자에 대한 사업개선명령(법 제23조제1항제1호에 따른 사업계획의 변경 중 둘 이상의 시·도에 관련되는 사업의 운행계통·운행횟수 및 운행대수의 변경에 관한 사항으로서 국토교통부령으로 정하는 것은 제외하며, 법 제23조제1항제3호에 따른 운임 또는 요금의 조정에 관한 사항과 제1호 각 목에 따른 여객자동차운송사업의 사업자에 대해서는 권한이 위임된 사항에 관한 사업개선명령만 해당한다)
12의2.·13. (생 략)	12의2.·13. (현행과 같음)
14. 법 제85조제1항에 따른 여객자동차 운수사업[플랫폼운송사업, 법 제49조의10제1항 단서에 따라 국토교통부장관에게 면허를 받은 플랫폼가맹사업 및 법 제49조의2제3호에 따른 여객자동차플랫폼운송중개사업(이하 "플랫폼중개사업"이라 한다)은 제외한다]의 면허·허가 또는 인가의 취소, 사업정지처분 및 노선폐지·감차(減車) 등을 수반하는 사업계획 변경명령. 다만, 제1항제1호 각 목 외의 부분에서 규정한 시내버스운송사업 및 운행형태가 고속형인 시외버스운송사업의 경우에는 사업정지처분만 해당한다. 14의2. 삭 제	14. 법 제85조제1항에 따른 여객자동차 운수사업[플랫폼운송사업, 법 제49조의10제1항 단서에 따라 국토교통부장관에게 면허를 받은 플랫폼가맹사업 및 법 제49조의2제3호에 따른 여객자동차플랫폼운송중개사업(이하 "플랫폼중개사업"이라 한다)은 제외한다]의 면허·허가 또는 인가의 취소, 사업정지처분 및 노선폐지·감차(減車) 등을 수반하는 사업계획 변경명령. 다만, 제1호 각 목에 따른 여객자동차운송사업의 경우에는 사업정지처분만 해당한다.

15. 법 제86조에 따른 청문(제1항제1호 각 목 외의 부분에서 규정한 시내버스운송사업 및 운행형태가 고속형인 시외버스운송사업과 플랫폼운송사업, 법 제49조의10제1항 단서에 따라 국토교통부장관에게 면허를 받은 플랫폼가맹사업 및 플랫폼중개사업에 대한 국토교통부장관의 처분에 관한 것은 제외한다)	15. 법 제86조에 따른 청문. 다만, 다음 각 목에 따른 사업의 사업자에 대한 처분을 하는 경우의 청문은 제외한다. 　가. 제1호 각 목에 따른 여객자동차운송사업 　나. 플랫폼운송사업 및 플랫폼중개사업 　다. 법 제49조의10제1항 단서에 따라 국토교통부장관에게 면허를 받은 플랫폼가맹사업
15의2. ~ 17. (생 략)	15의2. ~ 17. (현행과 같음)
③ 시·도지사는 제2항에 따라 위임받은 업무 중 다음 각 호의 업무를 수행했으면 그 내용을 지체 없이 국토교통부장관에게 보고해야 한다.	③ 시·도지사는 제2항에 따라 위임받은 업무 중 다음 각 호의 업무를 수행했으면 그 내용을 지체 없이 국토교통부장관에게 보고해야 한다.
1. (생 략)	1. (현행과 같음)
2. 제2항제2호에 따른 수송시설의 확인과 운송개시일의 연기 또는 개시기간의 연장승인(제1항제1호 각 목 외의 부분에서 규정한 시내버스운송사업만 해당한다)	2. 제2항제2호에 따른 수송시설의 확인과 운송개시일의 연기 또는 개시기간의 연장승인(제2조의2제6호에 따른 수요응답형 여객자동차운송사업 및 제1항제1호 각 목 외의 부분에서 규정한 시내버스운송사업만 해당한다)
3. (생 략)	3. (현행과 같음)
4. 제2항제6호에 따른 여객자동차운송사업(제1항제1호 각 목 외의 부분에서 규정한 시내버스운송사업, 운행형태가 일반형 및 직행형인 시외버스운송사업만 해당한다)의 사업계획 변경 인가	4. 제2항제6호에 따른 여객자동차운송사업(제2조의2제6호에 따른 수요응답형 여객자동차운송사업 및 제1항제1호 각 목 외의 부분에서 규정한 시내버스운송사업, 운행형태가 일반형 및 직행형인 시외버스운송사업만 해당한다)의 사업계획 변경 인가
5. ~ 7. (생 략)	5. ~ 7. (현행과 같음)

8. 제2항제11호에 따른 중대한 교통사고(제1항제1호 각 목 외의 부분에서 규정한 시내버스운송사업의 사업자 및 운행형태가 고속형인 시외버스운송사업자가 일으킨 중대한 교통사고만 해당한다)에 대한 보고의 수리 및 처리	8. 제2항제11호에 따른 중대한 교통사고(제2항제1호 각 목에 따른 여객자동차운송사업의 사업자가 일으킨 중대한 교통사고만 해당한다)에 대한 보고의 수리 및 처리
9. 제2항제12호에 따른 운송사업자(제1항제1호 각 목 외의 부분에서 규정한 시내버스운송사업의 사업자 및 시외버스운송사업자만 해당한다)에 대한 사업개선명령	9. 제2항제12호에 따른 운송사업자(제2조의2제6호에 따른 수요응답형 여객자동차운송사업 및 제1항제1호 각 목 외의 부분에서 규정한 시내버스운송사업의 사업자 및 시외버스운송사업자만 해당한다)에 대한 사업개선명령
10. (생 략)	10. (현행과 같음)
제40조(자동차의 차령 등) ① ~ ⑤ (생 략)	제40조(자동차의 차령 등) ① ~ ⑤ (현행과 같음)
⑥ 법 제84조제2항제2호에서 "대통령령으로 정하는 노선 여객자동차운송사업자 및 구역 여객자동차운송사업자"란 시내버스운송사업의 면허를 받은 자, 농어촌버스운송사업의 면허를 받은 자, 마을버스운송사업의 등록을 한 자, 시외버스운송사업의 면허를 받은 자, 전세버스운송사업의 등록을 한 자 및 특수여객자동차운송사업의 등록을 한 자를 말한다.	⑥ 법 제84조제2항제2호에서 "대통령령으로 정하는 여객자동차운송사업자"란 다음 각 호에 따른 자를 말한다. 1. 노선 여객자동차운송사업의 면허를 받거나 등록을 한 자 2. 구역 여객자동차운송사업자 중 전세버스운송사업 및 특수여객자동차운송사업의 등록을 한 자
제41조(면허취소 등) ① 법 제85조제1항 각 호 외의 부분 본문에서 "대통령령으로 정하는 여객자동차운송사업"이란 마을버스운송사업·전세버스운송사업·특수여객자동차운송사업 및 수요응답형 여객자동차운송사업을 말하며, 같은 항 제37호에서 "대통령령으로 정하는 여객자동차운송사업"이란 개인택시운송사업을 말한다.	제41조(면허취소 등) ① 법 제85조제1항 각 호 외의 부분 본문에서 "대통령령으로 정하는 여객자동차운송사업"이란 마을버스운송사업·전세버스운송사업·특수여객자동차운송사업 및 수요응답형 여객자동차운송사업(제2조의2제6호에 따른 사업은 제외한다)을 말하며, 같은 항 제37호에서 "대통령령으로 정하는 여객자동차운송사업"이란 개인택시운송사업을 말한다.

②·③ (생 략)	②·③ (현행과 같음)
제42조(처분관할관청 등)	제42조(처분관할관청 등)
① 법 제83조와 법 제85조에 따른 처분은 해당 관할 관청(자가용자동차의 경우에는 해당 자동차의 등록관청을 말한다. 이하 "처분관할관청"이라 한다)이 한다. 다만, 고속형인 시외버스운송사업의 면허취소 등에 관한 처분은 국토교통부장관이 하고, 제37조제1항제1호 각 목 외의 부분에서 규정한 시내버스운송사업의 면허취소 등에 관한 처분은 대도시권광역교통위원회가 한다.	〈삭 제〉
② 처분관할관청은 법 제83조제1항 각 호의 어느 하나에 해당하거나 법 제85조제1항 각 호의 어느 하나에 해당하는 위반행위를 적발한 때에는 특별한 사유가 없으면 적발한 날부터 30일 이내에 처분을 하여야 한다. 이 경우 운행정지·사업전부정지 또는 사업일부정지의 처분을 할 때에는 그 처분기간을 분명히 밝혀야 한다.	② 법 제83조 또는 제85조에 따라 처분을 하는 국토교통부장관, 대도시권광역교통위원회, 시·도지사 또는 시장·군수·구청장(이하 "처분관할관청"이라 한다)은 법 제83조제1항 각 호의 어느 하나에 해당하거나 법 제85조제1항 각 호의 어느 하나에 해당하는 위반행위를 적발한 때에는 특별한 사유가 없으면 적발한 날부터 30일 이내에 처분을 하여야 한다. 이 경우 운행정지·사업전부정지 또는 사업일부정지의 처분을 할 때에는 그 처분기간을 분명히 밝혀야 한다.
③·④ (생 략)	③·④ (현행과 같음)

⟨2024년 12월 31일 개정, 즉시 시행⟩

여객자동차 운수사업법 시행령 일부개정

□ **개정 이유 및 주요 내용**
ㅇ 수도권 내 출퇴근 시간대 교통수단 부족에 따른 불편을 해소하기 위해, 기·종점이 교통수단 이용의 편의성 및 교통 혼잡성 등을 고려하여 국토교통부장관리 정하여 고시하는 수도권 내 지역에 위치하는 등의 요건을 갖춘 경우에는 공동주택 관리주체가 해당 공동주택 거주자의 통근을 위한 전세버스 운송계약을 체결할 수 있도록 함

□ **전세버스운송사업에 관한 특례**(제3조의2)
  ○ 전세버스운송사업은 운행계통을 정하지 아니하고 전국을 사업구역으로 정하여 1개의 운송계약에 따라 국토교통부령으로 정하는 자동차를 사용하여 여객을 운송하는 사업(제3조제2호가목)

  ○ 「공동주택관리법」 제2조제1항제10호에 따른 관리주체와 1개의 운송계약에 따라 해당 공동주택 거주자만의 통근을 목적으로 자동차를 운행하는 경우로서 다음 각 목에 모두 해당하는 경우(제3조의2제2호)
  가. 기점에서의 출발시간이 오전 6시부터 오전 8시까지 또는 오후 6시부터 오후 8시까지일 것
  나. 토요일, 일요일 및 공휴일에는 운행하지 않을 것
  다. 기점과 종점은 서도 다른 시 도에 위치할 것
  라. 중간정차지를 두는 경우에는 기점 또는 종점으로부터 3킬로미터 이내에 총 2개 이하로 둘 것
  마. 기점, 종점 및 중간정차지는 모두 「대도시권 광역교통 관리에 관한 특별법 시행령」 별표 1에 따른 수도권 내의 지역으로서 국토교통부장관이 교통수단 이용의 편의성 및 교통 혼잡성 등을 고려하여 고시하는 지역 내에 위치할 것

여객자동차 운수사업법 시행령 [대통령령 제34653호, 2024. 7. 2., 일부개정]	여객자동차 운수사업법 시행령 [대통령령 제35163호, 2024. 12. 31., 일부개정]
제3조(여객자동차운송사업의 종류) 법 제3조 제2항에 따라 같은 조 제1항제1호 및 제2호에 따른 노선 여객자동차운송사업과 구역 여객자동차운송사업은 다음 각 호와 같이 세분한다.	제3조(여객자동차운송사업의 종류) 법 제3조 제2항에 따라 같은 조 제1항제1호 및 제2호에 따른 노선 여객자동차운송사업과 구역 여객자동차운송사업은 다음 각 호와 같이 세분한다.
2. 구역 여객자동차운송사업	2. 구역 여객자동차운송사업
가. 전세버스운송사업: 운행계통을 정하지 아니하고 전국을 사업구역으로 정하여 1개의 운송계약에 따라 국토교통부령으로 정하는 자동차를 사용하여 여객을 운송하는 사업. 다만, 다음 어느 하나에 해당하는 기관 또는 시설 등의 장과 1개의 운송계약(운임의 수령주체와 관계없이 개별 탑승자로부터 현금이나 회수권 또는 카드결제 등의 방식으로 운임을 받는 경우는 제외한다)에 따라 그 소속원[「산업입지 및 개발에 관한 법률」에 따른 산업단지, 준산업단지 및 공장입지 유도지구(이하 이 조에서 "산업단지등"이라 한다) 관리기관의 경우 해당 산업단지등의 입주기업체 소속원을 포함한다]만의 통근·통학목적으로 자동차를 운행하는 경우에는 운행계통을 정하지 아니한 것으로 본다.	가. 전세버스운송사업: 운행계통을 정하지 아니하고 전국을 사업구역으로 정하여 1개의 운송계약에 따라 국토교통부령으로 정하는 자동차를 사용하여 여객을 운송하는 사업 〈단서 삭제〉
1) 정부기관·지방자치단체와 그 출연기관·연구기관 등 공법인	〈삭 제〉
2) 회사, 「초·중등교육법」 제2조에 따른 학교, 「고등교육법」 제2조에 따른 학교, 「유아교육법」 제2조제2호에 따른 유치원, 「영유아보육법」 제10조에 따른 어린이집, 「학원의 설립·운영 및 과외교습에 관한 법률」 제2조의2제1항제1호에 따른 학교교과	〈삭 제〉

교습학원 또는 「체육시설의 설치·이용에 관한 법률」 제3조에 따른 체육시설(「유통산업발전법」 제2조제3호에 따른 대규모점포에 부설된 체육시설은 제외한다) 3) 국토교통부장관 또는 시·도지사가 정하여 고시하는 산업단지등의 관리기관	〈삭 제〉
제3조의2 삭제	제3조의2(전세버스운송사업에 관한 특례) ① 제3조제2호가목을 적용할 때 다음 각 호의 어느 하나에 해당하는 경우에는 운행계통을 정하지 않은 것으로 본다. 1. 다음 각 목의 어느 하나에 해당하는 기관 또는 시설 등의 장과 1개의 운송계약(운임의 수령주체와 관계없이 개별 탑승자로부터 현금이나 회수권 또는 카드결제 등의 방식으로 운임을 받는 경우는 제외한다. 이하 이 조에서 같다)에 따라 그 소속원[「산업입지 및 개발에 관한 법률」에 따른 산업단지, 준산업단지 및 공장입지 유도지구(이하 이 조에서 "산업단지등"이라 한다) 관리기관의 경우 해당 산업단지등의 입주기업체 소속원을 포함한다]만의 통근·통학을 목적으로 자동차를 운행하는 경우 　가. 정부기관·지방자치단체와 그 출연기관·연구기관 등 공법인 　나. 회사, 「초·중등교육법」 제2조에 따른 학교, 「고등교육법」 제2조에 따른 학교, 「유아교육법」 제2조제2호에 따른 유치원, 「영유아보육법」 제10조에 따른 어린이집, 「학원의 설립·운영 및 과외교습에 관한 법률」 제2조의2제1항제1호에 따른 학교교과교습학원 또는 「체육시설의 설치·이용에 관한 법률」 제3조에 따른 체육시설(「유통산업발전법」 제2조제3호에 따른 대규모점포

에 부설된 체육시설은 제외한다)
다. 국토교통부장관 또는 시·도지사가 정하여 고시하는 산업단지등의 관리기관
2. 「공동주택관리법」 제2조제1항제10호에 따른 관리주체와 1개의 운송계약에 따라 해당 공동주택 거주자만의 통근을 목적으로 자동차를 운행하는 경우로서 다음 각 목에 모두 해당하는 경우
가. 기점에서의 출발시간이 오전 6시부터 오전 8시까지 또는 오후 6시부터 오후 8시까지일 것
나. 토요일, 일요일 및 공휴일에는 운행하지 않을 것
다. 기점과 종점은 서로 다른 시·도에 위치할 것
라. 중간정차지를 두는 경우에는 기점 또는 종점으로부터 3킬로미터 이내에 총 2개 이하로 둘 것
마. 기점, 종점 및 중간정차지는 모두 「대도시권 광역교통 관리에 관한 특별법 시행령」 별표 1에 따른 수도권 내의 지역으로서 국토교통부장관이 교통수단 이용의 편의성 및 교통 혼잡성 등을 고려하여 고시하는 지역 내에 위치할 것
② 운송사업자(법 제4조제1항에 따라 여객자동차운송사업의 면허를 받거나 등록을 한 자를 말한다. 이하 같다) 또는 운송사업자가 가입한 법 제53조에 따른 조합(운송사업자가 법 제53조에 따른 조합에 해당 운송사업자를 대신하여 시·도지사와 협의해 줄 것을 요청한 경우로 한정한다)은 제1항제2호에 따른 운송계약을 체결하기 전에 기점, 종점 및 중간정차지의 소재지를 관할하는 시·도지사와 자동차의 운행에 관

	하여 협의해야 한다. 이 경우 법 제53조에 따른 조합에 가입한 운송사업자가 시·도지사와 직접 협의하는 경우에는 미리 그 협의하려는 사항에 관하여 법 제53조에 따른 조합의 의견을 들어야 한다.
제8조(사업계획의 변경이 제한되는 교통사고의 규모 또는 발생 빈도) 법 제10조제5항제4호에 따라 사업계획의 변경을 제한할 수 있는 경우는 다음 각 호의 어느 하나에 해당하는 경우로 한다.	제8조(사업계획의 변경이 제한되는 교통사고의 규모 또는 발생 빈도) 법 제10조제5항제4호에 따라 사업계획의 변경을 제한할 수 있는 경우는 다음 각 호의 어느 하나에 해당하는 경우로 한다.
1. 법 제4조제1항에 따라 여객자동차운송사업의 면허를 받거나 등록을 한자(이하 "운송사업자"라 한다)의 중대한 교통사고 건수(운송사업자가 사업계획 변경의 인가일·등록일 또는 신고일 전 최근 1년간 일으킨 제11조에 따른 중대한 교통사고의 건수를 말한다)가 다음 각 목의 어느 하나에 해당하는 경우	1. 운송사업자의 중대한 교통사고 건수(운송사업자가 사업계획 변경의 인가일·등록일 또는 신고일 전 최근 1년간 일으킨 제11조에 따른 중대한 교통사고의 건수를 말한다)가 다음 각 목의 어느 하나에 해당하는 경우

⟨2023년 12월 29일~2024년 12월 31일, 국토교통부 고시⟩

유가보조금 지급단가 및 유가연동보조금 지급기간 연장

☐ 2023. 12. 29. 국토교통부 고시 주요 내용, 시행일 2024. 1. 1.
- 최근 유가 상승에 따른 경영난을 겪고 있는 여객자동차 운수업체의 유류비 부담을 완화하기 위해 비상경제장관회의 ⟨2023. 12. 13.⟩ 결과에 따라 유류비에 대한 재정지원을 확대하고, 사업용 수소전기자동차 보급을 확대하기 위해 수소 택시의 유가보조금을 지급하려는 것임
- 유가보조금 지급기간(안 제5조)
  : (유가보조금) 2024년 1월 1일 ~ 2024년 12월 31일 (1년 연장)
  : (유가연동보조금) 2023년 7월 11일 ~ 2024년 2월 29일 (2개월 연장)
- 유가보조금 지급 대상(안 제8조) : 택시에 사용되는 수소연료 추가

☐ 2024. 6. 28. 국토교통부 고시 주요 내용, 시행일 2024. 7. 1.
- 최근 유류가격이 낮아지는 추세 등을 고려하여 유류세율이 조정됨에 따라 사업용 차량에 지급하는 유가보조금 지급단가를 조정함.
- 석유류 등 주요 품목별 생활물가 안정 강화를 위한 물가관계차관회의('24.6.21) 결과에 따라 경유·CNG 유가연동보조금 지급기간 연장(2024.06.30.→'24. 8.31(2개월)
- 대상: 경유 및 LPG 연료를 사용하는 버스 및 택시, 화물차
- 근거: 교통에너지환경세법 시행령 제2조의2제2호 및 개별소비세법 시행령 제2조의2제1항3호, 석유 및 석유대체연료사업법 시행령 제24조제1항5호
- 지급단가: 시내·시외버스 167.60원→206.38원(↑38.78)

☐ 2024. 10. 31. 국토교통부 고시 주요 내용, 시행일 2024. 11. 1.
- 최근 유류가격이 낮아지는 추세 등을 고려하여 유류세율이 조정됨에 따라 사업용 차량에 지급하는 유가보조금 지급단가를 조정함.
- 대상: 경유 및 LPG 연료를 사용하는 버스 및 택시, 화물차
- 근거: 교통에너지환경세법 시행령 제2조의2제2호 및 개별소비세법 시행령제2조의2제1항3호, 석유 및 석유대체연료사업법 시행령 제24조제1항5호
- 지급단가: 시내/시외버스 206.38원→246.7원(↑40.32)

□ 2024. 12. 31. 국토교통부 고시 주요 내용, 시행일 2025. 1. 1.
- 유가보조금 지급 대상: 버스(노선버스, 전세버스) 및 택시 운송사업자
- 유가보조금의 정의 및 대상: 유가보조금은 유류세 인상액 보조, 천연가스 및 수소 충전 비용 지원 등으로 구성.
- 지급 기준 및 기간: 2025년 1월 1일부터 2025년 12월 31일까지 한시적 지급하며, 지급 단가 및 기준은 연료 종류와 사용량에 따라 차등 적용
- 관리 및 제한: 연료구매카드 사용을 의무화하여 투명성을 강화하고 부정수급 방지를 위해 거래 제한, 부정수급 의심거래 시스템을 도입함. 부정수급 적발 시 보조금 환수 및 행정 제재함.
- 지급 절차: 카드 사용 내역을 기반으로 관할관청 및 카드협약사를 통해 보조금 지급

제2부 정책 동향

서울특별시

서울시의회

국토교통부·대도시권광역교통위원회·한국교통안전공단

대한교통학회

서울특별시버스운송사업조합

노동조합

시민단체

I. 서울특별시 : 보도자료

⟨서울특별시가 서울시의회에 제출한 자료⟩[1]

시내버스 관리 운영 결과보고서

① **시내버스회사 평가**

☐ 평가 개요
- 평가 방법 : 평가매뉴얼에 따라 평가 후 항목별 점수를 합산
- 평가 내용 : 평가지표(3개 분야, 15개 항목), 가·감점(19개 항목) 총 1,000점

평가지표	계	안전성향상	서비스개선	지속가능성
평가배점	1,000	250	420	330

- 결과활용 : 성과이윤 지급, 전기버스 도입 노선 선정 등 시책사업 선정시

⟨2022년 주요 개선사항⟩
- ❖ 기준이 불명확한 이동편의성, 이용쾌적성 분야를 서비스 개선 분야로 통합
- ❖ 운수종사자 식사질 평가, 주식 및 영업 양수도 관련 평가 항목 신설
- ❖ 노사관계 평가 등 7개 항목 평가 합리적 개선

☐ 평가 결과
- (총평) 전체 회사의 평가점수 평균 2.9점 상승(869.6점 → 872.5점)하여 시내버스 업계 전반적인 서비스 질 향상
- (분야별) 평가매뉴얼 개정으로 평가 분야 및 항목이 통폐합되어 전년 대비 서비스개선 분야의 평균 점수가 가장 크게 증가(+ 50.5점)하였고, 안전성향상 분야의 평균 점수는 소폭 하락(△ 6.3점)하였음

(단위 : 점)

평가분야	배 점	평균점수 (전년대비 증감)	최고점	최저점
합 계	1,000	872.5 (+ 2.9)	956.0	296.2
안전성향상	250	215.1 (△ 6.3)	246.5	97.5
서비스개선	420	371.2 (+ 50.5)	404.7	311.5
지속가능성	330	286.2 (+ 14)	315.3	232.4

---

[1] 이 결과보고서는 서울시의회 임규호 의원의 보도자료(2024년 3월 6일)의 별첨자료에 첨부된 것을 그대로 인용한 것임.

② **외부 회계감사**

☐ 감사개요
- 감사대상 : 65개 전체 시내버스 회사의 재무제표
- 감사내용 : 회사 작성 재무제표(주석포함)의 기업회계기준 준수 여부 확인
  - 재무제표 : 재무상태표, 손익계산서, 자본변동표, 현금흐름표
  - 주   석 : 회사가 적용한 회계정책을 요약하여 기재한 내용
- 방법·절차 : 감사계약 → 감사수행(중간감사, 기말감사) → 의견표명(감사보고서)

☐ 감사결과 : 65개사 전체 적정의견(기업회계기준 준수)
- 부채비율 71.7%, 당기순이익 716억 발생 등 안정적인 경영 및 재무구조 유지
  - 자본총액 8,573억원, 부채총액 6,150억원(부채비율 71.7%)

  ※ 신길교통 : 최초 한정의견 → 적정의견으로 수정

재무상태 (단위 : 백만원)

연 도	2022년(①)	2021년(②)	증 감(① - ②)
자 산	1,472,338	1,335,259	+137,079
부 채	615,048	567,041	+48,007
자 본	857,290	768,218	+89,072
부 채 비 율	71.7%	73.8%	△2.1%p

- 전년대비 매출액 5.3%, 매출원가 5.8% 증가, 영업이익 342억원 발생

경영실적 (단위 : 백만원)

연 도	2022년(①)	2021년(②)	증 감(① - ②)
매출액	1,955,809	1,713,297	242,512
매출원가	1,775,232	1,555,955	219,277
영업이익	58,150	34,191	23,959
당기순이익	71,603	77,036	△5,433
영업이익률	3.0%	2.0%	+1.0%p

③ **운송비용 정산**

☐ 정산 개요
- 추진절차 : ① 표준운송원가 산정안 마련 → ② 버스업계 의견청취 → ③ 버스정책시민위원회 심의 → ④ 표준운송원가 확정 → ⑤ 정산실시
- 정산방식 : 운전직인건비, 연료비는 실비정산하고, 기타항목은 표준단가 지급
  ※ 실비정산 : 실제 발생비용을 지급 / 표준정산 : 일정액을 지급하고 과·부족액은 회사귀속

- 표준운송원가 산정 : 1일 1대당 857,741원
    - 가동비: 운전직 인건비 5.4%, 연료비 89.6% 등 전년 대비 15.7% 증가
    - 보유비: 차고지비 19.1%, 정비비 2.5% 등 전년 대비 0.9% 증가
    - '22년 표준운송원가액 '21년 760,316원 대비 12.8% 증가

    ※ 2022년 표준운송원가 항목별 산정 내역 별첨

□ 정산 결과
- 65개 회사 총 1조 9,250억원 지급('22년 소급연정산, '23.12월 실시)
   - 운전직 인건비(11,979억원), 연료비(3,185억원), 감가상각비(965억원) 순으로 지급규모가 크며, 타이어비(48억원)가 가장 적음
      - '21년 17,142억원 대비 '22년 19,250억원으로 12.3% 증가

최근 5년간 정산 현황 (단위 : 억원)

구 분		'18년	'19년	'20년	'21년	'22년 금액	'22년 구성비
가동비	운전직인건비	9,938	10,453	11,034	11,322	11,979	62.2%
	연료비	1,857	1,919	1,703	1,899	3,185	16.5%
	타이어비	81	82	62	62	48	0.2%
보유비	정비직인건비	540	556	573	578	604	3.1%
	관리직인건비	661	681	701	705	723	3.8%
	임원인건비	141	140	140	139	139	0.7%
	차량보험료	323	306	277	270	247	1.3%
	차량감가상각비	637	703	820	910	965	5.0%
	기타차량유지비	127	129	126	137	118	0.6%
	차고지비	140	145	146	157	177	0.9%
	기타관리비	140	145	146	297	289	1.5%
	정비비	247	251	210	207	212	1.1%
	적정이윤	468	466	458	459	564	2.9%
합 계		15,468	16,144	16,559	17,142	19,250	100%

⟨서울특별시, 2024년 12월, 2024년 버스 서비스 만족도 조사(시내버스) 결과 보고서[2]) 제2장⟩

2024년 버스 서비스 만족도 조사(시내버스) 결과

제1절 서울시 시내버스 만족도
1. 종합 만족도

○ 2024년 서울시 시내버스 서비스 만족도 점수는 85.57점으로 전반적 만족도는 85.69점이며, 차원 만족도는 85.51점임

○ 2023년 조사 결과와 비교하여 살펴보면, 종합만족도 점수는 1.64점 상승한 것으로 나타남

• 차원만족도는 지난해 대비 1.62점, 전반적 만족도는 1.66점 상승함

○ 차원별 만족도는 '쾌적성'이 86.57점으로 가장 높았으며, 이어서 '신뢰성'(85.18점), '안전성'(85.06점) 순임

○ 평가 항목별로 살펴보면, '쾌적성' 차원의 '내/외부환경' 항목의 만족도 점수가 가장 높게 나타난 반면 '신뢰성' 차원의 '친절응대' 항목의 만족도는 다소 낮게 평가됨

[그림Ⅱ-1] 서울시 시내버스 만족도 종합 분석

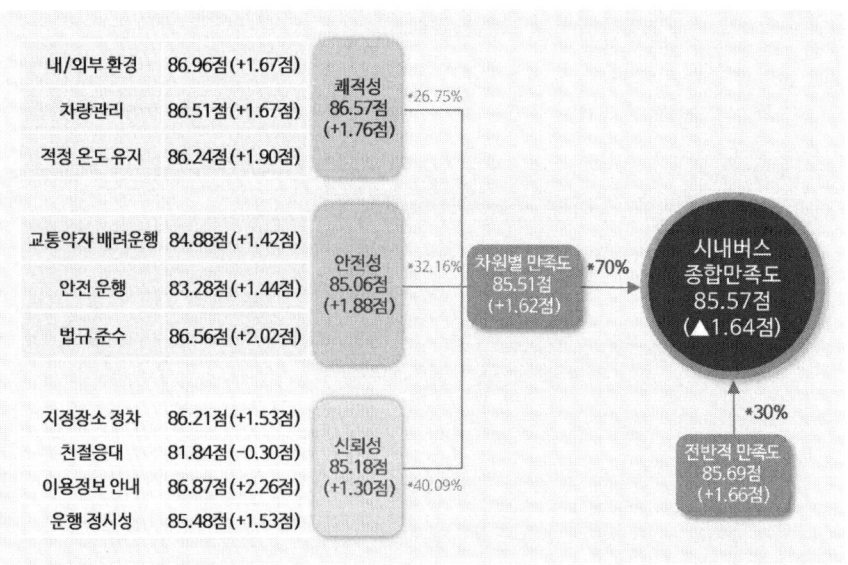

* 사례 수 : 22,192명, * 단위 : 점

---

2) 이 시민 만족도 조사는 서울시의 의뢰를 받아 ㈜리서치랩이 2024년 9월 1일 ~ 11월 30일 서울 시내버스 이용승객 22,192명을 대상으로 실시한 것이며, 시내버스 업체 및 노선별로 이루어졌음.

2. 종합 만족도

○ 2024년 서울시 시내버스 서비스 만족도는 85.57점으로 나타났으며, 전반적 만족도 85.69점, 차원 만족도 85.51점으로 전반적 만족도의 점수가 높았음

○ 서울시 시내버스 서비스 만족도는 매년 꾸준히 상승하는 추세에 있으며, 2024년 조사에서는 종합 만족도가 지난해 대비 1.64점 상승함

• 전반적 만족도는 1.66점 상승하였으며, 차원 만족도는 1.62점 상승함

○ 64개 운수업체별로 살펴보면 종합만족도 1위 업체의 만족도는 90.36점이었음

[그림Ⅱ-2] 서울시 시내버스 종합만족도

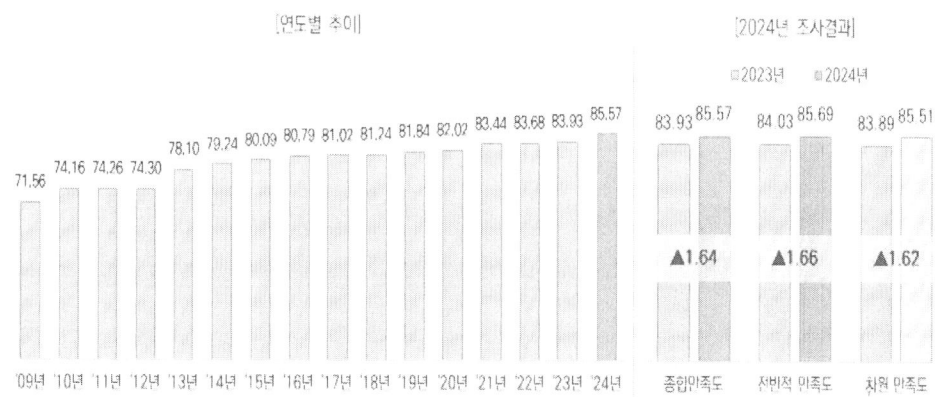

* 사례 수 : 22,192명, * 단위 : 점

[그림Ⅱ-3] 상위 10개 업체의 종합 만족도

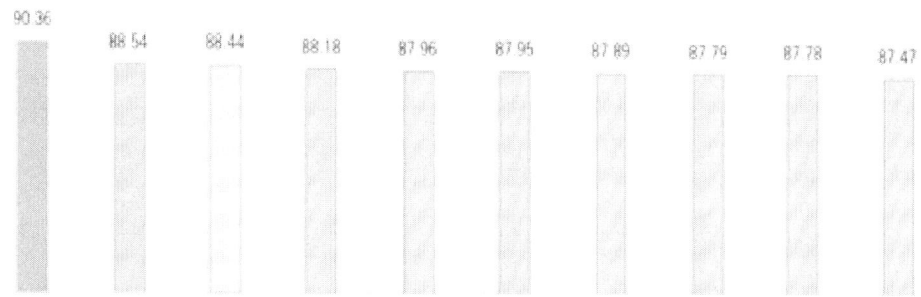

* 단위 : 점

3. 차원별 만족도

○ 차원별 만족도를 살펴보면 '쾌적성'이 86.57점으로 가장 높았으며, 이어서 '신뢰성'(85.18점), '안전성'(85.06점) 순임

○ 2023년 조사와 비교하여 살펴보면, '쾌적성' 차원의 만족도는 1.76점, '안전성' 차원의 만족도는 1.88점, '신뢰성' 차원의 만족도는 1.30점 상승하여 모든 차원의 만족도 점수가 상승함

[그림Ⅱ-4] 서울시 시내버스 차원별 만족도

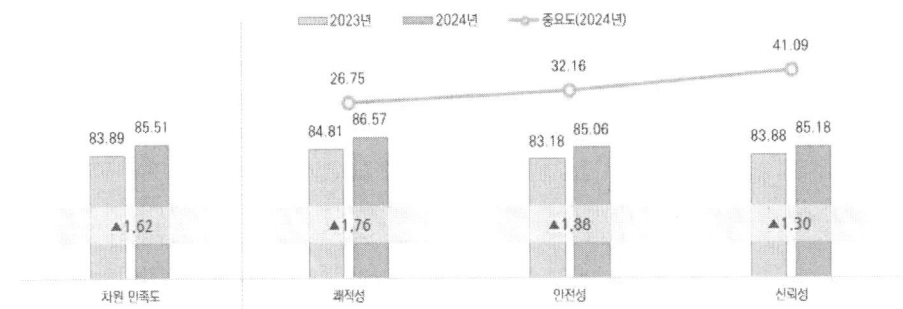

* 사례 수 : 22,192명, * 단위 : 점

4. 항목별 만족도

○ 세부 평가 항목별로는 '쾌적성' 차원의 '내/외부 환경'(86.96점) 항목의 만족도 점수가 가장 높게 나타났으며, 이어서 '신뢰성' 차원의 '이용정보 안내'(86.87점), '안전성' 차원의 '교통법규 준수'(86.56점) 등의 순으로 나타남

○ 반면 '신뢰성' 차원의 '친절응대'(81.84점) 항목의 만족도는 다소 낮게 평가됨

[그림Ⅱ-5] 서울시 시내버스 항목별 만족도

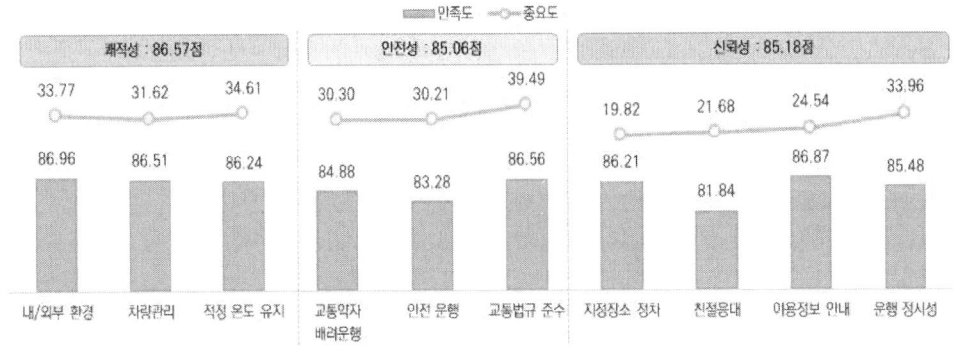

* 사례 수 : 22,192명, * 단위 : 점

5. 응답자 특성별 만족도

○ 응답자 성별에 따른 만족도는 '여성'(85.43점)보다 '남성'(85.70점)의 만족도 점수가 높게 나타남

○ 연령대별로는 '60대'(88.27점)가 가장 높으며, '30대'(83.97점) 연령층에서 가장 낮은 점수를 보임

○ 조사 시간대별로는 '오전 시간'(88.82점), 조사 요일별로는 '화/수/목'(85.99점)이 가장 높았음

[그림Ⅱ-6] 서울시 시내버스 응답자 특성별 만족도(1)

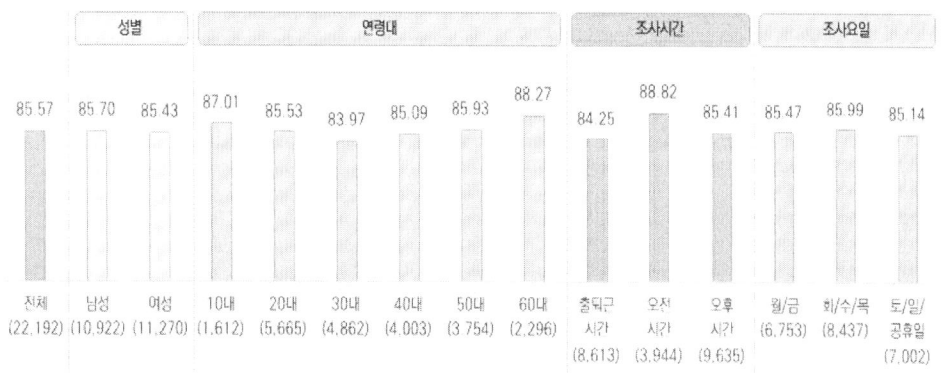

* 사례 수 : 22,192명, * 단위 : 점

○ 응답자의 자가용 보유 여부에 따라서는 자가용 미보유자(86.10점)의 만족도가 보유자(84.44점) 대비 높았음

[그림Ⅱ-7] 서울시 시내버스 응답자 특성별 만족도(2)

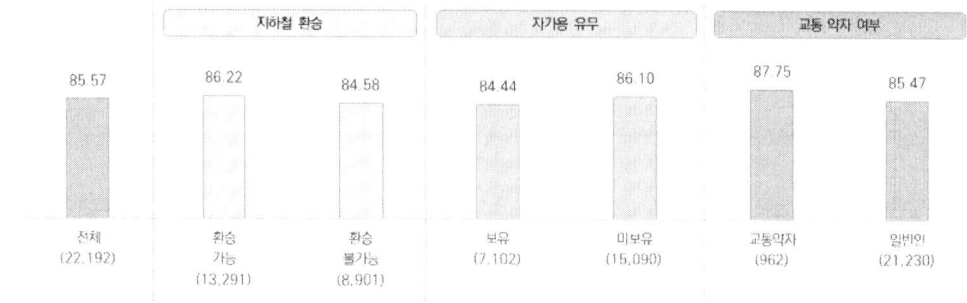

* 사례 수 : 22,192명, * 단위 : 점

6. 이용한 버스에 대한 전반적 만족도

○ 이용한 버스에 대한 전반적 만족도는 85.69점으로 나타남

○ 응답자의 성별에 따라서는 '여성'(85.46점) 대비 '남성'(85.93점)의 만족도가 높게 나타남

○ 연령별로는 '60대'가 87.89점으로 가장 높으며, '10대'(87.05점), '50대'(85.87점), '20대'(85.86점), '40대'(85.27점), '30대'(84.22점)의 순으로 나타남

○ 조사 시간대는 '오전 시간'(88.62점), 조사 요일별로는 '화/수/목'(86.01점)에 만족도 점수가 가장 높았으며, 지하철 환승이 불가능한 경우 만족도가 낮게 나타남

[그림Ⅱ-8] 서울시 시내버스 전반적 만족도(1)

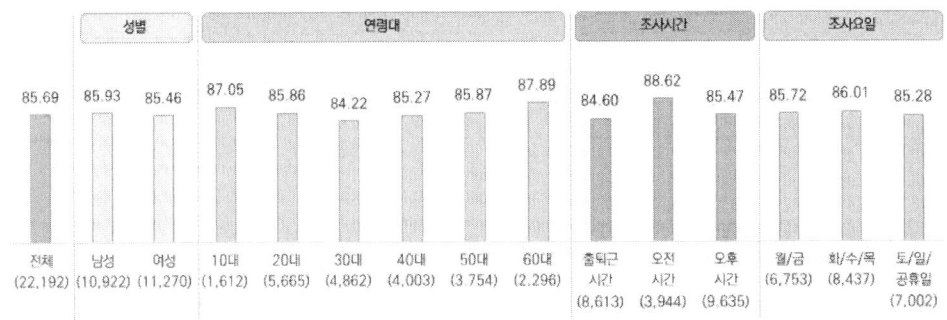

* 사례 수 : 22,192명, * 단위 : 점

[그림Ⅱ-9] 서울시 시내버스 전반적 만족도(2)

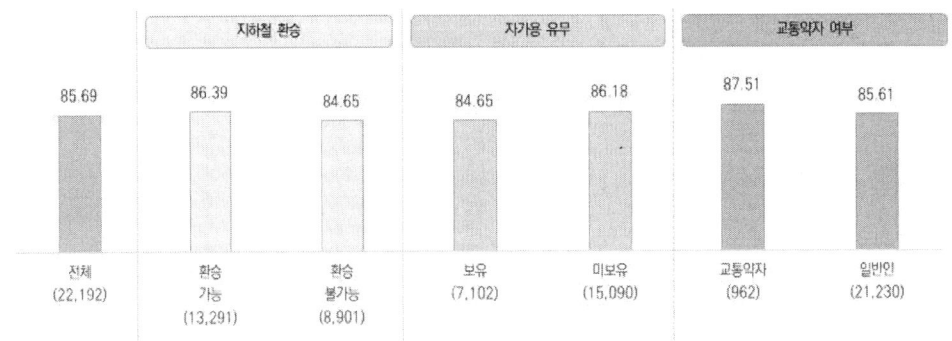

* 사례 수 : 22,192명, * 단위 : 점

제2절 IPA분석(Importance-Performance Analysis)

○ 서울시 시내버스 서비스 전체 10개 항목별 IPA 분석 결과, '친절응대', '안전 운행', '교통약자 배려운행'은 만족도는 낮으나 중요도는 높아 중점개선 영역으로 분류됨

○ '교통법규 준수', '지정장소 정차', '이용정보 안내', '적정 온도 유지', '차량관리' 항목은 만족도는 높으나 중요도는 낮아 지속 유지가 필요할 것으로 보임

○ '내/외부 환경' 항목은 만족도와 중요도가 모두 높아 유지강화가 필요함

[그림Ⅱ-10] IPA 분석 결과

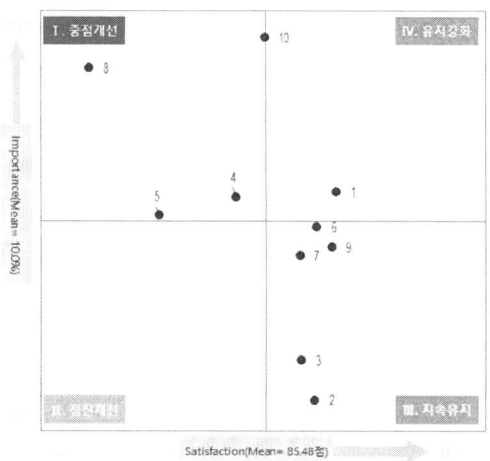

제3절 요약 및 결론

1. 조사결과 요약

○ 2024년 서울시 시내버스 서비스 만족도 점수는 85.57점으로 전반적 만족도는 85.69점이며, 차원 만족도는 85.51점임

○ 2023년 조사 결과와 비교하여 살펴보면, 종합만족도 점수는 1.64점 상승한 것으로 나타남

- 전반적 만족도는 1.66점, 차원 만족도는 1.62점 상승하여 23년 대비 만족도 점수가 전반적으로 상승한 것으로 나타남

○ 차원별 만족도를 살펴보면 '쾌적성'이 86.57점으로 가장 높았으며, 이어서 '신뢰성'(85.18점), '안전성'(85.06점) 순임

○ 서울시 시내버스 서비스 전체 13개 항목별 IPA 분석 결과, '친절응대', '안전 운행', '교통약자 배려운행' 항목의 경우 중요도가 높으나 만족도는 낮아 중점개선영역으로 해당 항목에 대한 개선이 필요함

2. 결론 및 제언

○ 서울시 시내버스 서비스의 만족도는 지난해에 이어 올해에도 만족도 점수가 상승하여 2024년에는 지난해 대비 1.64점 상승한 85.57점으로 평가됨

- 차원별로 살펴볼 때, '안전성' 차원의 만족도는 85.06점으로 가장 낮았으나 지난해 대비 1.88점 상승해 상승폭이 가장 컸음
- 반면, '신뢰성' 차원의 만족도는 1.30점 상승하여 지난해 대비 상승폭이 가장 낮았음
- '신뢰성' 차원의 항목 중 '친절 응대'의 만족도 점수는 81.84점으로 만족도 항목 중 가장 낮아 운전기사의 친절성을 높이기 위한 서비스 교육, 매뉴얼 제작 등의 노력이 필요함

○ 시내버스의 배차간격을 조정할 수 있는 효과적인 방안 마련이 필요함

- 버스 서비스 개선사항 중 배차간격이 길어 불편하다는 의견이 가장 많이 나타남
- 현재 서울시에서는 승객 대기시간을 줄이고 교통흐름에 따른 배차간격의 유연성 확보를 위해 버스 기사의 휴식 시간 탄력 조정과 관련한 내용의 안건을 제시했지만, 버스 기사의 휴식 보장 등의 문제로 갈등을 빚고 있어 인력 지원 등을 통해 배차간격을 조정할 수 있는 효과적인 방안 마련이 필요함

○ 현금 없는 버스의 효과적인 운영을 위해 카드 취약계층을 위한 보완책 마련이 필요함

- 현금 없는 버스를 반대하는 가장 큰 이유로는 카드 취약계층 우려로 나타남
- 어린이, 청소년, 노약자 등 카드 취약계층을 위해 계좌이체 시스템을 마련하거나, 차량 내 교통카드 판매, ARS 과금 등의 보완책을 추가로 마련해야 할 것으로 보임

〈보도자료, 2024년 1월 5일, 서울특별시 버스정책과〉

서울시, 명동입구 정류장 교통혼잡 해소 대책
… 노선·정차 위치 조정 추진

- 시, 정류소 혼잡도 완화를 위해 광역버스 노선 및 정차위치 조정 1월 중 조속 시행
- 노선 분산 시점까지 줄서기 표지판 운영 유예 및 계도요원 배치해 관리, 1.5(금)부터 기존대로 승하차
- 광역버스 진입으로 혼잡 지속 발생·중장기 방안 필요

□ 서울시가 명동입구 광역버스 정류소 인근 교통혼잡 해소를 위한 대책을 마련하고, 향후 주요 도심지역의 광역 등 시계외 노선 운영에 대한 협의도 적극 추진해 불편 해소에 나선다.

□ 우선 1월 말 노선조정을 감안해 지난달 말 설치한 광역버스 정류소 '줄서기 표지판' 운영을 1.31.(수)까지 유예하고, 수원·용인 등 5개 광역버스 노선 및 정차 위치를 변경한다. 경기도와의 협의를 통해 그 밖의 노선과 정차 위치도 1월 중 조정할 예정이다.

□ 또 정류소 운영 상황이 안정화될 때까지 승객의 안전한 승하차와 원활한 차량 흐름을 돕는 계도 요원도 투입키로 했다.

□ 그간 서울시는 강남, 광화문, 명동 등 주요 도심권 교통 혼잡을 줄이기 위해 시계외 노선 직결 운행에 대한 조정 의견 등을 내왔으나, 수도권 시민의 교통 편의와 대도시권광역교통위원회(이하 '대광위') 및 수도권 지자체의 요청을 반영해 시계외 노선 신설과 증차에 전향적으로 협조해 왔다.

□ 그러나 도심권에 광역버스 및 시계외 노선 버스 승객이 지속 증가하면서 버스 열차현상 등이 심화되고, 나아가 시민 안전을 위협하는 상황도 우려되면서 서울시는 그동안 대책 마련에 고심해 왔다.

● 이에 따라 승하차 안전성에 대한 민원도 지속 발생하고 있는 상황이다. "정류장이 복잡하고 사람은 많은데 차가 너무 밀린다", "명동 입구 버스정류장 체계적 개선이 필요하다", "푯말이 없어 줄서는 것이 어렵다" 등 시민 의견이 지속되고 있다.

● 현재 명동입구 광역버스 정류소에는 총 29개 노선이 정차, 일일 탑승객은 약 9,500명에 이른다. 특히 약 35m의 협소한 정류소공간에 많은 노선과 승객이 밀집, 광역버스가 정차면까지 진입하지 못하고 정류소 전·후방에 임의로 정차할 수 밖에 없는 경우도 생기는 상

황이었다.

〈1월 신속한 노선 및 정차 위치 조정, 줄서기 표지판 유예 등 대책 마련〉
□ 이에 따라 서울시는 •1월 중 노선 및 정차 위치 조정을 시행하는 한편 지난달 혼잡 개선과 안전을 위해 설치한 •'줄서기 표지판'은 노선 분산이 완료되는 시점까지 유예하여 운영키로 했다.

□ 첫째, 경기도와의 협의를 통해 1월 중 광역버스 노선조정을 완료하고 일부 노선의 정차 위치 조정을 통해 정류소 혼잡 완화에 조속히 나선다. 현재 명동입구 1개 노선에 정차 위치가 집중되고 있는 만큼 수원, 용인 등 5개 노선 및 정차 위치 조정을 변경하여 운영한다.

□ 경기도 및 해당 노선을 운행하는 운수회사와 협의하여 회차지 변경 등을 검토할 예정이며, 이렇게 되면 명동입구 광역버스 정류소 일일 탑승객 수는 현재 9,500명에서 6,400여명으로 30% 정도 감축될 것으로 기대된다.
● 수원 방면 4개 노선(M5107, 8800, M5121, M5115)과 용인 방면 1개 노선(5007)은 명동입구 정류소에 정차하지 않고 광교에 위치한 우리은행 종로지점 인근 신설 정류소에 정차하게 된다.
● 9401번 버스의 경우 롯데영프라자 시내버스 정류소로 정차 위치를 변경하여 운영할 예정이다.

□ 둘째, 지난해 12월 27일 설치해 운영 중인 명동입구 광역버스 정류소 '줄서기 표지판' 운영을 1.5.(금)~1.31.(수) 유예하기로 했다. 따라서 오늘 1.5.(금) 저녁부터 탑승객들은 줄서기 표지판 운영 전과 같은 방식으로 광역버스를 이용할 수 있다. 시민 불편을 해소하기 위해 BIT(버스정보안내단말기)에 관련 정보도 표출, 안내한다.
● 서울시는 기존의 정차 및 승하차 혼잡을 줄이기 위해 지난달 광역버스 줄서기 표지판을 설

치했으나 서울역~명동입구까지 버스의 열차현상(버스가 꼬리를 물고 늘어서는 상황)이 가중돼 노선 분산이 완료되는 시점까지 줄서기 표지판 운영을 유예하기로 했다.
- 다만, 금번 표지판 설치 이전부터 정류소 바닥에 운수 회사에서 설치·운영해온 12개 노선은 정차표지판을 유지해 탑승객 혼란을 최소화한다.

□ 또한 운영 상황이 안정화 될 때까지 현장에서 승객의 안전한 승하차를 지원하는 계도 요원도 투입한다. 해당 정류소 대기공간의 혼잡도를 완화하고 차량에 승객을 다 채울 때까지 대기하는 광역버스를 제지하기 위해 모범운전자 등 계도요원을 배치하고, 경찰에 도로의 교통흐름이 원활히 진행될 수 있도록 협조를 요청할 계획이다.

□ 시는 노선 및 정차위치 조정과 함께 정류소 혼잡 상황이 완화되면, 승객의 사고 방지 및 안전 확보를 위해 다시 '줄서기 표지판'을 운영하는 등 추가 방안을 마련할 예정이다.

□ 한편, 서울시는 광역버스로 인한 교통 혼잡은 명동입구 정류소뿐 아니라 신논현역 정류소에서도 지속 발생하고 있어 중장기적인 해결 방안이 필요하다 보고 이번 대책 마련을 계기로 대광위에 광역버스 노선 변경 및 정차위치 분산, 감차 등을 강력히 요구할 계획이다.

□ 윤종장 서울시 도시교통실장은 "신도시 확장으로 광역, 시계외 노선의 서울 도심 운행 노선 증가가 이어지는 만큼, 신속한 연계 대책 마련에 총력을 기울이고 있다"며 "서울 도심 지역 내 버스 운영은 그 과정이 매우 중차대하면서도 복잡하여 해결 방안 마련이 쉽지 않은 단계이나, 교통혼잡해소와 시민 안전 확보까지 조속한 대책을 추진할 수 있도록 현장에 대한 면밀한 검토와 관계기관 협의에 지속 나서겠다"고 밝혔다.

〈보도자료, 2024년 1월 7일, 서울특별시 버스정책과〉

명동입구 정류소 노선 조정 추진상황

- 시, 정류소 혼잡도 완화 위해 광역버스 노선 및 정차위치 조정 1월 말까지 시행
- 서울역 방면 5개 노선은 을지로-종로에서 즉시 회차하도록 추가협의하여 교통 혼잡 완화
- 명동입구 일일 탑승객 9,500명에서 60% 수준인 5,800명까지 낮춰 시민 안전 확보

□ 서울시는 도심 교통 혼잡의 근본적 원인인 광역버스의 도심 진입 및 노선 집중 상황의 해소를 위하여 대도시광역교통위원회(이하 대광위), 경기도 등과 협의를 진행하고 1월 말까지 시행할 계획이다.

□ 먼저, 경기도와 그간 협의를 진행해 온 수원, 용인 등 6개 노선의 경우 1.8.(월) 즉시 경기도에 공문을 발송하여 대시민 안내 및 운수종사자 교육 등 2주의 계도기간을 갖고 1월 넷째주까지 노선 조정을 완료한다.
● 세부적으로 수원 방면 4개 노선(M5107, 8800, M5121, M5115)과 용인 방면 1개 노선(5007)의 승하차 위치가 현재 명동입구 정류소에서 광교에 위치한 우리은행 종로지점으로 변경한다.
● 9401번 버스의 경우, 명동입구 전 롯데영프라자 시내버스 정류소로 정차위치를 변경한다.

〈명동입구 주변 정류소〉

□ 또한, 명동입구 정류소로 진입하는 광역버스 중 5개 내외의 노선을 을지로와 종로 방면에서 즉시 회차하거나 명동 정류소에 무정차하도록 조정하여 도심 내부의 교통 혼잡을 줄일 계획이다. 해당 노선들은 서울역을 거쳐 명동까지 진입하여 교통 흐름 악화의 원인이었다. 서울시는 1월 둘째 주까지 해당 노선들의 변경을 경기도와 협의하고, 협의가 이루어지지 않는 경우 1월 말까지 대광위에 직권 노선 조정을 요구할 계획이다.

● 이러한 노선 조정을 통해 직장 밀집 지역인 을지로와 종로에 광역버스 승하차 지점을 마련함으로써 시민들의 교통이용 편의성은 제고함과 동시에서, 서울역과 명동까지 진입하지 않아 도심의 교통부담은 줄일 것으로 기대하고 있다.

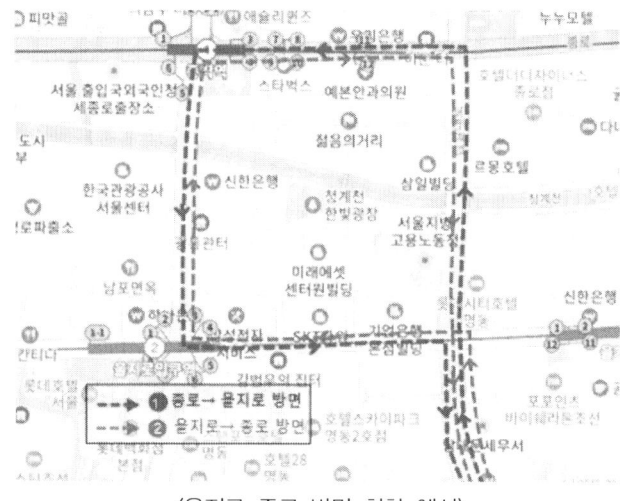

〈을지로-종로 방면 회차 예시〉

□ 이러한 노선 조정이 이루어지면 명동입구 정류소 이용 일일 탑승객 수는 현재 9,500명에서 5,800명까지 약 60% 수준으로 감소할 것으로 보인다. 줄서기 표지판 시행 유예 기간 동안은 1.8.(월)부터 매일 17~21시에 3명의 교통계도요원을 현장에 투입하여 정류소 혼잡을 방지하고, 시민의 안전을 확보할 방침이다.

□ 서울시는 향후에도 수도권 교통의 주요 주체인 대광위, 경기도 및 경기도 운수업체와 적극 협의하여, 명동입구 정류소뿐 아니라 강남역 주변 등 광역버스로 인하여 교통정체, 시민안전 등이 고질적으로 우려되는 지역의 교통 흐름을 개선하고 시민들이 안전하고 편안하게 대중교통을 이용하는 교통체계를 만드는데 더욱 노력할 방침이다.

⟨보도자료, 2024년 1월 11일, 서울특별시 버스정책과⟩

서울시, 서울백병원 중앙정류소 혼잡 해소 대책 마련·시행

- 1.11.(목) 17시부터 서울백병원 광역버스 정류소에 계도요원 2명 즉시 투입
- 가로변 정류소 신설하여 광역버스 노선 10개 분산, 서울백병원 중앙정류소 노선은 18개로 조정
- 대광위-경기도와 강남역, 사당역 등 광역버스 정류소 혼잡 해소 본격 논의, 상반기 중 대안 마련

☐ 서울시가 인파 밀집으로 안전사고가 우려되는 관내 주요 광역버스 정류소의 혼잡 완화를 위하여 계도요원을 배치하고 정류소를 신설하는 등 본격적인 대안 마련에 나선다.

☐ 우선 시는 교통섬 형태로 버스 승·하차 가능 면적이 160㎡에 불과하나 광역버스 노선은 28개에 달하는 '남대문세무서, 서울백병원' 정류소(중앙버스전용차로)에 1.11.(목)부터 퇴근시간(17~21시)에 계도요원 2명을 즉시 투입한다. 이들 계도요원은 승차질서 관리, 차도 승차 방지 등 안전사고 예방에 집중한다.

☐ 또한 경기도, 중구청과 협의하여 '남대문세무서, 서울백병원' 정류소 건너편에 가로변 정류소를 신설(가칭, '명동성당' 정류소)하고 광역버스 노선 10개를 분산 배치하여 정류소 인파 밀집도를 완화할 예정이다. 관계기관 협의, 2주간의 대시민 홍보기간을 거쳐 2월까지 정류소 설치를 완료한다.

● 신설 예정인 가로변 정류소와 접한 차도는 현재도 안전지대로 차량 통행이 제한되고 있어 전문가의 의견을 수렴한 결과 버스 정차에 따른 도로 혼잡 심화는 크지 않을 것으로 예상된다.

☐ 아울러 서울시는 대도시권광역교통위원회, 경기도 및 운수업체와 실무 협의체를 구성하여 강남역, 사당역 등 주요 광역버스 정류소의 혼잡 관리를 위한 정류소 용량 증설, 광역버스 노선 조정, 지역 대중교통과의 환승체계 강화 등 다양한 대책 마련을 위해 즉시 협의할 예정이다.

☐ 윤종장 서울시 도시교통실장은 "주로 통행량이 많은 도심 지역 광역버스 정류소에서 인파 밀집에 따른 혼잡 문제가 발생하고 있어, 승객 불편을 해소할 수 있도록 신속한 대책 추진에 총력을 기울이고 있다"며 "현장 내 안전 및 정류소 관리뿐만 아니라 광역버스 운행 개선을 위한 관계 기관 협의까지 다각도의 방안을 마련해, 수도권을 아우르는 시민들이 안전

하게 대중교통을 이용할 수 있는 교통 환경 확보에 최선을 다하겠다"고 밝혔다.

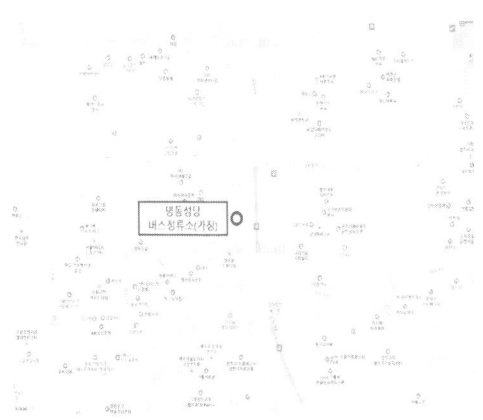

〈(가칭)명동성당 정류소 배치도〉

〈안전지대 설치 모습〉

〈가로변 정류소 설치 예정지〉

⟨보도자료, 2024년 1월 22일, 서울특별시 버스정책과·미래첨단교통과⟩

서울시, 새벽근로자 위한 '자율주행 새벽동행버스' 출범…첨단교통으로 민생 밝힌다

- '24년 하반기 새벽 근로자 맞춤형 자율차 운행 예정, 가장 필요한 곳에 교통 정책 노하우 적용
- '23년 서울동행버스→ 심야자율버스까지 혁신정책 성과…'24년은 서민·약자와 동행하는 서울교통의 해
- 첫차 시간 단축 원하는 시민 의견 적극 반영, 첫 차보다 빠른 3시 30분 경부터 운행해 편의 증진
- 160번 등 새벽 수요 높고 자율주행 안정성 높은 노선 첫 선정 전망 …'25년까지 순차적 확장

● 12월 4일에는 세계최초로 운행하는 '심야 자율주행버스'를 선보이며 대중교통으로서의 자율주행 서비스 제공이라는 성과를 냈다. 심야 이동이 많은 합정역~동대문역 구간을 운행하며 교통 편의를 지원하고 있다.

⟨(23. 8 출범) 서울동행버스⟩

⟨(23. 12 출범) 세계최초 심야자율주행버스⟩

□ 그간 서울 부도심 지역에서 주요 업무 지구인 강남, 여의도 등 도심을 운행하는 주요 노선들은 미화원, 경비원 등 새벽 근로자들의 출근길 수요가 높아 4시 이전인 새벽 첫차부터 많은 시민들의 탑승이 이뤄져왔고, 차량 혼잡 등 어려움이 발생해 왔다. 이에 더해 새벽시간대에는 운전기사 수급 문제도 이어지고 있어 중단 없는 대중교통 서비스 확대를 위해서라도 해결 방안이 반드시 필요한 상황이다.

● 주택지역인 부도심 외곽에서 강남, 여의도 등 도심까지 1시간 내외의 장거리 탑승 특성상 승객들은 빠른 첫차 운행을 원해왔고, 지각을 면하기 위해 앞다투어 첫차를 타느라 차량

내부도 혼잡해져 해결 방안이 필요한 상황이다.
- 새벽시간대의 경우 운행을 기피하는 특성상 인력 수급에 어려움을 겪고 있어, 버스 노선 확대가 필요한 상황에도 운행이 어려워 서비스 공급에 한계가 있다.
- 일본 등 해외 사례에서도 저출산, 고령화에 따른 기사 부족으로 정규 버스 노선 폐지와 물류 대란 가시화 등의 문제가 발생하고 있어 이는 국내뿐만 아니라 세계적 현상이 될 것으로 전망된다.

□ 이에 따라 시는 심야 이동인구가 가장 많은 합정~동대문구간을 운행하여 늦은 밤 귀갓길을 지원한 심야 자율주행버스에 이어 새벽근로자의 출근길 혼잡 완화를 위해 올해 하반기에 '자율주행 새벽동행버스'도 운행을 시작할 예정이다.

□ 운행 시간은 현재 시내버스 정식 첫 차인 3시 50분~4시보다 빠른 약 3시 30분 경이 될 전망이다. 3시 30분~4시 경 시내버스 첫차 운행 전 자율주행버스를 선 운행하고, 배차 간격의 간극 없이 바로 시내버스 첫 차를 이용할 수 있도록 연계하는 식이다. 그동안 더 이른 시간대에 첫차를 운행해달라는 시민들의 지속적인 요청이 있었던 만큼, 첫 차가 약 30분 빨라지는 효과가 있어 새벽 출근길 불편을 해소할 수 있을 것으로 전망된다.

□ 운행 대상 노선은 첫차 혼잡이 심하고, 자율주행버스 운행 안전성이 높을 것으로 전망되는 지역을 중점적으로 선정할 예정이다. 우선적으로는 도봉산역~종로~마포역~여의도역~영등포역 구간(편도 기준 25.7km)을 운행하는 '160번'이 첫 노선으로 예상된다.
- 160번 노선은 새벽 첫 차의 최대 재차인원이 50명을 넘어 많은 승객이 서서 가는 등 새벽 버스 중 혼잡이 심하고, 안전성 및 자율차 운행여건 등을 고려하여 해당 노선을 최우선적으로 선택했다고 시는 설명했다.
- 앞으로 교통신호개방 등 필수 기반시설(인프라)을 구축하고, 국토부와 협의하여 법적 절차인 "자율차 시범운행지구" 지정을 오는 7월까지 신속하게 마무리하여 시험운행 및 안전검증 등을 거쳐 최대한 빠른 시일내 승객 탑승을 시작할 예정이다.

〈새벽동행버스 전경도〉

〈자율주행버스 운행 전경도〉

□ 아울러 대표적 새벽 혼잡 노선인 146번, 148번과 유사한 상계~강남·서초 노선으로 운행을

확대하고, 점진적으로 자율주행 상용화와 연계하여 혼잡 노선에 자율주행 버스를 지속적으로 투입한다는 복안이다.

□ 또한 최근 높은 수요로 증차 등의 요청이 있었던 '8146번' 버스도 운행개시 1주년을 맞아 이용 편의를 개선한다. 시는 8146번 버스 이용수요 증가에 따른 차내 혼잡 완화를 위해 8146번 탑승객을 대상으로 설문조사를 실시하여 불편사항과 개선에 대한 각종 의견을 수렴하였으며, 신속한 개선을 위해 2월 중 증차 및 집중배차도 조속히 실시한다.
● 설문조사 결과 8146번 이용객들의 주요 불만족 사유는 ①차내 혼잡, ② 배차간격 이었으며, 이에 대한 개선방안으로 주로 ① 8146번 배차간격 단축, ② 8146번 첫차 동시 출발 등 의견이 제시되었다.

□ 한편, 서울시는 향후 25년에도 새벽 시간대 이용 수요와 혼잡도 등을 종합적으로 파악해 노선 선정을 순차적으로 확산해 나갈 전망이다.

□ 윤종장 서울시 도시교통실장은 "누구보다 도시의 새벽을 먼저 여시는 서민들의 애환에 공감하고 있는 만큼, 약자와 동행하는 교통정책 실현에 올해도 집중해나갈 것"이라며 "가장 필요로 하는 곳에 서울시가 보유하고 있는 우수한 정책적 노하우를 모두 집약해 사회적 약자의 생활 편의를 혁신적으로 개선하고, 첨단 교통정책으로 시민들의 삶을 밝힐 수 있도록 최선을 다하겠다"고 밝혔다.

〈보도자료, 2024년 2월 21일, 서울특별시 버스정책과〉

경기도민도 서울버스 타면 기후동행카드 이용가능!
… 무제한 교통혁신 누리세요

- 기후동행카드 범위에 경기도 경유 서울 면허버스 111개 노선 이미 포함…경기도민도 혜택
- 광역버스 대비 가격 경쟁력 높은 서울버스, 고양·광명·성남·안양 등 경유 노선 이용 시 더욱 도움
- 수도권 교통 편의 증진 위해 확대 지속 노력…경기도민 기후동행카드 적극 활용 당부

□ 매일 서울로 출퇴근하는 경기도민도 무제한 대중교통 혁신 서비스인 서울시 '기후동행카드'를 사용하면 교통비 절감 등 든든한 혜택을 누릴 수 있다. 서울 시내버스가 고양·과천·광명·구리·군포·김포·남양주·부천·성남·안양·양주·의왕·의정부·파주·하남 등 경기지역 생활권에도 운행 중인 만큼, 정시성이 높은 서울버스와 서울 지하철, 따릉이도 탈 수 있는 '기후동행카드' 활용 시 경기도민의 혜택 체감이 클 것으로 전망된다.

□ 서울시는 1월 27일 출범 이후 누적 현재 약 42만장이 판매되고 있는 '기후동행카드'를 서울시민뿐만 아니라 서울권으로 출퇴근하는 경기도민도 경기도 관내에서 편리하게 이용이 가능하다고 밝혔다.
※ 총판매량 (1. 27. 토 ~ 2. 18. 일 기준) – 42만 2천장 / 모바일 16만장, 실물 26만 2천장

□ 이용 방법은 이른바 '파란버스(간선버스)', '초록버스(지선버스)', 마을버스 등 경기권 내를 경유하고 있는 서울시 면허 버스를 타면 된다. 기후동행카드는 서울 면허버스면 시내·마을·심야버스를 무제한으로 탈 수 있는 장점이 있어, 경기도를 경유하는 서울 면허버스 이용 시에도 제약 없이 기후동행카드를 사용할 수 있기 때문이다.

□ 경기도에서 기후동행카드를 이용할 수 있는 서울시 면허 버스는 현재 고양시 30개, 광명시 26개, 성남시 11개, 안양시 15개 등 총 111개 노선이 운행 중에 있다. 또한 서울시가 수도권 출퇴근 이동 지원을 위해 직접 운행을 추진한 서울동행버스 3개 노선도 포함된다. 상세 노선은 네이버, 다음 등 포털 사이트와 서울시홈페이지(www.seoul.go.kr)를 통해서도 확인이 가능하다.
● 서울시 인가 노선 총 385개 중 기후동행카드 이용이 가능한 노선은 29%(111개 노선)이

다. 서울 주요 도심 등을 경유하며 출퇴근 등 이동 지원에 많은 역할을 하고 있다.
- '23년 경기 등 수도권 통근 불편 해소를 위해 운행을 시작한 맞춤 노선인 '서울동행버스' 중 서울02번(김포풍무~김포공항역)·04번(고양원흥~가양역)·05번(양주옥정~도봉산역)도 이용이 가능하다.

□ 현재 111개 노선의 일평균 선·후불 교통카드 승·하차건수는 391,802건('24.1.27~2.6)이나, 같은 기간 기후동행카드의 이용률은 약 1.6% 수준, 사용건수 합계는 69,833건으로 집계됐다. 이에 따라 수도권 내 이용 활성화를 위해 다양한 홍보 및 안내를 추진하고, 경기도 관내 운행 중인 기후동행카드 이용 가능 버스 노선 안내를 통해 서울권 생활 경기도민들에게도 무제한 대중교통의 우수한 혜택과 효과를 적극 알릴 예정이다.

- 한편 같은 기간 해당 노선에서 기후동행카드는 69,833건 사용되었으며, 이는 같은 기간 해당 노선의 전체 교통카드 사용량인 4,309,820건의 1.6% 수준이다. 다양한 홍보 채널에서의 안내를 통해 더욱 많은 수도권 시민들이 대중교통비 절감이라는 혜택을 누릴 수 있도록 할 계획이다.
- 또한 광역버스의 경우 카드 및 현금 승차시 요금이 3,000원인 반면, 서울시 면허로 경기도를 경유하고 있는 시내버스는 거리비례제 적용 없이 1,500원, 마을버스는 1,200원의 요금으로 이용이 가능할뿐만 아니라 환승할인까지 적용돼 광역버스 대비 경쟁력이 높다. 이 구간을 자주 이용하는 경기도민이라면 월 6만 2천원(지하철+버스), 6만 5천원(지하철+버스+따릉이)의 기후동행카드를 이용할 경우 횟수의 제한 없이 더욱 저렴하게 이용할 수 있다.
- 경기도민이 출퇴근 시 경기권 내 서울 버스 탑승 및 서울 도심권 지하철 하차 등을 통해 활용하고, 저녁 및 주말 나들이에는 도심권 시내버스 및 심야버스, 따릉이 등을 이용하는 등 다양한 방식으로 활용할 수 있다.
- 티머니 모바일 카드를 이용할 경우 태그 시 교통카드를 꺼낼 필요 없이 스마트폰을 간편하게 태그하면 되므로 편리함도 더해진다. 무제한 요금 혜택인 만큼 동일 노선 환승 시 추가 요금도 발생하지 않는다.

□ 한편, 서울시는 수도권 지역에도 무제한 대중교통 혁신 서비스를 확대 제공하기 위해 지속적인 노력을 기울이고 있다. 현재 인천시, 김포시, 군포시, 과천시와 협약을 성사시켰으며, '수도권 시민도 서울시민' 이라는 오세훈 시장의 시정 철학 및 수도권 교통 편의 증진을 위해 타 지자체 확대를 위한 협의 추진에 총력을 다하고 있다.

□ 윤종장 서울시 도시교통실장은 "서울 버스는 광역버스 대비 높은 가격 경쟁력을 갖고 있는 만큼, 매일 서울로 출퇴근 하는 경기도민이 기후동행카드를 활용할 시 무제한 대중교통 서비스의 장점을 더욱 체감할 수 있을 것으로 전망한다"며 "기후동행카드는 '약자와의 동행' 가치를 구현하며 서울시민뿐만 아니라 수도권 시민을 위해 선보이고 있는 정책인 만큼, 경기도민여러분의 적극적인 활용과 관심을 당부드린다"고 밝혔다.

〈붙임 1〉 기후동행카드 사용가능 경기도 경유 서울시내·마을버스 노선
□ 기후동행카드 사용가능 시내·마을 버스 노선

지역명	노선 수	노선번호
계	111	-
고양시	30	171, 271, 571, 700, 701, 702A, 702B, 703, 704, 705, 708, 720, 7211, 740, 741, 750, 760, 761, 771, 7711, 7722, 7723, 7726, 7727, 7728, 773, 774, 8772, N37, 서울04
과천시	8	441, 502, 540, 541, 542, 서초08, 서초18, 서초20
광명시	26	5012, 503, 504, 505, 5528, 5535, 5536, 5627, 5630, 5633, 5634, 5714, 643, 651, 652, 653, 6616, 6637, 6638, 6713, N61, 구로04, 구로11, 금천02, 금천04, 금천05
구리시	4	1155, 201, 202, 2212
군포시	8	441, 502, 540, 541, 542, 5530, 5531, 5623
김포시	1	서울02
남양주시	3	1155, 202, 2212
부천시	5	606, 6614, 6615, 661, 673
성남시	11	422, 302, 303, 333, 3420, 343, 345, 440, 4425, 4432, 452
안양시	15	441, 502, 540, 541, 542, 5625, 5626, 5713, 152, 500, 5530, 5531, 5618, 5623, 6515
양주시	2	704, 서울05
의왕시	3	441, 502, 540
의정부시	7	106, 107, 111, 1143, 1154, 노원02, 도봉09
파주시	2	773, 774
하남시	11	3217, 3316, 3318, 3323, 333, 3413, 341, 342, 343, 370, 440

※ 위 노선 수 합계는 중복 노선을 제외한 숫자임.

〈붙임 2〉 서울시 홈페이지를 통한 기후동행카드 이용가능 버스노선 확인법
□ PC 검색방법

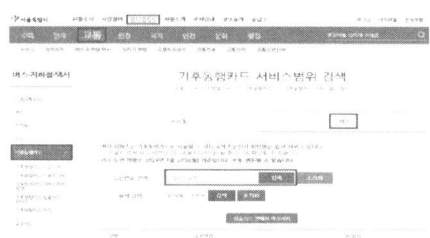 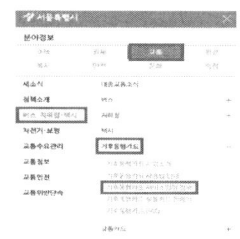 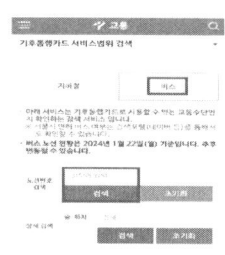

□ 모바일 검색방법

① 서울시홈페이지 접속(PC 혹은 모바일)
② 분야별 정보 → 교통 → 버스·지하철·택시 → 기후동행카드
③ 「버스」선택 후, 노선번호 검색을 통해 기후동행카드 이용가능 여부 확인

□ 단 1분이라도 출근을 서두르기 위해 매일 새벽 버스 첫 차에 몸을 싣는 승객들이 있다. 미화원, 경비원 등 새벽 출근길을 버스와 함께하며 누구보다 먼저 새벽을 여는 이들을 위해, 서울시가 자율주행 첨단 기술을 결합해 빠른 이동을 지원하면서도 편의를 높인 '자율주행 새벽동행버스'를 2024년 출범하며 민생과 함께하는 교통정책을 추진해 나간다.

□ 서울시는 새벽시간대 근로자들의 대중교통 편의를 돕기 위한 '자율주행 새벽동행버스'를 '24년도 하반기에 선보인다고 밝혔다.

□ 올해 연말 정식 운행 예정인 '자율주행 새벽동행버스'는 서울시가 보유하고 있는 자율주행 성과와 배차·노선 관리 등 수준 높은 버스 서비스까지 우수한 정책 노하우를 결합한 신규 대중교통 서비스다.

□ 특히 이번 사업은 오세훈 시장의 약자 동행 교통정책에 있어 '서민 중심의 대중교통 편의 증진'이라는 중점 목표를 가지고 있는 만큼, 가장 필요한 곳에 자율주행 창조 산업을 적용해 소외 계층까지 모든 시민들이 선도적인 대중교통 혁신을 체감할 수 있도록 기획됐다.
- 2024년도에도 이어지는 약자와 동행하는 교통정책 첫 사업으로서, 민선8기 시정 철학 실천과 교통 혁신 원년 성과의 의미를 더한다.
- 서울시는 지난 2023년 8월 수도권 주민의 출근길 대중교통 편의 지원을 위해 서울에서 경기 지역 내 교통 소외지역을 직접 찾아가는 '서울동행버스'를 운행하며 생활 밀착형 민생 정책을 발굴해왔다.

〈보도자료, 2024년 2월 23일, 서울특별시 버스정책과〉

서울시, 광역버스 정류소 및 노선 혼잡 개선 대책 시행

- 버스 노선 집중으로 승하차 시 보행 위험·정체 유발 등 정류소 대상…2월부터 연내 본격 추진
- 2.24(토) 명동입구 2개 정류소 신규 운행 개시, 신속 대응…명동·남대문세무서 정차 분산 등 집중 관리
- 강남역·신논현역·사당역도 인근 정류장으로 분산 추진…동일 방향 노선 혼잡·승객 불편 해소
- 광역버스 노선 조정을 위해 대광위-경기도와 실무협의체 구성 등 지속적 협의 노력

□ 서울시가 높은 통행량으로 보행로 밀집, 안전 우려 등이 발생해 왔던 광역버스 정류소의 혼잡도를 개선하기 위해 긴급 대책을 추진한다. 2월부터 본격적으로 시행되는 이번 대책은 명동, 남대문세무서(구 백병원) 등을 시작으로 강남, 신논현역 등 그간 높은 광역버스 진입으로 버스열차 현상 등이 상습적으로 발생해왔던 주요 지점을 대상으로 이뤄져 버스 이용 환경이 개선될 것으로 전망된다.

□ 시는 이번 '광역버스 정류소 및 노선 혼잡개선 대책'을 시행하기에 앞서 혼잡도가 높은 정류소에 대해 현장 조사를 실시하고, 정류장 분산 및 노선 조정안을 반영하여 시뮬레이션을 추진하며 사전 과정을 거쳤다.

□ 서울연구원이 서울시가 마련한 명동입구 정류장의 분산 재배치 및 노선 조정 적용 등의 대책에 대해서 시뮬레이션을 실시한 결과, 명동입구 정류소 기준으로 평균 버스 대기행렬이 312m에서 93m로 감소하고, 일반차량 통행 속도도 17.9km/h에서 21.7km/h로 증가한 것으로 나타나 혼잡 해소에 있어 유의미한 결과가 도출될 것으로 예상됐다.

□ 또한 남대문세무서(구 백병원) 정류소에 대해서도 승하차 분산 등 효과를 확인하기 위해 서울시립대에 의뢰하여 시뮬레이션 분석을 시행했다. 현재 명동성당 교차로는 운행 노선의 83%가 경기 버스이며, 중앙차로 집중으로 인한 과밀을 겪고 있는 상황이다. 분석 결과, 인접 가로변 정류소로 분산 배치할 경우 삼일대로 통행시간이 약 5% 단축될 것으로 예상됐다.

□ 이에 따라 보행자 간 충돌 등 시민 안전에 우려가 있거나, 상습적인 교통 체증이 나타나는 정류소 등 대책 마련이 시급한 곳을 선별해 즉시 개선 대책을 시행한다.

□ 주요 혼잡 개선 대책은 ① 계도요원의 배치, ② 정류소 신설 및 조정, ③ 노선 조정 등이다. 연초부터 시작됐던 대책 시행에 이어 지속적인 관리를 이어나갈 예정이다.

□ 첫째, 정류소 인근 지역에 인파가 몰리지 않도록 계도 요원을 배치해 현장 질서를 확립해나간다. 이미 지난 1.8.(월) 명동입구 정류소를 시작으로 현장 계도요원 투입이 대부분 완료된 상황이며, 모범운전자연합회와 협의하여 상황이 안정화될 때까지 지속적으로 운영할 계획이다.
- 명동입구, 남대문세무서, 신논현역 금강빌딩·유화빌딩·주류성빌딩 등 광역버스의 통행량이 높은 주요 정류장을 대상으로 이미 계도요원 배치가 완료된 상황이며,
- 명동입구 정류장 분산을 위해 이번에 신설되는 광교 정류장은 혼잡 개선 대책 시행일인 2월 24일부터 일주일간 계도요원을 배치할 예정이다.

□ 둘째, 광역버스가 밀집해 보행자 혼잡 및 교통체증을 유발하는 주요정류장에 대해서는 권역별 현황에 맞춰 정류소 신설 및 위치 조정, 노선 조정 등도 시행한다. 주요 구간은 명동입구, 남대문세무서, 강남역, 신논현역, 사당역 등이다.
- 정류소 내 보행자 밀도가 높을 경우 안전에 위험도가 높으며, 정류소 용량 대비 통행차량이 많을 경우에는 퇴근시간 등 첨두시간대에는 교통체증을 야기한다.

□ 명동입구 정류소는 퇴근 첨두시 밀집이 높은 점을 고려해 총 8개의 광역버스 노선을 새롭게 신설되는 인근의 광교 정류소와 명동입구B 정류소 등으로 분산함으로써 정류소 혼잡도를 낮출 계획이다. 신규 정류소는 2. 24(토)부터 운행을 개시한다.
- 정류소 신설 : 광교 정류소(02-136), 명동입구B(02-143)
- 노선 분산 : 8개
- M5107, M5115, M5121, 8800(이상 수원), 5007(용인) 등 5개 노선을 신설 광교 정류장으로 경로 변경
- 4108, M4108 2개 노선을 신설 명동입구B 정류장으로 정차 변경
- 9401 1개 노선을 롯데 영프라자(02-142) 정류장으로 정차 변경

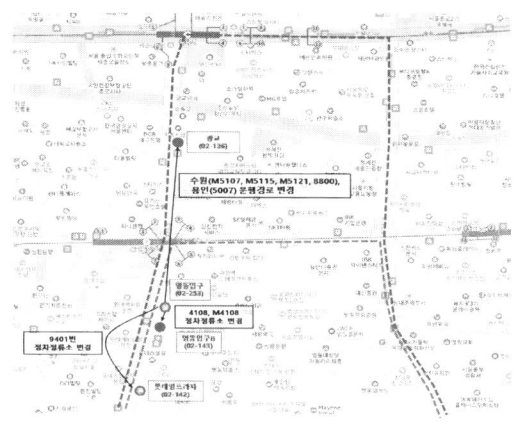

〈명동입구 정류소 및 노선 조정시행〉

□ 남대문세무서(구 백병원) 정류소의 경우에는 경기도와 협의하여 10개의 노선을 신설 예정인 명동성당 정류소(가칭)로 이전함으로써 혼잡도를 낮출 예정이다. 명동역 정류장과 마찬가지로 계도요원을 배치해 보행 질서 관리도 지속한다.
● 기존 중앙버스정류소 바로 인근에 가로변 정류소를 신설하고, 버스 노선을 분산 배치함으로써 1개 도로에 버스가 집중되는 현상을 방지할 수 있을 것으로 예상된다.
● 대광위, 경기도 등과 함께 2월 중 협의를 실시하고, 올해 상반기 중 추진 예정이다.

〈남대문세무서 정류소 조정(안)〉

□ 그간 버스 집중으로 혼잡이 높았던 강남역과 신논현역, 사당역도 경기도와 협의하여 상반기 내 정류소 조정, 연내 노선 조정을 추진하는 등 신속하게 관리에 돌입할 예정이다. 강남역의 경우 중앙정류소로의 노선 집중을 해소할 수 있도록 인근 지역에 위치한 3개 가로변 정류소로 같은 방향의 버스 노선을 분산, 이전을 추진한다.

- 현재 대부분의 노선이 중앙차로 1개 도로에 노선이 집중되어 있는 상황이다. 인근 가로변 정류소인 강남역서초현대타워앞(22-652), 강남역 도시에빛(22-600), 강남역티월드(22-654) 등 인근 가로변 정류소 방향으로 정차 위치를 이전하면, 승객 집중으로 인한 승하차 불편을 해소할 수 있을 것으로 예상된다.

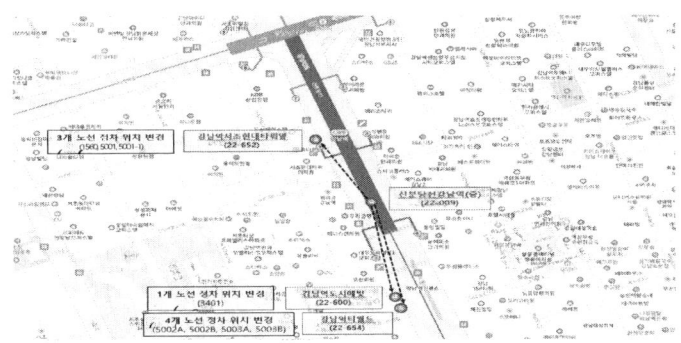

⟨강남역 정류소 조정(안)⟩

□ 신논현역도 마찬가지로 그간 통행 집중이 높았던 곳으로, 퇴근시간대 보행 안전을 확립할 수 있도록 현재 밀집 정류소에 계도 요원 배치를 완료한 상태다. 또한 상반기 중에는 5개 노선의 정차 방향을 인근 정류소로 이전하는 등 차량 분산도 실시해 집중 탑승으로 인한 불편사항을 해소할 수 있도록 관련 방안을 추진할 예정이다.
- 퇴근시간대 (17~21시)에 집중이 높은 금강빌딩(22-409), 주류성빌딩(22-406), 인터파크(22-411) 정류소를 대상으로 모범운전자 계도요원 배치를 완료했다.

⟨신논현역 정류소 조정(안)⟩

□ 사당역은 혼잡도가 높은 사당역9번출구앞 정류소에 계도요원을 배치하고, 상반기 중에는 1개 노선을 사당역4번출구앞 정류소로 이전하여 혼잡도를 완화할 예정이다.
● 퇴근시간대(17~21시)에 사당역9번출구앞(20-253) 정류소에 모범운전자 계도요원 배치하여 보행 안전 및 질서 관리를 하고 있다.

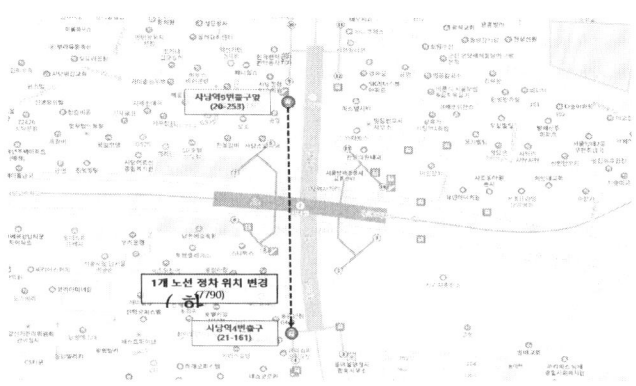

〈사당역 정류소 조정(안)〉

□ 이에 더해 광역버스의 혼잡도를 근본적으로 개선할 수 있도록 대책 마련도 지속한다. 노선 조정의 경우, 광역버스 면허권자인 대도시권광역교통위원회 및 경기도와의 협의가 필요함에 따라, 관계기관 실무협의체를 통해 운행경로 변경 등 노선 집중문제를 해소할 수 있도록 다양한 노력을 기울일 예정이다.
● 우선적으로 명동입구의 경우 5개 노선은 운행경로 변경을 통해 인근 지역에서 회차토록 조치하고, 2개 노선은 명동입구 정류소 무정차 통과 등의 방안을 마련해 과다 집중된 노선을 분산하도록 할 예정이다.

□ 아울러, GTX-A 3월 개통을 시작으로 해당 노선을 경유하는 광역버스 노선 조정이 필요할 것으로 예상되는 만큼 향후 대광위와도 협의를 추진할 예정이다.

□ 윤종장 서울시 도시교통실장은 "도로 용량 한계에도 불구하고 일부 정류장에 광역버스 등 다수 노선이 집중적으로 몰려있어 승객 탑승 시 불편뿐만 아니라 무단횡단 등 안전 우려 사항도 발생하고 있다"며 "수도권 대중교통 편의를 위한 장기적 관점에서라도 정류소 분산 및 노선조정 등은 반드시 필요한 만큼, 대광위 및 경기도 등 관계기관과의 지속적인 협의를 추진해 혼잡도 개선을 위한 대책마련에 최선을 다하겠다"고 밝혔다.

〈보도자료, 2024년 3월 6일, 서울특별시 미래첨단교통과〉

서울시, 도시고속도로 사고 AI 영상검지기로 예방한다
… 안전 강화 효과

- 강변북로 성산~반포구간 시범사업 결과 보행자 등 33건 검지…사고 방지 기여
- 보행자·차량역주행 여부 등 신속히 확인 가능, 현장 대응부터 정보 전파 도움
- 올림픽대로 반포~잠실 구간 등 추가, 향후 도시고속도로 8개 노선 171.7km 확대 예정
- 봄철맞아 보행자 등 출현지점 대상 교통안전시설 개선…"시, 자동차전용도로 진입 자제 당부"

□ 앞으로는 강변북로 등 자동차전용도로인 도시고속도로에 잘못 진입했거나, 빠르게 이동하기 위해 몰래 통행하던 보행자나 이륜차를 AI영상검지기가 자동으로 찾아내어 안전사고가 크게 줄어들 것으로 기대된다.

□ 서울시는 지난해 9월부터 강변북로 성산~반포구간 내 AI 영상검지기 시범운영을 통해 안전관리를 강화하고 있다고 밝혔다. 운영 기간 중 도시고속도로에 진입한 보행자 등 33건을 검지하며 빠른 현장 대응과 안전사고 예방에 기여하고 있다.

□ 도시고속도로는 보행자의 출입이 엄격히 제한되는 자동차전용도로이지만, 일부 구간에서는 보행자나 자전거 이용자의 출현 등으로 도로 내 사고 요인이 발생해 왔다.

□ 이에 따라 서울시는 지난 '23년도부터 강변북로 성산~반포구간을 시작으로 AI 영상검지기를 도입하는 등 첨단 기술을 더해 관리를 강화하고 있다. 특히 AI 영상검지기는 사람출현, 정지차량, 역주행 차량 등의 빠른 인지가 가능해 돌발상황 발생 시에도 신속하게 대응이 가능해질 것으로 전망된다.

● AI영상검지기는 교통정보(교통량, 속도) 수집과 동시에 사람, 정지차량, 역주행 차량 등을 검지하여 10초 이내에 도시고속도로 교통관리센터 상황실에 알려주며, 상황실은 인지 즉시 경찰 등 유관기관에 상황을 전파하고 도로전광표지, 내비게이션 및 홈페이지 등에 돌발 정보를 제공하고 있다.

□ 특히 '23.9~12월까지 4개월 간의 시범 운영 기간동안에는 보행자 28긴, 자전거 1건, 이륜차 4건을 검지하는 성과를 냈고, 이 중 11건은 즉시 출동 경찰에 인계하며 현장 대응과 정

보 전파에도 빠르게 적용하는 효과를 확인했다.
- '20년부터 '22년까지 3년간 자동차 전용도로인 서울 도시고속도로에서 보행자 진입 등으로 발생한 사망사고는 5건으로, 매년 1~2건의 보행자 사망사고가 발생하고 있어 관리가 필요했던 상황이었다.
- AI 영상검지기를 통해 실시간 검지가 가능해지고, 고차원적인 교통관리가 이뤄질 것으로 예상된다.

□ 앞으로는 서울 도시고속도로 전 구간을 대상으로 AI 영상검지기 도입을 확대해 안전성을 강화할 예정이다. 우선 현 운영 구간인 강변북로 성산~반포 구간(50대)에 이어 '24년 연내 중 강변북로 반포~성수 및 올림픽대로 반포~잠실구간(50대)을 추가하여 운영하고, 향후에는 도시고속도로 8개 노선 171.7km 전 구간에 총 857대를 도입할 예정이다.
- 현재 도시고속도로에 설치·운영중인 교통정보수집장치(교통량, 속도검지)가 노후화되어 교체시기가 도래함에 따라, 안전관리 강화를 위해 AI 영상검지기 도입을 순차적으로 추진해 나갈 예정이다.

〈보행자 출현시 교통관리센터 실시간 대응 체계도〉

□ 또한, 야외활동이 많아지는 봄철에는 한강 교량에서 공원 지역, 주거지 등 인근 부지로 이동하기 위해 도시고속도로로 무단 진입하는 보행자가 증가하는 경향이 있는 만큼, AI 영상검지기 활용과 함께 서울시설공단, 관련 외부 전문가와 교통 안전 시설을 집중 개선할 예정이다.
- 자동차전용도로를 관리하는 서울시설공단·관련 외부 전문가가 참여하는 협의체를 구성하여 교통안전시설 집중 개선 방안 등을 논의한다. 보행자 등의 진출입 경로 현장조사를 통해

교통안전표지(보행자 진입금지 등), 진입방지 시설(가드레일, 휀스 등)의 맞춤형 개선방안을 도출하고 연중 개선을 추진할 예정이다.

□ 한편, 시는 한강 시민공원을 이용하는 시민들이 안전사고 방지를 위해 도시고속도로 내 진입을 하지 않도록 주의가 필요하다고 강조했다. 도시고속도로에서 보행자를 발견한 운전자는 신속히 112에 신고하면 된다.
● 특히 이륜차, 자전거 및 개인형 이동장치(PM)을 이용하는 시민은 도시고속도로에 진입할 경우 사고 발생위험이 높으니 진입하지 않도록 유의해야 한다.

□ 윤종장 서울시 도시교통실장은 "이번 AI 영상검지기 시범운영 결과를 토대로 향후 도시고속도로 전 노선을 대상으로 순차적 확대를 적용할 계획"이라며 "보행자와 운전자 모두를 위한 안전한 교통환경 조성에 노력하겠다"고 밝혔다.

[AI영상검지기 보행자 검지 및 조치 사례]

〈보행자 검지 화면〉

〈보행자 조치 화면〉

〈보행자 검지 화면〉

〈보행자 조치 화면〉

⟨보도자료, 2024년 3월 21일, 서울특별시 미래첨단교통과⟩

서울시, 청계천~광장시장 자율주행버스… 외국인도 편하게 탄다

- 21일(목) 자율주행버스 호출앱 개편, 외국인 회원가입·단체탑승예약 서비스 도입
- 국내통신사 본인인증 → 스마트폰 인증번호로 회원 가입 간소화, 해외에서 미리 가입 가능
- 첨단 자율주행기술·관광 접목 창의행정 우수사례… 운행방식·서비스 발전시켜나갈 것

□ 청계천을 출발해 세운상가를 지나 광장시장까지 달리는 '청계천 자율주행버스'가 시민들의 안전하고 간편한 이동은 물론 서울을 방문하는 외국인들을 위한 관광상품으로 거듭난다.

□ 외국인도 쉽게 탑승 예약을 할 수 있도록 시스템을 개선하고, 단체탑승 예약기능도 추가해 다이내믹한 서울의 매력을 외국인들에게 알린다. 동시에 선진기술을 바탕으로 한 '자율주행 선도도시 서울'을 전세계에 자리매김한다는 계획이다.

21일(목) 자율주행버스 호출앱 개편, 외국인 회원가입·단체탑승예약 서비스 도입

□ 서울시는 오는 21일(목)부터 청계천~광장시장 구간을 운행하는 자율주행버스를 이동은 물론 관광상품으로 확대 운영하는 'K자율주행 관광상품화 사업'을 본격적으로 추진한다고 밝혔다.

● 'K-자율주행 관광상품화'는 서울시 '창의행정' 교통분야 우수사례로 외국인에게 서울시가 보유한 우수한 자율주행기술 체험과 역사·문화 관광지 소개를 동시에 선보이는 것이 목적이다.

□ 'K-자율주행버스 관광상품화'의 핵심은 외국인 이용 편의 증진이다. 우선 외국인 관광객들이 앱으로 국내는 물론 해외에서도 쉽게 탑승 예약을 할 수 있도록 회원가입을 위한 본인인증 절차 등을 간소화하고, 단체 예약 기능도 탑재했다.

● 그동안은 '서울시 자율주행 전용 호출앱(TAP!)'을 내려받은 후 국내 통신사 본인인증과 회원가입 후에 이용할 수 있었는데 외국인의 경우 국내통신사 인증이 어려워 제한적으로만 사용할 수 있었다.

□ 외국인들의 편리한 탑승과 예약을 돕기위해 호출앱(TAP!) 본인인증 방식을 스마트폰 문자인증으로 개선하고 해외에서 미리 회원가입이 가능하도록 해 서울에서 좀 더 편리하게 이용가능하도록 했다. 단체 예약과 관련하여서는 이메일(cs@42dot.ai)로 문의가 가능하고 하반기부터는 호출앱(TAP!)에서 신청할 수 있다.

□ 서울시는 외국인 편의성 증진을 통해 청계천 자율주행버스를 미래교통과 관광포인트를 융합한 서울 대표 투어 프로그램으로 발전시켜 서울의 또 다른 매력을 알린다는 계획이다.
● 3월 중에는 서울공식관광 누리집 '비지트 서울(Visit Seoul)'에 '자율주행 셔틀' 메뉴를 신설, 영어로 자율주행버스 운행코스, 운행요일, 운행시간 및 운행요금 등 다양한 정보 제공할 예정이다.

□ 서울시는 외국인의 편의를 높인 다양한 운행 서비스를 통해 서울을 방문하는 관광객의 탑승을 늘려 관광객 유치 및 관광산업 활성화는 물론 서울의 자율주행 기술력을 해외에 널리 알릴 좋은 기회가 될 것이라고 덧붙였다.

□ 한편, '22년 11월부터 운행 중인 청계천 자율주행버스는 지난해 11월 광장시장(청계5가)까지 노선을 연장운행 중이다. 청계천~광장시장 편도 4.8km 노선을 4,341바퀴 운행, 총 주행거리는 1만 3,214km에 달한다. 현재까지 총 4,643명이 이용했다.

□ 윤종장 서울시 도시교통실장은 "K-자율주행 관광상품화는 첨단 자율주행기술과 관광을 접목한 서울시만의 창의적인 정책"이라며 "서울시는 앞으로도 외국인 관광객들이 편리하게 자율주행버스를 이용하면서 서울의 매력을 맘껏 느끼도록 운행방식·서비스를 발전시켜 나가겠다"고 말했다.

〈붙임 1〉 'Visit Seoul' 화면
(※홈페이지 주소: https://english.visitseoul.net/)
● 조회방법 : 'Visit Seoul' → 여행정보 → 스마트하고 안전한 서울 여행 → 자율주행 셔틀

〈'자율주행 셔틀' 코너 메인 화면(영문)〉

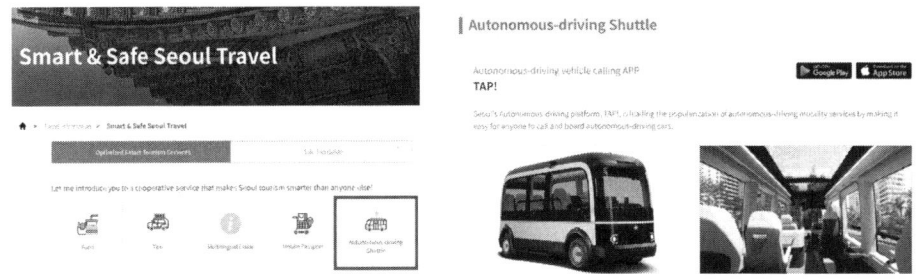

<붙임 2> 외국인 회원가입 절차

① 외국인 회원가입 시작화면 - ② 외국인 회원가입 전 안내사항 설명 - ③ 외국인 스마트폰 번호 입력 후 문자인증 - ④ 외국인 회원가입 완료

 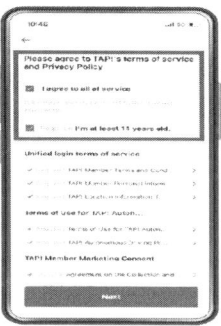  

⟨보도자료, 2024년 3월 25일, 서울특별시 버스정책과⟩

명동입구 정류소, 보행밀집도 절반 이상 감소 등 개선대책 '효과'
- 서울시, 명동입구·광교 정류소 '교통 혼잡 해소대책' 2달여 간 시행 결과분석 내놔
- 노선 분산 후, 명동경유 광역노선 운행시간 평균 5분·정류소 보행밀도 56% 감소
- '정류소 줄서기' 전문가 자문·시민의견 수렴… 3월 중 광교정류소 줄서기 노면표시
- 시 "혼잡완화 확인됨에 따라 지속 관리, 대광위·경기도 전향적 대책 마련도 촉구"

□ 서울시가 지난 1월 명동입구 광역버스 정류소 교통 혼잡 해소대책에 들어간 뒤로 광역버스 운행시간이 최대 13분 줄고, 퇴근시간대 정류소 밀집도는 50% 이상 감소한 것으로 나타났다. 보행자가 보도에 느끼는 서비스 품질을 등급화하여 관리하는 '보행자 서비스 수준'도 두 단계 오른 B등급으로 개선됐다.

□ 서울시는 명동입구 광역버스 정류소 인근 교통 혼잡 해소를 위해 운행노선 분산 등 교통대책을 추진한 결과, 혼잡도 완화 및 시민 만족도 증진에 효과가 있는 것으로 확인됐다고 밝혔다.

□ 시는 명동 일대 교통 혼잡을 완화하기 위해 ▲명동입구 정류소에 밀집된 노선 일부(8개 노선)를 인근 정류소로 분산하고 ▲퇴근시간대 명동입구·광교 정류소에 모범운전자를 배치(각 2명)했으며 ▲노선분산 완료 시점까지 줄서기 표지판 운영을 일부 유예하는 등 대책을 마련해 시행한 바 있다.

분석 결과, 노선 분산 후 명동 경유 노선 운행시간 5분·보행밀도 56% 감소 효과

□ 개선대책 시행 이후 명동 일대를 경유하는 29개 광역버스 노선의 운행기록 등을 분석한 결과, 16~18시 차고지 출발기준으로 노선 분산 전·후(2.19.~2.22./ 2.26.~2.29.) 전체 운행시간이 평균 5분가량 감소하는 등 노선 분산에 따른 교통흐름 개선효과가 있었다.

해당 노선 평균 운행시간 비교

정류소명	운행방향	운행시간 변동	정류소명	운행방향	운행시간 변동
	계	-5.3분			
명동입구 (02253)	광주	-3분	명동입구B (02143)	화성(2개 평균)	-3.5분
	성남(7개 평균)	-10.7분			
	양주	-9분	광교(02136)	수원(4개 평균)	-3분
	용인(9개 평균)	-4.8분		용인	-1분
	하남	9분	롯데영플라자 (02142)	성남	-13분
	화성(2개 평균)	-2분			

● 정체구간 초입 '롯데영플라자 정류소'를 시작으로 명동입구B(신설), 명동입구, 광교(신설)

정류장으로 노선이 분산되면서 교통흐름이 연이어 완화된 것으로 분석된다. 특히 정류장 분산을 시행한 대부분 노선의 평균 운행시간이 감소했고, 성남 방향 노선은 최대 13분 감소 등 전반적인 운행시간 감소 및 혼잡 완화효과가 나타나고 있다.

□ 또한 명동입구 정류소 보행밀도 조사 결과, 퇴근시간대 보도상 점유면적 대비 밀집도의 경우 노선 분산 전에 비해 제곱미터당 약 0.43명이 감소(0.76인/㎡→ 0.33인/㎡)해 대책 시행 이후 약 56% 줄었으며 정류소 대기인원도 350명에서 150명 수준으로 감소하고, 보행자 서비스 수준도 D등급에서 B등급으로 개선된 것으로 분석됐다.

· 분산 전('24.1.16.) : 대기인원 350명, 보행밀도 0.76인/㎡, 서비스 수준 D등급
· 분산 후('24.3.19.) : 대기인원 150명, 보행밀도 0.33인/㎡, 서비스 수준 B등급

시행 전('24.1.16. 18:30)　　　대책 시행 후('24.3.19. 18:30)
〈개선대책 시행 전·후〉

'정류소 줄서기' 전문가 자문·시민 의견 수렴… 3월 중 광교 정류소 줄서기 노면표시

□ 서울시는 명동입구·광교 정류소의 보도 상 질서를 확립하고 승객들의 혼동을 방지하기 위해 정류소 줄서기 운영방식에 대한 전문가 자문과 시민 의견수렴 절차를 거쳤으며, 그 결과를 토대로 3월 중 대책 시행에 들어갈 예정이다.
● 명동입구 정류소를 이용하는 많은 시민(72%)이 현재와 같은 '줄서기 표지판' 형태의 대기 방식을 유지하길 원한다고 응답, 현행 7개 줄서기 표지판을 균등 배치하여 운영할 예정이며 향후 이용추이를 감안하여 노선 방향별로 그룹화해 운영하는 방안도 검토할 계획이다.
● 광교 정류소는 승객 60%가 줄서기 표지판이 아닌 '노면 표시'를 설치해 줄 것을 원한다고 응답, 보도가 협소해 안전상 우려가 있는 점을 고려하여 평균 이용객이 가장 많은 3개 노선(M5107·M5121·8800)에 대해 줄서기 라인을 설치·운영할 예정이다.
　* 일평균 승차건 : M5107(1025명), M5121(460명), 8800(482명), 5007(179명), M5115(63명)

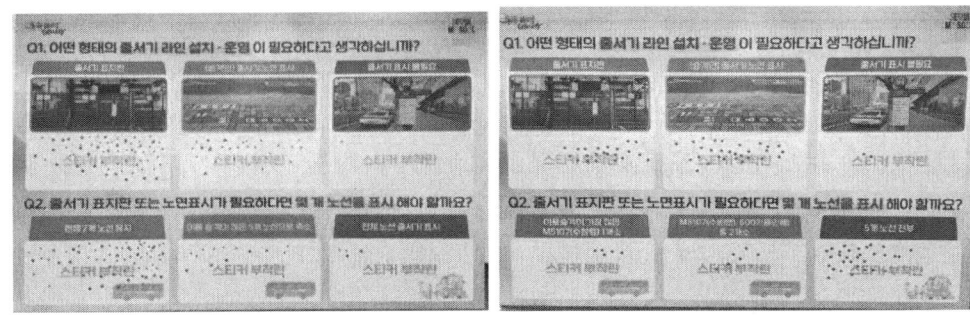

명동입구 정류소   광교 정류소

〈대기방식 시민 의견수렴 결과〉

□ 윤종장 서울시 도시교통실장은 "시가 가용한 모든 수단을 동원해 광역 버스 정류소 혼잡도 개선에 나선 결과, 시행 초기부터 상당한 교통 혼잡 완화효과가 나타나 앞으로도 지속적으로 관리해 나가겠다"며 "다만 도로 용량 한계와 통행차량수로 인한 한계도 예상되는 만큼, 누적된 수도권 승객의 불편 해소를 위해 관계 기관인 대광위·경기도의 전향적인 대책 마련도 조속히 촉구할 것"이라고 밝혔다.

〈첨부 1〉

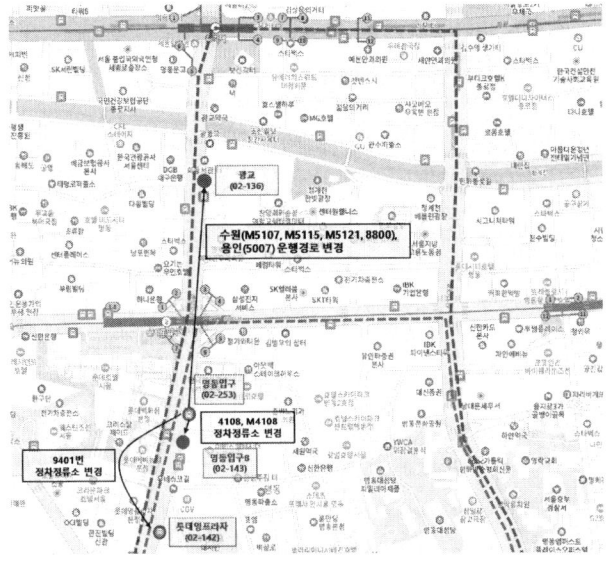

〈명동입구 정류소 및 노선 조정시행 내용〉

〈보도자료, 2024년 3월 26일, 서울특별시 버스정책과〉

서울시, 버스 파업 대비 비상수송대책 시행
… 교통 대책 추진·시민이동 지원

- 시·교통운영기관·자치구 비상수송대책본부 구성, 대체 대중교통 등 시민 이동 지원 집중
- 지하철, 출퇴근 혼잡시간 1시간 늘려 열차투입↑…막차 1시간 연장해 익일 02시까지 운행, 1일 202회 증회
- 마을버스는 정상운행, 전세버스 등 무료 셔틀버스 400여대 빠르게 투입…지하철역 연계 운행
- 따릉이 이용 모니터링 및 수급관리 실시…공공기관·학교·기업에는 출근, 등교시간 조정 요청
- 조속한 노사합의 도출, 이동 지원 총력… "시민 교통 이용 불편 최소화에 집중"

□ 서울시가 버스 파업 대비 시민 불편을 최소화하기 위해 비상수송대책 가동에 돌입한다. 시내버스 노동조합이 3월 28일(목) 첫차부터 파업을 예고함에 따라 신속히 교통 대책을 추진하고, 노·사간 합의 도출을 위해 지속적으로 노력하는 등 총력을 기울인다.

□ 우선 서울시는 교통운영기관, 자치구, 경찰청 등 유관기관과의 협력을 통해 긴밀한 협조체계를 유지하고, 인력 및 교통수단을 총 동원해 파업 상황별 대책을 수행한다.
● 서울시·자치구·버스조합은 비상수송대책 본부를 구성해 24시간 연락체계를 유지하고, 서울교통공사, 서울시메트로9호선(주), 우이신설경전철(주) 등 교통 운영기관과도 협력체계를 사전 구축해 즉각적인 수송대책을 추진한다.

□ 특히 출퇴근 등 이동 시 시민 불편을 최소화 할 수 있도록 가능한 모든 대체 교통수단을 가동할 예정이다.

□ 이에 따라 28일(목)부터 파업 종료 시까지 대중교통의 추가 및 연장 운행이 실시된다. 먼저 지하철은 출퇴근 혼잡 완화 및 불편사항을 해소하기 위해 1일 총 202회를 증회한다. 출퇴근 주요 혼잡시간을 현행보다 1시간 연장해 열차 투입을 늘리고, 지하철 막차도 익일 02시까지 연장해 심야 이동을 조속히 지원한다.
● 혼잡시간 운행은 총 77회 증회하고, 막차시간 운행은 종착역 기준 익일 02시까지 연장돼 총 125회 증회한다. 열차지연 및 혼잡시 즉시 투입할 수 있도록 비상대기 전동차 14편성

을 준비한다. 잠실역, 사당역, 구로디지털단지역, 서울역, 강남역 등 혼잡도가 높은 주요 역사(17개)는 질서유지 인력을 투입한다.
- 혼잡시간 : (현행) 07:00~09:00, 18:00~20:00 (조정) 07:00~10:00, 18:00~21:00
- 막차시간 : (현행) 종착역 기준 01:00 (조정) 종착역 기준 익일 02:00까지

□ 지하철 출퇴근 등을 빠르게 연계하기 위해 서울 25개 자치구에서는 무료 셔틀버스를 운행한다. 운행이 중단된 시내버스 노선 중 마을버스가 다니지 않는 지역을 중심으로 주요 거점에서 지하철역까지를 연계될 수 있도록 민관 차량 400여대를 빠르게 투입한다.
- 각 자치구별 주요 지하철역을 중심으로 무료셔틀버스를 운행하고 혼잡시간에 집중 투입해 시민과 학생의 출퇴근과 등하교를 지원한다.
- 세부노선 및 운행시간은 각 시·자치구 홈페이지에 게시한다.

□ 개인 이동수단 이용을 독려하기 위해 승용차 함께 타기 및 따릉이 이용에 대한 시민 안내도 추진한다. 또한, 파업 장기화를 대비해 출근 시간에 집중되는 이동수요를 분산하고자 시내 초·중·고등학교와 공공기관, 민간기업 등에 파업기간 중 등교 및 출근시간을 1시간 조정해 줄 것을 해당기관에 요청할 계획이다.

□ 실시간 시민 안내를 위해 120다산콜센터와 교통정보센터 토피스, 시 홈페이지와 SNS 계정, 도로 전광판, 정류소의 버스정보안내단말기 등을 통해 교통 정보도 제공한다.
- 버스정류소 안내문 부착, 지하철 운영기관 내 게시판·모니터·안내방송을 실시한다. 25개 자치구의 관내 아파트 단지와도 연계하여 안내방송을 실시하고, 시민들의 지하철 및 마을버스 이용을 독려할 예정이다.

□ 한편, 시는 원만한 노사 합의와 조속한 대중교통 정상 운영을 위해 총력을 기울인다. 또한 교통 운영상황 모니터링 등 다방면의 노력도 이어나간다.
- 파업으로부터 빠르게 복귀하고, 임시노선 운행 등을 추진하는 운수사의 경우 시정 협조도 가점을 부여하는 등 운행률 제고에 집중한다.

□ 윤종장 서울시 도시교통실장은 "대중교통을 이용하는 시민들의 불편이 최소화 될 수 있도록 가능한 모든 수송력을 동원해 총력을 기울일 것"이라며 "노사 간의 합의가 조속하게 도출되길 바라며, 시민들의 대체 교통수단 지원 등 운행 정상화를 위해 최선을 다하겠다"고 밝혔다.

〈보도자료, 2024년 3월 28일, 서울특별시 버스정책과〉

서울시내버스 노사 협상 결렬… 비상수송대책 즉시 시행
"시민 불편 최소화에 총력"

- 비상수송대책본부 선제적 구성 완료…28일 첫차부터 즉시 대체 교통수단 투입
- 지하철 출퇴근 및 막차 시간대 각 1시간 연장 및 202회 증회 실시
- 파업 미참여 시내버스 및 전세버스 활용, 지하철 연계 무료 셔틀버스 운행
- 조속한 노사 합의 도출로 대중교통 운행 정상화에 총력, "시민 불편 최소화"

□ 27일(수) 오후 3시부터 시작된 서울지방노동위원회 조정회의에도 불구하고 서울시내버스 노사간 임금협상이 28일(목) 04시 결렬됨에 따라, 서울시는 28일(목) 04시 첫차부터 즉시 비상수송대책을 시행한다고 밝혔다.

□ 서울시는 시내버스 파업에 대비, 27일(수)에 이미 구성을 완료한 시(市), 구(區) 비상수송대책본부를 중심으로 빠르게 교통대책을 마련하였고 28일 시민의 출퇴근길 불편을 최소화하기 위하여 대체 교통수단을 즉시 투입한다.

□ 지하철은 출퇴근 시간대 1시간을 연장하고 심야 운행시간도 익일 2시까지 1시간 연장한다. 또한 지하철역과의 연계를 위해 25개 자치구에서는 무료 셔틀버스 총 480대를 투입하여 시민 불편을 최소화한다.
- 지하철 혼잡시간은 (오전)07:00~10:00, (오후)18:00~21:00로 조정돼 열차가 추가 투입되고, 막차시간은 종착역 기준 익일 02:00까지 연장돼 총 202회 증회된다.
- 지하철 연계를 위한 무료 셔틀버스는 총 119개 노선, 480대가 빠르게 투입되어 1일 총 4,959회 운행된다.
  ※ 보광운수, 정평운수, 원버스 12개 노선은 정상 운행

□ 또한 다산콜재단, 교통정보센터 토피스, 서울시 매체, 정류소의 버스정보안내단말기 등을 통해 실시간 교통정보도 제공할 예정이다.

□ 윤종장 서울시 도시교통실장은 "조속한 시일 내에 원만한 노사 합의를 도출하기 위해 총력을 기울일 것"이라며 "가용 가능한 모든 교통수단을 동원해 시민 불편을 최소화하겠다"고 밝혔다.

〈보도자료, 2024년 3월 28일, 서울특별시 버스정책과〉

오세훈 시장, 시민 불편 최소화 위해 버스파업 조속한 타결 당부

☐ 서울시는 시내버스 파업에 따른 시민 불편 해소를 위해 27일(수)부터 비상대책본부를 구성하고, 시내버스 파업 상황을 실시간 점검하고 있다고 밝혔다.

☐ 파업 예고 전부터 현재까지 조속한 노사간 합의 도출과 대중교통 정상 운영을 위해 총력을 기울이고 있으나, 현재 4시 파업 개시 이후 6시간 경과, 90% 이상 운행이 중단되고 시민들의 피해가 극심한 상황이다.

☐ 특히 시민들의 주요 이동이 이뤄지는 출근 시간대까지 파업이 지속되며 현장에서는 시민들의 어려움이 컸을 뿐만 아니라 고교 3월 모의고사 학생 등 시민 개개인의 피해가 가중되고 있다.

☐ 오세훈 서울시장은 "버스파업으로 시민 여러분께 불편을 드려 죄송하다. 시민의 발인 서울 시내버스는 말 그대로 많은 분의 생업과 일상이 달려있다. 시민들의 일상을 볼모로 공공성을 해하는 행위는 그 어떤 이유가 있더라도 정당화되기 어렵다"며 "부디 노사간 양보와 적극적인 협상으로 대중교통 운행이 정상적으로 이뤄질 수 있도록 조속한 타결을 바란다"고 말했다.

〈보도자료, 2024년 3월 28일, 서울특별시 버스정책과〉

시내버스 노사간 협상 타결…파업 전면 철회·전 노선 정상운행
- 지속적 노력으로 28일 15시 노사간 합의 도출…대중교통 운행 정상화
- 비상수송대책 즉시 해제, 대체수단 투입 계획 현행 운행으로 변경

□ 서울시는 시내버스 노사간 임금협상 합의 및 파업 철회에 따라 28일(목) 15시부로 시내버스 전 노선의 정상 운행을 즉각 실시한다고 밝혔다.

□ 27일(수) 14시 30분부터 28일(목) 02시까지 진행된 서울지방노동위원회 조정회의에서는 시내버스 노사 간 이견을 좁히지 못했으나, 이후 서울시의 지속적인 소통과 중재 노력 끝에 15시에 임금 인상률 4.48%, 명절수당 65만원으로 노사간 합의를 이끌어냈다.

□ 이에 따라 파업 대비 추진됐던 비상수송대책을 즉시 해제하고, 대중교통 정상 운행에 돌입한다. 연장 예정이었던 지하철, 전세버스 등 대체 교통 투입은 현행 운행으로 변경된다.

〈보도자료, 2024년 4월 1일, 서울특별시 버스정책과〉

서울 도심 속 달리는 명물, 펀(FUN)하고 귀여운 '해치버스' 만나보세요!

- 서울시, 3. 30.(토) '해치버스' 운행 개시…펀(FUN) 디자인 적용한 움직이는 명물 탄생
- 첫 운행 남산 순환버스 노선 2개 선정, 남산공원·청와대 등 주요 관광지에서 시민 맞이
- 일상 속 대중교통, 산뜻한 색상·귀여운 해치 디자인 입고 상상력 넘치는 공간으로
- 기후동행카드 이어 대중교통 활성화 계기 전망…전 연령에 사랑받는 매력특별시 홍보대사 역할 기대

□ 봄꽃 기운이 가득한 계절, 도심을 달리는 '해치버스'가 새롭게 등장해 서울시민과 관광객을 만난다. 사랑스러운 해치 캐릭터와 서울 상징을 듬뿍 담은 해치버스를 타면 잠깐의 이동시간도 추억으로 변화하고, 움직이는 명물인 '해치버스'를 통해 시민들의 일상에도 즐거움을 선사할 것으로 전망된다.

□ 서울시는 3월 30일(토)부터 남산~청와대 등 주요 도심 일대를 대상으로 '해치버스' 운행을 개시한다고 밝혔다.

□ 새롭게 선보이는 '해치버스'는 서울시의 대표적인 도시 전략인 '펀(FUN) 디자인'을 대중교통에 적용한 사례로, 시민들이 일상 속에서 가장 많이 이용하는 교통 시설을 창의적이면서도 활력있는 공간으로 조성하는 취지로 추진됐다. 15년만에 새롭게 리뉴얼한 '해치' 캐릭터를 더욱 가까이 만날 수 있으면서도, 대중교통 이용 활성화의 새로운 계기가 될 것으로 전망된다.
- 서울시는 대중교통 시설에 펀(FUN) 디자인을 선보이며 다양한 변화를 불러일으키고 있다. 특히 따뜻한 문구와 디자인을 담은 '버스 정류소 온열의자'' 등을 추진하며 많은 호응을 얻었다.
- 서울시 공식 캐릭터인 '해치와 소울프렌즈'는 DDP, 서울도시건축전시관 등 다양한 도심에서 시민들을 만나며 사랑받고 있다. 전 연령대가 이용하는 버스에서도 해치를 볼 수 있게 돼 의미를 더한다.

□ 해치버스의 첫 운행 노선으로는 서울을 상징하는 주요 관광명소인 남산일대가 선정됐다. 운행 구간은 남산공원과 주요 지하철 역사 등을 경유하는 남산순환버스 01A번(남산-청와대 순환)과 01B번(남산공원 순환) 2개 노선이다.

- 운행 차량은 2대로, 2개의 디자인 시안을 각각 적용하여 선보인 후 향후 시민 반응 등을 반영할 예정이다.
- 01A번 : 남산예장버스환승주차장 (기점)-충무로역-동대입구역-남산서울타워-남대문시장악세사리전문상가-청와대-경복궁-안국역-남인사마당-남산예장버스환승주차장 (종점)
- 01B번 : 남산예장버스환승주차장 (기점)-충무로역-동대입구역-국립극장-남산서울타워-남산도서관-남산예장버스환승주차장(종점)

□ 버스 디자인은 민트·핑크 색상 2종으로, 봄 계절에 어울리는 시안으로 구성됐다. 해치와 소울 프렌즈의 발랄한 모습을 표현하면서도, 차량 외부뿐만 아니라 천장, 바닥, 의자 등 내부 디자인까지 상상력이 가득한 공간으로 연출됐다. 버스를 탄 승객들은 마치 해치가 버스로 변한 듯한 재미있는 경험을 얻을 수 있고, 시민들도 산뜻하고 생동감 넘치는 해치버스가 도로를 달리는 모습을 보며 일상 속 즐거움을 얻을 수 있다.

- (민트색) : 푸른 하늘과 파릇파릇한 새싹 잎들을 배경으로 남산순환 버스의 노선인 남산한옥마을, 남산타워, 광화문으로 나들이를 가고 있는 해치와 소울프렌즈 캐릭터의 활기찬 모습을 표현했다.
- (핑크색) : 마치 해치가 버스로 변한 듯한 느낌의 디자인으로 해치와 귀엽고 발랄한 소울프렌즈들이 해치 버스 안에서 차창 밖을 바라보며 도시를 누비고 있는 모습을 그렸다.

□ 새롭게 선보이는 '해치버스'는 서울시의 무제한 교통 혁신 정책인 '기후동행카드' 이용도 가능하므로 움직이는 도심 속 포토존 역할을 하는 해치버스에서 무제한 대중교통 이용까지 더하면 시민 누구나 특별한 이동 경험을 얻을 수 있을 것으로 예상된다. 한편, 4월 1일부터 24일까지 '내가 만드는 해치 콘텐츠 공모전'이 개최되고 있어 해치를 사랑하는 누구나 참여하면 더욱 좋다.

- 서울시는 해치&소울프렌즈 캐릭터를 알리고 시민들의 참여로 해치를 통해 〈건강하고 편(FUN)하고 힙한 서울〉의 이미지를 전하고자 4월 1일부터 24일까지 '내가 만드는 해치 콘텐츠 공모전'을 개최하고 있다. 만 4세 이상부터 내·외국인 누구나 참여할 수 있으며, 선정 시에는 수상작 서울시 공식 매체(전광판 12,000여 개소, 유튜브·트위터·인스타그램 등 사회관계망(SNS), 지하철 역사 게시판 2,500여 개 등) 게재, 해치 크리에이터 위촉 등 다양한 특전이 제공된다.

□ 윤종장 서울시 도시교통실장은 "시민들이 매일 이용하는 주요 교통시설인 버스가 많은 주목을 받고 있는 '해치' 캐릭터를 입고 특별한 공간으로 변모할 것으로 기대된다"며 "기후동행카드에 이어 새로운 대중교통 활성화의 계기가 되면서도, 전연령에게 사랑받으며 매력특별시 서울 시정을 알리는 홍보대사 역할을 할 해치버스에 많은 관심을 가져주시길 바란다"고 밝혔다.

⟨보도자료, 2024년 4월 5일, 서울특별시 버스정책과⟩

오세훈표 자율주행버스, 전국으로 확산
… 민생맞춤 우수사례로 자리매김

- 지난해 12월 합정~동대문 심야자율주행버스 일평균 100명 이상 탑승, 시민 만족도 높아
- 10월 도봉산~영등포 새벽 자율주행버스 운행시작으로 상계~강남 등으로 확대 예정
- 올해 7월 기후동행카드로 모든 자율버스 무제한 이용 가능 예정…수도권 환승할인까지

□ 오세훈표 민생맞춤 자율주행버스가 전국적으로 확산돼 시민은 물론 전 국민의 이동을 돕고 고단함을 덜어 주고 있다.

□ 민생맞춤 자율주행버스는 누구보다 이른 새벽을 맞이하는 미화원·경비원 등 첫차로 출근하는 노동자, 늦은 시간 일과를 마치고 집으로 향하는 고단한 직장인 등의 편안한 이동을 지원하는 첨단교통기반 민생정책이다.

□ 시는 교통분야 약자동행 대표 정책인 민생맞춤 자율주행버스는 첨단교통서비스가 소외계층부터 혜택을 받아야 한다는 오세훈 시장의 시정철학을 담은 것으로 서울시에서 시작돼 현재 전국으로 확산 운영 중이라고 덧붙였다.

□ 현재 서울시가 운행 중인 자율주행버스는 합정역~동대문구간(9.8km) '심야' 자율주행버스가 있다. 지난 12월 4일 운행을 시작한 이후 일 평균 100여명, 현재까지 6,400여명의 승객이 탑승해 늦은 퇴근길을 든든하게 지원하는 대중교통수단으로 자리 잡았다.

□ 또한 오세훈 시장의 아이디어로 시작된 두 번째 민생맞춤 '새벽' 자율주행버스도 올해 10월 운행을 앞두고 법적 절차인 '자율차 시범운행지구' 지정을 진행 중이다. 출퇴근 인구가 많은 도봉산역~종로~마포역~여의도역~영등포역(편도 기준 25.7km)에 이르는 비교적 긴 구간을 운행 예정이다.

  * 자율차 시범운행지구: 자율주행자동차 상용화 촉진 및 지원에 관한 법률에 의거 승객이 탑승하는 자율차 운행 및 유상운송 특례가 부여되는 자율차 특별지구

□ 새벽 자율주행버스는 현재 시내버스 평균 첫차 시간인 3시 50분~4시보다 최대 30분 빠른

3시 30분경에 출발해 이른 아침을 여는 경비원, 미화원을 비롯한 필수노동자들에게 편안한 출근길을 선물할 예정이다. 내년에는 새벽 자율주행버스 운행 노선을 상계~강남 등으로 확대하는 등 새벽 첫차 혼잡이 심한 노선에 지속적으로 투입한다.

□ 이 외에도 서울로 출퇴근이 불편한 수도권 지역을 운행하는 급행 광역 자율주행버스, 지하철역과 거리가 먼 교통소외지역을 순환하는 자율주행버스 등 다양한 맞춤형 자율주행버스도 차근차근 늘려 나간다는 계획이다.

□ 아울러 7월부터는 서울시가 운행 중인 모든 자율주행버스를 무제한 교통 정기권인 기후동행카드로 마음껏 이용할 수 있도록 할 계획이다. 또한 지하철, 버스와 마찬가지로 수도권 환승할인이 적용되는 만큼, 정식 대중교통 수단으로써 시민들의 교통 편의를 높일 전망이다.
● 올 7월 무료로 운행하던 심야, 청와대 자율주행버스 등이 유료화될 예정으로 요금은 시 조례에 따라 '서울특별시 자율차 운영위원회'의 심의를 거쳐 확정될 예정이다.
● 하반기부터 기후동행카드, 수도권 환승할인 적용 등으로 자율차가 체험용이 아닌 명실상부 수도권 정식 대중교통수단으로 자리매김할 것으로 기대된다.

□ 한편 서울시 자율주행버스는 국토부 '자율차 서비스 지원 사업 공모' 우수 사업으로 선정, 지자체 중 최대 규모인 국비 5억 5천만원을 지원받는다.

□ 윤종장 서울시 도시교통실장은 "자율주행이 기술을 넘어 늦은 밤, 이른 새벽 이동이 필요한 서민들의 따뜻한 동반자가 되고, 약자와 동행하는 민생맞춤 정책의 좋은 사례가 될 수 있도록 하겠다"며, "전국을 선도한 서울시 자율주행 정책이 국내를 넘어 세계 모빌리티의 혁신을 이끌어 나갈 수 있도록 민간의 기술 및 산업발전 지원, 빈틈없는 자율주행 인프라 구축 등을 지속적으로 확대해 나가겠다"고 밝혔다.

〈보도자료, 2024년 4월 11일, 서울특별시 버스정책과〉

서울시, 강도높은 시내버스 운영 개혁
…파업에도 최소운행률 의무화

- 파업 대비 시민 이동권 보장을 위해 법상 시내버스 '필수공익사업' 지정 건의
- 경영혁신·수익 다변화 등 준공영제 지속가능성 확보, 연료비 절약 위해 친환경버스 확대
- 노선중복 정리기준 마련…건강한 수송분담체계 구축·감차 통한 재정 건전화
- 시내버스 준공영제 20주년 용역 추진…결과 토대로 강도 높은 개선책 시행 예고

□ 지난 3월 버스 파업에서 나타난 운행 중단을 계기로 서울 시내버스 운영에 대대적인 개혁이 시행될 예정이다. 특히 파업 시 중단없는 버스 운행을 위한 필수공익사업 지정 및 최소운행률 의무화부터 안정적인 버스 서비스의 근본책인 경영 관리방안까지 종합적인 현안을 다뤄 올해 20주년을 맞는 준공영제의 새로운 전환점을 준비한다.

□ 서울시는 시내버스 파업 이후 후속 방안으로 '시내버스 운영 개선대책'을 신속하게 추진한다고 밝혔다. 특히 이번 파업은 제도 미비로 인한 버스 운행 중단, 고물가·승객감소 등으로 커져가는 운영 위기 등 준공영제의 전반적인 개선 필요성이 제시되고 있는 만큼 지난 20년간 준공영제를 운영하면서 누적된 주요 문제점들을 집중적으로 개선할 전망이다.

시내버스 필수공익사업으로 지정 강력 건의…운행 중단 위기 원천 방지

□ 먼저 파업 시에도 지하철과 마찬가지로 시내버스가 운행될 수 있도록 제도 개선을 강력하게 추진한다.

□ 지난 3월 28일 임금협상 결렬에 따른 시내버스 파업은 서울시버스노조(이하 '노조')의 12.7% 임금인상 요구를 서울시버스운송사업조합(이하'사측')이 수용하지 않음으로써 당일 15시까지 이어졌다. 시의 중재 끝에 4.48% 임금인상, 명절수당(65만원) 신설로 협상이 마무리되었으나 파업으로 인해 95% 이상의 버스가 멈춤에 따라, 시민 불편은 피할 수 없었다.

□ '공공성'을 담보로 하는 시내버스 준공영제임에도 불구하고 임금인상을 이유로 한 노조의 승무 거부에 따라 파업 당일 시내버스의 운행률은 4.4%(첫차~12시 기준)에 불과했다. 또한 일부 노조원들이 파업에 참여하지 않은 노조원들의 버스 운행을 차로 막아 세우는 등의 정

상적인 운행을 방해한 사례도 있었다.

〈참고 : 3.28.(목) 버스파업 당시 시내버스 출차를 방해하는 모습〉

□ 『노동조합 및 노동관계조정법』(이하 '노동조합법')은 철도 및 도시철도와 다르게 시내버스를 필수공익사업으로 지정하고 있지 않아, 노조원들이 파업에 찬성할 경우 최소한의 운행률을 준수할 의무가 없고 전면 파업이 가능한 구조이다.

[노동조합 및 노동관계조정법] 제71조(공익사업의 범위 등)
② 이 법에서 "필수공익사업"이라 함은 제1항의 공익사업으로서 그 업무의 정지 또는 폐지가 공중의 일상생활을 현저히 위태롭게 하거나 국민경제를 현저히 저해하고 그 업무의 대체가 용이하지 아니한 다음 각호의 사업을 말한다. 〈개정 2006. 12. 30.〉
1. 철도사업, 도시철도사업 및 항공운수사업

□ 이에 서울시는 자신들의 요구사항을 관철시키기 위해 시민의 이동권을 볼모로 하는 잘못된 행태를 바로잡기 위해 서울시의회와 함께 22대 국회가 개원하는 대로 시내버스를 필수공익사업으로 지정하는「노동조합 및 노동관계조정법」의 개정을 건의할 예정이다.
● 노동조합법이 개정되어 시내버스가 필수공익사업으로 지정되면 파업을 결의하더라도 최소한의 운행률은 준수해야 하며, 이에 따라 시민의 출퇴근길 불편이 줄어들게 된다.

안정적·시민 만족 버스 운영 환경 조성…운송수지 적자 해소 위한 다각도 방안 마련

□ 시민들의 발로서 안정적인 운행환경을 지속적으로 마련할 수 있도록 수익 다변화, 노선조정 기준 수립, 재정지원 방식 개선 등 종합적인 방안 마련에 집중한다.

□ 시내버스 준공영제는 민간의 효율성과 공공의 관리성의 장점을 결합한 제도로써 환승할인제, 중앙버스전용차로제와 함께 2004년 7월 시행되었다. 재정지원을 통해 버스회사 간 과당경쟁을 방지하고 승객 안전 우선, 정시 배차, 만족도 조사 등을 통해 수요자 중심의 운영

을 지향한다. 그 결과 시내버스에 대한 시민만족도는 매년 증가하고 있다.

연도별 시내버스 만족도 (단위 : 점)

연도	'04	'07	'10	'13	'14	'15	'16
만족도	59.2	71.18	74.16	78.10	79.24	80.09	80.79
연도	'17	'18	'19	'20	'21	'22	'23
만족도	81.02	81.24	81.84	82.02	83.44	83.68	83.93

※ 시민만족도 조사결과 : 59.2점('04년) → 83.93점('23년) +24.73점

□ 다만 운송수지 적자에 따라 늘어나는 재정지원금은 준공영제의 지속가능성 확보를 위해 풀어야 할 숙제이다. 특히, 코로나19 시기 승객감소로 인한 운송 수입 감소와 러시아-우크라이나 전쟁에 따른 천연가스 가격 상승, 높은 인건비 등 운임 비용 증가의 결과로 '22년 운송수지 적자는 8,571억 원에 달했다.

최근 10년 연도별 운송수지 및 재정지원 현황 (단위 : 억원)

구 분	'14년	'15년	'16년	'17년	'18년	'19년	'20년	'21년	'22년	'23년
총수입	12,595	12,880	13,302	13,082	12,978	13,002	10,118	10,059	11,207	12,393
총비용	15,878	15,434	15,494	15,528	15,820	16,540	16,902	17,548	19,778	18,231
운송수지	△3,283	△2,554	△2,192	△2,445	△2,842	△3,538	△6,784	△7,489	△8,571	△5,838
재정지원금	2,538	2,512	2,771	2,932	5,402	2,915	1,705	4,561	8,114	8,915

● 금번 임금협상의 결과로 시내버스 운수종사자의 평균임금은 월 523만원(평균 근속연수 8.43년기준)이 되었으며 이는 타시도의 운수종사자 임금과 비교해도 가장 높은 수준이다.

'23년 서울시 및 주요 광역시 시내버스 운수종사자 평균임금 비교 (단위 : 원)

시도 구분	서울	부산	대구	인천	광주	대전	울산
월 평균임금	4,867,991	4,543,336	4,424,320	4,643,381	4,514,192	4,238,000	4,534,413
비율	100%	93.3%	90.9%	95.4%	92.7%	87.1%	93.1%

※ 울산광역시를 제외한 광역지자체는 현재 시내버스 준공영제 시행 중임

□ 시는 연료비 절감을 위해 친환경버스를 '26년까지 2,498대(전기버스 2,355대, 수소 버스 143대) 도입할 예정이며 수익 확대를 위한 버스회사의 경영혁신 유도, 광고 수입금 확대를 위한 다변화 방안을 모색할 계획이다.
● 2022년 기준 연료비 현황(1일 1대기준) : CNG 148,992원, 전기 44,922원, 수소 : 81,728원
□ GTX, 경전철, 광역버스 등 타 교통수단과 시내버스의 중복노선 문제는 재정적자의 또 다

른 원인이 되고 있다. 특히 중복노선으로 인한 시내버스 수요감소에 따라 감차 등이 이루어져야 하나, 버스 1대당 재정지원이 이루어지고 있고 노선권이 특허권으로 보장되다 보니 시의 노선조정역할에 한계가 있었다.

☐ 서울시는 용역을 통해 중복노선을 재편하고 건강한 수송분담체계를 구축할 수 있도록 노선조정기준을 수립할 예정이다. 이를 통해 기존 중복·비효율 노선을 정리하고 신규노선 구축에 대한 선제적 기준 마련할 계획이다. 합리적 기준을 통한 노선 조정 및 감차 유도는 재정지원금의 비효율적 낭비를 막을 수 있을 것으로 기대된다.

☐ 준공영제 하의 재정지원방식은 비용 대비 운송 수입의 부족분에 대해 전액 보장해주는 방식으로 버스회사의 안정적인 수익을 보장하고 있다. 이에 따라 시장에서 퇴출당하였어야 할 부실 회사들이 재정지원에 의존하여 회사를 운영중에 있으며 사모펀드와 같은 민간자본의 진출까지 용이하게 만드는 토양을 제공했다.

● 준공영제가 시작된 '04년 버스회사의 수는 69개이나 '24년 현재 64개로 생존율은 92%로 일반 기업의 생존율에 비해 높은 수치이다.
  ※ 신생 운수업의 5년 생존율 41.5%(통계청, 2022년 기업생멸 행정통계 결과)
● 2022년 기준으로 서울시 65개 시내버스회사 중에서 부채비율 200%를 초과하는 회사는 11개사이며, 이 중에서 8개사는 그 비율이 400%를 초과하고 있다.
● 사모펀드는 2019년부터 서울시내버스 회사에 진입하여 현재는 6개회사·버스 1,027대를 운영 중에 있음.

☐ 시는 민간자본 진출이 준공영제의 공공성을 해치지 않도록 진입-운영-이탈 단계별로 관리대책을 마련하여 실행하고 있으며 배당 제한 등을 강화하기 위해 평가 메뉴얼을 개정할 예정이다. 또한 공적자금으로만 연명하는 부실기업은 법정관리, 인수합병 등을 통해 단호하게 대처함으로써 준공영제의 지속가능성을 확보할 계획이다.

☐ 한편, 서울시는 준공영제 20주년을 맞이하여 공과를 평가하고 운영상 지적되었던 문제점을 개선하고자 준공영제 혁신방안에 대한 연구용역을 시행하고 있다. 민간자본 진입, 경전철 등 대체 수요의 확대, 자율운행 도입 등 변화된 사회환경 변화에 대비하고 최적 버스 대수 및 규모의 경제달성을 위한 회사 수 산출, 중복노선 기준 설정 등을 통한 비용 절감을 통해 향후 지속가능한 버스 운영방안을 마련할 계획이다.

☐ 윤종장 서울시 도시교통실장은 "서울 시내버스는 지난 20년간 준공영제를 기반으로 안정적인 운영을 추구해왔으나, 그간의 다양한 교통 환경 변화를 적극적으로 담아내지 못한 한계도 있었다"고 평가하고, "특히 지난 3월 28일 버스파업으로 95%에 가까운 버스가 운행 중단되어 시민들에게 큰 불편을 끼쳐드렸던 만큼, 향후에는 이러한 문제점까지 보완한 보다 높은 수준의 발전된 준공영제 운영 방안을 마련하겠다"고 밝혔다.

⟨보도자료, 2024년 4월 17일, 서울특별시 버스정책과⟩

"교통약자 편한 길 어디?"… 서울시, 맞춤형 교통서비스 '서울동행맵' 시범 출시

- 교통약자 맞춤 통합 교통서비스 '서울동행맵' 시범서비스 개시…17일(수) 첫 선
- 환승·보도경사·엘리베이터 등 휠체어·유모차·어르신 등 상황 고려 최적의 길 안내
- 이용자 위치 기반형 실시간 저상버스 탑승 예약, 지하철 역사 내 시설물 정보도 탑재
- 일상 생활 속에서 약자의 대중교통 이동 편의 지원…생활밀착형 '동행 서비스'로

□ 휠체어·유모차 이용자가 이동하기 쉬운 길, 고령자·임산부가 걷기 쉬운 경사 없는 도로 등… 교통약자의 대중교통 이용을 돕기 위한 맞춤형 통합교통 서비스 앱을 출시한다. 맞춤형 길 안내와 보행 불편 지점 정보, 저상버스 예약, 지하철 역사 내 시설물 정보까지 대중교통 관련 정보와 서비스를 한 곳에서 담아 시민들의 편의가 높아질 것으로 기대하고 있다.

□ 서울시는 17일(수)부터 교통약자 대상 통합 교통 서비스 '서울동행맵' 시범서비스를 시작한다고 밝혔다.

□ '서울동행맵'은 교통약자에게 맞춤형 교통정보 제공해 대중교통 접근성을 높이고 이용을 활성화하기 위해 서울시가 새롭게 선보이는 서비스다. 시는 약자와 동행하는 다양한 교통정책을 추진하고 있는 만큼, 모든 시민의 이동을 함께하고자 목적으로 앱을 개발·출시했다고 덧붙였다.

□ '서울동행맵'은 그간 여러 플랫폼에서 개별적으로 운영돼왔던 교통약자 이동 서비스를 한 곳에서 이용 가능하도록 창구를 통일했다는 것이 장점이다. 또한, 교통수단별로 전화 예약(버스), 검색 후 현장 호출(지하철) 등 다양하게 진행되던 기존 방식을 개선, 이용자의 실시간 위치정보를 반영해 제공하도록 기능도 고도화했다.
- 그간 서울시에서는 다양한 교통약자 서비스가 운용 중에 있었으나, 수단별 및 서비스에 따라 정보 확인과 예약 등의 창구가 달라 이용자가 일일이 각 서비스에 접속해야 하는 어려움이 있었다.
- 이동권 증진, 고령인구 증가, 저출산 등 사회 변화에 따라 교통약자 대상 교통서비스가 필요한 상황이다.

□ 주요 기능은 ▲교통약자 맞춤형 길 안내 및 보행 불편 지점 안내 ▲위치 기반 저상버스 예약 ▲지하철역 시설물 이용 정보 제공 ▲장애인 콜택시 앱 연계 등이다.

□ 포털사이트 지도 앱과 같이 길찾기를 했을 때 이동동선을 보여줌은 물론 이동구간 내 불편 사항, 교통 수단 예약 등도 한페이지에 담아 교통약자의 편리한 이용을 돕는다는 것이 가장 큰 특징이다.

● 서울동행맵은 대중교통 및 보행 네트워크 정보를 통합 관리하고 있어 대중교통 환승 및 보행 단차 및 경사 등을 고려한 최적 경로를 제공한다.

□ '서울동행맵'은 오는 17일(수) 9시부터 스마트폰의 3대 스토어(애플 앱스토어, 구글 플레이 스토어 및 원스토어)에서 내려받을 수 있다. 앱 다운로드 후 카카오톡, 네이버, 구글 계정을 활용해 간편 가입할 수 있어 누구나 편리하게 이용할 수 있다.

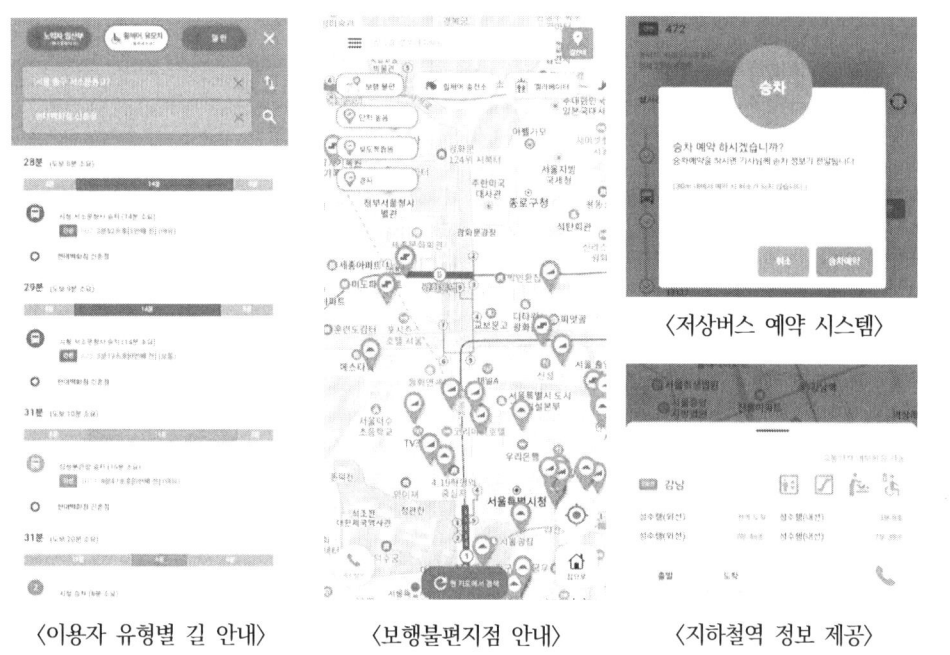

〈이용자 유형별 길 안내〉　〈보행불편지점 안내〉　〈지하철역 정보 제공〉

〈저상버스 예약 시스템〉

단차와 경사, 보도폭 및 엘리베이터, 에스컬레이터 반영…불편을 최소화한 길 안내

□ 주요 기능 중 첫 번째는 '교통약자 맞춤형 길 안내와 보행 불편 사항 안내 서비스'다. 특히 노약자·임산부 및 휠체어 이용자 등 상황에 맞춰 단차, 경사, 보도폭 좁음, 지하철 엘리베이터, 에스컬레이터 위치를 반영한 맞춤형 길 안내 서비스를 제공한다.

● 경로 검색시, 휠체어 이용자에게는 2cm 이상의 단차, 1/8 이상의 경사(약 12도), 1.2m 이하의 보도폭이 존재하는 경로를 회피하고 엘리베이터를 경유하는 경로를, 고령자 및 임산부 등에게는 지하철 에스컬레이터를 우선으로 포함한 경로를 안내한다.

● 상대적으로 이동이 자유로운 분들이 이용할 수 있는 일반적인 길 안내도 포함되어 있어, 누구나 경로를 검색하고 이동 경로를 선택하여 활용할 수 있다.

※ 서울시 내 지하철역 반경 300m 범위의 보행로를 현장조사하여 DB를 구축하고 약 3,500여 지점의 단차, 경사, 보도폭 좁음 등 불편지점 도출

□ 또한, 앱 이용자들이 보행에 불편을 겪는 지점을 직접 제보할 수 있는 기능을 운영한다. 제보된 지점은 현장 확인을 통한 앱 내 보행불편 정보의 갱신에도 활용하고, 관리 부서에 정보를 전달하여 현장 개선이 이루어질 수 있도록 추진할 예정이다.
● 시민들은 보행이 불편한 '현장'에서 해당 지점의 사진 촬영 및 유형 선택(단차, 경사, 보도폭 좁음 등)을 통해 업로드를 할 수 있다. 업로드된 지점 정보를 담당자가 확인 및 관련 부서에 전달해, 순차적으로 불편 지점이 해소될 수 있도록 추진할 계획이다.

□ 이를 통해 시와 시민이 함께 참여하여 서울시 내 곳곳의 보행불편 지점을 찾아 개선하고, 최신화된 정보를 제공함으로써 앱의 완성도, 정보의 신뢰도를 높여갈 계획이다.

이용자 위치기반 실시간 저상버스 승하차 예약 서비스…차량 내 안내방송

□ 둘째, '실시간 이용자 위치기반 저상버스 예약시스템' 시범운영을 추진해 더 편리한 저상버스 이용환경을 조성한다. 특히 서울시는 교통약자 이동 편의 증진을 위해 지속적으로 저상버스 운행을 확대하고 있는 만큼, 동시에 서비스도 개선해 저상버스 활성화를 지원한다는 계획이다.

□ 이용 방법은 앱에서 버스 정보를 검색하며 버스를 예약한 후 탑승하면 된다. ① 노선 및 승·하차 정류소 예약 후 → ② 이용자가 해당 정류소에 30m 범위 이내로 도착하면 → ③ 예약 정보(승·하차 예약 정보)가 버스로 전달 → ④ 버스기사가 사전에 인지하고 휠체어 리프트 등 이용 준비 및 안내방송, 정차하는 과정으로 이뤄진다.
※ 실시간 버스 정보 중 '저상버스만 표출' 기능으로 예약 가능 차량 추출 가능

● 앱 이용자는 예약 메시지 발송 시(②번), 앱을 통해 예약 메시지를 수신한 차량 번호를 사전에 확인(예약 메시지 발송 시, 앱을 통해 메시지를 수신한 차량 번호 안내)하고 탑승준비를 한다. 예약취소는 해당정류소 30M접근 이전에만 가능하다.
● 예약 정보를 전달받은 버스기사는 예약 정류소에 정차 시, 휠체어리프트를 운용하기 용이하도록 차량을 정차해 보다 편리하게 저상버스를 이용할 수 있다.
※ 회원가입 시 '교통약자'를 선택해야 저상버스 예약 이용 가능 (가입 후 변경 가능)

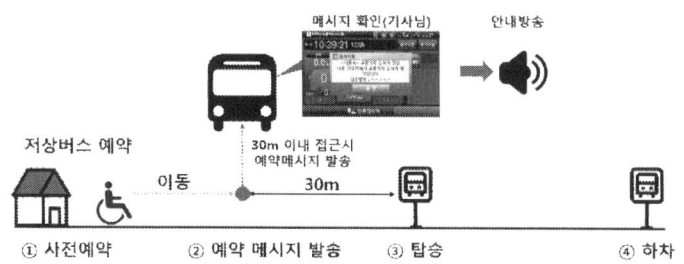

□ 또한, 교통약자가 저상버스 예약 시에는 차량 내 승객들에게 교통약자 탑승 관련 사전 안내 방송(음성 및 LED)도 실시한다. 승객이 사전에 인지하고 자리를 마련하는 등 배려를 통해 교통약자가 원활하게 버스를 이용할 수 있는 환경을 조성하기 위함이다.

● 이전 교통약자가 정류장에서 눈 맞춤, 거수 등을 통해 버스 탑승 의사를 밝히면 현장에서 버스기사의 리프트 준비와 승객들의 동시다발적인 이동으로 혼잡이 발생했다면, 사전 예약과 준비, 안내방송을 통해 기사·승객에게 약자의 이용을 사전에 알리고 준비하는 등 버스 이용 편의성을 높일 수 있을 것으로 기대하고 있다.

엘리베이터, 에스컬레이터, 환승 등 지하철 역사정보 편리하게 확인

□ 셋째, 지속적인 1역사 1동선 추진 등으로 편리한 이용 환경을 마련하고 있는 '지하철'도 역사 내 시설물 이용 정보를 맞춤형으로 제공한다.

□ 앱에서 원하는 지하철역 정보를 클릭하면 실시간 열차 운행정보, 역사 전화번호, 역사 내 엘리베이터·에스컬레이터 유무, 수유실, 전동휠체어 충전소 유무, 환승역사의 환승 여부(지하환승 혹은 지상환승)를 보기 쉽게 확인할 수 있다.

● 교통약자가 낯선 지하철역을 이용하는 경우, 교통약자에게 필요한 정보를 쉽고 빠르게 제공하고 확인할 수 있도록 해, 역사의 시설물을 이해하고 이동 경로에 활용 여부를 빠르게 결정할 수 있도록 돕기 위한 취지다.

□ 안전 발판이나 휠체어 리프트의 작동, 역사 내에서 역무원의 도움이 필요한 경우, 별도의 전화번호 검색이나 현장의 호출 버튼을 클릭해 대기하는 시간을 줄이기 위해 이용자의 위치에서 가장 가까운 지하철 역으로 전화 연결할 수 있는 '위치기반 지하철 역사 콜버튼'도 제공한다.

장애인 콜택시·엄마아빠 택시 등…한 곳에서 이용할 수 있도록 앱 연계

□ 넷째, 기존의 '장애인콜택시 앱'을 이용하는 이용자들도 '서울동행맵'에서 타 교통수단의 이

용 방법을 검색하고, 필요시 장애인콜택시 앱으로 쉽게 이동할 수 있도록 연계를 추진한다.

□ '서울동행맵' 시범서비스를 통해 '맞춤형 길 안내와 보행불편 안내',대중교통 이용 편의 서비스를 한 곳에서 제공할 수 있는 시스템을 구축하고자 노력하였으며, 이용자의 의견을 수렴하여 제공된 서비스의 이용방식 개선, 고도화로 완성도를 높여갈 계획이다.
- 지자체 중 최초로 교통약자 대상의 통합된 교통 분야 서비스를 제공하는 시도로, 서비스 제공 방식이나 이용성이 실제 이용자가 느끼기에 부족함이 있을 수 있어 지속적인 개선을 추진한다.

□ 또한, 앱 이용자가 원하는 서비스를 확대·제공할 수 있는 방안과 시·청각 약자들이 보다 편리하게 대중교통을 이용할 수 있는 문자 인식, 음성 기반 서비스를 구현하는 방안을 고민하는 등 다양한 유형의 교통약자에게 맞춤형 서비스를 제공할 수 있는 시스템으로 확장해 나갈 계획이다.

□ 한편, 서울시는 교통약자 이동권 증진을 위해 지속적인 대중교통 시설 확대를 추진하고 있다. 2024년 지하철 전 역사에 엘리베이터 설치 완료, 2025년 저상버스 100% 도입, 2025년 장애인 콜택시 법정대수 대비 150% 확보 등 올해도 관련 사업을 지속 추진할 예정이다.

〈교통약자 대중교통 시설 현황·목표 ('24. 3)〉
✓ (지하철) 지하철 E/L 96.1% 확보 (337개역 중 324개역 확보 / '24년 100%)
✓ (버 스) 저상버스 73.2% 확보 (운행가능 대수 6,803대 중 4,985대 도입 / '25년 100%)
✓ (택 시) 장애인콜택시 법정대수 대비 125% 확보 (722대 운행중 / '25년 150%)

□ 윤종장 서울시 도시교통실장은 "서울동행맵이 교통약자를 비롯한 모든 시민들의 일상 생활에 편의를 더하는 생활 밀착형 서비스로 자리잡길 바란다"며 "앞으로도 교통약자의 대중교통 이용 편의를 지원할 수 있도록 약자와 동행하는 교통정책을 지속적으로 추진해 나가겠다"고 밝혔다.

<참고 1> 서울동행맵(교통약자 통합교통서비스) 앱 소개

□ 서비스 개요
● 서비스명 : 서울동행맵 ※ '24.4.17.(수) 시범서비스 오픈

구분		서비스	현 황	개 선
대중교통	버 스	· 교통약자의 저상버스 탑승	현장 탑승, 전화 검색·예약	위치기반 실시간 저상버스 운행현황 확인 및 직접 예약
	지하철	· 휠체어 리프트, 승강장 안전발판 등 이용 · 교통약자를 위한 역사별 단면도 정보제공	역사번호 검색, 사전 호출 후 대기	위치기반 근거리 역사 매칭, 안전 발판 설치, 리프트 작동 요청 등 간소화
택 시		· 장애인 콜택시 등 예약	앱·전화·문자	교통약자 App 내 연계
교통약자 길찾기		· 교통약자(고령자·휠체어장애인) 전용 길찾기 안내 (민간 포털도 일반인 대상 길찾기 서비스만 제공)	없음	교통약자 전용 길찾기 서비스 제공

● 서 비 스 : 교통약자 대중교통 접근성 개선 및 정보제공 서비스 수행
  - 길 안내 : 일반·교통약자 대상 맞춤형 길 안내 서비스 추진
  - 저상버스 예약, 보행불편 안내, 근거리 지하철역 전화번호 안내 등

〈서울동행맵 간편 가입〉　〈서울동행맵 서비스〉　〈보행불편사항 안내〉

<참고 2> 저상버스 예약시스템 이용 방법

□ 저상버스 예약시스템 이용
● 서울 시내버스 중 저상버스 운행 노선 예약 ※저상버스 미운행노선 제외

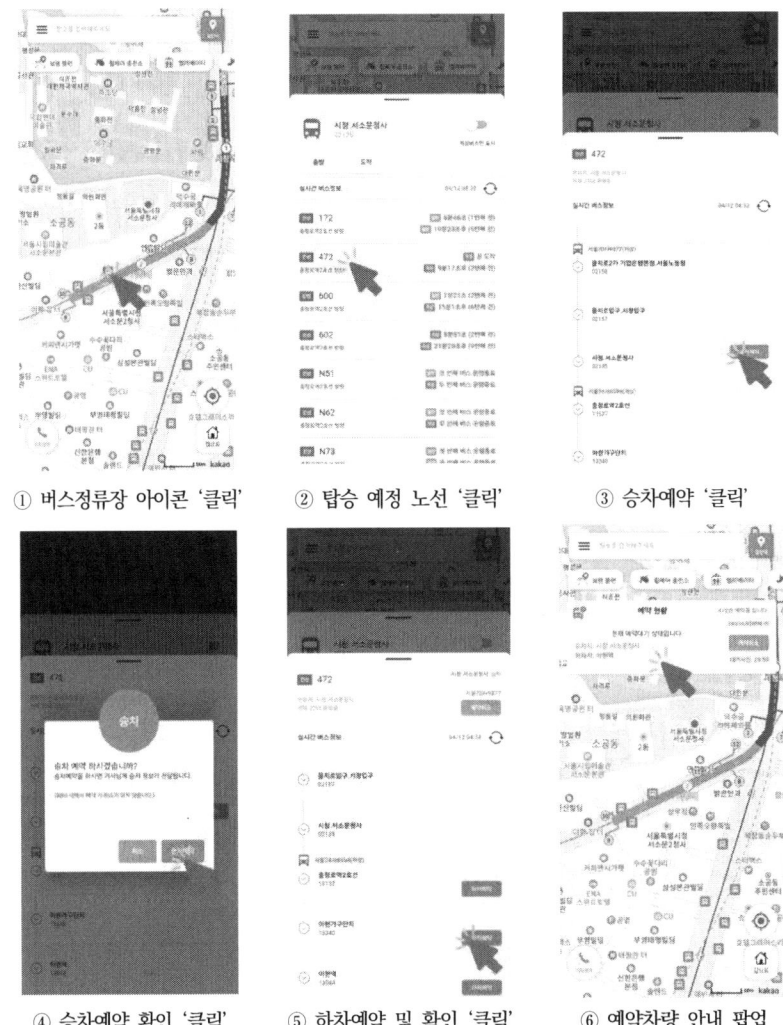

① 버스정류장 아이콘 '클릭'   ② 탑승 예정 노선 '클릭'   ③ 승차예약 '클릭'

④ 승차예약 확인 '클릭'   ⑤ 하차예약 및 확인 '클릭'   ⑥ 예약차량 안내 팝업

√ 가입시, '교통약자'를 선택해야 '저상버스 예약 서비스'를 이용 가능합니다.
√ 예약 시, 기사님과 차량 내 승객에게 안내방송이 진행되니 예약 후 꼭 탑승 바랍니다.
√ 예약 후 30분 이내 미탑승 시 예약정보는 자동 삭제 됩니다.
√ 모두에게 편리한 대중교통 이용 환경 구현을 위해 양보와 배려 부탁드립니다.

〈보도자료, 2024년 4월 26일, 서울특별시 버스정책과〉

오세훈표 서울동행버스, 판교·의정부 등 4개 노선 추가, 5.7.(화)부터 10개 노선 운행

- 성남 판교, 고양 화정, 의정부 고산, 의정부 가능 노선 신설, 6월부터 퇴근시간대도 순차 확대
- 작년 8월 2개 노선 운행 시작 후 노선 지속 확대 중, 현재까지 7만 4천명 이용
- 기존 운행 3개 노선은 시민 수요 반영해 정류소 추가·운행시간 변경 등으로 접근성 높여
- 이용자 조사결과 평균 주 4.4일 이용, 92% 이상이 퇴근 시간대 확대 운행 요청…높은 만족도

□ 대중교통 사각지대에 놓여있는 수도권 곳곳을 찾아가 지역 주민들의 아침 출근길을 도왔던 '서울동행버스'가 5월 7일(화)부터 ▲성남 판교 ▲고양 화정 ▲의정부 고산 ▲의정부 가능 4개 노선을 확대 운행한다. 현재 6개 노선에서 10개 노선으로 늘어나며, 아울러 6월부터 출근길은 물론 퇴근시간대도 순차적으로 운행을 확대해 수도권 주민들의 이동편의를 높인다는 계획이다.

□ 서울시는 서울로 출근하는 수도권 주민을 위한 맞춤형 버스 '서울동행버스'를 10개노선으로 확대·개편 운영한다고 밝혔다. 4개노선은 신설하고, 기존 3개 노선은 이용자의 수요를 반영해 정류소 추가 및 운행시간 변경을 통해 이용 접근성을 대폭 개선한다.

□ 서울동행버스는 '수도권 주민도 서울시민'이라는 오세훈 시장의 시정 철학에 따라 수도권 주민들의 출근길 애로사항과 교통 혼잡 문제를 동시에 해소하기 위해 기획됐다.

□ 작년 8월 2개 노선(서울01-화성동탄~강남역, 서울02-김포풍무~김포공항역) 운행을 시작한 이후 7개월여만에 이용객 7만 4천명을 돌파하는 등 수도권 주민의 높은 호응으로 운행 노선이 10개로 확대된다.

● 대중교통 수단 부족과 장시간 출근으로 매일 어려움을 겪고 있는 수도권 주민들을 위한 것으로, 시 최초로 서울지역을 넘어 수도권 지역까지 연계해 직접 운행하는 맞춤형 출근버스다. '23년 8월 2개 노선 최초 운행 이후 '23년 11월 6개 노선, '24년 5월 10개 노선으로 지속 확대된다.

서울동행버스 운행현황

노선번호 (출발지역)	기·종점	인가 대수	운행 횟수	운행 거리	배차간격	첫차	막차	운행개시일
서울01 (화성시)	화성 동탄~강남역	3	3	38km	15~20분	0700	0730	2023.8월
서울02 (김포시)	김포 풍무~김포공항역	6	12	12km	10~12분	0630	0820	2023.8월
서울03 (파주시)	파주 운정~홍대입구역	3	3	37km	20~25분	0620	0700	2023.11월
서울04 (고양시)	고양 원흥~가양역	4	4	13km	15~20분	0630	0715	2023.11월
서울05 (양주시)	양주 옥정~도봉산역	4	4	21km	15~20분	0630	0715	2023.11월
서울06 (광주시)	광주 능평~강남역	3	3	33km	15~20분	0630	0700	2023.11월

서울동행버스 운행실적

구 분	누계	'23.8월	'23.9월	'23.10월	'23.11월	'23.12월	'24.1월	'24.2월	'24.3월
전체	74,217	1,449	4,687	5,653	10,578	11,674	13,983	12,278	13,915
서울01	8,977	237	678	871	1,196	1,203	1,720	1,425	1,647
서울02	38,161	1,212	4,009	4,782	5,716	5,412	5,941	5,252	5,837
서울03	6,674	-	-	-	833	1,275	1,638	1,450	1,478
서울04	10,859	-	-	-	1,648	2,006	2,443	2,210	2,552
서울05	5,829	-	-	-	724	1,150	1,380	1,183	1,392
서울06	3,717	-	-	-	461	628	861	758	1,009

□ 이번 동행버스 확대를 통해 서울시는 수도권 출근에 어려움을 겪던 성남시(판교제2테크노밸리), 고양시(고양 화정역), 의정부시(의정부 고산지구, 의정부 가능동) 인근 지역과 서울시를 연계하는 네트워크를 촘촘하게 구축한다. 출근길 혼잡시간대 교통 편의를 높이고, 지하철 및 주요 지점까지의 접근성도 높아져 시민들의 출퇴근 환경이 개선될 것으로 예상된다.
● 금번 서울동행버스 확대 4개 노선은 모두 간선버스(현금없는버스)로 운행할 예정이며, 이용 요금은 1,500원(일반기준), 기후동행카드 사용이 가능하다.

〈확대 노선안〉

- 서울07번(성남시) : 아침 07시 ~ 07시45분 총 4회 운행하며, 출발시간은 기점인 양재역 출발시간 기준이다. 운행경로는 양재역 출발 → 성남시 판교제2테크노밸리 도착이다.
- 서울08번(고양시) : 아침 07시 ~ 07시30분 총 3회 운행하며, 출발시간은 기점인 고양시 화정역 출발시간 기준이다. 운행경로는 고양시 화정역 출발 → DMC역 도착이다.
- 서울09번(의정부시) : 아침 06시30분 ~ 07시15분 총 4회 운행하며, 출발시간은 기점인 의정부 고산지구 출발시간 기준이다. 운행경로는 의정부시 고산지구 출발 → 노원역 도착이다.
- 서울10번(의정부시) : 아침 06시30분 ~ 07시15분 총 4회 운행하며, 출발시간은 기점인 의정부 가능동 출발시간 기준이다. 운행경로는 의정부시 가능동 출발 → 도봉산역광역환승센터 도착이다.

□ 더불어, 기존 동행버스 3개 노선(서울04-고양원흥~홍대입구역, 서울05-양주옥정~도봉산역, 서울06-광주능평~강남역)은 정류소 추가 또는 운행시간 변경을 통해 이용 접근성을 대폭적으로 개선한다.

〈노선 개선안〉

- 서울04번(고양시) : 고양시 구간 내 1개 정류소(양지말[35437, 19511])을 추가로 정차하여 운행한다.
- 서울05번(양주시) : 양주시 구간 내 2개 정류소(고읍주공4단지.건강보험양주지사[53753], 대방신도아파트[39595])를 추가로 정차하여 운행한다.
- 서울06번(광주시) : 광주시 구간 내 2개 정류소(능평119안전센터[38040], 광명초등학교[38016])를 추가로 정차하여 운행한다. 또한, 출발시간을 변경하여 기점인 오포베르빌 아파트 출발시간 기준 06시30분~07시 출발에서 07시10분~07시50분 출발로 개선한다.

□ 또한, 서울시는 서울동행버스 이용객 대상으로 설문조사를 진행하여 동행버스 이용 만족도, 퇴근시간대 운행에 대해 의견을 수렴하였으며, 설문조사 결과를 토대로 서울동행버스를 퇴근시간대도 확대 운행하도록 추진할 계획이다.
- 설문조사 결과 대체적으로 서울동행버스 운행에 대해 만족하고 있으며, 평일 4일 이상을 이용하는 것으로 조사되었다.
- 특히, 퇴근시간대 서울동행버스 운행에 대해서는 기존 이용객 중 92% 이상이 찬성하여 퇴근시간 동행버스 운행에 대한 열망이 높은 것으로 나타났다.

조사결과 요약

노선번호 (출발지역)	기·종점	퇴근시간대 운행		선호 시간표	이용일 (1주 평균)	만족도	기타 개선 의견
		찬성	반대, 미제출				
서울01 (화성시)	화성 동탄~강남역	166 (93.8%)	11 (6.2%)	18:00~18:30(44.8%) 18:30~19:00(28.5%)	4.4일	4.6점	증차, 지속 운행
서울02 (김포시)	김포 풍무~김포공항역	116 (92.1%)	10 (7.9%)	19:00~19:30(29.8%) 18:30~19:00(26.7%)	4.4일	4.6점	공휴일 운행, 지속 운행
서울03 (파주시)	파주 운정~홍대입구역	26 (92.9%)	2 (7.1%)	18:30~19:00(46.4%) 18:00~19:00(21.4%)	4.3일	3.3점	운행시간 확충, 경로 변경, 차량 노후화 개선
서울04 (고양시)	고양 원흥~가양역	24 (96.0%)	1 (4.0%)	18:00~18:30(41.7%) 18:30~19:00(29.2%)	4.4일	3.9점	차량 노후화 개선, 배차간격 축소
서울05 (양주시)	양주 옥정~도봉산역	19 (90.5%)	2 (9.5%)	19:00~19:30(55.6%) 18:30~19:00(22.2%)	4.8일	4.0점	배차간격 축소, 첫막차시간 변경
서울06 (광주시)	광주 능평~강남역	64 (87.7%)	9 (12.3%)	18:00~18:30(42.2%) 18:30~19:00(21.9%)	4.3일	4.0점	배차간격 축소, 증차

□ 퇴근시간대에 확장 운영되는 신규 노선은 6월부터 순차적으로 운행 개시를 목표로 현재 경기도, 운수회사 등 관계기관 간 협의 진행 중에 있으며 조속한 시일 내로 협의를 완료하여 수도권 퇴근시간대 운행에도 서울시가 선제적으로 '찾아가는 동행'의 가치를 구현할 계획이다.

□ 윤종장 서울시 도시교통실장은 "'서울동행버스'는 수도권 주민들의 출근 불편 사항을 해소하는 데 많은 호응을 얻고있는 만큼, 다양한 수도권 지역에 이동편의를 제공할 수 있도록 최대한 지원을 아끼지 않을 것"이라며 "앞으로는 퇴근시간대 운행도 조속히 추진하여 수도권 출퇴근길 이동편의를 지원하고, 기후동행카드도 동시에 이용할 수 있도록 해 수도권 주민과 동행하는 교통정책 추진에 진력하겠다"고 밝혔다.

〈붙임 1〉 서울동행버스 신설 4개 노선 세부 운행계획

① 서울07번(양재역~성남 판교제2테크노밸리)
☐ 운행계통 및 노선도

노선번호	요일	기종점	인가대수	운행대수	예비대수	정상대수	단축대수	예비투입	운행시간	운행거리	대당회수 정상	대당회수 단축	총운행 횟수	배차간격 최소	배차간격 최대	첫차 막차
서울07 (간선) 삼성여객	평	양재역 ~ 성남시 판교제2 테크노벨리	4	2	0	2	0	0	50	13 km	1.0	0.0	2	15	20	07:00 07:45
	토			-	-	-	-	-	-		-	-	-	-	-	
	공			-	-	-	-	-	-		-	-	-	-	-	
서울07 (간선) 우신운수	평			2	0	2	0	0	50		1.0	0.0	2	15	20	
	토			-	-	-	-	-	-		-	-	-	-	-	
	공			-	-	-	-	-	-		-	-	-	-	-	

② 서울08번(고양 화정역~DMC역)
☐ 운행계통 및 노선도

노선번호	요일	기종점	인가대수	운행대수	예비대수	정상대수	단축대수	예비투입	운행시간	운행거리	대당회수 정상	대당회수 단축	총운행 횟수	배차간격 최소	배차간격 최대	첫차 막차
서울08 (간선) 보광교통	평	고양시 화정역 ~ DMC역	3	3	0	3	0	0	30	10 km	1.0	0.0	3	15	20	07:00 07:30
	토			-	-	-	-	-	-		-	-	-	-	-	
	공			-	-	-	-	-	-		-	-	-	-	-	

③ 서울09번(의정부 고산~노원역)
☐ 운행계통 및 노선도

노선번호	요일	기종점	인가대수	운행대수	예비대수	정상대수	단축대수	예비투입	운행시간	운행거리	대당회수 정상	대당회수 단축	총운행 횟수	배차간격 최소	배차간격 최대	첫차 막차
서울09 (간선) 흥안운수	평	의정부시 고산지구 ~ 노원역	4	2	0	2	0	0	50	16 km	1.0	0.0	2	15	20	06:30 07:15
	토			-	-	-	-	-	-		-	-	-	-	-	
	공			-	-	-	-	-	-		-	-	-	-	-	
서울09 (간선) 삼화상운	평			1	0	1	0	0	50		1.0	0.0	1	15	20	
	토			-	-	-	-	-	-		-	-	-	-	-	
	공			-	-	-	-	-	-		-	-	-	-	-	
서울09 (간선) 한성여객	평			1	0	1	0	0	50		1.0	0.0	1	15	20	
	토			-	-	-	-	-	-		-	-	-	-	-	
	공			-	-	-	-	-	-		-	-	-	-	-	

④ 서울10번(의정부 가능동~도봉산역)
□ 운행계통 및 노선도

노선번호	요일	기종점	인가대수	운행대수	예비대수	정상대수	단축대수	예비투입	운행시간	운행거리	대당회수 정상	대당회수 단축	총운행횟수	배차간격 최소	배차간격 최대	첫차 막차
서울10 (간선) 아진교통	평	의정부시 가능동 ~ 도봉산역	4	2	0	2	0	0	30	10 km	1.0	0.0	2	15	20	06:30 07:15
	토			-	-	-	-	-	-		-	-	-	-	-	
	공			-	-	-	-	-	-		-	-	-	-	-	
서울10 (간선) 동아운수	평			2	0	2	0	0	30		1.0	0.0	2	15	20	
	토			-	-	-	-	-	-		-	-	-	-	-	
	공			-	-	-	-	-	-		-	-	-	-	-	

〈붙임 2〉 서울동행버스 개선 3개 노선 세부 운행계획

① 서울04번(고양 원흥~가양역)
□ 운행계통 및 노선도

노선번호	요일	기종점	인가대수	운행대수	예비대수	정상대수	단축대수	예비투입	운행시간	운행거리	대당회수 정상	대당회수 단축	총운행횟수	배차간격 최소	배차간격 최대	첫차 막차
서울04 (간선) 선진운수	평	고양시 화정역 ~ DMC역	4	3	1	3	0	1	60	13 km	1.0	0.0	4	15	20	06:30 07:15
	토			-	-	-	-	-	-		-	-	-	-	-	
	공			-	-	-	-	-	-		-	-	-	-	-	

② 서울05번(양주 옥정~도봉산역)
□ 운행계통 및 노선도

노선번호	요일	기종점	인가대수	운행대수	예비대수	정상대수	단축대수	예비투입	운행시간	운행거리	대당회수 정상	대당회수 단축	총운행횟수	배차간격 최소	배차간격 최대	첫차 막차
서울05 (간선) 서울교통네트웍	평	양주시 옥정신도시 ~ 도봉산역	4	4	0	4	0	0	50	21 km	1.0	0.0	4	15	20	06:30 07:15
	토			-	-	-	-	-	-		-	-	-	-	-	
	공			-	-	-	-	-	-		-	-	-	-	-	

③ 서울06번(광주 능평~강남역)
□ 운행계통 및 노선도

노선번호	요일	기종점	인가대수	운행대수	예비대수	정상대수	단축대수	예비투입	운행시간	운행거리	대당회수 정상	대당회수 단축	총운행횟수	배차간격 최소	배차간격 최대	첫차 막차
서울06 (광역) 남성버스	평	강남역 ~ 광주시 능평동	3	0	3	0	0	3	100	33 km	1.0	0.0	3	20	25	07:10 07:50
	토			-	-	-	-	-	-		-	-	-	-	-	
	공			-	-	-	-	-	-		-	-	-	-	-	

⟨보도자료, 2024년 5월 3일, 서울특별시 버스정책과⟩

퇴근길 명동·강남 지나는 광역버스 노선 조정… 상습정체 해소
- 서울시, 대광위·경기도·인천시와 강남·명동 등 주요 도심방향 33개 노선 조정
- 회차경로 조정·운행차로 전환 등 통해 통행량 26~27%·소요시간 8분~12분 감소 기대
- 기존 이용객 불편·혼란 최소화, 추후에도 광역버스 노선 신설시 혼잡구각 진입 최소화

□ 앞으로는 퇴근시간 답답하게 막혀있던 명동, 강남 방향 도로정체와 광역버스 정류장 혼잡도가 완화되면서 서울시민과 수도권 주민들의 좀 더 편안하게 퇴근길에 오를 수 있을 것으로 예상된다. 물론 퇴근 소요시간도 단축될 것으로 기대하고 있다.

□ 서울시는 국토교통부 대도시권광역교통위원회(이하 대광위), 경기도, 인천시와 함께 명동, 강남 등 서울 주요 도심의 도로·버스정류장 혼잡 완화를 위해 33개 수도권 광역버스 노선을 조정한다고 밝혔다.

□ 광역버스는 많은 직장인들의 출퇴근길을 책임지는 소중한 교통수단이지만, 노선이 명동과 강남으로 집중되면서 출퇴근 시간 등에는 열차 현상 등이 발생하면서 도심혼잡을 가중시키고 있는 것이 사실이었다.

● 이를 해소하기 위해 서울시는 「수도권 광역버스 협의체*」를 통해 광역버스 노선 조정안을 논의·조율하였다. 무엇보다도 기존 이용객의 불편과 혼선을 최소화하면서 노선을 최적화할 수 있는 방안을 강구하였다.
*(구성) 서울시·대광위·경기도·인천시 / (목적) 수도권 노선조정 협의(3월 발족, 수시 개최)

□ 노선조정을 통해 퇴근 러시아워에 명동·강남 혼잡 정류장을 통과하는 버스 통행량은 각 26%, 27% 감소하고 시간은 각 8분(서울역~순천향대병원), 12분(신사~뱅뱅사거리) 줄어들 것으로 기대하고 있다.

□ 주요 조정 내용은 '명동'의 경우 ▲회차경로 조정(2개 노선, 남산1호터널→소월길, 6.29~) ▲가로변 정류장 신설·전환(11개 노선, '남대문세무서'→'명동성당', 5.16~)이고 '강남'은 ▲역방향 운행(5개 노선, 중앙차로 하행→상행, 6.29~) ▲운행차로 전환(15개 노선, 중앙→가로변, 6.29~) 등을 통해 혼잡을 최소화한다.

□ 우선, 명동은 '명동입구'와 '남대문세무서(중)' 정류장 부근의 혼잡이 잦은데, 이는 경기 남부권에서 서울역 등을 목적지로 하는 30여 광역버스 노선이 남산 1호 터널을 지나 서울역 등 목적지에 정차한 이후 명동입구를 거쳐 다시 남산 1호 터널을 통해 도심을 회차하기 때

문이다.

① 이에 따라 우선, 2개 노선*의 회차경로를 기존 남산 1호 터널에서 남산 남단의 소월길로 조정(6.29일(토)~)한다.
 * 9003번성남, 9300번성남 / '명동입구' 대신 맞은편 '롯데백화점(02140)' 정차
 ☞【참고 1-1】
● 소월길은 현재 서울 시내버스와 공항 리무진이 일부 운행하는 구간으로 첨두시 남산 1호 터널보다 정체가 덜해 버스 운행시간 단축이 예상된다.
● 노선 분산을 통한 남산 1호 터널의 정체 완화 효과 등을 모니터링하여 필요시 노선 추가 전환 등을 검토할 예정이다.
※ (체감효과) 명동에서 판교로 퇴근하는 직장인 : 57분 ⇨ 45분 소요 (12분 단축) 기대

② '남대문세무서(중)' 정류장에 정차하던 노선 중 11개 노선*을 바로 옆 가로변에 신설되는 '명동성당' 정류장으로 전환(5.16일(목)~)한다.
 ** 4108번, M4108번, M4130번, M4137번, 4101번, 5000A번, 5000B번, 5005번,
  5005(예약)번, P9110(퇴근)번, P9211(퇴근)번
● 이로써 '명동입구'와 '남대문세무서(중)'의 버스 통행량이 첨두시 시간당 각 71→61대, 143→106대로 줄어 정류장 부하가 완화될 것으로 보인다.

□ 한편, 광역버스의 30%가 집중되는 강남일대는 많은 노선이 강남대로 하행 중앙버스전용차로에 집중(특히 '신분당선강남역(중)' 앞뒤)되어 평시 20분 가량 소요되는 신사~양재 구간이 오후 퇴근시에는 여러 종류의 버스가 일렬로 정체되는 버스 열차현상이 나타나며 최대 60분까지 걸리는 경우가 있다.

① 이에 우선 이 구간을 운행하는 5개 노선*을 오후 시간대 역방향**으로 전환(6.29일(토)~)하여 중앙버스전용차로를 상행으로 운행하도록 한다.
 * 1560번, 5001번, 5001-1번, 5002B번, 5003번   ☞【참고 1-3】
 각 노선별로 오전 A와 오후 B로 구분하여, 오후시간대(예. 1560B번)만 역방향 운행
● (현행) 경부고속도로 → 반포IC → 신논현 → 강남 → 양재IC → 경부고속도로
● (변경) 오전: 경부고속도로 → 반포IC → 신논현 → 강남 → 양재IC → 경부고속도로
     오후: 경부고속도로 → 신양재IC → 강남 → 신논현 → 반포IC → 경부고속도로
● 이는 강남역 인근 승하차 이용객이 많은 노선들로서 동 조치를 통해 퇴근시간대 더 빠르게 경부고속도로 진입이 가능하여 퇴근 소요시간을 단축할 것으로 예측된다.
※ (체감효과) 강남에서 용인으로 퇴근하는 직장인 : 45분 ⇨ 33분 소요 (12분 단축) 기대

② 다음으로 15개 노선을 일부구간에서 현행 중앙버스전용차로가 아닌 가로변차로를 운행

(6.29일(토)~)하도록 조정한다.
- 우선, 양재에서 회차하여 강남대로를 왕복으로 운행하는 9개 노선*(주로 서울 서북부권 노선)은 강남대로 하행구간에서는 하차승객만 있는 점을 고려하여 '2호선강남역(중)' 정류장부터 가로변으로 전환한다. ☞【참고 1-4】
  * 3100번포천, 9500번, 9501번, 9802번, M7412번, 9700번, 6427번, M6427번, G7426번
- 아울러, 중앙버스전용차로의 부하를 저감하기 위하여 추가적으로 6개 노선*은 '신분당선강남역(중)' 대신 '래미안아파트.파이낸셜뉴스' 정류장 등 가로변에 정차하도록 조정한다. ☞【참고 1-5】
  * M4403번, 4403번, 1551번, 1551B번, 8501번, 8502번

③ 이와 같은 강남대로 노선조정을 반영하기 위해 가로변 일대의 정류장을 필요 최소한의 범위 내에서 재배치(6.29일(토)~)한다.☞【참고 6】
- 이러한 조치를 통해 주된 혼잡 정류장인 '신분당선강남역(중)'과 '뱅뱅사거리(중)'의 버스 통행량이 첨두시 시간당 각 198→145대, 225→193대로 크게 감소하여 중앙차로 정체가 완화될 것으로 기대된다.

□ 서울시는 대광위·경기도·인천시와 함께 광역버스 노선 조정이 원활하게 이뤄질 수 있도록 관련 시설 정비와 운수사의 사전 준비, 이용객 홍보 등에 만전을 기할 계획이다.
- 한편, 앞으로 광역버스 노선을 협의할 때에도 가급적 혼잡구간 진입을 최소화하여 주요 도심의 도로와 정류장 혼잡이 심화되지 않도록 대광위·경기도·인천시와 소통·협의하며 노선을 검토할 예정이다.

□ 윤종장 서울시 도시교통실장은 "대광위·경기도·인천시 및 관련기관 협치를 통하여 명동입구, 남대문 세무서, 강남역 지역의 광역버스 혼잡해소를 위한 최적의 개선안을 도출, 시행하게 되었다"며, "향후 에도, 서울시뿐만 아니라 수도권의 대중교통이용자의 편의를 위하여, 대광위, 경기도 및 인천시 등 관계기관과의 지속적인 협의를 통하여 광역교통을 개선해 나가겠다"고 밝혔다.

⟨보도자료, 2024년 5월 7일, 서울특별시 버스정책과⟩

오세훈표 서울동행버스, 판교·의정부·고양 시민과 출근길 동행…5.7.(화) 첫 출발

- 서울시, '찾아가는 서울동행버스' 4개 추가 노선 5월 연휴 첫 출근 7일부터 본격 운행
- '수도권 주민도 서울시민', 민생맞춤 교통정책 성과…7개월만 승객 7만 4천명·10개 노선 확대
- 〈서울07〉양재역~판교테크노밸리·〈서울08〉화정역~DMC역·〈서울09〉의정부고산~노원역·〈서울10〉의정부가능~도봉산역
- '기후동행카드' 이용도 가능…6월 퇴근시간대 확대 운영, "출퇴근길 수도권 주민과 동행"

□ 수도권 주민을 위한 맞춤형 버스인 '찾아가는 서울동행버스'가 3차 노선 확대 준비를 마치고 가정의달 연휴 이후인 5월 7일(화)부터 본격적인 운행을 시작한다.

□ '수도권 주민도 서울시민'이라는 오세훈 시장의 시정 철학에 따라 운행 중인 서울동행버스는 지역 대중교통 여건이 어려운 수도권 주민들의 애로사항을 직접 청취한 대표적인 민생 교통정책 사례로 손꼽히며 많은 공감을 얻고 있다.

● '서울동행버스'는 대중교통 수단 부족과 장시간 출근으로 매일 어려움을 겪고 있는 수도권 주민들을 위한 것으로, 시 최초로 서울지역을 넘어 수도권 지역까지 연계해 직접 운행하는 맞춤형 출근버스다.

□ 운행 노선도 지속 확장중이다. 작년 8월 2개 노선 첫 운행을 시작한 이후 7개월만에 이용객 7만 4천명을 돌파했고, 이번에는 4개 노선을 추가한 3차 확대로 화성, 김포, 파주, 고양, 양주, 경기 광주, 성남, 의정부 등 8개지역, 10개 노선을 운행하며 경기 북부~경기남부 등 수도권 지역을 폭넓게 아우르며 서비스를 다각화하고 있다.

서울동행버스 운행현황

노선번호 (출발지역)	기·종점	인가 대수	운행 횟수	운행 거리	배차간격	첫차	막차	운행개시일
서울01 (화성시)	화성 동탄~강남역	3	3	38km	15~20분	07:00	07:30	2023.8월
서울02 (김포시)	김포 풍무~김포공항역	6	12	12km	10~12분	06:30	08:20	2023.8월
서울03 (파주시)	파주 운정~홍대입구역	3	3	37km	20~25분	06:20	07:00	2023.11월

서울04 (고양시)	고양 원흥~가양역	4	4	13km	15~20분	06:30	07:15	2023.11월
서울05 (양주시)	양주 옥정~도봉산역	4	4	21km	15~20분	06:30	07:15	2023.11월
서울06 (광주시)	광주 능평~강남역	3	3	33km	20~25분	07:10	07:50	2023.11월
서울07 (성남시)	양재역~성남판교	4	4	13km	15~20분	07:00	07:45	2024.5월
서울08 (고양시)	고양 화정~DMC역	3	3	10km	15~20분	07:00	07:30	2024.5월
서울09 (의정부시)	의정부시 고산~노원역	4	4	16km	15~20분	06:30	07:15	2024.5월
서울10 (의정부시)	의정부시 가능~도봉산역	4	4	10km	15~20분	06:30	07:15	2024.5월

□ 연휴 이후 첫 출근길인 7일(화) 운행을 시작하는 곳은 ▲성남시(판교제2테크노밸리), ▲고양시(고양 화정역), ▲의정부시(의정부 고산지구, 의정부 가능동)다. 4개 노선 모두 간선버스로, 서울시의 무제한 대중교통 혁신 서비스인 '기후동행카드'도 이용할 수 있어 참고하면 더욱 도움이 된다.

● 금번 서울동행버스 확대 4개 노선은 모두 간선버스(현금없는버스)로 운행할 예정이며, 이용 요금은 1,500원(일반기준), 기후동행카드 사용이 가능하다.

□ "서울07번"은 양재역을 출발해 성남시 판교제2테크노밸리까지 운행하는 노선이다. 다양한 지역에서 승객이 승하차하는 양재역에서 업무 지구까지 한 번에 간선버스로 이동할 수 있게 되어 편의가 높아질 전망이다.

● 서울07번 : 아침 7시부터 7시 45분까지 약 15~20분 간격으로 총 4회 운행한다. 세부 운행경로는 양재역. 서초문화예술회관(중) → AT센터.양재꽃시장 → 텔레칩스 → 스마트모빌리티실증허브 → 기업성장센터다.

□ "서울08번"은 고양 화정역을 출발해 디지털미디어시티역(DMC)까지 운행하는 노선이다. 환승 없이 DMC역까지 버스를 통해 진입할 수 있고, 주거 지역에서 6호선, 공항철도, 경의중앙선 이용 편의를 높여 고양시민들의 등교 및 마곡지구 접근이 편리해질 전망이다.

- 서울08번 : 아침 7시부터 7시 30분까지 약 15분~20분 간격으로 총 3회 운행한다. 세부 운행 경로는 화정역 3호선 → 민방위교육장 → 햇빛마을21단지 → 행신동(중) → 소만마을(중) → 서정마을(중) →화전역앞(중) → 항공대입구(중) →덕은동(중) →덕은교, 은평차고지앞(중) → 수색역앞(중) →디지털미디어시티역(중)이다.

□ "서울09번"은 의정부시 고산지구를 출발해 노원역까지 운행하는 노선이다. 아파트 단지 등 주거지구에서 지하철 4호선, 7호선 환승이 가능한 노원역으로 바로 도착할 수 있다.
- 서울09번 : 아침 6시 30분부터 7시 15분까지 약 15~20분 간격으로 총 4회 운행한다. 세부운행경로는 민락교 → 정음마을고산2단지, 고산종합사회복지관 → 고산대방노블랜드아파트 → 고산대광로제비앙, 고산센트레빌아파트 →고산더라피니엘, 고산수자인디에스티지1단지 → 고산수자인디에스티지, 아트포레 → 고산동, 빼뻘 → 당고개역 → 노원역9번출구다.

□ "서울10번"은 의정부시 가능동을 출발해 도봉산역까지 운행하는 노선이다. 의정부 시민들의 1호선 및 7호선 이용이 편리해지며, 버스 환승이 편리한 도봉산역 광역버스환승센터로 곧바로 이동할 수 있어 버스 접근성이 높아진다.
- 서울10번 : 아침 6시 30분부터 7시 15분까지 약 15~20분 간격으로 총 4회 운행한다. 세부운행경로는 현대힐스테이트아파트 → 의정부법원, 검찰청입구 → 가능동우체국 → 흥선광장 → 흥선브라운스톤, 더샵파크에비뉴아파트 → 안골 → 도봉산역광역환승센터다.

□ 이번 추가 확대 노선뿐만 아니라, 기존 동행버스 3개 노선(서울04-고양원흥~홍대입구역, 서울05-양주옥정~도봉산역, 서울06-광주능평~강남역)은 정류소 추가 또는 운행시간 변경을 통해 이용 접근성을 대폭적으로 개선한다.
- 서울04번(고양시) : 고양시 구간 내 1개 정류소(양지말[35438, 19509]을 추가로 정차하여 운행한다.
- 서울05번(양주시) : 양주시 구간 내 2개 정류소(고읍주공4단지.건강보험양주지사[53753], 대방신도아파트[39595])를 추가로 정차하여 운행한다.
- 서울06번(광주시) : 광주시 구간 내 2개 정류소(능평119안전센터[38040], 광명초등학교[38016])를 추가로 정차하여 운행한다. 또한, 출발시간을 변경하여 기점인 오포베르빌아파트 출발시간 기준 06시30분~07시 출발에서 07시10분~07시50분 출발로 개선한다.

□ 한편, 시는 이번 추가 확대되는 4개 노선 운행 시작 이후에도 지속적인 모니터링을 실시하는 등 승객 편의를 높일 예정이다. 시민들의 높은 호응에 부응하기 위해 오는 6월부터는 퇴근시간대에도 순차적으로 운행할 수 있도록 관계기관 등 협의를 진행중이며, 수도권 퇴근시간대 운행에도 서울시가 선제적으로 '찾아가는 동행'의 가치를 구현할 계획이다.

□ 윤보영 서울시 교통기획관은 "서울시가 모든 버스 운영 노하우를 집약해 선보이는 '서울동행버스'가 수도권 주민들의 삶에 편의를 선사하는 민생 맞춤 교통정책 사례가 될 수 있도

록 다양한 지원을 아끼지 않을 것"이라며 "5월 7일부터 추가 확대 운행을 선보이는 4개 노선은 무제한 대중교통 혁신 서비스인 '기후동행카드' 이용도 가능한 만큼, 수도권 주민들의 많은 관심을 당부드린다"고 밝혔다.

〈붙임 1〉 서울동행버스 관련 사진

〈운행 중인 서울동행버스 사진 (사진은 서울02번)〉

〈붙임 2〉 서울동행버스 신설 4개 노선 세부 운행계획

① 서울07번(양재역~성남 판교제2테크노밸리)

☐ 운행계통 및 노선도

노선번호	요일	기종점	인가대수	운행대수	예비대수	정상대수	단축대수	예비투입	운행시간	운행거리	대당회수 정상	대당회수 단축	총운행횟수	배차간격 최소	배차간격 최대	첫차 막차
서울07 (간선) 삼성여객	평	양재역 ~ 성남시 판교제2 테크노밸리	4	2	0	2	0	-	50	13 km	1.0	0.0	2	15	20	07:00 07:45
	토			-	-	-	-	-	-		-	-	-	-	-	
	공			-	-	-	-	-	-		-	-	-	-	-	
서울07 (간선) 우신운수	평			2	0	2	0	0	50		1.0	0.0	2	15	20	
	토			-	-	-	-	-	-		-	-	-	-	-	
	공			-	-	-	-	-	-		-	-	-	-	-	

② 서울08번(고양 화정역~DMC역)
□ 운행계통 및 노선도

노선번호	요일	기종점	인가대수	운행대수	예비대수	정상대수	단축대수	예비투입	운행시간	운행거리	대당회수 정상	대당회수 단축	총운행횟수	배차간격 최소	배차간격 최대	첫차막차
서울08 (간선) 보광교통	평	고양시 화정역 ~ DMC역	3	3	0	3	0	0	30	10 km	1.0	0.0	3	15	20	07:00 07:30
	토			-	-	-	-	-	-		-	-	-	-	-	
	공			-	-	-	-	-	-		-	-	-	-	-	

③ 서울09번(의정부 고산~노원역)
□ 운행계통 및 노선도

노선번호	요일	기종점	인가대수	운행대수	예비대수	정상대수	단축대수	예비투입	운행시간	운행거리	대당회수 정상	대당회수 단축	총운행횟수	배차간격 최소	배차간격 최대	첫차막차
서울09 (간선) 흥안운수	평	의정부시 고산지구 ~ 노원역	4	2	0	2	0	0	50	16 km	1.0	0.0	2	15	20	06:30 07:15
	토			-	-	-	-	-	-		-	-	-	-	-	
	공			-	-	-	-	-	-		-	-	-	-	-	
서울09 (간선) 삼화상운	평			1	0	1	0	0	50		1.0	0.0	1	15	20	
	토			-	-	-	-	-	-		-	-	-	-	-	
	공			-	-	-	-	-	-		-	-	-	-	-	
서울09 (간선) 한성여객	평			1	0	1	0	0	50		1.0	0.0	1	15	20	
	토			-	-	-	-	-	-		-	-	-	-	-	
	공			-	-	-	-	-	-		-	-	-	-	-	

④ 서울10번(의정부 가능동~도봉산역)
□ 운행계통 및 노선도

노선번호	요일	기종점	인가대수	운행대수	예비대수	정상대수	단축대수	예비투입	운행시간	운행거리	대당회수 정상	대당회수 단축	총운행횟수	배차간격 최소	배차간격 최대	첫차막차
서울10 (간선) 아진교통	평	의정부시 가능동 ~ 도봉산역	4	2	0	2	0	0	30	10 km	1.0	0.0	2	15	20	06:30 07:15
	토			-	-	-	-	-	-		-	-	-	-	-	
	공			-	-	-	-	-	-		-	-	-	-	-	
서울10 (간선) 동아운수	평			2	0	2	0	0	30		1.0	0.0	2	15	20	
	토			-	-	-	-	-	-		-	-	-	-	-	
	공			-	-	-	-	-	-		-	-	-	-	-	

⟨붙임 3⟩ 서울동행버스 개선 3개 노선 세부 운행계획

① 서울04번(고양 원흥~가양역)

☐ 운행계통 및 노선도

노선번호	요일	기종점	인가대수	운행대수	예비대수	정상대수	단축대수	예비투입	운행시간	운행거리	대당회수 정상	대당회수 단축	총운행횟수	배차간격 최소	배차간격 최대	첫차막차
서울04 (간선) 선진운수	평	고양시 화정역 ~ DMC역	4	3	1	3	0	1	60	13 km	1.0	0.0	4	15	20	06:30 07:15
	토			-	-	-	-	-	-		-	-	-	-	-	
	공			-	-	-	-	-	-		-	-	-	-	-	

※ 고양시 정류소 추가 정차

② 서울05번(양주 옥정~도봉산역)

☐ 운행계통 및 노선도

노선번호	요일	기종점	인가대수	운행대수	예비대수	정상대수	단축대수	예비투입	운행시간	운행거리	대당회수 정상	대당회수 단축	총운행횟수	배차간격 최소	배차간격 최대	첫차막차
서울05 (간선) 서울교통네트웍	평	양주시 옥정신도시 ~ 도봉산역	4	4	0	4	0	0	50	21 km	1.0	0.0	4	15	20	06:30 07:15
	토			-	-	-	-	-	-		-	-	-	-	-	
	공			-	-	-	-	-	-		-	-	-	-	-	

※ 양주시 정류소 추가정차

③ 서울06번(광주 능평~강남역)

☐ 운행계통 및 노선도

노선번호	요일	기종점	인가대수	운행대수	예비대수	정상대수	단축대수	예비투입	운행시간	운행거리	대당회수 정상	대당회수 단축	총운행횟수	배차간격 최소	배차간격 최대	첫차막차
서울06 (광역) 남성버스	평	강남역 ~ 광주시 능평동	3	0	3	0	0	3	100	33 km	1.0	0.0	3	20	25	07:10 07:50
	토			-	-	-	-	-	-		-	-	-	-	-	
	공			-	-	-	-	-	-		-	-	-	-	-	

※ 광주시 정류소 추가정차, 운행시간대 변경

〈보도자료, 2024년 5월 9일, 서울특별시 버스정책과〉

달리는 서울 명물 '해치버스', 1개월만에 승객 16만명 돌파 … 운행 확대 추진

- 서울시, Fun 디자인 적용 '해치버스' 선보이며 특별한 경험 선사…시민·관광객·어린이 관심 주목
- 운행개시1개월만에 총승객 16만명 돌파…일평균 5천명 탑승, 어린이 누적탑승객 6천명 '인기'
- "해치버스 탈래요" 기다리는 어린이부터 '사진 찰칵' 외국인, 정류장 등 현장 호응도 높아
- 운행대수 20여대로 대폭 확대, 더 가까이 다가가는 '해치버스'…생동감 넘치는 교통 이용 경험 제공

□ 움직이는 도심 속 명물로 활약하고 있는 '해치버스'가 남산~청와대 등 명소 방문을 돕는 것은 물론 대중교통을 이용하는 시민과 관광객에게 특별한 즐거움을 선사하며 많은 사랑을 받고 있다.

□ 서울시는 3월 30일부터 운행을 개시한 '해치버스'의 이용객수 분석을 실시한 결과, 운행 개시 1개월만에 승객 16만명을 돌파하는 등 지속적인 승객 증가 추세를 기록하고 있다고 밝혔다.

□ '해치버스'는 서울시의 대표적인 도시 전략인 '펀(FUN) 디자인'을 대중교통에 적용한 사례로, 현재 녹색순환버스 01A번, 01B번 2개 노선에 적용돼 운행 중이다. 통째로 '해치'가 된 듯한 핑크 버스, 남산타워와 한옥마을, 광화문 등 서울 명소를 뛰노는 듯한 민트 버스까지 총 2종을 선보이며 많은 주목을 받고 있다.
- 01A번 : 남산예장버스환승주차장 (기점)-충무로역-동대입구역-남산서울타워-남대문시장악세사리전문상가-청와대-경복궁-안국역-남인사마당-남산예장버스환승주차장 (종점)
- 01B번 : 남산예장버스환승주차장 (기점)-충무로역-동대입구역-국립극장-남산서울타워-남산도서관-남산예장버스환승주차장(종점)

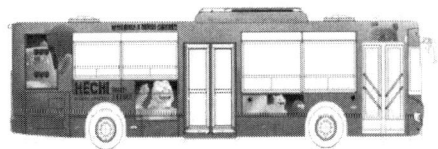 

□ 특히 '해치버스'는 '해치와 소울프렌즈' 캐릭터를 가까이에서 만날 수 있어 현장 호응이 높다. 어린이 및 가족 방문객들은 귀여운 해치버스를 직접 타기 위해 버스가 오기를 기다리기도 하고, 남산을 방문하는 외국인 관광객에게도 신선한 경험을 제공하며 '해치' 캐릭터의 매력과 서울시의 우수한 대중교통 서비스를 알리고 있다.
● 차량 외관부터 차량 내부 시트, 바닥, 천장 등에 캐릭터 디자인을 입혀 버스를 탑승하는 승객들이 재미있는 경험을 얻을 수 있도록 했다.

〈천장〉　　　　　　〈시트〉　　　　　　〈버스 후면〉

□ 그 결과 운행개시 1개월만에 승객 수 16만명을 돌파하는 등 성공적으로 운행을 추진하고 있다. 특히 4월~5월은 봄철 나들이 및 휴일 등이 이어지면서 해치버스에 대한 관심이 더욱 높아졌고, 일평균 5,196명이 탑승하는 등 대중교통 활성화 효과도 나타나는 것으로 전망된다.
● 해치버스 이용 승객은 166,283명으로 봄나들이를 위해 남산을 방문한 시민 다수가 해치버스를 이용한 것으로 확인되었으며
● 가장 탑승 인원이 높았던 주는 4월 4주로 총 5만4,990명이 탑승하여 해치버스의 인기가 날이 갈수록 증가하고 있음을 시사하였다.
● 또한 해치버스는 귀여운 '해치와 소울프렌즈' 캐릭터를 가까이서 만날 수 있어 어린이 승객들의 관심을 받고 있다. 4월 한 달간 해치버스의 어린이 탑승객은 5,758명을 기록하여 지난달 녹색순환버스 어린이 승객수 4,423명 대비 1천명 이상 증가하였다.

□ 이렇게 호응이 높아지는 만큼, 서울시는 시민들이 해치버스를 더욱 편리하게 탑승할 수 있도록 차량 운행 규모도 확대하였다. 3월 30일 2대로 운행 개시한 해치버스를 녹색순환버스 노선 22대로 늘려 시민들이 해치버스 탑승을 위해 기다리던 시간을 대폭 단축하였다.
● 해치버스 확대 운행을 위해 4월 중 차량 20대 추가 랩핑 작업을 완료하였으며, 5월 8일 현재 해치버스는 총 22대로, 01A번 버스 16대·01B 버스 6대 규모로 운영하고 있다.
● 서울시는 해치버스가 녹색순환버스 노선 전체로 확대됨에 따라, 해치버스 이용객 또한 증가할 것으로 기대하고 있다.

□ 또한 탑승객과 관광객에게 '해치버스'를 소개할 수 있도록 한국어·영어·중국어·일본어 등 4개 국어로 안내방송도 송출하여 친근감을 더하고 있다. 이용 서비스 편의 개선을 위해 시

민 만족도 등 모니터링도 지속해 나간다.
- 안내방송에는 행복을 주는 수호신으로서 '해치'의 소개뿐만 아니라, 녹색순환버스인 해치버스 탑승을 통해 서울의 상징 '해치'와 함께 서울의 시내 곳곳을 방문하는 특별한 경험을 하실 수 있길 기대하는 긍정적인 메시지가 담겨있다.

□ 한편, 녹색순환버스로 운영되는 '해치버스'는 남산공원과 충무로역, 동대입구역, 남산서울타워 등 주요 구간을 지나며 시민들의 편리한 명소 방문을 돕고 있다. 서울시의 무제한 대중교통 혁신 서비스인 '기후동행카드' 이용도 가능하므로, 참고하면 더욱 도움이 된다.
- 해치버스를 빠르게 탑승하고자 하는 시민은 출발점인 '남산예장버스 환승주차장'을 방문하는 것도 참고하면 좋다.

□ 윤종장 서울시 도시교통실장은 "'해치버스'에 대한 시민 여러분의 관심과 성원에 진심으로 감사드리며, 생동감 넘치는 교통 이용 경험을 통해 서울 대중교통의 매력을 알릴 수 있도록 다양한 서비스를 선보이도록 노력하겠다"고 밝혔다.

〈붙임 1〉 해치버스 사진

〈붙임 2〉 해치버스 녹색순환버스 노선

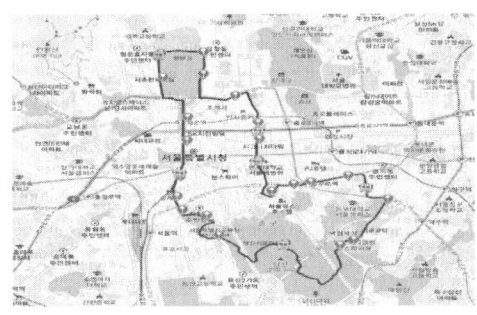 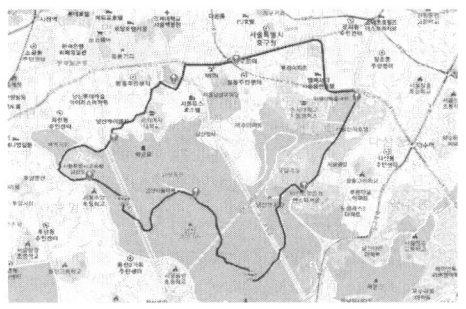

〈01A (남산-청와대 순환)〉 〈01B (남산공원 순환)〉

〈보도자료, 2024년 5월 27일, 서울특별시 버스정책과〉

서울동행버스, 퇴근길도 수도권 주민과 동행
… 6.10.(월) 전 노선 확대 운행

- 오세훈표 서울동행버스, 6월 10일(월)부터 퇴근시간대에도 확대 운행 개시
- 작년 8월 운행시작 이후 금년 5월 10개 노선 운행 중, 현재까지 10만명 이용 '호응'
- 출퇴근 왕복 이동 지원으로 업무지구·주요 지하철역↔수도권 주택지구 이동편의 대폭 증가
- 7개 간선버스 노선 '기후동행카드' 이용 가능…수도권 대중교통 발전기여 노력

□ 대중교통 사각지대에 놓여있어 이동이 불편한 수도권 주민의 아침 출근길을 함께하며 많은 호평을 받고 있는 '서울동행버스'가 6월 10일(월)부터 10개 전 노선의 퇴근길도 함께 동행하며 출퇴근 편의를 대폭 높일 전망이다.

□ '수도권 주민도 서울시민'이라는 오세훈 시장의 시정 철학에 따라 운행 중인 서울동행버스는 지역 대중교통 여건이 어려운 수도권 주민들의 애로사항을 직접 청취한 대표적인 민생교통정책 사례로 손꼽히며 많은 공감을 얻고 있다.

● '서울동행버스'는 대중교통 수단 부족과 장시간 출근으로 매일 어려움을 겪고 있는 수도권 주민들을 위한 것으로, 시 최초로 서울지역을 넘어 수도권 지역까지 연계해 직접 운행하는 맞춤형 출근버스다.

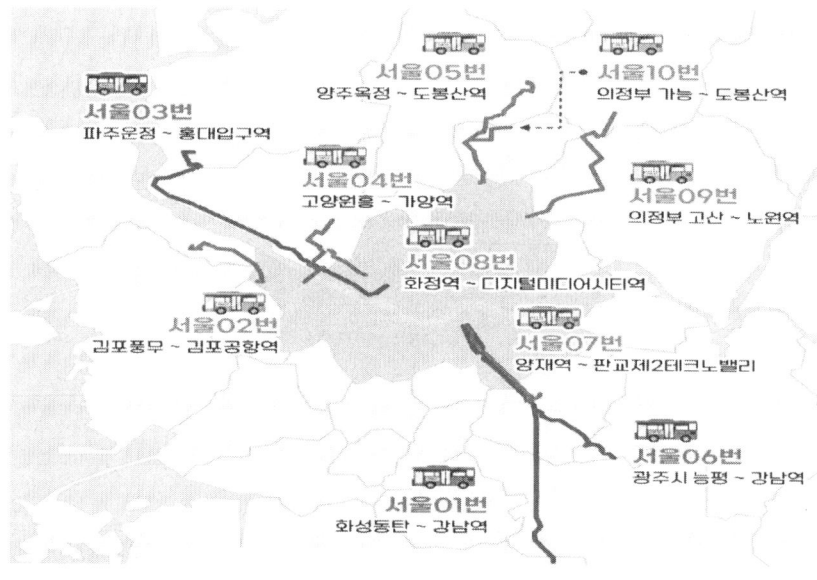

서울동행버스 운행현황

구분	노선번호 (출발지역)	운행형태	기·종점	인가 대수	운행 횟수	운행 거리	배차간격	첫차	막차
1차 ('23.8.)	서울01 (화성시)	광역	화성 동탄~강남역	3	3	38km	15~20분	0700	0730
	서울02 (김포시)	간선	김포 풍무~김포공항역	6	12	12km	10~12분	0630	0820
2차 ('23.11.)	서울03 (파주시)	광역	파주 운정~홍대입구역	3	3	37km	20~25분	0620	0700
	서울04 (고양시)	간선	고양 원흥~가양역	4	4	13km	15~20분	0630	0715
	서울05 (양주시)	간선	양주 옥정~도봉산역	4	4	21km	15~20분	0630	0715
	서울06 (광주시)	광역	광주 능평~강남역	3	3	33km	15~20분	0630	0700
3차 ('24.5.)	서울07 (성남시)	간선	양재역~성남 판교제2테크노밸리	4	4	13km	15~20분	0700	0745
	서울08 (고양시)	간선	고양 화정역~DMC역	3	3	10km	15~20분	0700	0730
	서울09 (의정부시)	간선	의정부 고산~노원역	4	4	16km	15~20분	0630	0715
	서울10 (의정부시)	간선	의정부 가능~도봉산역	4	4	10km	15~20분	0630	0715

□ 작년 8월 2개 노선 운행을 시작으로 작년 11월 6개 노선, 올해 5월 10개 노선으로 확대 운행한 '서울동행버스'는 운행을 시작한 이후 9개월여 만에 이용객 10만명을 돌파하는 등 수도권 주민의 이용 만족도가 높은 것으로 나타났으며, 퇴근시간 운행에 대한 설문조사 결과를 반영하여 퇴근시간에도 확대 운행된다.
● 퇴근시간대 서울동행버스 운행에 대해서는 기존 이용객 중 92% 이상이 찬성하여 퇴근시간 동행버스 운행에 대한 열망이 높은 것으로 나타났다.

조사결과 요약

노선번호 (출발지역)	기·종점	퇴근시간대 운행		선호 시간표	이용일 (1주 평균)	만족도	기타 개선 의견
		찬성	반대, 미제출				
서울01 (화성시)	화성 동탄~강남역	166 (93.8%)	11 (6.2%)	18:00~18:30(44.8%) 18:30~19:00(28.5%)	4.4일	4.6점	증차, 지속 운행
서울02 (김포시)	김포 풍무~김포공항역	116 (92.1%)	10 (7.9%)	19:00~19:30(29.8%) 18:30~19:00(26.7%)	4.4일	4.6점	공휴일 운행, 지속 운행
서울03 (파주시)	파주 운정~홍대입구역	26 (92.9%)	2 (7.1%)	18:30~19:00(46.4%) 18:00~19:00(21.4%)	4.3일	3.3점	운행시간 확충, 경로 변경, 차량 노후화 개선
서울04 (고양시)	고양 원흥~가양역	24 (96.0%)	1 (4.0%)	18:00~18:30(41.7%) 18:30~19:00(29.2%)	4.4일	3.9점	차량 노후화 개선, 배차간격 축소
서울05 (양주시)	양주 옥정~도봉산역	19 (90.5%)	2 (9.5%)	19:00~19:30(55.6%) 18:30~19:00(22.2%)	4.8일	4.0점	배차간격 축소, 첫막차시간 변경
서울06 (광주시)	광주 능평~강남역	64 (87.7%)	9 (12.3%)	18:00~18:30(42.2%) 18:30~19:00(21.9%)	4.3일	4.0점	배차간격 축소, 증차

서울동행버스 운행실적 (단위 : 명)

구 분	누계	'23.8월	'23.9월	'23.10월	'23.11월	'23.12월	'24.1월	'24.2월	'24.3월	'24.4월	'24.5월
전체	100,857	1,449	4,687	5,653	10,578	11,674	13,983	12,278	13,915	16,203	10,437
서울01	11,581	237	678	871	1,196	1,203	1,720	1,425	1,647	1,620	984
서울02	48,603	1,212	4,009	4,782	5,716	5,412	5,941	5,252	5,837	6,771	3,671
서울03	9,425	-	-	-	833	1,275	1,638	1,450	1,478	1,778	973
서울04	15,523	-	-	-	1,648	2,006	2,443	2,210	2,552	3,049	1,615
서울05	8,599	-	-	-	724	1,150	1,380	1,183	1,392	1,758	1,012
서울06	5,535	-	-	-	461	628	861	758	1,009	1,227	591
서울07	136	-	-	-	-	-	-	-	-	-	136
서울08	571	-	-	-	-	-	-	-	-	-	571
서울09	722	-	-	-	-	-	-	-	-	-	722
서울10	162	-	-	-	-	-	-	-	-	-	162

※ 4개 노선(서울07, 서울08, 서울09, 서울10) : 2024.5.7.(화) 개통
※ 2024년 5월 운행실적 : 5월1일~5월20일까지 실적 집계

□ 이번 동행버스 퇴근길 확대를 통해 서울시는 수도권 시민들의 혼잡한 퇴근길 교통 편의를 높이고, 지하철 및 주요 지점까지의 접근성이 높아져 퇴근환경이 개선될 것으로 기대된다. 또한 서울시의 무제한 대중교통 혁신 서비스인 '기후동행카드'도 이용할 수 있으므로 사전에 참고하면 도움이 된다.
● 간선버스 (파란버스)로 운행되는 7개 노선 버스 탑승 시 기후동행카드 사용이 가능하다.
● 10개 전 노선 현금없는 버스로 운행되며, 일반 교통카드 이용 시 서울01·03·06번은 광역버스(빨간버스) 요금, 서울02·04·05·07·08·09·10번은 간선버스(파란버스) 요금인 1,500원이 적용된다.

□ 운행 시간은 노선별로 일부 상이하나 직장인들의 퇴근길을 위해 맞춤형 서비스로 운영되는 만큼 저녁 18시 20분~19시대에 운행된다. 주요 업무지구에서 주택지구 및 교통 환승을 위한 주요 지점에서 한번에 이동할 수 있어 혼잡한 퇴근길 이동 편의성이 높아질 것으로 기

대된다.

> 퇴근시간대 운행 노선
> - 서울01번(퇴근) : 저녁 18시20분 ~ 18시40분 총 2회, 20분 배차간격으로 운행하며, 출발시간은 기점인 강남역 출발시간 기준이다. 운행경로는 강남역 출발 → 화성 동탄 도착이다.
> - 서울02번(퇴근) : 저녁 18시20분 ~ 19시00분 총 3회, 20분 배차간격으로 운행하며, 출발시간은 기점인 김포공항역 출발시간 기준이다. 운행경로는 김포공항역 출발 → 김포 풍무 도착이다.
> - 서울03번(퇴근) : 저녁 18시20분 ~ 18시40분 총 2회, 20분 배차간격으로 운행하며, 출발시간은 기점인 홍대입구역 출발시간 기준이다. 운행경로는 홍대입구역 출발 → 파주 운정 도착이다.
> - 서울04번(퇴근) : 저녁 18시30분 ~ 19시10분 총 3회, 20분 배차간격으로 운행하며, 출발시간은 기점인 가양역 출발시간 기준이다. 운행경로는 가양역 출발 → 고양 원흥 도착이다.
> - 서울05번(퇴근) : 저녁 18시40분 ~ 19시00분 총 2회, 20분 배차간격으로 운행하며, 출발시간은 기점인 도봉산역 출발시간 기준이다. 운행경로는 도봉산역 출발 → 양주 옥정 도착이다.
> - 서울06번(퇴근) : 저녁 18시20분 ~ 18시40분 총 2회, 20분 배차간격으로 운행하며, 출발시간은 기점인 강남역 출발시간 기준이다. 운행경로는 강남역 출발 → 광주 능평 도착이다.
> - 서울07번(퇴근) : 저녁 18시20분 ~ 18시40분 총 2회, 20분 배차간격으로 운행하며, 출발시간은 기점인 판교제2테크노밸리 출발시간 기준이다. 운행경로는 판교제2테크노밸리 출발 → 양재역 도착이다.

> - 서울08번(퇴근) : 저녁 18시20분 ~ 18시40분 총 2회, 20분 배차간격으로 운행하며, 출발시간은 기점인 DMC역 출발시간 기준이다. 운행경로는 DMC역 출발 → 고양 화정역 도착이다.
> - 서울09번(퇴근) : 저녁 18시40분 ~ 19시00분 총 2회, 20분 배차간격으로 운행하며, 출발시간은 기점인 노원역 출발시간 기준이다. 운행경로는 노원역 출발 → 의정부 고산 도착이다.
> - 서울10번(퇴근) : 저녁 18시40분 ~ 19시00분 총 2회, 20분 배차간격으로 운행하며, 출발시간은 기점인 도봉산역 출발시간 기준이다. 운행경로는 도봉산역 출발 → 의정부 가능 도착이다.

퇴근시간 서울동행버스 운행계획

노선번호	기·종점	인가 대수	운행 횟수	운행 거리	배차 간격	첫차	막차	출발지점
서울01(퇴근)	강남역~화성 동탄	2	2	38km	20분	1820	1840	강남역
서울02(퇴근)	김포공항역~김포 풍무	3	3	12km	20분	1820	1900	김포공항역
서울03(퇴근)	홍대입구역~파주 운정	2	2	37km	20분	1820	1840	홍대입구역
서울04(퇴근)	가양역~고양 원흥	3	3	13km	20분	1830	1910	가양역
서울05(퇴근)	도봉산역~양주 옥정	2	2	21km	20분	1840	1900	도봉산역
서울06(퇴근)	강남역~광주 능평	2	2	33km	20분	1820	1840	강남역
서울07(퇴근)	성남 판교제2테크노밸리~양재역	2	2	13km	20분	1820	1840	판교제2테크노밸리
서울08(퇴근)	DMC역~고양 화정역	2	2	10km	20분	1820	1840	DMC역
서울09(퇴근)	노원역~의정부 고산	2	2	16km	20분	1840	1900	노원역
서울10(퇴근)	도봉산역~의정부 가능	2	2	10km	20분	1840	1900	도봉산역

□ 한편, 시는 6월 10일 퇴근길 노선 확대 운행을 조속히 시행하기 위해 관계 기관 협의를 신속하게 펼쳐왔던 만큼, 시민들의 호응에 부응할 수 있도록 모니터링 및 현장 관리 등에도 집중해나갈 계획이다. 또한 수요 증가 및 교통 환경 여건에 맞춰 수도권 주민들의 편의를 높일 수 있는 신규 노선을 지속 발굴하여 수도권 광역교통 개선에 적극 협조해 나간다.

□ 윤종장 서울시 도시교통실장은 "서울동행버스는 현재 수도권 지역의 대중교통 부족과 혼잡으로 인한 출근 불편 사항을 해소하는 우수 사례가 된 만큼, 더 많은 이동편의를 제공할 수 있도록 선제적인 노력과 지원을 아끼지 않을 것"이라며 "출퇴근 모두 수도권 주민의 생활과 함께하며 편안하고 쾌적한 이동을 지원하고, 수도권 동반 성장을 이끄는 대중교통 정책을 추진할 수 있도록 적극 노력하겠다"고 밝혔다.

〈붙임〉 서울동행버스 퇴근시간대 운행 노선도 및 정류소

1 서울01(화성 동탄↔강남역, 광역버스)
● (신설) 퇴근시간대 동행버스(강남역 → 화성 동탄) (동성교통)

노선번호	요일	기종점	인가대수	운행대수	예비대수	정상대수	단축대수	예비투입	운행시간	운행거리	대당회수 정상	대당회수 단축	총운행횟수	배차간격 최소	배차간격 최대	첫차 막차
서울01(퇴근)	평	강남역~화성시 동탄	2	0	2	0	0	2	120	38 km	1.0	0.0	2	20	20	18:20 18:40
	토			-	-	-	-	-	-		-	-	-	-	-	
	공			-	-	-	-	-	-		-	-	-	-	-	

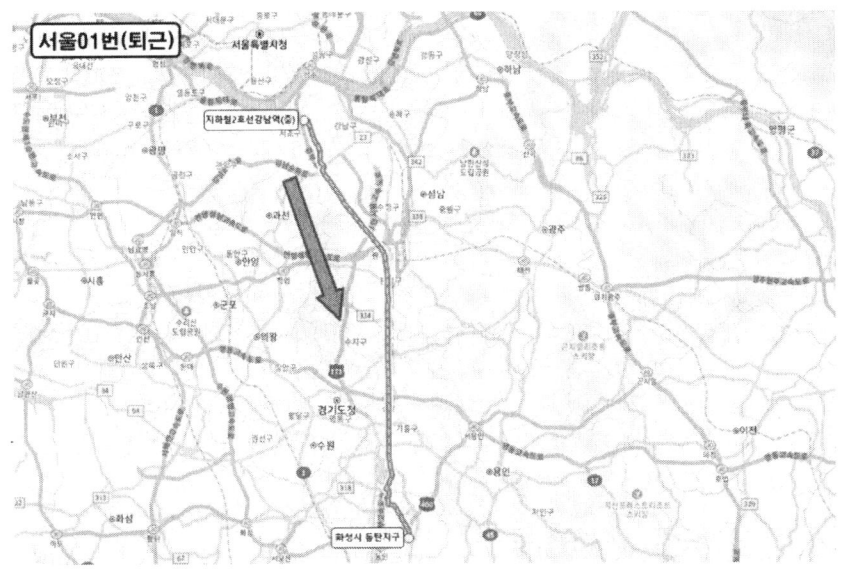

● 정류소리스트

연번	정류소명	정류소 ID	비고(경기도 정류소 ID)
1	신논현역.유화빌딩	22408	
2	신분당선강남역(중)	22009	
3	양재역.서초문화예술회관(중)	22003	
4	동원.다원중	77107	37073
5	상록.경남아파트.이주택지	77108	37550
6	반도4차.동탄4동복지센터	77109	55663
7	센트럴푸르지오.호반베르디움2차	77110	36458
8	청목초.신안1차	77111	36468
9	동원로얄듀크2차.목동초	77112	37682
10	힐스테이트.호반5차	77113	55490

② 서울02(김포 풍무↔김포공항역, 간선버스)
- (신설) 퇴근시간대 동행버스(김포공항역 → 김포 풍무)

노선번호	요일	기종점	인가대수	운행대수	예비대수	정상대수	단축대수	예비투입	운행시간	운행거리	대당회수		총운행횟수	배차간격		첫차막차
											정상	단축		최소	최대	
서울02(퇴근) (공항버스)	평	김포공항역 ~ 김포시 풍무동	3	2	0	2	0	0	60	12 km	1.0	0.0	2	20	20	18:20 19:00
	토			-	-	-	-	-	-		-	-	-	-	-	
	공			-	-	-	-	-	-		-	-	-	-	-	
서울02(퇴근) (다모아 자동차)	평	김포공항역 ~ 김포시 풍무동		1	0	1	0	0	60	12 km	1.0	0.0	1	20	20	18:20 19:00
	토			-	-	-	-	-	-		-	-	-	-	-	
	공			-	-	-	-	-	-		-	-	-	-	-	

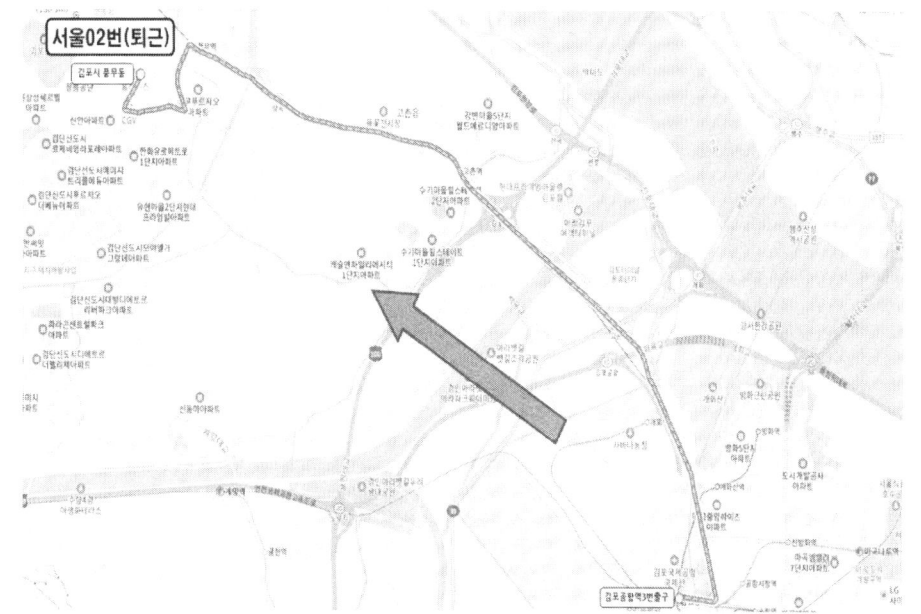

- 정류소리스트

연번	정류소명	정류소 ID	비고(경기도 정류소 ID)
1	김포공항역3번출구	16972	
2	풍무역.트레이더스	41599	35811
3	풍무푸르지오.풍무센트럴푸르지오	41655	35705
4	서해2차아파트	41658	35131
5	서해1차아파트	41685	35119
6	수행마을.홈플러스	41688	35262

③ 서울03(파주시 운정지구↔홍대입구역, 광역버스)
- (신설) 퇴근시간대 동행버스(홍대입구역 → 파주 운정) (선진운수)

노선번호	요일	기종점	인가대수	운행대수	예비대수	정상대수	단축대수	예비투입	운행시간	운행거리	대당회수		총운행횟수	배차간격		첫차막차
											정상	단축		최소	최대	
서울03(퇴근)	평	홍대입구역 ~ 파주시 운정지구	2	2	0	2	0	0	80	37 km	1.0	0.0	2	30	30	18:20 18:40
	토			-	-	-	-	-	-		-	-	-	-	-	
	공			-	-	-	-	-	-		-	-	-	-	-	

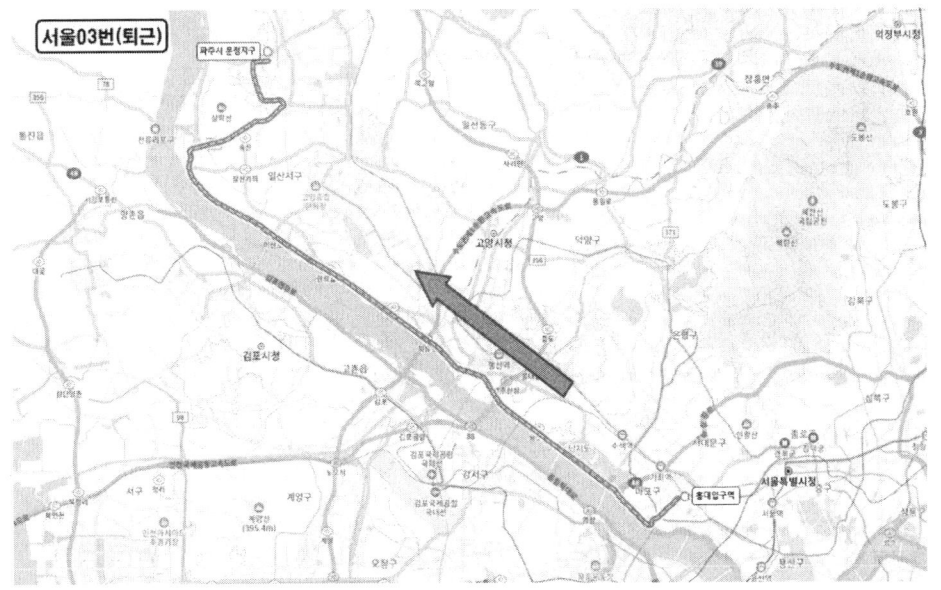

- 정류소리스트

연번	정류소명	정류소 ID	비고(경기도 정류소 ID)
1	홍대입구역(중)	14016	
2	합정역	14895	
3	초롱꽃마을10.12.13단지	63101	50098
4	초롱꽃마을4.9단지	63102	50123
5	초롱꽃마을7단지	63103	50100
6	두일초등학교	63107	50118
7	책향기마을10단지11단지	63109	50002

4 서울04(고양 원흥↔가양역, 간선버스)
- (신설) 퇴근시간대 동행버스(가양역 → 고양 원흥) (선진운수)

노선번호	요일	기종점	인가대수	운행대수	예비대수	정상대수	단축대수	예비투입	운행시간	운행거리	대당회수		총운행횟수	배차간격		첫차막차
											정상	단축		최소	최대	
서울04(퇴근)	평	가양역 ~ 고양시 원흥지구	3	3	0	3	0	0	60	13 km	1.0	0.0	3	20	20	18:30 19:10
	토			-	-	-	-	-	-		-	-	-	-	-	
	공			-	-	-	-	-	-		-	-	-	-	-	

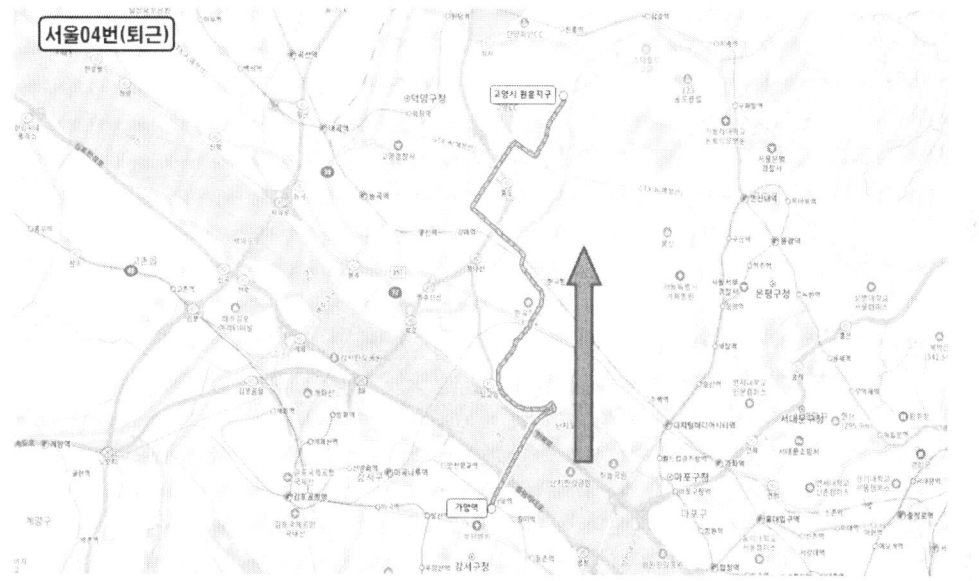

- 정류소리스트

연번	정류소명	정류소 ID	비고(경기도 정류소 ID)
1	가양역.마포중고등학교	16135	
2	DMC자이더리버	35313	
3	DMC디에트르한강.삼정그린코아더베스트	35280	
4	DMC한강자이더헤리티지	35315	
5	DMC자이더포레리버뷰	35317	
6	현천동난점	35430	
7	양지말	35437	
8	항공대학교동문	35962	57267
9	도래울마을5.6단지	35563	
10	도래울마을2.3단지	35561	
11	도래울마을1단지	35559	19608

5 서울05(양주 옥정↔도봉산역, 간선버스)
● (신설) 퇴근시간대 동행버스(도봉산역 → 양주 옥정) (서울교통네트웍)

노선번호	요일	기종점	인가대수	운행대수	예비대수	정상대수	단축대수	예비투입	운행시간	운행거리	대당회수 정상	대당회수 단축	총운행횟수	배차간격 최소	배차간격 최대	첫차막차
서울05(퇴근)	평	도봉산역 ~ 양주시 옥정지구	2	2	0	2	0	0	50	21 km	1.0	0.0	2	20	20	18:40 19:00
	토			-	-	-	-	-	-		-	-	-	-	-	
	공			-	-	-	-	-	-		-	-	-	-	-	

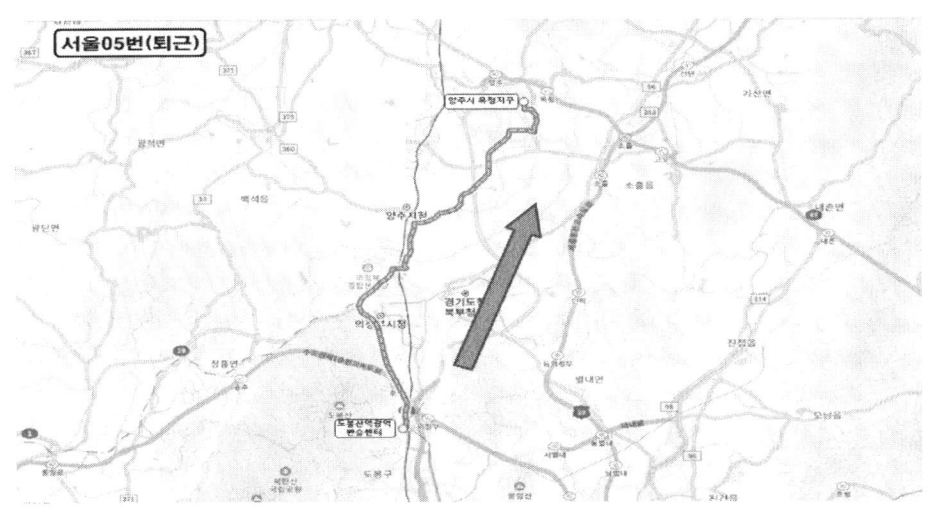

● 정류소리스트

연번	정류소명	정류소 ID	비고(경기도 정류소 ID)
1	도봉산역광역환승센터	10340	
2	대방신도아파트	68128	39593
3	고읍주공4단지.건강보험양주지사	68129	53726
4	덕현초교.덕고개	68143	39625
5	옥정마을16단지.e편한세상18단지	68107	53915
6	옥정상가주택.대방노블랜드12단지	68110	39488
7	제일풍경채레이크시티.율정마을13단지	68115	39737
8	율정마을7.8단지	68116	39700

6 서울06(광주 능평↔강남역, 광역버스)
- (신설) 퇴근시간대 동행버스(강남역 → 광주 능평) (남성버스)

노선번호	요일	기종점	인가대수	운행대수	예비대수	정상대수	단축대수	예비투입	운행시간	운행거리	대당회수		총운행횟수	배차간격		첫차막차
											정상	단축		최소	최대	
서울06(퇴근)	평	강남역 ~ 광주시 능평지구	2	0	2	0	0	2	100	33 km	1.0	0.0	2	20	20	18:20 18:40
	토			-	-	-	-	-	-		-	-	-	-	-	
	공			-	-	-	-	-	-		-	-	-	-	-	

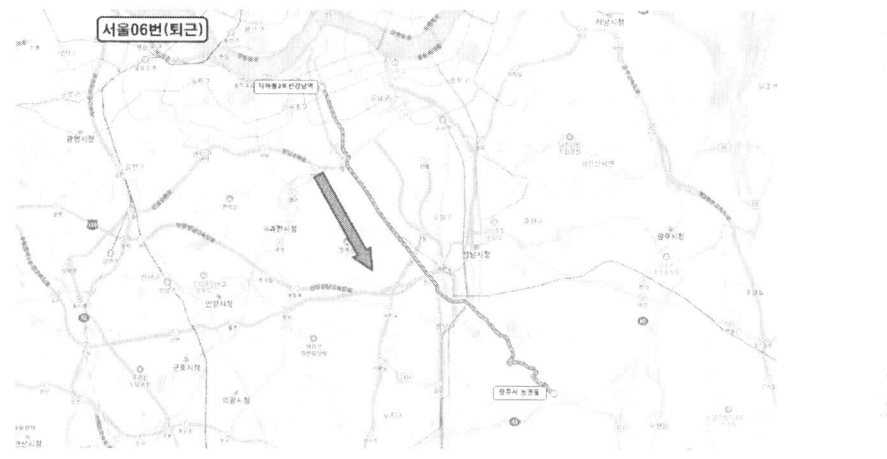

- 정류소리스트

연번	정류소명	정류소 ID	비고(경기도 정류소 ID)
1	지하철2호선강남역(중)	22011	
2	신분당선강남역(중)	22009	
3	양재역.서초문화예술회관(중)	22003	
4	태재고개	78111	38002
5	현대모닝사이드1차아파트.새마을입구.신현리	78112	38003
6	신현동행정복지센터	78113	38005
7	광명초등학교	78114	38011
8	능평119안전센터	78115	38037
9	용상골현대아파트	78121	38035
10	수레실전원교회.오포롯데캐슬	78122	38042
11	오포베르빌아파트	78123	38073

7 서울07(성남 판교제2테크노밸리↔양재역, 간선버스)
● (신설) 퇴근시간대 동행버스(성남 판교 → 양재역) (우신운수)

노선번호	요일	기종점	인가대수	운행대수	예비대수	정상대수	단축대수	예비투입	운행시간	운행거리	대당회수 정상	대당회수 단축	총운행횟수	배차간격 최소	배차간격 최대	첫차 막차
서울07(퇴근)	평	성남시 판교제2 테크노밸리 ~ 양재역	2	0	2	0	0	50	13 km	1.0	0.0	2	20	20	18:20 18:40
	토			-	-	-	-	-			-	-	-	-	-	
	공			-	-	-	-	-			-	-	-	-	-	

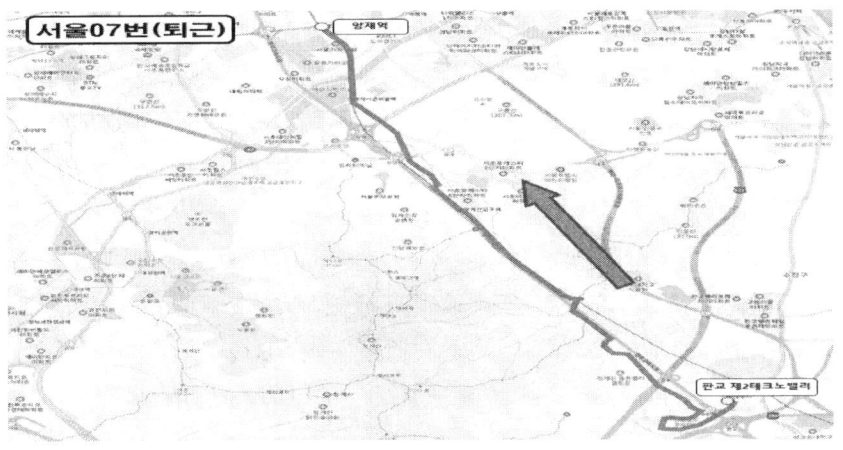

● 정류소리스트

연번	정류소명	정류소 ID	비고(경기도 정류소 ID)
1	기업성장센터	48850	05332
2	벤처타운(남문)	48851	05346
3	벤처타운(서문)	05344	05344
4	벤처타운(북문)	48952	05342
5	청계산옛골	48234	
6	청계산입구역	22402	
7	코트라	22302	
8	양재2동주민센터.양재꽃시장	22293	
9	양재역	22290	

※ 출근노선 : 4개소(코트라, 청계산입구역, 청계산옛골, 판교이노베이션랩) 추가 정차 예정

⑧ 서울08(고양 화정역↔DMC역, 간선버스)
● (신설) 퇴근시간대 동행버스(DMC역 → 고양 화정역) (보광교통)

노선번호	요일	기종점	인가대수	운행대수	예비대수	정상대수	단축대수	예비투입	운행시간	운행거리	대당회수		총운행횟수	배차간격		첫차막차
											정상	단축		최소	최대	
서울08(퇴근)	평	DMC역 ~ 고양시 화정역	2	2	0	2	0	0	30	10 km	1.0	0.0	2	20	20	
	토			-	-	-	-	-	-		-	-	-	-	-	18:20
	공			-	-	-	-	-	-		-	-	-	-	-	18:40

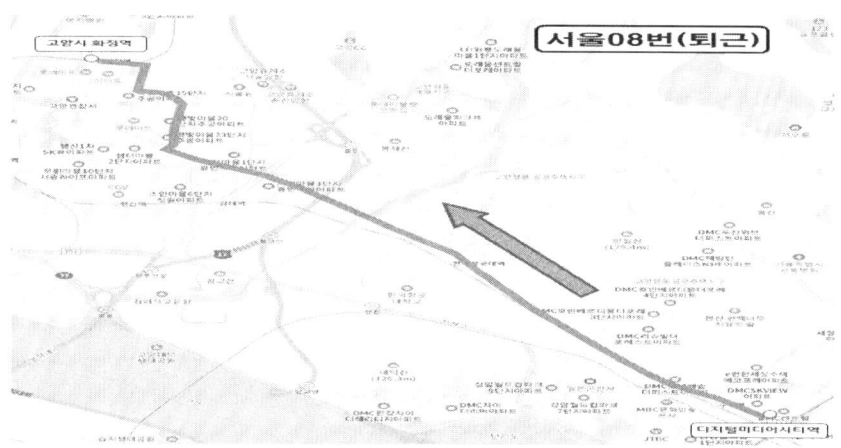

● 정류소리스트

연번	정류소명	정류소 ID	비고(경기도 정류소 ID)
1	디지털미디어시티역	12310	
2	수색역앞(중)	12006	
3	덕은교.은평차고지앞(중)	12002	
4	덕은동(중)	35624	
5	항공대입구(중)	35622	
6	화전역앞(중)	35628	
7	서정마을(중)	35627	
8	소만마을(중)	35008	
9	행신동(중)	35633	
10	햇빛마을21단지	35994	57350
11	민방위교육장	35995	57044
12	화정역4번출구	35996	57389

[9] 서울09(의정부 고산지구↔노원역, 간선버스)
● (신설) 퇴근시간대 동행버스(노원역 → 의정부 고산지구)

노선번호	요일	기종점	인가 대수	운행 대수	예비 대수	정상 대수	단축 대수	예비 투입	운행 시간	운행 거리	대당회수 정상	대당회수 단축	총운행 횟수	배차간격 최소	배차간격 최대	첫차 막차
서울09(퇴근) (흥안운수)	평	노원역 ~ 의정부 고산지구	2	1	0	1	0	0	50	16 km	1.0	0.0	1	20	20	
	토			-	-	-	-	-	-		-	-	-	-	-	18:40
	공			-	-	-	-	-	-		-	-	-	-	-	19:00
서울09(퇴근) (삼화상운)	평	노원역 ~ 의정부 고산지구		1	0	1	0	0	50	16 km	1.0	0.0	1	20	20	
	토			-	-	-	-	-	-		-	-	-	-	-	18:40
	공			-	-	-	-	-	-		-	-	-	-	-	19:00

※ 출근노선 : 시간표 변경 예정(06:30:07:15 → 07:00~07:45)

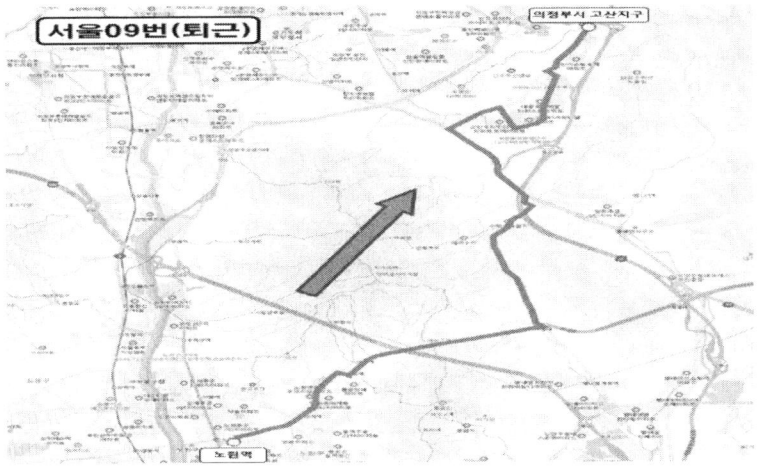

● 정류소리스트

연번	정류소명	정류소 ID	비고(경기도 정류소 ID)
1	노원역1번출구	11211	
2	상계역	11391	
3	당고개역	11664	
4	상계3.4동주민센터	11994	
5	고산동.배벌	61136	08298
6	고산동지식산업센터	08302	08302
7	고산수자인디에스티지.아트포레	61137	08616
8	고산더라피니엘.고산수자인디에스티지1단지	61138	08613
9	고산센트레빌.고산대광로제비앙아파트	61139	08064
10	고산대방노블랜드아파트	61140	08081
11	훈민초교.고산리슈빌포레	08370	08370
12	정음마을고산2단지.고산종합사회복지관	61141	08369
13	민락교	61142	08384

※ 출근노선 : 4개소(상계역, 상계3.4동주민센터, 고산지식산업센터, 훈민초교.고산리슈빌포레) 추가 정차

□ 서울10(의정부 가능동↔도봉산역, 간선버스)
● (신설) 퇴근시간대 동행버스(도봉산역 → 의정부 가능동)

노선번호	요일	기종점	인가대수	운행대수	예비대수	정상대수	단축대수	예비투입	운행시간	운행거리	대당회수 정상	대당회수 단축	총운행횟수	배차간격 최소	배차간격 최대	첫차 막차
서울10(퇴근) (아진교통)	평	도봉산역~의정부 가능동	2	1	0	1	0	0	30	10 km	1.0	0.0	1	20	20	18:40 19:00
	토			-	-	-	-	-	-		-	-	-	-	-	
	공			-	-	-	-	-	-		-	-	-	-	-	
서울10(퇴근) (동아운수)	평	도봉산역~의정부 가능동		1	0	1	0	0	30	10 km	1.0	0.0	1	20	20	18:40 19:00
	토			-	-	-	-	-	-		-	-	-	-	-	
	공			-	-	-	-	-	-		-	-	-	-	-	

※ 출근노선 : 시간표 변경 예정(06:30:07:15 → 07:00~07:45)

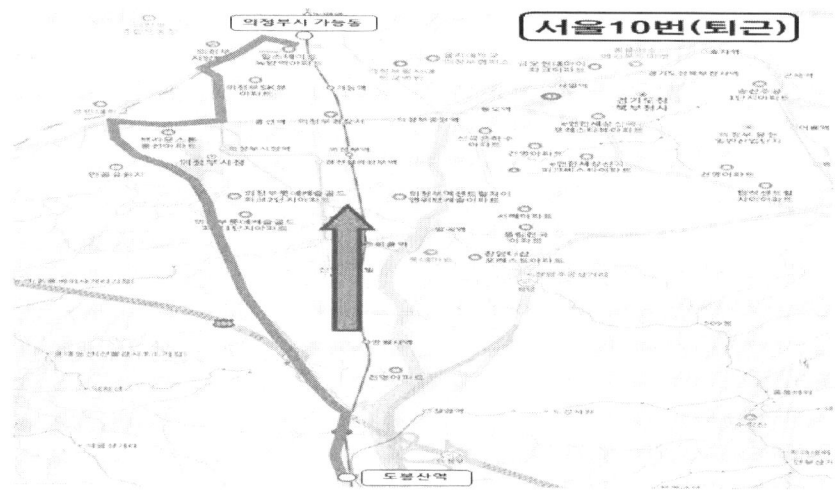

● 정류소리스트

연번	정류소명	정류소 ID	비고(경기도 정류소 ID)
1	도봉산역(중)	10002	
2	안골	61118	08011
3	흥선브라운스톤.더샵파크에비뉴아파트	61119	08018
4	흥선광장	61129	08037
5	의정부서부새마을금고	-	-
6	가능1동새마을금고	61132	08315
7	의정부법원.검찰청입구	61133	08520
8	현대힐스테이트아파트	61055	08583

※ 출근노선 : 1개소(마음의숲노인복지센터(마을)) 추가 정차

⟨보도자료, 2024년 5월 30일, 서울특별시 버스정책과⟩

서울시, '23년도 교통사고 사망자 역대 최저 경신
… 지자체 최초 1명대 (인구10만명당)

- 서울시, '23년 교통사고 사망자 180명…첫 집계 1970년 이래 53년만 역대 최저치
  - 인구 10만명당 사망자 1.9명, 전국 광역지자체 최초 1명대 진입…전년대비 사망자수 18.6% ↓
  - 인구당 사망자 비율 전국 최저, 안전대책 강화 결과로 보행자 및 어르신 교통사고 사망자 감소
  - 시, 자치경찰위원회, 서울경찰청 등과 협력해 교통약자 안전 최우선·안전대책 면밀히 추진

□ 서울시내 2023년도 교통사고 사망자수가 인구 10만명당 1명 수준으로 진입하며 역대 최저치를 기록했다. 이는 OECD 회원국인 노르웨이 등 유럽 국가와 유사한 수준으로, 세계 대도시 중에서도 높은 교통안전 수준을 보이는 것으로 분석된다.

□ 서울시는 '2023년도 교통사고 통계'의 서울지역 교통사고 사망자 수[3]를 집계한 결과, 전년 221명보다 41명 줄어든 180명[4], 일 평균 0.49명을 기록했다고 밝혔다. 이는 교통사고 집계를 시작한 1970년 이래 53년간 최저치이며, 2014년 교통사고 사망자 400명을 기록한 이후 10년 만에 사망자 수를 절반 이상 감축한 것이다.

● 교통사고 건수는 '22년 33,698건에서 '23년 33,811건, 부상자 수는 '22년 45,329명에서 '23년 45,414명으로 비슷한 수준을 유지했다.

□ 세부적으로는 서울시 인구 10만명당 교통사고 사망자는 1.9명, 자동차 1만대당 사망자 수는 0.6명으로 나타났다. 이는 전국 최저 수준이자 전국 최초로 1명대에 진입한 기록으로, 교통사고 발생이 비교적 낮은 OECD 유럽국가와도 유사한 수준이다. 특히 교통량이 많은 대도시임에도 지속적인 감소세를 보이며 전년('22) 대비 18.6%, 약 10년 전 대비('14) 55%가 감소했다.

● 인구 10만명당 교통사고 사망자는 전국 평균 4.9명이고 그 중 서울시는 1.9명으로 광역지자체 중 최초로 1명대에 안착하였다.

● OECD 회원국 통계(2021년) 기준으로 교통사고 사망자가 가장 적은 노르웨이(1.5), 스웨

---

[3] 서울시 교통사고 사망자수는 서울경찰청 교통통계에 반영되지 않은 서울시내 고속국도 교통사고 사망자수가 추가되므로 서울경찰청 교통통계와 같거나 다소 클 수 있음.
[4] 국가 교통사고통계 관리기관인 도로교통공단에서 5월 확정 발표한 2023년 교통사고통계 수치임

덴(2.0), 스위스(2.3)와 유사하며, OECD 평균(5.3), 독일(3.1), 프랑스(4.6), 미국(12.7)보다 월등히 낮은 수준이다.

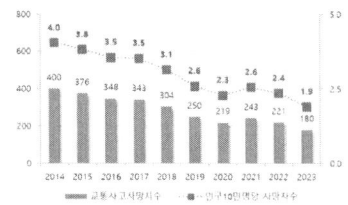 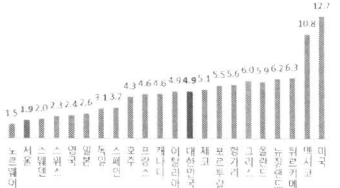

〈서울시 교통사고 사망자 현황('14~'23)〉 〈서울, OECD국가 인구10만명당 교통사고 사망자 비교〉

□ 부문별 통계에서도 대부분 사망자 현황이 큰 폭으로 감소하며 괄목할 만한 결과가 나타난 것으로 분석된다. 이 중 보행자, 어르신 교통사고 사망자가 지속적으로 줄어들어 감소 추이가 이어졌다.

① **보행 중 사망자 : 90명으로 전년 대비 20% 수준 큰 폭 감소**
- 보행사망자 수는 ´22년 113명에서 ´23년 90명으로 감소하였고, 교통사고 사망자 중 보행자 비율은 50%로 '22년 51%보다 1%p 감소했다.
- 서울시의 경우 인구당 교통사고 사망자 수는 전국 최저 수준이나 전국 최고 수준의 인구밀도로 인해 교통사고 사망자 중 보행자 비율은 전국 평균인 35%와 비교하여 높은 편이다.

② **어르신 사망자 : 전년 대비 16명 감소**
- 교통사고 사망자를 연령대별로는 구분하면 70대 이상 사망자가 50명으로 가장 많고, 60대 44명, 50대 24명, 20대 19명 순이었다.
- '23년 서울시 어르신 사망자 수는 71명으로 '22년 87명에 비해 16명이 감소했고, 어린이 사망자 수는 '21년 1명, '22년 2명, '23년 1명으로 비슷한 수준을 유지하고 있다.[5]

③ **차종별 : 승용차, 이륜차, 택시, 버스 순 사망자 발생**
- 차종별로는 승용차로 인한 사망자 수가 61명으로 전체 사망자 수 중 34%를 점유하였으며 이륜차 28%[6], 택시 10%, 버스 10% 순이었다.

□ 서울시 교통사고 사망자가 감소한 원인은 그동안 서울시가 서울경찰청, 자치경찰위원회, 도로교통공단, 한국교통안전공단 등 관계기관과 교통안전을 우선으로 하는 교통정책을 지속적으로 추진해 온 결과로 분석된다. 이는 지난 10년간 꾸준히 사망자수가 감소하며 안전한 교통문화가 정착되는 계기가 됐다.
- 사고건수, 부상자 수는 전년 대비 크게 변화가 없는 반면 교통사고 사망자는 전년 대비 18.6%가 감소한 것은 서울시가 추진해 온 안전속도5030사업 등 보행자를 우선하는 교통

---
[5] 어르신은 만65세 이상, 어린이는 만13세 미만 기준
[6] 가해차량 기준이며 이륜차에는 일반이륜차, 원동기장치자전거, 사륜오토바이가 포함되어 있음

운영 체계 정착에 따른 효과로 판단된다.
- 그 외, 서울시는 교통사고 감소를 위해 교통사고 잦은 곳 개선사업, 대각선횡단보도 확대, 보행자 안전시설 설치 등 보행자 안전을 위한 시설개선과 더불어, 교통약자시설 방문교육, 면허반납 어르신 지원사업 등을 추진 중에 있다.
- 아울러, 서울시는 자치경찰위원회, 서울경찰청, 도로교통공단, 한국교통안전공단 등 교통안전 관계기관과 함께 주요 교통사고 지점 합동점검, 교통안전 분야 교육, 홍보 등을 함께 추진하는 등 교통사고 저감을 위한 공동사업을 추진하고 있다.

□ 윤종장 서울시 도시교통실장은 "2023년 교통사고 사망자가 큰 폭으로 감소한 점은 괄목할 만한 성과"라며 "서울시가 세계적인 교통안전 도시로 거듭날 수 있도록 앞으로도 다양한 관련 정책을 추진하고, 서울경찰청 등 관계기관도 면밀히 협력해 교통사고에 취약한 보행자, 고령자, 어린이 안전 대책 추진에도 최선을 다하겠다"고 밝혔다.

⟨보도자료, 2024년 6월 17일, 서울특별시 버스정책과⟩

서울시, 6월 29일 강남·명동을 통과하는 22개 광역버스 노선·정류장 조정

- 강남 방향 20개, 명동 방향 2개 광역버스 노선의 운행경로 조정
- 출·퇴근길 주요 도심의 혼잡·정체 해소와 교통흐름 개선 기대

□ 서울시는 강남·명동 방향 출·퇴근길 속도향상 등을 위하여 국토교통부, 대도시권광역교통위원회, 경기도, 인천광역시와 협의하여 강남과 명동 방향 22개 노선이 6월 29일(토)부터 분산·조정한다.

● 이번 조치는 지난달 초 정부와 수도권 2개 지자체와 합동으로 발표한 33개 광역버스 노선 조정안의 일환으로 그중 11개 노선은 5월 16일부터 조정*되어 혼잡시간대 버스통행시간 감축 등 효과를 거둔 바 있다.
  * '남대문세무서(중)' 정차 11개 노선을 바로 옆 가로변에 신설한 '명동성당'으로 전환

□ 먼저, 수도권에서 서울 강남으로 향하는 20개 노선이 조정된다.

① (오전·오후 강남대로 운행방향 분리) 용인에서 강남으로 운행하는 5개 노선*은 퇴근시간대 강남대로 중앙버스전용차로의 신논현→양재 방향의 도로혼잡이 심해지는 것을 감안하여 강남역 부근에서 경부고속도로로 빠르게 진입하기 위하여 오후시간대에는 역방향으로 전환** 한다.【붙임1】
  * 1560번, 5001번, 5001-1번, 5002B번, 5003번
  ** (현행) 경부고속도로 → 반포IC → 신논현 → 강남 → 양재IC → 경부고속도로
  (변경) 오전 : 경부고속도로 → 반포IC → 신논현 → 강남 → 양재IC → 경부고속도로
  　　　 오후 : 경부고속도로 → 신양재IC → 강남 → 신논현 → 반포IC → 경부고속도로

● 해당 노선을 이용하는 용인 거주 직장인은 서울 출근시와 퇴근시 이용하는 노선번호가 구분(오전A, 오후B)*되며, 출근시에는 현행과 동일하나 퇴근시에는 이용하던 정류장의 차로 반대편 정류장에서 탑승하면 된다.
  * 각 노선별로 오전 A와 오후 B로 구분하여 운행한다. 예컨대 1560A는 오전에 현행과 동일하게 운행하는 반면, 1560B는 오후에 강남대로를 역방향으로 운행

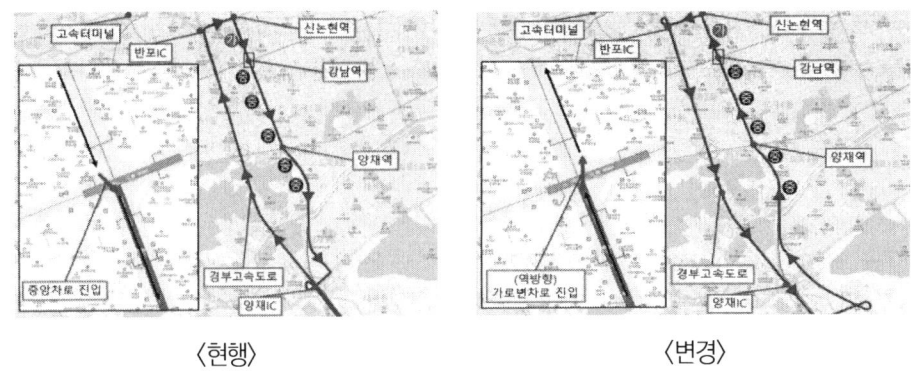

〈현행〉　　　　　　　　　　　〈변경〉

② (강남대로 중앙차로 운행 분산) 강남대로 중앙버스전용차로의 정체를 완화하기 위해 15개 노선은 일부 구간에서 가로변 차로로 조정한다.
● 인천·고양·김포·파주·포천 출발 9개 노선*은 강남대로 하행구간에서는 '2호선강남역(중)' 정류장부터 모든 가로변 정류장에 정차한다.【붙임 2】
  * 인천: 9500번, 9501번, 9802번 / 고양: M7412번, 9700번
    김포: M6427번, 6427번 / 파주: G7426번 / 포천: 3100번
● 다만, 양재에서 회차 이후 강남대로의 양재→신논현 방향으로 운행하는 구간에서는 기존과 동일하게 중앙차로를 운행하므로, 서울에서 퇴근하는 시민들은 기존에 이용하던 정류장에서 탑승하면 된다.

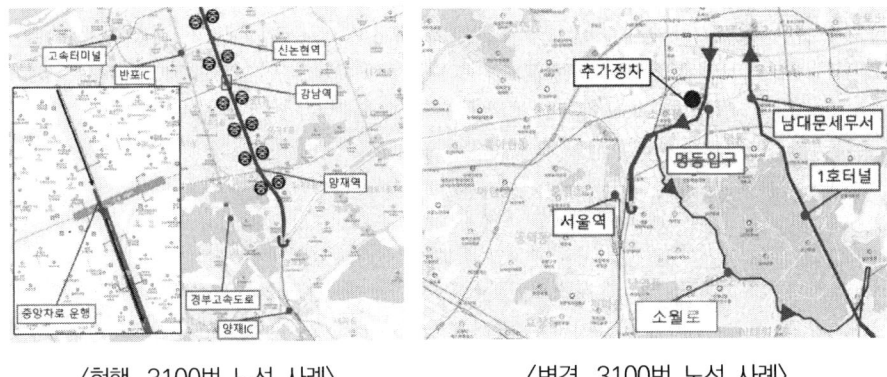

〈현행, 3100번 노선 사례〉　　　　〈변경, 3100번 노선 사례〉

● 화성(동탄) 출발 6개 노선*은 중앙차로의 '신분당선강남역(중)' 정류장 대신 강남역 인근 가로변 정류장에 정차한 후 '뱅뱅사거리(중)'부터 중앙차로에 합류한다.【붙임3】
  * M4403번, 4403번 : '강남역티월드' 정류장 정차
    1551번, 1551B번, 8501번, 8502번 : '강남역우리은행' 정류장 정차
● 또한, 광역버스 목적지 등을 고려하여 새로 가로변을 주행하게 되는 상기 노선외에도 강남대로 가로변 정류장을 일부 재배치한다.【붙임4】

□ 또한, 성남에서 서울 명동으로 향하는 2개 노선*은 혼잡이 심한 명동일대와 남산1호터널을 우회하도록 회차경로를 기존 남산1호 터널에서 소월로로 조정한다.【붙임5】
  * 9003번, 9300번
● 따라서, 서울역 회차 이후 성남으로 향할 때 '명동입구' 정류장을 통과하지 않고 대신 길 건너편 '롯데백화점' 정류장에 정차한다.

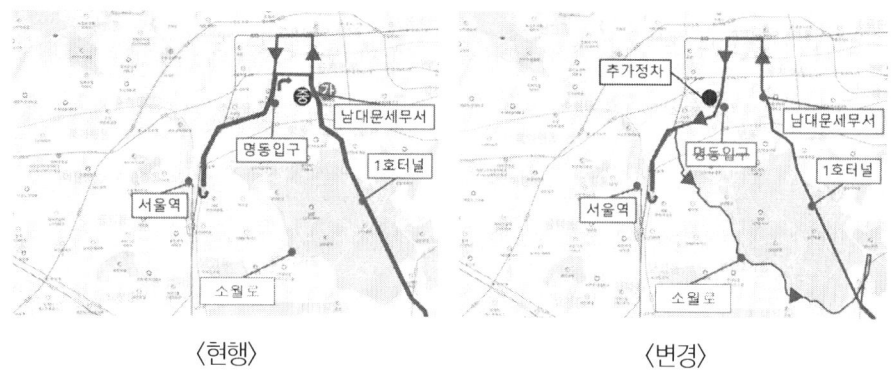

〈현행〉   〈변경〉

□ 이번 광역버스 노선·정류장 조정으로 서울 도심 일대 교통흐름이 개선되고 출퇴근길이 빨라질 것으로 기대된다.

● 실제로 광역버스가 과도하게 집중됐던 '남대문세무서(중)' 정류장의 경우, 지난 5월 16일부터 11개 노선을 인근 가로변에 '명동성당' 정류장을 신설하여 옮긴 결과 혼잡시간대 버스 운행량이 크게 감소*하였다.
  * '남대문세무서(중)' 정류장 정차 버스가 시간당 143→116대로 18.9% 감소
● 광역버스의 운행차로 분산으로 교통흐름도 개선되어 동일구간(서울역버스환승센터→순천향대병원)의 운행 소요시간*이 퇴근시간대 5분 내외(약 30분→약25분) 단축되었다.
  * 시행일(5.16.) 전후 각 2주간 평일의 17시~19시 평균 비교(중앙차로, 가로변차로 포함)

□ 윤종장 서울시 도시교통실장은 "지난 5월 16일 남대문세무서 정류장의 노선분산으로 도로·정류장의 혼잡 완화 효과를 확인한 만큼, 이번 강남 등 22개 노선조정을 통해 버스 이용자는 물론 보행자, 운전자 등의 편의도 증진될 것으로 기대한다"고 말하며, "철저한 사전홍보와 안내, 계도요원 배치 등을 통해 이용객 혼선을 최대한 방지하는 것은 물론, 시행 이후의 운영상황을 모니터링하여 대광위 및 경기도 등 관계기관과의 지속적인 협의를 통해 광역버스 정책과 혼잡도 개선을 위한 대책마련에 최선을 다하겠다"고 밝혔다.

〈붙임 1〉 용인 출발 5개 노선 – 오후시간대 강남 역방향 운행

노선	정류장 변경안	
	현행	변경
(오전) 1560A 5001A 5001-1A 5002A 5003A	(경부고속도로 반포IC 진출) → KCC사옥(22-162) → 신논현역.BSX빌딩(22-407)(1560) 또는 신논현역.주류성빌딩(22-406)(5001, 5001-1, 5002A/B, 5003) → 신분당선강남역(중)(22-009) → 래미안아파트.파이낸셜뉴스(중)(22-007) → 뱅뱅사거리(중)(22-005) → 양재역.서초문화예술회관(중)(22-003) → 교육개발원입구(중)(22-001) → 매헌시민의숲.양재꽃시장(22-296) → (경부고속도로 양재IC 진입)	(경부고속도로 반포IC 진출) → KCC사옥(22-162) → 신논현역.BSX빌딩(22-407) → 신분당선강남역(중)(22-009) → 래미안아파트.파이낸셜뉴스(중)(22-007) → 뱅뱅사거리(중)(22-005) → 양재역.서초문화예술회관(중)(22-003) → 교육개발원입구(중)(22-001) → 매헌시민의숲.양재꽃시장(22-296) → (경부고속도로 양재IC 진입)
(오후) 1560B 5001B 5001-1B 5002B 5003B	상동	※ 강남대로 상행방향 운행 (경부고속도로 신양재IC 진출) → 매헌시민의숲.양재꽃시장(22-297) → 양재역.서초문화예술회관(중)(22-004) → 뱅뱅사거리(중)(22-006) → 래미안아파트.파이낸셜뉴스(중)(22-008) → 신분당선강남역(중)(22-010) → 신논현역(23-641) → (경부고속도로 반포IC 진입)

〈붙임 2〉 인천 등 9개 노선 – 강남대로 하행 가로변 운행

노선	정류장 변경안	
	현행	변경
3100(포천)	논현역(중)(22-013) → 지하철2호선강남역(중)(22-011) → 신분당선강남역(중)(22-009) → 래미안아파트.파이낸셜뉴스(중)(22-007) → 뱅뱅사거리(중)(22-005) → 양재역.서초문화예술회관(중)(22-003) → 회차	논현역(중)(22-013) → 신논현역.씨티은행(22-413) → 강남역도시에빛(22-600) → 래미안아파트.파이낸셜뉴스(22-905) → 서초문화예술정보학교(22-132) → 양재역신한은행앞(22-999) → 회차
9500 9501 9802	논현역(중)(32-007) → 신논현역.우신빌딩(31-057) → 강남역도시에빛(31-076) → 래미안아파트.파이낸셜뉴스(중)(31-072) → 뱅뱅사거리(중)(31-012) → 양재역.서초문화예술회관(중)(31-010) →	논현역(중)(32-007) → 신논현역.우신빌딩(31-057) → 강남역도시에빛(31-076) → 래미안아파트.파이낸셜뉴스(22-905) → 서초문화예술정보학교(22-132) → 양재역신한은행앞(22-999) →

노선	현행	변경
	교육개발원입구(중)(31-006) → 시민의숲.양재꽃시장(31-002) → 회차	일동제약사거리(22-291) → 시민의숲.양재꽃시장(31-002) → 회차
M7412	논현역(중)(22-013) → 지하철2호선강남역(중)(22-011) → 신분당선강남역(중)(22-009) → 역삼럭키아파트.역삼월드메르디앙아파트(23-291) → 회차	논현역(중)(22-013) → 신논현역.씨티은행(22-413) → 강남역서초현대타워앞(22-652) → 역삼럭키아파트.역삼월드메르디앙아파트(23-291) → 회차
9700	논현역(중)(22-013) → 신논현역.씨티은행(22-413) → 강남역티월드(22-654) → 래미안아파트.파이낸셜뉴스(중)(22-007) → 뱅뱅사거리(중)(22-005) → 양재역.서초문화예술회관(중)(22-003) → 교육개발원입구(22-001) → 회차	논현역(중)(22-013) → 신논현역.씨티은행(22-413) → 강남역티월드(22-654) → 래미안아파트.파이낸셜뉴스(22-905) → 서초문화예술정보학교(22-132) → 양재역신한은행앞(22-999) → 일동제약사거리(22-291) → 회차
6427 M6427	논현역(중)(22-013) → 지하철2호선강남역(중)(22-011) → 신분당선강남역(중)(22-009) → 회차	반포동(22-192) → 신논현역.씨티은행(22-413) → 강남역서초현대타워앞(22-652) → 회차
G7426	논현역(중)(22-013) → 지하철2호선강남역(중)(22-011) → 신분당선강남역(중)(22-009) → 뱅뱅사거리(중)(22-005) → 양재역.양재1동민원분소(22-270) → 회차	논현역(중)(22-013) → 신논현역.씨티은행(22-413) → 강남도시에빛(22-600) → 서초문화예술정보학교(22-132) → 양재역.양재1동민원분소(22-270) → 회차

〈붙임 3〉 인천 등 9개 노선 – 강남대로 하행 가로변 운행

노선	정류장 변경안	
	현행	변경
M4403	KCC사옥(22-162) → 신논현역.금강빌딩(22-409) → 신분당선강남역(중)(22-009) → 뱅뱅사거리(중)(22-005) → 양재역.서초문화예술회관(중)(22-003) → 매헌시민의숲.양재꽃시장(22-296)	KCC사옥(22-162) → 신논현역.주류성빌딩(22-406) → 강남역티월드(22-654) → 뱅뱅사거리(중)(22-005) → 양재역.서초문화예술회관(중)(22-003) → 매헌시민의숲.양재꽃시장(22-296)
4403		
1551	KCC사옥(22-162) → 신논현역.유화빌딩(22-408) → 신분당선강남역(중)(22-009) → 래미안아파트.파이낸셜뉴스(중)(22-007) → 뱅뱅사거리(중)(22-005) → 양재역.서초문화예술회관(중)(22-003) → 교육개발원입구(중)(22-001) → 매헌시민의숲.양재꽃시장(22-296)	KCC사옥(22-162) → 신논현역.주류성빌딩(22-406) → 강남역우리은행(22-653) → 뱅뱅사거리(중)(22-005) → 양재역.서초문화예술회관(중)(22-003) → 교육개발원입구(중)(22-001) → 매헌시민의숲.양재꽃시장(22-296)
1551B		

8501	롯데칠성(22-114) → 신분당선강남역(중)(22-009) → 래미안아파트.파이낸셜뉴스(중)(22-007) → 뱅뱅사거리(중)(22-005) → 양재역.서초문화예술회관(중)(22-003) → 교육개발원입구(중)(22-001) → 매헌시민의숲.양재꽃시장(22-296)	롯데칠성(22-114) → 강남역우리은행(22-653) → 뱅뱅사거리(중)(22-005) → 양재역.서초문화예술회관(중)(22-003) → 교육개발원입구(중)(22-001) → 매헌시민의숲.양재꽃시장(22-296)
8502	KCC사옥(22-162) → 신논현역.유화빌딩(22-408) → 신분당선강남역(중)(22-009) → 래미안아파트.파이낸셜뉴스(중)(22-007) → 뱅뱅사거리(중)(22-005) → 양재역.서초문화예술회관(중)(22-003) → 교육개발원입구(중)(22-001) → 매헌시민의숲.양재꽃시장(22-296)	KCC사옥(22-162) → 신논현역.주류성빌딩(22-406) → 강남역우리은행(22-653) → 뱅뱅사거리(중)(22-005) → 양재역.서초문화예술회관(중)(22-003) → 교육개발원입구(중)(22-001) → 매헌시민의숲.양재꽃시장(22-296)

〈붙임 4〉 인천 등 9개 노선 - 강남대로 하행 가로변 운행

권역	정류장		
	현행	⇨	변경
강남역 북단	▲ 구교보타워사거리.씨티은행		
	9711·9700(일산)	⇨	9711·9700·M7412(일산), 3100(포천), M6427·6427(김포), G7426(파주)
	▲ 인터파크		
	1311·1311B·5200·5300(오산) 3030(산본·평촌)	⇨	1311·1311B·5200·5300(오산) 3030(산본·평촌)
	▲ 우신빌딩		
	9500·9501·9802(인천) 1700·2000·7007(남양주) 9303(미사)	⇨	9500·9501·9802(인천) 1700·2000·7007(남양주) 9303(미사)
	▲ 금강빌딩		
	5006(흥덕), 5100·G5100(영통), M4403·4403(동탄1), M4434·6004(동탄2), 1550-1(병점·반월) 1552(병점·동탄1), M5438·5401·6600(평택)	⇨	5006(흥덕), 5100·G5100(영통), M4434·6004(동탄2), 1550-1·M4449(병점·반월), 1552(병점·동탄1), M5438·5401·6600(평택)
	▲ 유화빌딩		
	1101(분당·죽전), 9004(판교). 1241(분당·청덕), M4448·6001·6002·6002-1(동탄2) M4449(병점·반월), 1551·1551B·8502(병점·동탄1)	⇨	1101(분당·죽전), 9004(판교), 1241(분당·청덕), M4448·6001·6002·6002-1(동탄2)
	▲ BSX빌딩		

	M5422·3008(수원), 1560(서천·보라)	⇨	M5422·3008(수원), 1560(서천·보라), 5001·5001-1·5002·5003(기흥, 오전에 한함)
	▲ 주류성빌딩		
	3401(이천), 5001·5001-1·5002·5003(기흥)	⇨	3401(이천), M4403·4403(동탄1), 1551·1551B·8502(병점·동탄1)
강남역 남단	▲ 서초현대타워		
	M6405·M6410·9100·9200·9201·9300(인천)	⇨	M6405·M6410·9100·9200·9201·9300(인천), M7412(일산), M6427·6427(김포)
	▲ 나라빌딩		
	M5422·M5443·3000·3002·3003·3007·3008(수원) 1006(봉담)	⇨	M5422·M5443·3000·3002·3003·3007·3008(수원) 1006(봉담)
	▲ 우리은행		
	3030(산본·평촌), 3100·3101·3102(안산) 6501(산본·부곡) 700·700-1(안산)	⇨	3030(산본·평촌), 3100·3101·3102(안산), 6501(산본·부곡), 700·700-1(안산), 1551·1551B·8501·8502(병점·동탄1)
	▲ 도시에빛		
	M6450·9500·9501·9802(인천), 1311·1311B(세교·세마), 5200·5300(오산)	⇨	M6450·9500·9501·9802(인천), 1311·1311B(세교·세마), 5200·5300(오산), 3100(포천), G7426(파주)
	▲ 티월드		
	1241(청덕·분당) 9004(판교) 9700·9711(일산)	⇨	1241(청덕·분당) 9004(판교), M4403·4403(동탄1) 9700·9711(일산)

〈붙임 5〉 성남 2개 노선 – 소월로 회차 조정

노선	정류장 변경안	
	현행	변경
9003 9300	순천향대학병원(03-163) → 남대문세무서.국가인권위원회(02-287) → 종로2가사거리(중)(01-001) → 을지로입구역.광교(02-246) → 북창동.남대문시장(02-283) → 서울역버스환승센터(5번승강장)(중)(02-005) → 숭례문(02-121) → 명동입구(02-253) → 남대문세무서(중)(02-001) → (남산터널) → 순천향대학병원(03-164) → 경부고속도로	순천향대학병원(03-163) → 남대문세무서.국가인권위원회(02-287) → 종로2가사거리(중)(01-001) → 을지로입구역.광교(02-246) → 롯데백화점(02-140) → 북창동.남대문시장(02-283) → 서울역버스환승센터(5번승강장)(중)(02-005) → 숭례문(02-121) → (소월길 무정차) → 순천향대학병원(03-164) → 경부고속도로

〈보도자료, 2024년 6월 26일, 서울특별시 미래첨단교통과〉

서울시, 청와대 자율주행버스 다음달 1일 운행 재개…
교통·기후동행카드로 탑승

- 11개월간 시범운행 끝내고 서울 대중교통으로 편입, 일반버스 동일 요금 1400원
- 5개 정류장 15분 간격 운행, 교통카드 무료 환승·기후동행카드 무제한 탑승 가능
- 시스템 내부 점검·개선 등 고도화, 반복 시험 운행 등 안정성 업그레이드 완료
- 자율 주행버스 대중교통 편입 첫 사례, 대중교통 연계 확대해 시민 편의 향상

□ 경복궁~청와대~경복궁역 2.6㎞ 구간을 오가던 청와대 자율운행버스(노선번호: 청와대 A01)가 11개월간의 시범운행을 마치고 정규 '서울 대중교통'으로 편입된다. 교통카드 무료 환승은 물론 무제한 대중교통정기권 '기후동행카드' 사용도 가능하다.

□ 서울시는 오는 7월 1일(월)부터 청와대 자율운행버스가 실증기간을 끝내고 유료로 전환된다고 밝혔다. 5개 정류장을 15분 간격으로 정기적으로 운행하며, 요금은 일반 시내버스와 동일한 1,400원이다. 인기있는 노선의 자율주행버스가 일상생활 속 대중교통으로 편입된 첫 사례다.

□ 청와대 자율주행버스는 경복궁역~청와대~경복궁(국립민속박물관) 2.6㎞를 순환하는 11석 규모의 중형 전기 자율주행버스(현대차 카운티EV 개조)로 평일 2대가 순환 운행한다.
● 월~금요일 9시 30분~12시, 13:30~17시까지 경복궁역(효자로입구) → 국립고궁박물관(영추문) → 청와대 → 춘추문 → 경복궁·국립민속박물관 5개 정류장에 정차하며, 15분 간격으로 순환 운행한다.

□ '22년 12월 운행을 시작한 '청와대 자율주행버스'는 지난해 10월까지 11개월간 총 4만 5,621명의 시민과 외국인이 탑승하는 등 높은 이용률과 만족도를 보였다. 이후 유료 전환을 앞두고 11월부터 운행을 일시 중단, 시스템 내부 점검 및 개선 등 고도화 작업, 반복 시험 운행 등을 거쳐 안정성을 업그레이드했다.
● 작년 10월 자율주행차 한정운수면허 공모를 진행했고 시는 외부 전문가들과 함께 서류심사 및 안전운행 검증을 진행후 '자율주행차 사용화 촉진 및 지원에 관한 법률'에 근거해 한정운수면허를 부여했다.

□ 윤종장 서울시 도시교통실장은 "청와대 자율주행버스가 11개월간의 시범운행을 통해 안정성과 편리성을 확인하고 서울 대중교통으로서 첫발을 딛는다"며 "앞으로도 시민들의 대중교

통 접근성을 높이기 위해 자율주행차를 정규 대중교통수단으로 연계·발전시켜 나가겠다"고 말했다.

〈붙임 1〉 청와대 자율주행버스 관련 사진

〈붙임 2〉 청와대 자율주행버스 운행개요

구분		내용
운행 개요	면허종류	한정운수면허(노선형 여객자동차운송사업)
	노선길이	2.6km(순환)
	정류장수	5개소
	정 류 장	①경복궁역(효자로입구) → ②국립고궁박물관(영추문) → ③청와대 → ④춘추문 → ⑤경복궁·국립민속박물관
	차량종류	현대 e-카운티 중형버스
	차량대수	2대
	좌 석 수	11석(중형, 2대)
	운행요일	월~금(5일) ※주말(토, 일) 미운행
	배차간격	15분 * 교통상황에 따라 배차간격이 달라짐
	운행요금	유료(7.1. ~) ※ 요금은 일반버스와 동일(성인: 1,400원, 청소년: 800원, 어린이: 500원)
	운행시간	9:30 ~ 17:00(※12:00 ~ 13:30 점심시간 제외)

⟨보도자료, 2024년 8월 26일, 서울특별시 미래첨단교통과⟩

당산역에 광역버스 전용 환승센터 생긴다… 8월 31일 첫차부터 운영 ⟨서울 ↔ 김포·인천⟩

- 올림픽대로 인근 신규 건립, 서울~김포·인천 운행 광역버스 9개 노선 이용
- 복잡한 도심 진입 없이 회차, 버스통행시간 10분 이상 감소… 일대 교통정체 완화
- 환승센터~당산역 에스컬레이터 등 직통 연결, 아케이드형 쉘터 설치해 보행 편의 높여
- 정부와 3개 지자체가 협력·완성한 수도권 교통 문제 해결 선도적 모델로 평가
- 시, "서울 도심 진입 주요 지점에 환승센터 확충, 서울시민·수도권주민 편의 지속 향상"

□ 앞으로는 서울 서남권 지역 주요 교통 환승지인 당산역 일대 버스 이용이 더욱 편리해진다. 지하철 ❷,❾ 호선을 지나는 당산역과 직통으로 연결되는 광역버스 전용 환승센터가 들어서면서, 광역버스 하차 후 곧바로 시내버스, 지하철 등 최적의 교통 환승 편의를 누릴 수 있게 됐기 때문이다.

□ 서울시가 오는 8월 31일(토) 첫차부터 '당산역 광역환승센터'의 운영을 본격적으로 개시한다고 밝혔다.

복잡한 도심 진입 없이 회차, 버스통행시간 10분 이상 감소… 일대 교통정체 완화

□ 이번에 신설된 '당산역 광역환승센터'는 총 9개 광역버스 노선이 동시에 정차할 수 있는 규모로, 올림픽대로에서 환승센터로 진입하는 램프와 노들로로 이어지는 회차로를 갖추고 있다.

※ (1번 승강장) G6001, G6003, 7000, 7100 (2번 승강장) 6601, G6000, 1004, 1100, 1101

- 2023년 3월에 공사를 시작해 1년 6개월 만에 완공했으며, 버스↔지하철 간 환승 지원시설(대중교통 연계수송형 환승센터)로 승용차 등 일반차량은 이용할 수 없으므로 운전자의 주의가 필요하다.

□ 정체가 심한 시내 도로에 진입하지 않아도 되면서 당산역~김포·인천 간 버스 통행시간이 10분 이상 줄어들 것으로 예상되며, 광역버스와 일반차량의 엇갈림과 버스 장기 정차 등으로 인한 당산로·양평로 일대 교통정체도 대폭 줄 것으로 전망된다.

□ 특히 이 지역은 김포, 인천을 오가며 서울 주요 도심을 진입하는 관문인 만큼, 향후 수도권 지역 출퇴근 편의를 대폭 개선하는 서남권 대중교통 허브로 활약할 것으로 많은 기대를 받고 있다.

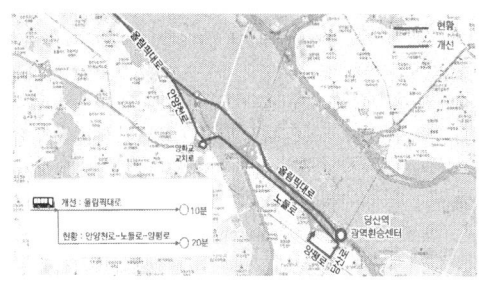 

〈노선버스 운행경로 변경〉　　　　〈버스노선별 승강장 위치〉

환승센터~당산역 에스컬레이터 등 직통 연결, 아케이드형 쉘터 설치해 보행 편의 높여

□ 아울러 광역환승센터(1층)와 당산역(2층)은 엘리베이터, 에스컬레이터로 직통 연결해 대중교통 이용자들의 보행환경도 획기적으로 개선했다. 또 버스 이용자의 안전과 편의를 위해 충분한 보행로와 대기 공간도 확보했다.

□ 우선 환승센터 내 버스정류소 구간을 지붕이 있는 아케이드형 쉘터로 조성해 눈·비를 피할 수 있도록 했다.

● 또한 공기 청정 및 냉난방 기능, 온열의자, 키오스크 등이 있는 2.5m×10m 규모의 클린룸을 설치, 더 이상 긴 줄을 서지 않고 쾌적하고 편리한 실내에서 버스를 기다릴 수 있게 됐다.

□ 당산역은 지하철 2호선과 9호선이 정차하고 서울 도심과 강남 접근이 편리한 교통 요충지로 서울시내버스 물론 하루 6만명 이상이 이용하는 경기서부와 서울을 오가는 광역버스 등 40여개 노선이 지나고 있다. 이런 이유로 정체 발생은 물론 출퇴근 시간 정류소 주변 혼잡이 발생했던 곳 중 하나였다.

〈광역버스 정류소 주변 교통현황(당산역2번출구 앞)〉

□ 시는 이러한 당산역 일대에 대형버스 진입을 억제해 혼잡을 줄이고 대중교통을 이용하는 서울시민과 수도권 주민들의 편의 향상을 위해 '회차형 환승센터'를 설치를 구상했다.

□ 시는 이번 광역환승센터 설치·운영은 수도권 교통 문제 해결을 위해 국토부(대도시권광역교

통위원회)와 서울, 경기, 인천 등 수도권 3개 지자체가 힘을 모은 광역교통사업으로, 수도권 교통문제 해결을 위한 선도적인 모델이 될 것이라고 강조했다.
- '광역버스 환승 및 회차시설 개선사업'의 일환으로 진행된 광역환승센터 설립은 시가 주도적으로 설계와 공사를 시행하고 사업비는 정부와 지자체(서울,경기·인천)가 분담하는 방식으로 진행됐다.

  ※ 「광역버스 회차 및 환승시설 시범사업」공동추진 업무협약 체결

  (대광위·서울·인천·경기, '21. 7월)

□ 윤종장 서울시 교통실장은 "당산역 광역환승센터 개통으로 김포·인천시민들의 대중교통 환승은 더욱 편리해지고, 당산역 일대 교통 혼잡이 대폭 줄어 서울시민들의 삶의 질도 개선될 것"이라며 "향후 서울 도심으로 진입하는 주요 지점에 환승센터를 확충하는 등 서울시민과 수도권 주민을 위한 대중교통 정책 방향을 수립해 나가겠다"고 밝혔다.

〈참고자료〉 당산역 광역환승센터 사업개요

□ 사업개요
- 사업목적: 대중교통 거점에 환승센터를 설치하여 광역버스 ↔ 도시철도 간 환승 편의를 제공하고, 광역버스의 도심 진입을 억제하여 시내 교통정체 완화
- 사업위치: 당산역 북측 올림픽대로와 노들로 사이
- 시설규모: 회차형 정류소(8면), 진입램프(226m), 보행시설(계단, E/L, E/S)
- 공사기간: '23. 3. ~ '24. 8.
- 사 업 비: 8,313백만원(국비 30%, 서울시 35%, 경기·인천 35%)

□ 버스운행계획

정류소(ID)	정차위치	정차노선	출발지		운행개시일
당산역 광역환승센터 (19-018)	1번 승강장	G6001	김포	(호수마을5단지·호반베르디움)	'24. 8. 31. (토) 첫차부터
		G6003	김포	(새터마을)	
		7000	김포	(금성백조예미지)	
		7100	김포	(구래리차고지)	
당산역 광역환승센터 (19-019)	2번 승강장	6601	김포	(현대프라임아파트)	
		G6000	김포	(풍 무 동)	
		1004	김포	(완정사거리)	
		1100	인천	(공단사거리)	
		1101	인천	(마전지구)	

※ G6000, 1004, 1100, 1101 노선은 상행만 정차

 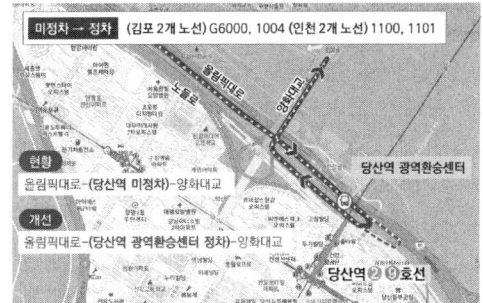

<노선별 정차 위치 변경>

☐ 기대효과
- (통행시간 단축) 김포·인천 ↔ 당산역 버스통행시간 10분 이상 단축
- (환승편의 향상) 여유롭고 쾌적한 승하차 및 신속한 환승 도모
- (보행환경 개선) 정류소(보도) 주변 승객 대기로 인한 보행불편 해소
- (교통혼잡 완화) 안전한 회차공간 확보, 광역버스의 도심 진입 감소에 따른 교통 정체 개선 및 사고위험 저감

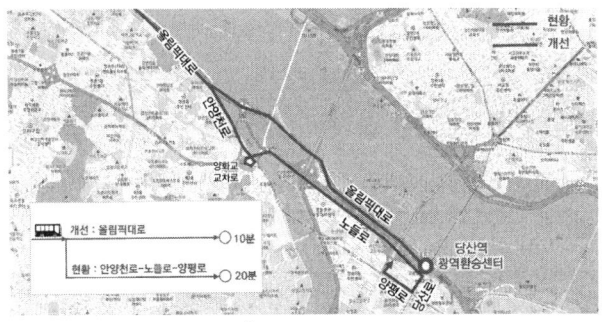

☐ 공사 전·후 사진

<공사전>　　　　　　　　　　<공사후>

〈보도자료, 2024년 9월 11일, 서울특별시 미래첨단교통과〉

서울시, 소외지역 맞춤형 자율주행버스 선보인다…교통약자·지역주민 첨단교통 수혜

- 「교통약자동행 자율주행버스」본격 출범 예고…자율주행버스 운행 자치구 확대 추진
- 심야새벽버스 이어 '3탄 사업' 기대, 소외지역부터 첨단 교통 서비스 제공 의미
- 공모 통해 최초 운행지역 동대문구·동작구·서대문구 3개구 선정…운행비 전액 지원
- 시-자치구 간 첨단교통혁신 협업 사례 정착 목표, 교통 소외지역 편의 향상 최우선

□ 서울시의 민생맞춤 교통정책인 '자율주행 버스'가 앞으로는 지역 내 교통 소외지역을 잇는 생활 교통수단으로 활약할 전망이다. 동대문구, 동작구, 서대문구 등 3개 자치구를 시작으로 노약자, 지역 주민을 위한 첨단 교통 서비스를 새롭게 선보일 예정이기 때문이다.

□ 서울시가 사회적 약자와 자치구 지역 주민의 교통 편의를 돕기 위한 '교통약자동행 자율주행버스(가칭)'를 25년 운행을 목표로 출범한다고 밝혔다.

□ 자치구 확대를 통해 첫 선을 보일 예정인 '교통약자동행 자율주행버스'는 첨단교통 수혜가 사회적 약자부터 돌아가야 한다는 오세훈 서울시장의 시정 철학을 담은 정책으로, 서울시 대표 자율주행 교통사업인 ▲세계 최초 심야 자율주행버스, ▲자율주행 새벽동행버스 등에 이어 3번째로 선보이는 사례다.
- 오세훈 시장은 24년 5월 열린 "아부다비 연례투자회의"에서 '약자 동행' 시정 철학을 담아, '민생 맞춤 자율주행' 서비스 등 교통정책의 새로운 지향점을 제시했다.
- 서울시는 지난 23년 12월부터 합정역~동대문역을 운행하는 세계 최초 심야 자율주행서비스를 선보인 데 이어, 올해 10월에는 경비원·미화원 등 새벽 노동자를 위한 '새벽 자율주행버스' 운행을 앞두고 있다.

□ 첫 운행 지역은 전체 자치구 대상 공모를 통해 ▲동대문구, ▲동작구, ▲서대문구가 우선 선정됐다. 사업명에서 의미하듯 지역 내 교통 단절, 노약자 다수 이용 지역 등 자치구 지역 내 소외지역을 중심으로 운행될 예정이다.
- 각 자치구가 제안한 사업계획서 발표 및 노선 적정성, 차량 운행 적합성, 자치구의 의지 등을 종합적으로 평가하여 전문가 선정심사위원회 심사를 거쳐 선정을 완료하였다.
- 각 노선은 마을버스처럼 지역 내 이동을 돕는 역할을 할 것으로 전망된다.
  - 동대문구 : 장안동, 전농동, 청량리, 경희의료원 등 대중교통 소외지역을 연계

- 동작구 : 숭실대와 중앙대 사이 이동 불편을 겪고 있는 주민과 미래 인재들의 관심도가 높은 장점

- 서대문구 : 홍제천변 주변 종합사회복지관, 관공서 등이 위치하고, 기존 무료 셔틀버스 노선을 보완하는 노선으로 교통약자 이동지원 취지에 적합

(23. 12 출범) 세계최초 심야자율주행버스   (24. 10 예정) 새벽동행버스 전경도

□ 사업 추진은 시와 자치구간 역할을 분담하여 협업체계로 시행될 예정이다. 시는 행·재정적 지원과 필수인프라 설치, 안전운행을 위한 지도감독을 맡는다. 자치구는 노선, 차량, 운영업체 선정 등 운영과 운행관리를 책임지고, 향후 지속적인 운영을 위해 자체 예산을 확보하는 등 신규 교통 서비스를 위한 노력을 이어나간다.

● 시는 선정된 각 자치구에 첫해 운영에 소요되는 예산 4억 2천만원씩, 총 12억 6천만원을 지원하고, 2년차 이후부터는 조례에 따른 기술발전지원금을 매년 지원할 계획이다.

● 자치구는 사업계획서 제출 시 차고지 및 충전시설 확보 계획과 노선의 지속적인 운행 의지를 피력하였다.

□ 이에 따라 시는 제안된 사업계획서를 바탕으로 자치구와 협의를 거쳐 적정 노선과 개략적인 차량의 규모 등을 확정하고, 국토부의 시범운행지구 지정을 거쳐 '25년 상반기부터 여객운송을 시작할 예정이다.

● 자치구는 시범지구 지정을 위한 운영계획 수립과 운영사 선정 사전협의, 인프라 확보 협의 등 사전 조치를 금년 내에 착수하여 차질없이 준비할 계획이다.

● 동작구의 경우 이미 지구 지정을 위한 사전 준비를 마쳤으며, 이르면 금년 말에 지구 지정을 거쳐 내년 초에는 운행을 시작할 수 있도록 준비 중이다.

□ 한편, 시는 '교통약자동행 자율주행버스' 운행을 계기로 향후에도 자치구와의 협업을 통해 자율주행차가 마을버스와 같은 지역 대중교통수단으로 자리잡을 수 있도록 지속적인 지원을 아끼지 않을 예정이다.

□ 윤종장 서울시 교통실장은 "자율주행 수단이 대중교통 서비스로 정착되기 위해서는 시민들

의 친밀감과 이용 활성화가 매우 중요하다"며 "지역주민, 교통약자 등 교통 서비스를 필요로 하는 시민들에게 첨단 교통 정책의 수혜가 가장 먼저 돌아갈 수 있도록 적극적인 혁신 사업을 추진해 나가겠다"고 밝혔다.

〈보도자료, 2024년 9월 20일, 서울특별시 미래첨단교통과〉

서울시-권익위, 교통안전 제도개선 토론회…교통환경 변화 속 시민안전 최우선

- 9.20.(금) 한국프레스센터서 '교통안전 사고 예방을 위한 제도 개선 공개 토론회' 개최
- 정부·지자체·시민단체·협회 등 교통분야 전문가, 초고령 사회 교통 안전 정책 의견 공유
- 고령자 등 고위험자 운전면허 제도 개선, 안전시설 보완 등 정책 발전 방안 제시 기대
- 오 시장 직접 참석, 제도 개선·기관협력 등 실효성있는 대책 마련 중요성 강조

□ 초고령사회 진입을 앞두고 최근 사회적 화두로 떠오른 고령자 면허제도 개선 방안을 비롯해 음주운전과 교통사고 예방 등 교통안전을 위한 의견을 공유하는 장이 마련된다. 정부, 지자체, 시민단체, 협회 등 각계각층의 다양한 목소리를 들을 수 있는 의미 있는 자리다.

□ 서울시는 국민권익위원회와 공동으로 오는 9월 20일(금) 오후 3시 한국프레스센터에서「교통안전 사고 예방을 위한 제도개선 공개토론회」를 개최한다고 밝혔다.

□ 이번 토론회는 우리나라 인구 구조의 특징과 다변화하고 있는 교통환경을 반영한 국가차원의 정책을 마련·개선하고 이를 통해 시민의 안전이 최우선적으로 보장되는 일상을 구현하는 것이 개최 목적이다.

□ 특히 최근 교통사고 예방에 대해 전국적인 관심이 높아지고 있는 만큼, 오세훈 서울시장이 직접 개회사에 나선다. 이 자리에서 제도 개선부터 기관 협력까지 실효적 대책 마련의 중요성을 다시 한번 강조할 예정이다.

□ 행사에는 교통 분야 유수의 전문가 한자리에 모여 의미를 더한다. 먼저 발제와 좌장을 맡은 한상진 서울대 환경대학원 교수가 '초고령 사회의 교통안전 정책과 기술'을 주제로 ▲고위험자 면허제도 개선, ▲안전시설 개선·강화, ▲음주운전 및 교통사고 예방활동 강화 등을 설명한다.

□ 이어 본격적으로 열리는 토론회에서는 학계, 전문가, 시민단체 및 정부 관계자를 중심으로 현장감 있는 논의가 진행된다. 최근 시청역 사고 이후 정책 개선과 사회 합의를 위한 다양한 의견수렴 필요성이 제기되고 있어, 많은 이목을 모을 것으로 기대된다.

□ 지정토론자는 유상용 삼성교통안전문화연구소 책임연구원, 이윤호 안전생활실천시민연합 사무처장, 김원신 손해보험협회 공익업무부장, 한동훈 국토부 교통안전정책과장, 지연환 경찰

청 운전면허계장, 김석준 국민권익위 제도개선총괄과장, 김상신 서울시 교통운영과장이다. 현장 및 실무 정책을 담당하는 각계 전문가로 다양하게 구성돼 고위험운전자 면허관리 및 교통사고 예방 대책 등에 대한 현주소를 깊이 있게 다룬다.

□ 한편, 토론회에서 나오는 의견은 관계기관과의 협의 등 충분한 의견수렴 절차를 거쳐 해당 기관에 제도개선 권고 및 건의를 실시할 예정이다. 참여를 원하는 시민은 토론회 당일 방청할 수 있다.

□ 윤종장 서울시 교통실장은 "이번 토론회를 통해 고령화 시대를 맞아 교통정책이 나아가야 할 새로운 시사점이 도출될 수 있기를 기대한다"며 "앞으로도 서울시는 시민 안전을 최우선으로 두고 제도개선 지원, 현장 중심의 정책 추진 등에 나서 교통사고 '0'이라는 국가적 목표에 기여할 수 있도록 최선을 다하겠다"고 밝혔다.

〈붙임〉 공개토론회 웹포스터

〈보도자료, 2024년 10월 11일, 서울특별시 교통정책과〉

'대중교통 이용자 9명 중 1명'
기후동행카드, 서울 교통 판도 바꾼다

- 7월부터 본사업 들어간 '기후동행카드', 서울 대중교통 이용자 11.8% 이용(9월) 중
- 9월 말까지 누적 충전건수 총 503만 건… '실물카드' 충전·사용이 '모바일'의 약 2배
- '단기권' 이용도 7월 하루 4천명→ 9월 1만명 넘어, 이용 언어 일〉한〉영〉중 순 많아
- 시 "대중교통 편의·정시성 체감해 차량 이용 줄일 수 있도록 서비스 지속 확대·개선"

□ 올해 초 서울시가 선보인 밀리언셀러 정책 '기후동행카드'가 시범사업을 시작한 지 3개월여 만에 100만 장을 판매하는 등 큰 인기를 끌어온 가운데 이제 서울 대중교통 이용의 판도까지 바꾸고 있다. 시에 따르면 9월 말 기준 서울 대중교통 이용자의 11.8%, 즉 '9명 중 1명'은 기후동행카드를 이용하고 있는 것으로 나타났다.

□ 서울시는 지난달 말까지 기후동행카드 누적 충전 건수가 총 503만 건('24.1.27.~9.30.)을 넘어섰다고 밝혔다. 이중 ▲모바일 169만 건 ▲실물 334만 건이 각각 충전·사용된 것으로 나타났으며, '평일 최다 사용자 수'도 당초 시가 목표했던 수치(50만 명)를 훌쩍 넘긴 것으로 파악됐다.

2월 대비 '9월' 기후동행카드 이용률 6.3%p 늘어… '단기권' 일〉한〉영〉중 순 많아

□ 먼저 대중교통에서 기후동행카드가 차지하는 비중이 빠르게 늘어나 서울 대중교통 이용자 중 5.5%(약 23만 명)가 기후동행카드를 이용했던 올해 2월에 비해 9월 11.8%(약 51만 명)가 이용 중인 것으로 파악됐다.

구 분	'24.2월	'24.3월	'24.4월	'24.5월	'24.6월	'24.7월	'24.8월	'24.9월
활성화 카드 수	334,792	467,111	559,774	580,409	582,165	597,022	617,387	647,104
기후동행카드 사용인원	231,393	387,742	470,615	476,739	472,170	498,142	498,545	509,877
서울지역 이용객 (기동카 비율)	4,186,874 (5.5%)	4,504,539 (8.6%)	4,663,934 (10.1%)	4,589,635 (10.4%)	4,469,247 (10.6%)	4,504,601 (11.1%)	4,307,010 (11.6%)	4,327,603 (11.8%)

월평균 기후동행카드 이용현황 (출처: 티머니교통카드)

□ 평일 중 최다 이용자를 기록한 날은 지난 9.26.(목)으로, 이날 하루 약 62만 명이 기후동행카드를 이용했다. 특히, 가을철 나들이 성수기를 맞아 '단기권' 이용자도 크게 증가했는데 하루 평균 4천 명이 이용했던 7월에 비해 9월에는 1만 명을 넘겨 두 달 새 단기권 이용이

2배 이상 늘어난 것으로 집계됐다.

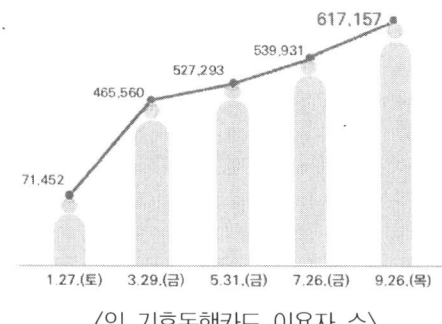

〈일 기후동행카드 이용자 수〉

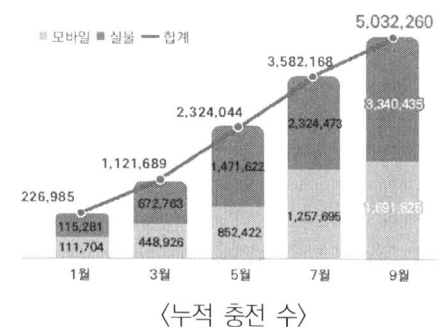

〈누적 충전 수〉

☐ '기후동행카드 단기권' 충전에 사용된 언어는 일본어(30%)가 가장 많았고, 다음으로 한국어(28%)〉 영어(22%)〉 중국어(20%) 순이었다. 권종별로는 3일권(34%)〉 5일권(23%)〉 7일권(17%)〉 2일권(14%)〉 1일권(12%) 순으로 많이 충전·이용됐다.
● 단기권 이용자들이 '가장 많이 방문한 역사'는 명동역〉 홍대입구역〉 을지로입구역〉 성수역〉 안국역 순이었다.

문화여가시설 연계 할인, 인천공항역 하차 등 시작… 서비스 지속 확대해 나갈 것

☐ 시는 본사업에 들어간 지난 7월부터 ▲서울대공원·식물원, 서울달 등 문화여가시설 연계 할인 ▲진접·별내선 등 이용 범위 확대 ▲인천공항역 하차 서비스 등 다양한 부가 혜택이 추가되면서 기후동행카드 이용자가 지속적으로 유입된 것으로 보고 있다.
● 특히, 여의도 상공에서 아름다운 서울 야경을 즐길 수 있는 '서울달'은 지난 8.23.(금) 유료 탑승을 시작한 이후 열흘 만에 164명이 기후동행카드 할인(10%) 혜택을 이용해 탑승했다.
● 또 지난달 13일(금)부터는 관광객의 공항 이동 편의를 제공하기 위한 인천공항역(T1·T2) 하차 서비스를 시작하면서 매일 800여 명이 인천공항역에서 기후동행카드를 이용해 내리고 있다.

☐ 시는 앞으로 서울을 비롯한 더 많은 수도권 주민이 기후동행카드 혜택을 누릴 수 있도록 ▲인근 도시 사용 범위 확대 ▲체크·신용카드 결제 기능이 결합된 후불카드 출시 ▲손목닥터 9988 마일리지 연계 ▲공유 이동수단 연계 상품 개발 등 다양한 서비스를 계획, 확대해 나갈 계획이다.

☐ 윤종장 서울시 교통실장은 "본사업을 시작한 지 3개월여 만에 큰 관심과 이용을 보내주신 덕분에 기후동행카드가 빠르게 '생활 속 교통필수품'으로 자리 잡게 됐다"며 "기후동행카드를 통해 대중교통 편의·정시성을 체감, 자연스레 승용차 이용을 줄이게 되는 촉매가 될 수

있도록 서비스 확대를 위한 노력을 멈추지 않을 것"이라고 말했다.

〈보도자료, 2024년 10월 22일, 서울특별시 교통정책과〉

서울시내버스 준공영제 20주년 혁신 단행
… 재정·공공성·노선 전면 개편

- (재정혁신) 재정지원방식 개편해 市 재정부담 완화… 운수회사 자발적 경영혁신 유도
- (공공성혁신) 민간자본 엄격한 진입기준 마련·과도한 수익 추구 불가 구조 확립
- (서비스혁신) 노선굴곡도 완화, 장거리·중복노선 폐지, 자율주행버스 등 전격 투입
- 오 시장, "서울시내버스 혁신 통해 시민 만족도 상승 ·세계 최고 교통복지 도시 실현"

□ 서울시는 시민 일상과 가장 밀접한 대중교통이자 서민의 발인 '서울시내버스'의 준공영제 시행 20주년을 맞아 '재정', '공공성', '서비스'의 3대 분야에 대한 혁신을 추진한다고 밝혔다. '세계 최고 수준의 교통복지 도시 서울'로 한 발 더 도약하겠다는 의지다.

□ 시내버스 운송수지 적자분(총수입-총비용) 전액을 시가 보전하던 '사후정산' 방식을 미리 정한 상한선 내에서 보전하는 '사전확정제'로 재정지원 구조를 개선하고, 엄격한 기준을 마련해 준공영제 취지를 존중하는 건전한 민간자본만이 버스업계에 진입하도록 한다. 또한 대중교통에 소외되는 시민이 없도록 서울시민이면 누구나 도보 5분 내 대중교통 접근이 가능한 '대중교통 세력권'(이하 '대세권') 실현을 위해 버스노선도 이용자 중심으로 20년만에 전면 개편한다.

준공영제 시행 20년 맞아 '재정'·'공공성'·'서비스' 3대 분야 혁신방안 가동

□ 서울시는 세계 최고 수준의 교통복지 도시 서울 실현을 위한 '시내버스 준공영제 20주년 혁신방안'을 발표했다.
- 2004년 7월 서울시가 전국 최초로 도입한 '시내버스 준공영제'는 민간 운수회사가 서비스를 공급하는 형태는 그대로 유지하되 버스 운송으로 발생한 수입금은 업체와 지자체가 공동으로 관리하고, 총비용이 총수입을 초과하여 적자가 발생한 경우에는 지자체가 재정을 지원하는 방식이다.
- 현행 준공영제와 비교하여 공영제는 노선권 및 차량 인수 등 초기 재정부담이 높고 지속적인 재정 지출이 생기는 구조이며, 민영제는 운수회사간 과도한 경쟁으로 이익만을 추구해 서비스 질이 낮아지고 시민 안전 투자에는 소홀해지는 단점이 있어, 서울시는 공영제와 민영제의 단점은 최소화하고 각 제도의 장점은 극대화한 준공영제로 개선한다고 밝혔다.

□ 현재 서울시내버스는 운영방식과 서비스 면에서 세계 최고 수준으로 인정받고 있다. 뉴욕·런던·파리 등 글로벌 도시 중 하루 운행거리 1위, 인구 대비 버스 수 2위 등 높은 공급률을

보이고 있으며 교통비 부담 또한 통합환승할인 실시로 세계 최저 수준이다. 이와 함께 버스 이용 승객 만족도 또한 매년 상승 추세다.

인구대비 버스대수

도 시	파리	서울	싱가폴	런던	뉴욕	토론토	취리히	도쿄
인구대비 버스대수 (대/만명)	39.05	9.59	9.48	8.87	7.13	7.04	1.79	1.50

버스이용요금

도 시	홍콩	싱가폴	서울	도쿄	런던	파리	뉴욕	토론토	코펜하겐
버스요금(원)	766	1,453	1,500	1,861	2,956	3,041	3,865	4,465	4,651

※ 환승할인 고려시 실질적 교통비 부담은 최저 수준

연도별 시내버스 만족도 (단위 : 점)

연도	'04	'07	....	'11	'12	'13	'14	'15	'16	'17	'18	'19	'20	'21	'22	'23
만족도	59.2	71.18	....	74.26	74.30	78.10	79.24	80.09	80.79	81.02	81.24	81.84	82.02	83.44	83.68	83.93

□ 이렇듯 서울시내버스는 지난 20년 동안 세계 최고 수준의 교통복지를 구현했지만 다른 한편으로 준공영제를 포함한 교통복지사업 장기간 추진으로 인해 과도한 재정부담과 민간자본 유입에 의한 공공성 훼손, 공급자 위주 버스노선 운영 등 풀어야 할 숙제가 있는 것도 사실이다.

최근 10년 연도별 운송수지 및 재정지원 현황 (단위 : 억원)

구 분	'14년	'15년	'16년	'17년	'18년	'19년	'20년	'21년	'22년	'23년
총수입	12,595	12,880	13,302	13,082	12,978	13,002	10,118	10,059	11,207	12,393
총비용	15,878	15,434	15,494	15,528	15,820	16,540	16,902	17,548	19,778	18,231
운송수지	△3,283	△2,554	△2,192	△2,445	△2,842	△3,538	△6,784	△7,489	△8,571	△5,838
재정지원금	2,538	2,512	2,771	2,932	5,402	2,915	1,705	4,561	8,114	8,915

□ 이를 위해 서울시는 시민의 편안한 일상과 이동을 책임지는 서울시내버스를 세계 최고 수준으로 자리매김하기 위해 준공영제 3대 혁신을 추진한다고 밝혔다.

① **재정혁신: 재정지원방식 개편해 市 재정부담 완화… 운수회사 자발적 경영혁신 유도**
□ 첫째, 재정지원 구조 개선을 통해 재정을 혁신한다. 운송수지 적자분을 정산 후에 전액 보

전하던 '사후정산제'를 다음 해 총수입과 총비용을 미리 정하여 그 차액만큼만 지원하는 '사전확정제'로 전환한다.

□ 기존 전액 보전 '사후정산제'는 운수회사 입장에서 적극적인 비용 절감 노력을 기울일 유인 요소가 없었으나, '사전확정제'로 제도가 변경되면 운수회사가 자발적인 수입증대와 비용 절감 등 경영혁신에 힘을 쏟을 것으로 기대된다.
   ○ 또한 사전확정제로 전환되면 정산업무 간소화로 정산인력을 줄일 수 있어(11명→4명) 행정비용 감소와 함께 대출이자 등 연간 최대 180억원을 절감할 수 있을 것으로 예상된다.

□ 이와 함께 인건비와 연료비의 경우 많이 써도 모두 실비로 보전해주는 정산방식을 상한선을 정하여 보전해주는 표준단가 정산제(이하 '표준정산제')로 바꾼다.

● 현재는 표준운송원가의 85%에 달하는 운전직 인건비, 연료비 2개 항목에 대해선 실비정산 하고 타이어비, 정비비, 정비직·관리직 인건비 등 그 외 항목은 보유대수 또는 운행거리에 따라 상한이 있는 표준정산제를 적용하고 있다.

② **공공성혁신: 민간자본 엄격한 진입기준 마련·과도한 수익 추구 불가 구조 확립**

□ 둘째, 민간자본 종합관리대책 마련해 공공성을 혁신한다. 현재 준공영제 운수회사를 안정적 투자처로 인식한 사모펀드 등 민간자본이 서울시내버스 회사 6곳을 인수한 상황으로 이로 인해 발생할 수 있는 공공성 훼손 우려를 해소하는 것이 목적이다. 진입 전·후, 이탈시 등 단계별로 가이드라인을 마련해 체계적으로 관리할 계획이다.

민간자본 진입 현황

회사명 (인수시기)	한국비알티 ('19.12)	동아운수 ('20.12)	도원교통 ('21.12)	신길교통 ('21.12)	선진운수 ('22.7)	선일교통 ('22.8)
인가대수	180대	208대	166대	117대	291대	65대
자산운용사	차파트너스 (1호)	차파트너스 (3호)	차파트너스 (4호)	차파트너스 (4호)	그리니치PE 칼리스타캐 피탈 차파트너스	차파트너스 (4호)
투자 종료시점	2024.12		2026.12		2026.12	2026.12

□ 우선 엄격한 진입기준에 따른 사전심사제도를 도입해 불건전·외국계 자본과 과다영리 추구 자본의 진입을 사실상 제한한다. 아울러 외국계 자본, 자산운용사의 진입을 금지하고 국내 자산운용사의 경우엔 설립 2년 이상 경과 된 곳에만 기회를 준다.
● 시는 진입 전 관리대책 실효성 확보를 위해 시의회와 협력해 올해 안에 준공영제운영 관련 조례를 개정할 예정이다.

☐ 이미 진입한 민간자본에 대해서는 배당성향 100% 초과 금지, 1개월분의 현금성 자산(운전자본) 상시 보유 의무화 등을 통해 배당수익을 제한한다. 또한 회사채 발행시 사전신고를 의무화하고 회사채로 인해 이자비용이 늘어난 경우에는 회사 평가 등에 반영해 과도한 수익 추구가 불가능한 구조를 확립한다는 계획이다.

☐ 마지막으로 민간자본이 준공영제 허점을 악용해 알짜 자산매각 후 단기간에 운수업계를 청산·이탈하는 이른바 '먹튀'를 원천 차단한다. 임의로 차고지를 매각한 경우엔 차고지 임차료를 지원하지 않고, 민간자본의 안정적이고 장기적인 투자를 유도하기 위해서 최초 진입 후 년 내 재매각하거나 외국계 자본에 재매각시 회사평가에서 5년간 200점을 감점해 '먹튀'가 원천적으로 불가능한 구조를 만든다.

③ **서비스혁신: 노선굴곡도 완화, 장거리·중복노선 폐지, 자율주행버스 등 전격 투입**

☐ 셋째, 노선 전면 개편을 통해 서비스를 혁신한다. 준공영제 도입 시점에 진행된 간·지선 노선 개편, 중앙버스전용차로 개설 등으로 서울시내버스의 통행속도와 이용객 증가라는 성과가 있었던 것은 사실. 하지만 20년이 경과 한 현재는 노선 굴곡도 증가로 인한 통행속도 감소, 타 교통수단과 중복 등 서비스 수준이 저하된 경향이 있다.

☐ 시는 준공영제 시행 후 20년간 변화된 교통수요를 제대로 반영하지 못했고 교통소외 지역에 대한 배려가 부족했다고 판단하여 버스노선 전면 개편을 통해서 서울시민 누구나 걸어서 5분 내 대중교통에 접근할 수 있는 '대세권'을 실현한다는 계획이다.

☐ 계획부터 건설까지 장기간 소요되고 막대한 건설비와 운영비가 투입되는 철도를 대신하여 가성비가 높은 버스를 중심으로 대중교통 체계를 구축하여 시민과 학생들의 통근과 통학시간을 단축시키고 대중교통에서 소외되는 지역이 없도록 촘촘한 대중교통망을 형성해 버스 서비스를 혁신하겠다는 취지이다.

● '2층버스'는 이용자가 많아 차내 혼잡이 극심한 간선버스 중 굴곡도가 낮은 노선을 중심으로 투입하고 '자율주행버스'는 운전기사 수급이 어려운 새벽, 심야시간 대 청소·경비 등 새벽노동자 탑승이 많은 노선에 우선 공급한다. '수요응답형 교통수단'은 고령인구가 많거나 사회복지시설 인근지역에 투입, 교통약자에 대중교통복지를 실현한다.

☐ 한편, 서울시는 재정, 공공성, 서비스 혁신을 위해 지난 1월부터 버스조합 등 관계자들과 협의를 진행하고 있으며 '25년부터 노선 전면 개편 및 사전확정제도 실시를 위한 제도 정비도 추진할 계획이다.

☐ 오세훈 서울시장은 "준공영제 20년을 맞이해 추진하는 재정, 공공성, 서비스 세가지 혁신 달성으로 시민이 일상에서 편리함을 느끼고 만족할 수 있는 든든한 교통복지를 실현하고 이를 통해 세계 최고 수준의 서울시내버스로 자리매김하겠다"고 말했다.

〈보도자료, 2024년 11월 25일, 서울특별시 미래첨단교통과〉

오세훈표 민생맞춤 교통혁신 '새벽동행 자율주행버스' 26일(화)부터 달린다

- 26일(화) 03시30분 출발 자율주행버스 'A160' 도봉산역환승센터~영등포역 첫 운행
- '첨단기술, 약자 최우선 사용돼야' 한다는 오세훈 시장 철학 담긴 민생맞춤형 교통복지
- 안전 고려해 입석 없이 운행, BIT·포털 통해 빈좌석 안내… 내년 3개 노선 신설 예정
- 시 "자율주행버스 뿐 아니라 첨단교통 수혜가 사회적 약자에게 돌아가도록 역량 집중"

□ 누구보다 이른 새벽을 맞이하는 환경미화원, 경비원 등 새벽노동자들의 출근길 고단함을 덜어줄 '새벽동행 자율주행버스'가 오는 26일(화)부터 운행을 시작한다. 이 버스는 주간에 도봉산역광역환승센터~영등포역을 오가는 노선 160번 앞에 자율주행을 의미하는 "A"(Autonomous)가 붙은 'A160'번이라는 이름으로 운행된다.

□ 오세훈 시장의 아이디어로 시작된 '새벽동행 자율주행버스'는 "첨단기술은 누구보다도 '사회적 약자'를 위해 가장 먼저 사용돼야 한다"는 시정 철학이 담긴 민생맞춤 첨단교통혁신 정책 중 하나로, 지난 6월 시운행에 오 시장이 직접 탑승해 점검하기도 했다.

□ 새벽 3시 30분 도봉산광역환승센터를 출발해 영등포역까지 25.7km 구간을 오가는 새벽동행 자율주행버스 'A160'은 평일(월~금)만 운행된다.

● 주간에 운영되는 '160번' 노선은 3시 56분, 다른 버스에 비해 비교적 이른 시간대에 2대가 동시 운행을 시작함에도 불구, 종로·여의도 등 업무시설 밀집지역을 경유하다보니 혼잡해 증차 또는 첫 차 출발 시간을 앞당겨 달라는 요구가 많았다.

□ 'A160'은 기존 160번 노선을 일부 단축하여 도봉산역광역환승센터~쌍문역~미아사거리~종로~공덕역~여의도환승센터~영등포역을 운행하며, 87개 일반 시내버스 정류소에 정차한다.

● 다만, 파크원타워·LG트윈타워 정류소(19284)는 자율주행 시 짧은 구간 무리한 차로변경으로 인한 사고 우려가 있어 정차하지 않기 때문에 인근 여의도환승센터를 이용해야 한다.

□ 새벽동행 자율주행버스 'A160'은 정류소에 설치된 버스정보안내단말기(BIT) 실시간 도착시간 안내뿐 아니라 빈 좌석 정보도 안내되며, 네이버·카카오 등에서 '새벽 A160' 또는 'A160'을 검색하면 실시간 위치와 도착시간, 빈 좌석 등도 확인 가능하다.

- 안전을 고려해 입석이 금지돼 좌석버스처럼 빈자리가 없으면 승객을 태우지 않는다. 따라서 이용자는 버스 전면에 부착된 'LED 좌석표시기' 또는 버스정보안내단말기(BIT) 등을 통해 탑승 전 빈 자리가 있는지 확인이 필요하다.

□ 안정화 기간까지는 당분간 무료로 운행되나 일반 시내버스와 동일하게 교통카드를 태그해야 탑승할 수 있다. 시는 충분한 안정화 과정을 거쳐 내년 하반기 중 유료화할 예정이며, 요금은 조조할인을 적용하여 1,200원이 될 전망이다.

- 유료화되더라도 '기후동행카드'로 무제한 이용할 수 있으며 지하철, 시내버스와 마찬가지로 수도권 환승할인도 적용된다.

□ 시는 이른 새벽 이동이 필요한 시민의 교통편의를 확대하고 새벽시간대 운행기사 등 인력수급 문제로 버스 증차가 어려운 여건 등을 고려하여 앞으로 새벽 혼잡노선에 자율주행버스를 지속적으로 확대해 나갈 예정이다.

- 우선 내년 ▲상계~고속터미널(148번 단축) ▲금천(가산)~서울역(504번 단축) ▲은평~양재역(741번 단축) 등 3개 노선을 신설하고, 계속 확대해 10개 노선까지 운행할 예정이다.

□ '새벽동행 자율주행버스'는 지난 4월 국토부 '자율차 서비스 지원 사업'에 선정돼 지자체 최대 규모 국비 지원(5억5천만 원)을 받아 진행되며, 입찰을 통해 선정된 자율주행 전문업체인 ㈜오토노머스에이투지가 운행한다.

□ 시는 장거리 운행 대중교통수단으로 자율주행 기술 발전과 함께 새벽 등 운전자 기피 시간대부터 자율주행버스를 상용화하여 세계 최초 자율주행기반 '24시간 중단 없는 대중교통 서비스'의 기틀을 만들어 간다는 계획이다.

□ 윤종장 서울시 교통실장은 "그간 누구보다 서울의 하루를 먼저 여는 시민들의 어려움에 공감해 약자와 함께 하는 '새벽동행 자율주행버스'를 계속 확대해 나갈 계획"이라며 "자율주행버스뿐 아니라 앞으로 첨단기술 교통의 수혜가 소외된 사회적 약자에게 먼저 돌아갈 수 있도록 역량을 집중할 것"이라고 말했다.

〈참고〉 A160 운행 개요

- 노선번호 : A160
- 대   수 : 1대 / 차   량 : 대형 전기 자율주행버스
- 요   금 : 무료(단, 승하차시 교통카드 반드시 태그 필요)
- 좌   석 : 총 22석(장애인석 포함 – 입석금지)
- 운행시간 : 03:30분(도봉산광역환승센터 출발) ~ / 운행횟수 : 왕복 1회
- 운행구간 : 도봉산역광역환승센터~쌍문역~미아사거리~종로~공덕역~여의도환승센터~영등포역 － 편도기준 25.7km

● 정류소 : 총 87개 정류소(왕복)

연번	도봉산광역환승센터→ 영등포역 방향		연번	영등포역→ 도봉산광역환승센터 방향	
	정류소명	ID		정류소명	ID
1	도봉산역광역환승센터	10340	44	영등포역(중)	19005
2	도봉산역(중)	10001	45	한국경제인협회	19161
3	도봉한신아파트(중)	10003	46	여의도환승센터(2번승강장,중)	19007
4	서울북부지방법원·검찰청 도봉역성황당(중)	10005	47	마포역(중)	14001
5	신도봉사거리(중)	10007	48	공덕역(중)	14003
6	신도봉시장·도봉구청. 방학역북부	10019	49	아현동주민센터(중)	14005
7	도봉소방서·방학역남부(중)	10009	50	마포경찰서(중)	14007
8	도봉보건소(중)	10011	51	아현초등학교(중)	14009
9	도봉구민회관.도봉문화원(중)	10013	52	충정로역(중)	13045
10	쌍문역(중)	10015	53	서대문사거리(중)	13047
11	우이1교앞(중)	10017	54	서울역사박물관.경희궁앞(중)	01007
12	수유3동우체국(중)	09001	55	광화문(중)	01009
13	수유역.강북구청(중)	09013	56	종로1가(중)	01011
14	수유역(중)	09003	57	종로2가(중)	01013
15	수유시장·성신여대미아캠퍼스 앞(중)	09005	58	종로3가.탑골공원(중)	01015
16	미아역.신일중고(중)	09007	59	종로4가.종묘(중)	01017
17	도봉세무서.성북시장(중)	09009	60	종로5가.광장시장(중)	01019
18	미아사거리역(중)	09011	61	종로5가.효제초등학교	01205
19	길음2동주민센터(중)	08001	62	종로5가효제동·김상옥의거터	01204
20	길음뉴타운(중)	08003	63	방송통신대·이화장	01219
21	미아리고개.미아리예술극장(중)	08005	64	혜화역2번출구·마로니에공원	01220
22	돈암사거리.성신여대입(중)	08007	65	혜화역·동성중고(장면총리가옥)	01229
23	삼선교·한성대학교(중)	08009	66	삼선교·한성대학교· 조소앙활동터	08010
24	혜황동로터리. 여운형활동터(중)	01005	67	돈암사거리.성신여대입구(중)	08008
25	명륜3가.성대입구(중)	01003	68	미아리고개·미아리예술극장(중)	08006
26	창경궁.서울대학교병원(중)	01002	69	길음뉴타운(중)	08004
27	원남동	01198	70	길음2동주민센터(중)	08002
28	종로4가.종묘(중)	01018	71	미아사거리역(중)	09012

연번	도봉산광역환승센터→ 영등포역 방향		연번	영등포역→ 도봉산광역환승센터 방향	
	정류소명	ID		정류소명	ID
29	종로3가탑골공원(중)	01016	72	도봉세무서·성북시장(중)	09010
30	종로2가(중)	01014	73	미아역·신일중고(중)	09008
31	종로1가(중)	01012	74	수유시장·성신여대미아캠퍼스 앞(중)	09006
32	광화문(중)	01010	75	수유역·강북구청(중)	09004
33	서울역사박물관·경희궁앞(중)	01008	76	수유3동우체국(중)	09002
34	서대문역사거리(중)	01006	77	우이1교앞(중)	10018
35	충정로역(중)	13046	78	쌍문역(중)	10016
36	아현초등학교(중)	14010	79	도봉구민회관·도봉문화원(중)	10014
37	마포경찰서(중)	14008	80	도봉보건소·북한산아이파크아파트(중)	10012
38	아현동주민센터(중)	14006	81	도봉소방서·방학역남부(중)	10010
39	공덕역(중)	14004	82	신도봉시장·도봉구청·방학역북부	10020
40	마포역(중)	14002	83	신도봉사거리(중)	10008
41	여의도환승센터(3번승강장,중)	19008	84	서울북부지방법원·검찰청·도봉역성황당(중)	10006
42	여의도공원	19152	85	도봉한신아파트(중)	10004
43	영등포역(중)	19006	86	도봉산역(중)	10002
	회 차		87	도봉산역광역환승센터	10341

* (중)은 중앙정류소임

※ 안내사항

- 당분간 무료이나, 반드시 교통카드 태그 후 탑승
- 안전상 입석이 금지되며, 반드시 좌석안전띠를 착용
- 운행 중에는 이동을 삼가고, 반드시 정차 후 안전하게 하차
- 폭설, 폭우 등으로 안전상 운행이 중지 될 수 있으니, 탑승 전 버스도착안내단말기(BIT), 네이버 등 포털에서 실제 운행여부를 꼭 확인 필요
- 만차 시에는 하차 승객이 없을 경우 정류소에 정차하지 않고 통과

〈참고〉 네이버지도 및 카카오맵 노선안내 예시

〈보도자료, 2024년 12월 30일, 서울특별시 미래첨단교통과〉

서울시, 2024 대중교통 혁신 성과…시민 삶의 '일상 혁명' 더했다

- 대중교통 혁신 추진 총력…획기적 변화·시민위해 더욱 달린 서울교통 1년
  - 무제한 교통혁신 '기후동행카드', 민생 기여하고 일상 바꿔…전국 최초·밀리언셀러 기록
  - 자율주행·UAM 미래 교통성과 국제적 인정, '동행·창의' 구현한 대중교통 편의 개선 호평
  - 시, "세계 선도하는 교통 도시 서울…시민 일상 살피는 혁신 정책 지속할 것"

☐ 2024년은 대중교통 혁신의 해로, 다양한 혁신 정책을 추진하면서 시민들의 일상 속의 변화를 이끌었다. 특히 시민의 교통 분야는 시민의 삶과 맞닿아 있는 만큼, 창의·동행·일상혁명의 가치를 담아낸 사업들은 전국최초·세계 선도·밀리언셀러 등 기록적인 성과도 창출했다. 천만 시민을 위해 더욱 달려왔던 서울 교통의 일년을 되돌아본다.

☐ 교통 혁신을 대표하는 전국 최초 무제한 대중교통 정기권 '기후동행카드'는 시민들의 생활에 풍요를 더하며 일상 혁명을 이끌어냈다. 1월 27일 출시 이후 70일 만에 누적 판매 100만 장을 돌파하며 올해 서울시민이 가장 사랑하는 1위 정책이 됐다.

☐ 무엇보다 가장 큰 변화는 기후동행카드를 이용하는 시민 누구나 교통비 걱정 없이 지하철, 버스, 따릉이까지 마음껏 타며 이동의 자유를 얻었다는 점이다. 교통복지, 친환경, 경제적 효과뿐만 아니라, 시민들의 가까운 일상이 변화했다는 점은 가장 괄목할 성과다. '무제한' 교통카드 의미와 함께 문화 혜택, 수도권 확대 등 서비스 확장도 추진되며 앞으로 더욱 기대를 높인다. 한강버스, 자율주행버스 등 신규 교통수단과도 연계해 교통 혁신을 이어갈 예정이다.

〈기후동행카드〉

〈수도권 확대 협약식 (남양주시)〉

☐ 대중교통 편의도 크게 향상되며 도약했다. 서울 대중교통 시설 발전은 공동 생활권인 수도권 전체에 영향을 미치는 만큼, 시는 그간 도시철도 계획 등 역점 사업 추진에 집중해왔다. 그 결과 면목선 예타 통과, 우이신설선 연장선 기본계획 승인, 서부선 실시협약(안) 민투심 통과까지 철도 사업 성과가 두드러졌다. 교통 소외지역 발전과 편의 개선을 위해 앞으로도 철도 계획 사업에 총력을 다할 예정이다.

〈면목선〉　　〈우이신설선 연장선〉　　〈서부선〉

☐ 미래 첨단 교통은 국내 교통 환경의 운영 수준을 크게 높인 주요 분야다. 특히 첨단 기술을 약자와 민생을 위해 사용해야 한다는 오세훈 시장의 시정 철학을 담아 새벽 근로자를 위한 '새벽동행 자율주행'버스가 탄생했고, 그 결과 모리기념재단의 세계 도시 종합경쟁력 지수에서 6위를 기록하는 등 국제적 인정을 받았다.

☐ 이미 성공적으로 운행 중인 심야 자율주행버스, 국내 최초로 가장 복잡한 도심인 강남에서 선보인 심야 자율주행택시, 자치구 확대 자율주행버스, 11월 선보인 UAM 비전까지 더해지면서 미래 교통 상용화 시기를 선도하고 있다.

〈새벽동행 자율주행버스〉　　〈심야 자율주행택시〉

☐ 이렇게 서울 교통의 우수성은 세계 무대에서 크게 인정받으며 활발히 벤치마킹 되고 있다.

올해 6월, 코로나19 이후 서울에서 처음으로 열린 교통 분야 최대 규모의 국제회의 '2024 세계대중교통협회 서울회의(UITP Seoul Meetings)', 8월 '몽골 동북아시아 시장포럼(NEAMF)', 9월 '싱가포르 국제교통총회(SITCE)'에서 기후동행카드 성과가 공유됐으며, 특히 비접촉 결제(Tagless) 교통 시스템도 많은 주목을 받았다.

- 두바이 교통청, 우크라이나 키이우주 등과의 업무협약을 통해서도 혁신적인 서울의 교통정책이 세계에 공유되고 있다.

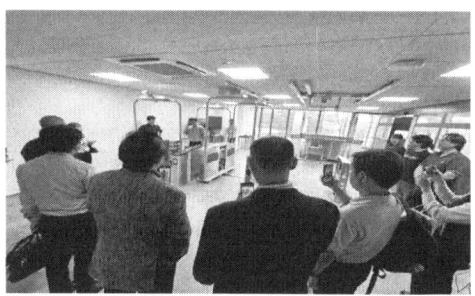

〈세계대중교통협회 서울회의〉   〈비접촉 결제 교통시스템 참관 중인 교통관계자〉

□ 외신 또한 서울 교통에 대한 높은 관심으로 영국 BBC의 경우 전 세계 최초 심야 자율주행버스를 심층적으로 다뤘고, 독일 방송 프로지벤에서는 "서울 대중교통에서 독일이 배울 점"을 주제로 자율주행버스, 기후동행카드, TOPIS 등을 소개한 바 있다.

□ 시민의 발인 대중교통 운영 환경 발전에도 집중하고 있다. 차량 투입 기간을 대폭 단축해 9호선 신규 전동차를 신속하게 운행하고, 행사 등 시기에는 지하철 혼잡 관리를 시행해 시민들의 안전하고 편리한 이용을 돕고 있다. 버스 분야도 수도권 통합환승 및 준공영제 시행 20주년을 맞아 혁신을 추진하고, 당산역 광역환승센터 운영 등 버스 탑승 환경을 대폭 개선했다.

〈9호선 신규 전동차 투입〉   〈시내버스 준공영제 혁신 개편〉   〈당산역 광역환승센터〉

□ '동행·창의' 시정 철학을 담은 신규 교통정책도 많은 사랑을 받았다. 수도권 시민들의 출퇴근을 함께하고자 출범한 '서울동행버스'는 작년 첫 노선 운행 개시 이후 1년도 되지 않아 10개 노선으로 확대됐고, 어르신·장애인·임산부 등 교통약자를 위한 맞춤형 교통정보 앱인 '서울동행맵'도 정식으로 서비스를 시작하며 시민 이동을 동행하고 있다. 창의 행정으로 일상을 밝힌 적색 잔여시간 신호등, 작년 강남역에 이어 올해 12월 청량리 시장에 선보인 맞춤형 횡단보도는 시민들의 불편사항을 직접 해결한 모범 사례로 꼽힌다.

〈서울동행버스〉

〈청량리 시장 맞춤형 횡단보도〉

□ 안전한 교통, 보행환경 확보를 위해 안전 정책도 강화됐다. 시청역 인근 교통사고 이후 교통 안전이 사회적 화두로 자리 잡은 만큼, 차량용 방호 울타리 설치 등을 중심으로 한 '보행자 안전강화 대책'을 발표했다. 대규모 축제 등 행사 시에는 드론을 활용해 촘촘한 모니터링을 시행하는 등 서울시의 우수한 과학적 교통 관제를 선보이고 있다.

〈방호 울타리 설치(세종대로18길)〉

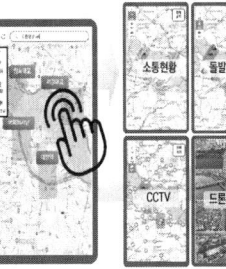
〈첨단 교통 관제〉

□ 시민들이 대중교통 이용을 더욱 즐겁게 누릴 수 있도록 매력을 더하는 정책들도 많은 사랑을 받았다. Fun 디자인을 적용한 '해치 버스'는 남산과 주요 도심을 방문하는 어린이, 가족, 외국인 등에게 특별한 경험을 선사하며 새로운 명물이 됐다. 두 바퀴 친환경 수단인 자전거 문화 확산을 위해 추진된 자전거 출퇴근 캠페인 등 다양한 이벤트도 시민들의 호응을 얻었다.

〈해치버스〉　　　　　　　　〈자전거 출퇴근 캠페인〉

□ 윤종장 서울시 교통실장은 "세계를 선도하는 최고의 교통 도시로서 서울시의 대중교통 혁신은 앞으로도 계속될 것"이라며 "정책 추진 효과를 시민들이 일상 속에서 직접 체감할 수 있도록 다방면의 사업이 적극 추진되고 있는 만큼, 현재와 미래를 잇는 서울 교통에 많은 관심과 사랑을 당부드린다"고 밝혔다.

II. 서울시의회

1 김동욱 의원 02-2180-8721

〈보도자료, 2024년 3월 11일〉

서울시 버스 내 음란행위·영상 시청 등 불가
"버스 운전사와 승객에게 성적 수치심을 일으키는 행위를 제한,
서울시민들의 안전한 버스 이용을 위해 조례 개정"

서울특별시의회 서울미래전략통합추진특별위원회 위원장이자 기획경제위원회 소속 김동욱 의원(국민의힘, 강남5)이 대표 발의한 2건의 버스 운행기준에 관한 조례 개정안이 서울특별시의회 제322회 임시회 본회의를 통과함으로써 서울시 버스 내에서 성적 수치심이나 혐오감을 일으키는 행위를 제한하는 규정이 마련되었다.

김동욱 의원은「여객자동차 운수사업법」에는「철도안전법」과는 다르게 운전자나 여객 등에게 성적 수치심을 일으키는 행위를 금지하고 있지 않아 시민 안전에 위협이 될 수 있으므로「서울특별시 시내버스 재정지원 및 안전 운행기준에 관한 조례」와「서울특별시 마을버스 재정지원 및 안전 운행기준 등에 관한 조례」에 관련 규정을 명시하여 시민들의 안전하고 쾌적한 버스 이용 환경 개선에 앞장서고자 조례 개정을 추진했다고 밝혔다.

김동욱 의원은 "최근 버스 안에서 음란물을 시청하거나 일부 승객에게 음란한 행동을 함으로써 버스 이용에 불편과 불안은 초래하는 문제가 생기고 있다."라고 버스 이용 안전에 위협적인 사례들을 지적했다.

김 의원은 "이런 사례들에도 불구하고 버스 이용 중에 음란한 행위나 영상 시청 등을 제재하는 규정이 명확히 없어 시민들의 안전한 버스 이용 환경 조성에 어려움이 있었다."라고 조례를 개정하게 된 배경을 설명했다.

이번 개정안에는 버스 안에서 성적(性的) 수치심을 일으키는 행위를 하지 않도록 규정을 신설하고, 시장이 안전을 위하여 그 밖의 공중이나 여객에게 위해를 끼치는 행동을 금지할 경우 시민의 적극적인 협조를 구할 수 있도록 규정을 명시하여 버스 안에서의 위협적이고 불안을 초래하는 행위들을 제지할 수 있게 되었다.

김동욱 의원은 "상위 법령의 사각지대에 있는 버스 안의 시민 안전에 관하여 조례를 통해서 보완함으로써 서울시민들의 버스 이용에 더욱 안전한 환경을 조성할 수 있게 되었다"라면서, "앞으로도 시민들의 안전을 위해서 더욱 촘촘히 조례를 정비하여 시민들의 생활에 실질적 도움이 되는 입법 활동을 추진하겠다."라고 밝혔다.

2 김성준 의원 02-2180-8671

〈보도자료, 2024년 3월 11일〉

"친환경 버스 도입에 따른 안전점검 강화를 위한 조례 개정안 본회의 통과"

서울특별시의회 교통위원회에서 활동중인 김성준 의원(더불어민주당, 금천1)이 대표발의한 「서울특별시 시내버스 재정지원 및 안전운행기준에 관한 조례」와 「서울특별시 마을버스 재정지원 및 안전운행기준에 관한 조례」가 3월 8일 서울특별시의회 본회의를 통과했다.

김 의원이 발의한 개정 조례안은 시내버스와 마을버스의 연료시스템 관련 안전 검사 항목을, 현재 CNG(압축천연가스)를 사용하는 버스에서 전기 및 수소버스로 차츰 전환되는 추세에 발맞춰 'CNG 용기' 검사에서 '차량의 연료용기 또는 전기배터리' 검사로 확대하는 내용으로, 서울시의 친환경 차량 전환 정책을 지원하고, 버스 운행의 안전성을 강화하기 위한 적극적인 조치이다.

앞서, 서울시는 지난 2017년 '서울 차 없는 날' 기념식에서 "서울 전기차 시대 선언"을 발표한 이후, 2020년 '그린뉴딜 추진을 통한 2050 온실가스 감축전략'을 마련하여 2025년까지 친환경 차량인 전기·수소버스 4,000대를 도입하겠다는 계획을 밝힌 바 있다.

김 의원은 "조례 개정을 통해 서울시 친환경 버스의 안전한 운행을 도모하고, 차량 화재 등의 사고를 미연에 예방할 수 있을 것으로 기대하고 있다"며 "서울시가 친환경 버스 도입을 더욱 확대하고, 시민들의 안전한 교통 환경을 조성할 수 있기를 기대한다"고 밝혔다.

현재 서울시는 2023년 기준 서울시 친환경 시내버스(전기) 1,172대, 시내버스(수소) 51대, 마을버스(전기) 171대를 도입하여 운영 중이다.

〈보도자료, 2024년 5월 2일〉

김성준 의원
"기후동행카드, 시범운영 문제점 지적 및 개선책 마련 촉구"

　김성준 의원(금천1선거구, 더불어민주당)은 4월30일 도시교통실 업무보고에서 기후동행카드의 시범운영 과정에서 발견된 여러 문제점들을 지적하고, 이에 대한 개선책 마련을 촉구했다.

　김 의원은 시범운영 4개월 차에 접어든 기후동행카드에서 도출된 주요문제점으로 현금 충전만 가능하다는 점, 월별로 계산하는 것이 복잡하다는 점, 특정 핸드폰에서는 실물 카드로만 사용이 가능하다는 점, 서울 권역에서만 사용할 수 있다는 점, 기후동행카드의 정산절차와 재정 부담주체 등이 불분명하다는 점 등을 지적했다.

　기후동행카드로 인한 재정 손실 문제도 제기했다. 1인당 많이 사용했을 경우 약 3만 원 정도의 재정부담이 발생하는 것으로 파악된다며, 운송기관별 요금 정산 절차와 비용 부담 주체를 명확히 해야한다고 강조했다.

　경기도민에게 제공되는 혜택이 서울시민의 세금으로 보전하고 있는 현 상황은 형평성 문제를 야기한다고 지적하며, 이에 대한 적절한 대책 마련이 시급하다고 강조했다. 아울러 대중교통 요금 인상과 기후동행카드의 적자 문제가 상충하는 부분에 대해서 심도있는 고민이 필요하다고 말했다.

　김성준 의원은 기후동행카드로 인해 발생하는 문제점들을 최소화하고 개선하기 위해서는 서울시와 서울시의회, 서울교통공사, 카드사 등 관련 기관들의 협력을 통한 대응 방안 모색이 필수적임을 강조했다.

　마지막으로, 기후동행카드가 대중교통 이용 촉진 및 기후 위기에 대응에 중요한 역할을 하는 정책임을 인식하고, 지속적인 개선과 보완을 통해 서울시민들에게 더 많은 혜택을 제공하며 교통복지를 증진시키는데 힘써야 한다고 당부했다.

⟨보도자료, 2024년 12월 18일⟩

김성준 시의원, "전기버스 도입 기준 높여 환경과 안전 잡는다"

- 조례 개정 통해 배터리 성능·재활용 가치 2등급 이상 전기버스 도입 지원 근거 마련
- 순환경제와 대기질 개선에 기여

서울시가 앞으로 시내버스와 마을버스를 신규 도입할 때 배터리 성능과 재활용 가치가 우수한 전기버스를 우선 지원하게 된다.

김성준 의원(금천1선거구, 더불어민주당)이 발의한 「서울특별시 시내버스 재정지원 및 안전 운행기준에 관한 조례」와 「서울특별시 마을버스 재정지원 및 안전 운행기준에 관한 조례」 일부개정조례안이 12월17일 교통위원회에서 통과됐다.

김 의원은 전기버스 시장의 확대에 따라 주목받고 있는 배터리 성능과 재활용 문제에 효과적으로 대응하고, 명확한 기준을 마련하여 전기버스의 질적 수준을 향상시키고, 재정지원의 효율성을 강화하는 것이 조례 개정의 주요 목적이라고 설명했다.

조례 개정안의 주요 내용은 서울시와 운송사업자는 시내버스와 마을버스를 새로 도입할 때 환경부의 「전기자동차 보급사업 보조금 업무처리지침」에 따른 에너지 밀도 구간 등급 및 배터리 재활용가치 지표 2등급 이상의 전기버스를 우선적으로 도입해야 하는 내용을 담고 있다.

아울러, 재활용 가능성이 높은 배터리를 사용해 환경오염을 줄이고 자원 낭비를 최소화함으로써 순환경제를 활성화하기 위해 성능과 안전성이 높은 배터리를 활용해 시민 안전을 강화하고, 전기버스 운영의 지속가능성을 높인다는 것이다.

배터리 에너지밀도 구간	등급	배터리효율계수
500Wh/L 초과	1	1.0
455Wh/L 초과~500Wh/L 이하	2	0.85
410Wh/L 초과~455Wh/L 이하	3	0.7
365Wh/L 초과~410Wh/L 이하	4	0.55
365Wh/L 이하	5	0.4

김 의원은 "이번 조례 개정을 통해 서울시는 전기버스 폐배터리를 재활용·재사용하는 순환경제 체계를 구축할 기반을 마련하게 됐다"며, "도입 초기부터 성능이 우수하고 지속 가능한 전기버스를 선택함으로써 대기질 개선과 탄소중립 실현에 크게 기여할 것"이라고 강조했다.

또한, "재활용 가치가 높은 배터리의 활용은 자원 낭비를 줄이고, 순환경제 활성화에 중요한 전환점이 될 것"이라며, "앞으로도 시민이 체감할 수 있는 지속가능한 도시교통 정책을 발굴하고 적극 추진하겠다"고 덧붙였다.

3   김종길 의원 02-2180-8357

〈보도자료, 2024년 4월 4일〉

'파업해도 시내버스 운행할 수 있게' 노동조합법 개정 촉구
- 김종길 의원, 시내버스 '필수공익사업' 지정 위한 관련법 개정 촉구 결의안 대표발의
- 필수 인력 유지돼 출·퇴근 대란 막은 지하철 파업과 달리 시내버스 파업 대혼란
- 필수공익사업 지정되면 쟁의행위 시에도 필수 유지업무 인원 비율 유지해야

서울 시내버스 파업으로 시민들이 큰 불편을 겪은 가운데, 파업 시에도 '필수 인력 유지'가 필요하다는 지적이 나오고 있다. 이번 버스 파업은 필수 인력이 유지돼 출·퇴근 대란을 빚지 않았던 지하철 파업과 달리, 100%에 가까운 시내버스가 멈춰 서면서 대혼란을 야기했다.

서울시의회 교통위원회 김종길(국민의힘·영등포2) 의원은 지난 3일 시내버스 '필수공익사업' 지정을 위한 '노동조합 및 노동관계 조정법' 개정 촉구 결의안을 대표 발의했다고 밝혔다.

이번 파업 당시 서울 시내버스(7,382)의 97.6%에 해당하는 7,210대가 운행을 멈췄다. 서울시는 지하철을 증회하고 무료 셔틀버스를 긴급 투입했지만, 시민 피해를 막기엔 역부족이었다.

반면, 지난해 서울 지하철 파업 당시 운행률은 출·퇴근 시간 기준 100%, 그 외 시간대는 70~80% 수준을 유지했다. 버스와 달리 지하철이 운행될 수 있었던 이유는 '필수공익사업'으로 지정돼 있기 때문이다.

필수공익사업에 속하면 노동조합은 쟁의행위 시에도 필수 유지업무 인원 비율을 유지해야 한다. 파업의 권리는 인정하지만, 막대한 시민 불편이 발생하는 만큼 혼란을 줄일 최소한의 의무를 부여한 것이다. 현재 필수공익사업에는 철도·항공운수·수도·전기·가스·통신사업·병원 등 총 11개의 사업이 포함돼 있다.

서울 시내버스는 서울시가 버스업체의 적자 등을 보전해주는 대신 공공성을 유지하는 '준공영제'를 시행하고 있다. 하지만 필수공익사업으로 지정돼 있지 않아 파업 시 필수유지업무 인력에 관한 규정을 적용받지 않는다.

김종길 의원은 "시내버스는 1997년 '노동조합법' 제정 당시 이미 필수공익사업으로 지정됐었지만, 국회의 무관심 속에 2000년 일몰, 지정 해제됐다"며 "또다시 노조의 일방적인 파업으로 시민의 발이 묶이는 일이 없도록, 국회는 관련법 개정에 신속히 나서야 한다"고 말했다.

서울 시내버스 필수공익사업 지정을 위한 「노동조합 및 노동관계 조정법」개정 촉구 결의안

서울시민의 발로서 전체 수송 중 24%를 담당하고 있는 시내버스는 일상생활 및 경제활동에서 실핏줄과 같은 역할을 하고 있다. 서울 기준 시내버스 일일 이용승객수는 380만명에 달하는 필수 대중교통수단임에도 파업을 통해 모든 버스가 멈출 경우, 다른 교통수단으로 대체하기가 사실상 어려운 실정이다.

지난 3월 28일 새벽 4시에 시작된 서울 시내버스 파업은 시내버스의 중요성에 대해서 다시금 일깨워줬다. 등굣길로 바쁜 학생들은 지각을 걱정해야만 했고, 출근길로 바쁜 시민들은 지하철과 택시를 이용하기 위해 긴 줄을 서야만 했다. 버스 외 대안이 없는 시민들은 열 정거장이 넘는 길을 걸어야만 했다.

전국 17개 지방자치단체 중 8개 지방자치단체가 시내버스를 준공영제로 운영하고 많은 재정지원금 투입을 통해 '공공성'을 담보한다고 하지만, 파업기간 동안 이동권 보장을 위한 최소한의 노선투입도 이루어지지 않은 채 어떠한 공공성도 담보하지 못했으며 지역경제와 주민들의 삶에 절대적인 악영향을 가져왔다.

지난 1997년「노동조합 및 노동관계조정법」제정 시 필수공익사업으로 지정되었던 시내버스운송업이 2000년 12월 31일 일몰됨에 따라 시민 생활과 필수불가결한 시내버스가 파업 상황에 무방비로 노출되었다. 이는 정부와 국회가 해당 문제에 책임 있는 자세가 부족했던 것으로 판단된다.

따라서, 파업 시에도 최소한의 운행수준을 유지하고 중단된 업무를 대체할 수 있도록 시내버스운송사업을 '필수공익사업'으로 재지정할 것을 강력히 촉구한다.

하나. 국회는 「노동조합 및 노동관계조정법」에 시내버스운송사업을 필수공익사업으로 지정할 수 있도록 조속히 처리하라.
하나. 정부는 「노동조합 및 노동관계조정법 시행령」을 개정하여 시내버스 차량의 운전업무 및 필수 정비업무 등을 필수유지업무에 포함될 수 있도록 조속히 처리하라.

2024년 4월 3일

서울특별시의회 의원 일동

4 김혜지 의원 02-2180-8581

〈보도자료, 2024년 10월 21일〉

김혜지 시의원, 대중교통 취약지역 시내버스 증설을 위한 조례 발의

- 「서울특별시 대중교통 기본 조례 일부개정조례안」발의
- 서울시의회 법제담당관 자료에 따르면 경유하는 노선수 자치구별로 크게 차이
- 시내버스(마을버스, 광역버스, 공항버스 포함) 경유 노선 강남 258개, 강동 51개

서울특별시의회 도시안전건설위원회에서 의정 활동 중인 김혜지 의원(국민의힘, 강동1)은 16일 모든 서울시민들에게 보편적 교통편익을 제공하기 위한 「서울특별시 대중교통 기본 조례 일부개정조례안」을 발의했다.

서울시가 「시내버스 노선조정 업무처리 지침」에 따라 시내버스 노선을 객관적이고 합리적으로 관리하고 있지만 김 의원이 서울시의회 법제담당관에게 의뢰한 입법검토 결과에 의하면 강남 3구는 173개~278개의 버스 노선이 경유하는 반면 강동구는 51개 노선에 불과해 자치구별 대중교통 이용 편익에 큰 차이가 발생하고 있음이 확인됐다.

김 의원은 자치구별 재정력의 차이는 발생할 수 있지만 서울시가 시민의 예산을 사용하여 준공영제로 운행하고 있는 대중교통 버스 서비스가 지역별로 큰 차이가 발생하고 있다는 것은 상대적인 대중교통 불편지역이 있음을 나타냄으로 이를 바로잡기 위하여 개정조례안을 발의했다고 밝혔다.

김 의원이 발의한 「서울특별시 대중교통 기본 조례 일부개정안」의 주요 내용은 서울시장이 지역(자치구)별 대중교통 접근성을 종합 분석하여 취약한 지역은 접근성을 보완하도록 하는 책무를 새롭게 부여하는 개정안이다.

전반기를 교통위원회에서 의정활동한 김 의원은 그동안 강동지역의 대중교통 편익 증진을 위해 5호선 지하철 출·퇴근 시간 증편, 시내버스 3324번 노선 신설 등 괄목할 만한 성과들을 만들어냈다.

한편, 19일 언론 보도에 따르면 서울시는 개별적 노선 조정이 한계에 이르러 서울시 버스 노선체계 전면 개편을 검토해 2026년 1월 개선안을 시행할 계획이라고 했다.

김 의원은 "헌법 제14조에 모든 국민은 거주·이전의 자유를 가진다고 하고 있으므로 국가와 지방자치단체는 국민이 어느 곳에서 거주하더라도 편리하게 대중교통을 이용하도록 편익을 제공해야 한다"라고 강조하고 "개정조례가 서울시 버스 노선 전면 개편의 기본 골격이 되어 보편적 교통편익이 모든 시민들에게 제공되기를 희망한다"라고 덧붙였다.

[붙임] 자치구별 시내버스, 마을버스, 광역버스, 공항버스 운행 노선 수(2024년9월 기준)

자치구명	노선수 합계	노선수				
		시내버스 (광역버스 제외)	마을버스	광역버스	공항버스	경기/인천 버스
강남구	258	105	20	4	8	121
강동구	51	21	3	0	2	25
강북구	86	57	23	0	2	4
강서구	117	45	8	0	8	56
관악구	92	60	19	0	2	11
광진구	84	34	7	0	2	41
구로구	111	53	26	0	5	27
금천구	78	45	10	0	1	22
노원구	85	46	13	0	3	23
도봉구	80	43	16	0	2	19
동대문구	88	61	8	0	2	17
동작구	150	69	29	1	14	37
마포구	151	80	20	2	10	39
서대문구	150	87	22	0	4	37
서초구	278	78	26	6	13	155
성동구	75	54	13	0	3	5
성북구	108	75	27	0	2	4
송파구	173	56	6	0	7	104
양천구	96	64	8	0	5	19
영등포구	167	77	17	2	17	54
용산구	101	60	9	3	6	23
은평구	120	69	15	1	2	33
종로구	154	100	17	1	4	32
중구	202	110	12	1	9	70
중랑구	90	51	7	0	2	30

〈보도자료, 2024년 12월 23일〉

김혜지 시의원, 대중교통 취약지역 시내버스 증설을 위한 조례 본회의 통과

- 시장이 지역별 대중교통 접근성 분석과 취약지역에 대한 보완 정책 수립하도록
- 도보 5분 이내의 대중교통 접근 체계 마련에 크게 기여할 듯

서울특별시의회 도시안전건설위원회에서 의정 활동 중인 김혜지 의원(국민의힘, 강동1)은 20일 본회의에서 지역별 대중교통 접근성 분석과 취약지역에 대한 보완 정책 수립을 위한「서울특별시 대중교통 기본 조례 일부개정조례안」이 최종 통과됐다고 밝혔다.

서울시는 도시철도 11개 노선 및 337개 역사, 시내버스 393개 노선 및 마을버스 252개 노선, 정류소 6,640개소를 운영 중에 있으나 서울 일부 지역은 여전히 대중교통 이용에 불편이 있고, 서울연구원의 '서울시 대중교통 서비스의 지역 형평성 평가' 보고서(2021.11.1.)에 따르면 일부 지역은 대중교통 접근성이 취약한 것으로 나타났다.

김 의원은 대중교통 이용의 접근성이 취약한 지역의 불편을 해소하기 위해「서울특별시 대중교통 기본 조례 일부개정안」을 지난 10월 발의했고 조례의 주요 내용은 서울시장이 지역(자치구)별 대중교통 접근성을 종합 분석하여 취약한 지역은 접근성을 보완하도록 하는 책무를 새롭게 부여하는 규정이다.

서울시는 시내버스 준공영제 20주년을 맞아 도보 5분 이내의 대중교통 접근 체계 마련을 위해 시내버스 노선 전면 개편을 추진하고 있으며 면목선 등 도시철도 확대를 추진하고 있는데 대중교통 취약지역을 보완하는 기준으로 조례 개정안이 역할을 하게 될 것이다.

김 의원은 "강동구와 같이 서울 외곽지역은 지속적으로 개발되고 있으나 시내버스 등 대중교통 인프라가 이를 따라가지 못해 주민들의 불편이 심각하기 때문에 조례를 발의했고 조례가 시행되면 균형 잡힌 노선 편성으로 대중교통 이용이 편리해질 것이다"라고 조례 시행에 대한 희망을 전했다.

본회의를 통과한「서울특별시 대중교통 기본 조례 일부개정안」은 서울시로 이송돼 시장 공포 후 시행된다.

5　문성호 의원 02-2180-8541

〈보도자료, 2024년 11월 7일〉

문성호 서울시의원, "너무 저렴한 외래관광객용 기후동행카드, 과연 현명할까?"

- 외국인 관광객을 위한 무제한 통행권 치고 과도하게 저렴한 가격, 만성 적자에 시달리고 있는 교통실과 서울교통공사에 대해 비효율적임을 지적
- 외국인 관광객 전용 티머니 수도권 MPass 역시 유사한 비교 사례에 비해 현저하게 저렴한 가격으로 책정되어 있어 이에 대한 심도 깊은 고민이 필요함을 설파

문성호 서울시의원(국민의힘, 서대문2)이 2024년도 서울특별시의회 교통위원회 행정사무감사에서 서울시 교통실과 증인으로 출석한 ㈜티머니 김태극 대표를 대상으로 외국인 관광객을 위한 기후동행카드 단기권과 수도권 MPass의 가격이 터무니없이 저렴하다며, 우리 교통체계에 대해 조금이나마 도움이 될지 미지수라며 가격 현실화에 대한 심도 깊은 고민을 당부했다.

문성호 시의원은 윤종장 교통실장을 향해 "외국인 관광용 기후동행카드 단기권 도입 계획을 검토한 결과, 서울 내 모든 버스와 지하철을 이용할 수 있는 통행권이 터무니없이 저렴하다는 결론이다. 환승까지 가능한 무제한 통행권이므로 태생적으로 운행에 있어 적자를 발생시키는 구조인데 무리하거나 비효율적인 책정이 아닌지 의구심이 든다."며 교통실에 당부했다.

문성호 의원이 보고받은 관광용 기후동행카드 단기권 도입 계획에 의하면, 외국인 관광객을 대상으로 하여 기간 내에 서울 면허 버스, 서울지역 지하철, 김포골드라인, 리버버스를 무제한 이용이 가능한, 기후동행카드와 똑같은 혜택이 담긴 단기권을 출시하고 있으며, 가격은 매우 저렴한 것으로 알려졌다.

권 종	1일권	2일권	3일권	5일권	7일권
버스+지하철	5,000원	8,000원	10,000원	15,000원	20,000원

이어서 문 의원은 "이웃 나라인 일본에서 발행하며 유사한 무제한 통행권인 오사카주유패스의 경우, 1일권이 약 2만 8천 원, 2일권이 약 4만 7천 원 선이라 이미 기후동행카드 외래관광객용 단기권보다 5~6배의 가격 차이를 보이고 있다. 하지만 그렇다고 해서 오사카를 여행하는 외래관광객이 이를 제하는 경우는 없고, 지금도 여행 시 필수품으로 권장하고 있다."며 꼬집었다.

또한 문 의원은 증인으로 참석한 ㈜티머니 김태극 대표에게 "티머니에서 발행하는 외래관광객 전용 티머니 MPass 또한 마찬가지다. 유사한 혜택이라 볼 수 있는 과거 간사이쓰루패스의 2일권이 약 4만 3천 원 선, 간사이 지역 구간 중 한정된 노선만 무제한으로 탑승 가능한 JR 서일본 간사이패스의 경우 1일권이 약 2만 8천 원, 3일권이 약 5만 8천 원 선이므로 티머니 MPass에 비해 약 1.5배 비싸다. MPass는 수도권 지하철, 서울 버스, 인천공항철도까지 그야말로 무제한 이용할 수 있는데도 말이다."며 설파했다.

마지막으로 문 의원은 "서울교통공사의 누적 적자가 천문학적 수치로 치솟는 가운데 서울시민이 아닌 외래관광객에게도 이토록 저렴한 서비스를 그대로 제공할 필요가 있는지 의문이 든다. 사람들이 명품을 사는 이유는 단순하다. 비싸기 때문이다. 대한민국의 심장 서울의 브랜드 가치는 이런 부분에서도 시작되기 마련이니 교통실과 티머니에서는 외래관광객용 통행권의 가격을 합리적인 가격으로 조정해야 한다."며 발언을 마쳤다.

⟨보도자료, 2024년 11월 8일⟩

문성호 서울시의원, "천문학적 수치의 서울버스조합 운송 적자 해소 위해 코로나19 특별회계 투입 검토해야"

- 코로나19 팬데믹 시기 이후 운송 적자를 보완하기 위한 임시방편인 대출금이 기하급수적으로 늘어났으며, 서울시 재정지원으로는 한계가 있어 스노우볼이 되고 있음을 지적
- 8년간의 버스 요금 동결과 환승할인 등의 정책으로 시민의 편의는 증가하였으나, 반면으로 적자를 발생하는 구조이므로 이에 대한 분석과 대안 마련이 절실한 시점임을 설파
- 지난 버스개혁 20주년 기념 토론회에서 발제되었듯, 이를 교통실만의 숙제로 풀지 말고 코로나19 특별회계를 활용하여 보완함도 적극 검토되어야 함을 주장

문성호 서울시의원(국민의힘, 서대문2)이 2024년도 서울특별시의회 교통위원회 행정사무감사에서 서울시 교통실을 향해 코로나19 팬데믹 시기 이후 기하급수적으로 늘어난 운송 적자 보완 대출금을 서울시 재정지원만으로는 한계가 있기에 정책적인 대안 모색이 절실한 상황이라 지적했으며, 특히 코로나19 특별회계를 활용하는 방안도 적극 검토해야 한다고 설파했다.

문성호 시의원은 윤종장 교통실장을 향해 "코로나19가 창궐했던 2020년부터 운송적자가 최대 8천5백억 원 대 규모로 늘어나며 이를 보완하기 위해 임시방편으로 마련한 서울버스조합의 대출금 역시 천문학적 수치의 스노우볼이 되고 있다."며 교통실에 경고했다.

이어서 문성호 의원은 "2015년 6월 27일 요금인상 후, 약 8년이 넘게 운행요금은 동결된 바 있다. 이에 환승제도와 여러 교통편의를 위한 정책이 시행되며 서울시민의 편의는 증대되었지만 더욱 몸집을 불리고 있는 대출금 스노우볼을 타개 할 확실한 대안은 아직 마련되지 않은 것으로 보인다."며 꼬집었다.

또한 문 의원은 "본 의원이 예상했을 시 2025년 대출한도는 8천억 원에 근접할 것으로 보이는데, 이는 아직 제1금융권에서 제시한 한도 8천억 원에 아직 여유가 있는 것으로 볼 것이 아니라 그에 근접할수록 오히려 더 긴급한 상황으로 인식하고 발빠르게 상황을 분석 후 대안을 마련해야 한다."며 설파했으며, "이번 예산 심의에서 최대한 기조실과 협조하여 넉넉한 재정지원금을 확보해 가능한 범위에서 최대한 스노우볼을 녹여버려야 하며, 이는 본 의원도 적극적으로 나설 것."이라 주장했다.

마지막으로 문 의원은 "지난 서울 버스개혁 20주년 기념 토론회에서 황보현 전 서울시립대 교수께서 발제하신 내용을 깊게 살펴 볼 필요가 있다. 코로나19 팬데믹 당시 적자를 감수하고도 시민의 발이 되어 임한 결과, 우리 서울시민은 팬데믹을 이겨낼 수 있었다. 그런고로 코로나19 팬데믹 당시 발생한 스노우볼은 교통실만의 숙제로 직면할 것이 아니라 코로나19 특별회계를 통해 보완하는 방법도 적극 검토해야 한다."며 발언을 마쳤다.

연도별 운송적자·대출현황 및 2024년 추정치

구 분	'14년	'15년	'16년	'17년	'18년	'19년	'20년 코로나	'21년 코로나	'22년 코로나	'23년	'24년 (추정)
운송비용 ①	15,865	15,428	15,440	15,505	15,803	16,498	16,871	17,511	19,635	19,688	19,994
운송수입 ②	12,467	12,847	13,283	13,067	13,132	12,926	10,096	10,036	11,128	12,888	14,616
운송적자 ①-②	3,398	2,581	2,157	2,438	2,671	3,572	6,775	7,475	8,507	6,800	5,378
서울시 재정지원금	2,538	2,511	2,771	2,932	5,402	2,915	1,705	4,561	8,113	8,914	4,000
대출금액	2,506	2,797	2,113	1,558	-	-	4,682	7,455	7,993	6,474	7,771
대출이자	45	64	70	25	6	-	23	103	213	395	370

6 소영철 의원 02-2180-8346

〈보도자료, 2024년 6월 12일〉

기후동행카드 돌려쓰기 방지 대책, 가격 산출 근거 마련한다
- 소영철 의원, 기후동행카드 미비점 보완, 지속 가능성 담보 조례안 대표 발의
- 본사업 앞둔 기후동행카드, 부정사용 방지 대책, 가격 산출 근거 여전히 요원
- 소영철 의원 "대중교통 정기·무제한 이용권에 관한 전국 최초 법 규정 마련"

앞으로 기후동행카드를 여러 명이 돌려쓰는 등 부정사용을 막기 위한 서울시 대책이 수립될 예정이다. 시민 세금으로 운영하는 사업인 만큼 더 정확한 가격 산출과 추계를 거치도록 하는 근거도 마련된다.

서울시의회 교통위원회 소영철(국민의힘·마포2) 의원은 지난 5월 27일 이 같은 내용의 '서울특별시 대중교통 기본조례' 일부개정조례안을 대표 발의했다고 밝혔다.

개정안에는 서울시의 연차별 대중교통 시행계획에 기후동행카드 등 ▲요금 외 정기·무제한 이용권의 적정 가격 산출 ▲발행 및 지원계획 ▲부정사용 방지 대책 등에 관한 사항을 포함하도록 했다. 개정안은 이번 달 교통위원회 심의를 거쳐 본회의를 통과할 예정이다.

당초 서울시는 돌려쓰기 등 부작용을 최소화하기 위해 모바일카드 발급을 원칙으로 하고, 실물카드는 기후동행카드를 쓸 수 없는 아이폰 사용자와 디지털 취약계층을 위해 보충 판매하기로 했다.

그러나 기후동행카드에 대한 시민 호응이 커지면서 실물카드 발급이 크게 늘었다. 지난달 21일 기준 기후동행카드 누적 판매량은 135만7천장이었는 데, 이 중 실물카드는 60만776장으로 전체의 44.7%에 달한다.

실제로 소영철 의원이 서울교통공사로부터 제출받은 자료에 따르면, 기후동행카드 도입 이후 지금까지 부정사용으로 적발된 사례는 없었다. 공사는 "기후동행카드 부정 사용 가능성을 충분히 인지하고 있지만, 현실적으로 정당한 카드 사용자인지 확인하기 곤란해 단속이 쉽지 않다"고 설명했다.

서울시가 최근에 계획을 밝힌 관광권 가격의 적정성을 놓고도 우려의 목소리가 나오고 있다. 세금을 내지 않는 외국인 관광객을 대상으로까지 가격이 지나치게 저렴해, 시와 운송업체의 재정 부담으로 이어질 수 있기 때문이다.

소영철 의원은 "조례안이 통과되면 기후동행카드 등 대중교통 정기·무제한 이용권에 관한 전국 최초의 법 규정이 마련되는 것"이라며 "제도의 미비점을 보완하고 지속성을 담보할 것으로 기대된다"라고 말했다.

7   송도호 의원 02-2180-8656

〈보도자료, 2024년 11월 6일〉

송도호 시의원, "500억 절감? 노사갈등 촉발하는 사전확정제도입 재검토 필요!"

- "500억 예산 절감 목표는 실현 가능성 낮고, 노사 갈등을 심화시킬 우려"

서울시내버스 준공영제 개편안을 둘러싼 논란이 점점 커지고 있다. 송도호 의원(관악1선거구, 더불어민주당)은 11월 5일 교통실 행정사무감사에서 서울시의 일방적인 개편안 추진에 대한 강한 비판을 제기하며, 노사 갈등 심화와 시민 불편을 야기할 수 있다고 지적했다.

송 의원은 서울시가 500억 원 규모의 예산 절감을 목표로 내세운 것에 대해 "목표 설정부터 문제가 있다"며 강하게 반박했다. "버스 운송비 절감은 단순한 예산 줄이기가 아니다. 현장 상황과 관련된 세부적인 논의조차 제대로 이뤄지지 않았다"고 지적하며, 서울시가 목표액을 고정해 놓고 '절감'을 밀어붙이려 하는 태도를 비판했다. "정확한 데이터를 기반으로 한 논의가 아닌, 일종의 '홍보용 발표'처럼 느껴진다"고 강조했다.

송 의원은 "이번 개편안에서 사전 확정제와 표준원가제는 노동조합과의 충분한 소통을 거친 결과가 아니며, 이런 형태로 갑자기 발표된 정책은 결국 노사 갈등을 심화시킬 것"이라고 우려했다. 그러면서 "서울시가 일방적으로 목표를 설정하고 실행하려 한다면, 현장에서 겪는 불편과 노동자들의 불만이 더욱 커질 것"이라고 덧붙였다.

송 의원은 노선 개편에 대해 "필요한 개편은 분명히 존재하지만, 그 방식과 구체적인 계획에 대해서는 서울시와 교통사업자, 노동조합 간의 협의가 충분히 이루어져야 한다"고 강조했다. 특히, "서울시가 말하는 노선 개편은 일방적인 접근이 아닌, 시민의 불편을 최소화하는 방향으로 진행되어야 한다"고 전하며, "현장과 소통하지 않으면서 서울시가 말하는 노선 개편이 과연 시민들에게 실질적인 혜택을 줄 수 있을지 의문"이라고 덧붙였다.

송 의원은 서울시의 준공영제 개편안이 "현장과 현실을 전혀 무시한 탁상행정의 전형"이라고 평가하며, "버스 정책은 단순히 재정 절감을 넘어, 시민들의 삶의 질과 직결된다. 탁상에서만 결정되는 정책이 현장에서 제대로 작동할 리 없다"고 강조했다.

끝으로 송도호 의원은 "서울시는 노사 양측과의 대화와 협의를 통해 상생할 수 있는 방안을 마련해야 한다"며, "정책을 일방적으로 추진하는 방식은 갈등을 유발할 뿐 아니라 시민들에게 실질적인 혜택을 줄 수 없다"고 전하며, "서울시가 발표한 개편안에 대해 노사 간의 갈등과 시민들의 불편을 최소화하는 방향으로 전면 재검토가 필요하다"고 밝혔다.

서울시는 10월 22일 시내버스 준공영제 20주년 혁신방안을 발표한 바 있다.

〈보도자료, 2024년 11월 15일〉

송도호 시의원, "서울시내버스준공영제 사전확정제 정책에 대한 노동자 참여 보장 촉구"

- 노사 간 자율 협상 보장 필요
- 서울시 정책 실효성 강화 위해 노동자와의 협의 강화해야

서울시의회 송도호 의원(관악1, 더불어민주당)은 11월14일 열린 교통위원회 종합감사에서 서울시 교통실장을 상대로 서울시내버스준공영제 정책에 대해 노동자 참여 보장의 필요성을 강력히 주장했다.

송 의원은 버스 노동자들의 임금 문제에 대해 언급하면서, 노사 간 자율 협상의 중요성을 재차 강조했다. "서울시가 준공영제의 재정지원을 제공하더라도, 임금 협상에 있어 서울시가 사용자의 지위에 개입해서는 안 된다"며, "노동자의 자율적인 협상 권리를 보장해야 한다"는 원칙을 분명히 했다.

특히, 송 의원은 사전확정제 도입이 공공기관의 총액 인건비 체계와 유사한 구조를 가질 수 있다는 점을 지적하면서, 사전 확정된 인건비 상한선이 노사 간 협상에 과도하게 영향을 미칠 위험이 있음을 우려했다.

덧붙여, 송 의원은 "노동자 삶의 질 향상과 서비스 질의 개선을 동시에 달성하기 위한 정책적 노력이 필요하다"고 전하며, "서울시와 서울 시내버스 운영자, 기사들이 시민들에게 더욱 질 높은 서비스를 제공할 수 있도록, 노동조합과 시민사회단체 전문가들의 협의를 통해 정책을 심도 있게 발전시켜야 한다"고 말했다.

송 의원은 ILO(국제노동기구)의 핵심 협약(제87호, 제98호)을 언급하며, 한국 정부가 비준한 ILO 협약에 따라 노동조합의 참여 보장이 서울시 정책에 반영되어야 한다고 밝혔다. ILO 결사의 자유 위원회는 한국 정부에 대해 공공기관 운영 지침을 마련하는 과정에서 노정 교섭을 제도화하고 노동조합의 참여를 보장할 것을 권고한 바 있다.

송 의원은 "협의와 대화를 통한 정책 수립이 필수적"이라며, "노사 간 갈등이 심화되면 그 피해는 결국 시민에게 돌아간다"고 경고하고 서울시가 정책의 실효성을 높이기 위해서는 노사 간의 충분한 협의가 선행되어야 한다고 덧붙였다.

마지막으로 송 의원은 서울시 교통실장에게 사전확정제의 문제점에 대한 면밀한 검토를 요청하며, 노동자와 사용자 간 자율적인 협상이 이루어질 수 있도록 실효성 있는 제도적 지원을 강화할 것을 당부하고, "정책이 제대로 실행되기 위해서는 모든 당사자가 함께하는 과정이 필요하며, 서울시가 모든 관련 당사자들과의 협력을 통해 정책을 세밀하게 다듬어 나가야 한다"고 거듭 강조했다.

〈보도자료, 2024년 12월 2일〉

송도호 시의원, "시내버스 재정 위기 해결 방안 강력 촉구"
- 서울시의 책임있는 재정지원과 부채 감축 계획 수립 요청

서울시의회 송도호 시의원(관악제1선거구, 더불어민주당)은 11월28일 교통실장을 대상으로 2025년도 예산 심사에서 시내버스 재정지원 문제를 지적하며, 지속적으로 누적되는 부채 문제 해결을 위한 실효성 있는 대책 마련을 강력히 요청했다.

송 의원은 "코로나19 팬데믹으로 인해 시내버스 재정상황이 악화된 것은 이해하지만, 이후에는 부채를 점진적으로 줄이기 위한 정책적 노력이 필요하다"며, "현재 버스조합의 부채가 약 1조 원에 이르러 추가적인 신용대출이 사실상 불가능한 위기 상황"이라고 심각성을 경고했다.

특히, 송 의원은 "서울시가 재정지원을 소극적으로 추진하면서 버스조합에 부채 부담을 전가하는 것은 무책임한 행정"이라며, "시 차원의 재정지원을 통해 부채 문제를 적극적으로 완화해야 한다"고 강조했다. 이어, "코로나19 이전인 2019년에는 부채 감축을 위한 구체적인 노력이 있었지만, 현재는 그 의지가 부족한 듯하다"고 과거의 사례를 들어 정책적 반성을 촉구했다.

이에 대해 교통실장은 "코로나19로 당시 수입감소와 재정부족으로 인해 부채가 급증했고, 올해도 약 2천억 원이 부족해 추가적인 부채를 피할 수 없는 상황"이라며 재정적 어려움을 호소했다. 하지만 송 의원은 "예산편성과 집행 과정에서 교통 분야의 중요성을 우선적으로 고려해 재정지원을 확보해야 한다"며, "서울시의 예산은 시민의 필수적 교통권 보장을 최우선으로 반영해야 한다"고 일침을 가했다.

끝으로 송 의원은 "내년부터는 부채를 체계적으로 감축할 수 있는 구체적이고 실현 가능한 계획을 수립하여 반드시 실행해야 한다"고 주문했다. 또한, "교통실은 서울시민의 이동권 보장을 책임지는 핵심 부서로서, 그 역할에 걸맞은 책임과 노력을 다해 줄 것"을 당부하며 발언을 마무리했다.

8 신동원 의원 02-2180-8451

〈보도자료, 2024년 6월 11일〉

신동원 시의원, 시내버스와 마을버스 중복정류소 4개 초과 완화 관련 '서울시 규칙 마련 촉구'

- '24.5.20일, 조례 일부개정으로 중복정류소 4개 초과 '특별한 사정이 있는 경우...시장이 정할 수 있어'
- 신동원 시의원, "교통소외지역 해소를 위한 조속한 규칙 제정되어야, 규칙제정 지연은...주민들의 불편 외면하는 것"

서울특별시의회 주택공간위원회 신동원 시의원(국민의힘, 노원구 제1선거구)은 주민들의 교통권 보장을 위해 「서울특별시 여객자동차운수사업의 재정지원 및 한정면허 등에 관한 조례」 제10조에 의거한 규칙 제정을 촉구했다.

신 의원은 지난 2022년 11월 서울시의회 5분 자유발언에서 노원구 월계동 녹천역두산위브 아파트 주민들이 버스 노선 부재로 큰 불편을 겪고 있는 교통 문제를 지적한 바 있다. 2017년에 준공된 이 아파트 단지는 현재까지도 버스 노선이 없어 주민들이 이동에 큰 어려움을 겪고 있다.

신 의원은 "교통권과 이동권을 보장받는 것이 왜 이렇게 어려운 일인지 모르겠다"며 아파트 주민들의 어려움을 토로했다. '23년 5월에 노원구청과 서울시 관계부서와 여러 차례 논의하며 해결 방안을 모색했으나, 마을버스 연장노선안이 시내버스와 마을버스 노선간 중복정류장 개수가 초과하여 실행되지 못했다.

개정전 조례에는 '일반노선버스의 운행구간에 마을버스가 운행하는 경우 중복운행구간에서 시내버스 및 마을버스 정류소는 각각 4개소 이내로 설치하여야 한다'로 규정했다.

지난 '24. 5월, 서울시 조례가 '시장이 필요하다고 인정하는 경우에는 중복 운행 구간에서도 시내버스 및 마을버스 정류소를 각각 4개소를 초과하여 설치할 수 있다'로 일부개정되며, 마을버스 연장노선안이 실현 가능해졌다. 신 의원은 "이제 서울시가 주민의 이동 편의를 높이기 위한 규칙을 조속히 제정해야 한다"며 "기다리고 있는 주민들은 하루가 일년 같다"고 말했다.

끝으로 신 의원은 "규칙 제정이 지연되면 그 불편함은 고스란히 주민들의 몫이라며, 조속한 규칙마련을 위한 구체적인 일정과 계획을 제시해야 한다"며 "교통 소외 지역의 문제는 하루 빨리 해결해야 할 중요한 사안"이라고 덧붙였다.

9   이경숙 의원 02-2180-8461

〈보도자료, 2024년 11월 21일〉

이경숙 시의원, 강남·강북 교통 불균형 해소 촉구
- 최근 강북권 버스 폐선 후 강동·강남 노선으로 투입
- 이경숙 의원 "교통은 단순히 수요만 고려해서는 안 돼"

서울시의회 국민의힘 이경숙 시의원(도봉1)은 20일 열린 제4차 본회의에서 시정질문을 통해 강남과 강북 간 교통 인프라 격차 해소와 강북권 대중교통 확충의 필요성을 강력히 촉구했다.

이 의원은 발언을 통해 "강남과 강북 간 교통 불균형 문제는 어제오늘의 일이 아니다"라며 "2024년 기준 강남구는 125개의 버스 노선을 보유한 반면, 도봉구와 노원구는 각각 58개 노선에 불과하다. 지하철역 역시 강남권이 강북권보다 월등히 많은 상황"이라고 지적했다.

또한, 최근 도봉구와 도심을 연결하던 106번 간선버스 폐선 사례를 언급하며, "서울시는 강동구 대규모 인구 유입을 근거로 강북권 대중교통이 부족한 지역의 버스 노선을 빼서 추가하는 방식을 택하고 있다"며, "이는 지역 균형 발전을 저해하는 조치"라고 비판했다.

이 의원은 오세훈 시장이 지난 10월 발표한 시내버스 준공영제 혁신 방안을 언급하며 "수요 중심의 맞춤형 개편은 강북과 같은 소외 지역을 더욱 낙후시킬 우려가 있다"며, "교통은 단순히 수요만 고려해서는 안 되고, 복지적 성격을 함께 담아야 한다"고 강조했다.

특히, 이 의원은 예비타당성조사가 경제성을 지나치게 중시하는 점도 문제로 지적하며, "현 제도 아래에서는 수요가 적은 지역을 위한 철도망 구축이 사실상 불가능하다"며, "서울시와 중앙정부 모두가 지역 균형 발전을 고려한 정책 마련에 적극 나서야 한다"고 주장했다.

이 의원은 "2026년 1월 발표 예정인 노선개편안이 수요 중심뿐 아니라 교통복지를 함께 고려하는 방향으로 만들어져야 한다"고 덧붙이며, "강북 지역 주민들의 이동권 보장을 위해 서울시가 책임감 있는 정책을 추진해 줄 것"을 촉구했다.

이번 발언은 강남·강북 간 교통 불균형 문제를 해결하기 위한 근본적인 정책 변화의 필요성을 다시 한번 강조한 것으로, 서울시의 대중교통 정책 방향에 대한 논의가 새롭게 이루어질 것으로 기대된다.

10 이영실 의원 02-2180-8741~2

〈보도자료, 2024년 2월 29일〉

이영실 서울시의원, 서울시 전기버스 도입시 국산 버스 공급 유도할 수 있는 정책 설계 요구!

- 환경부 전기차 보조금 제도 개선 발표, 수요에 맞춘 보조금의 차등 지급에 대한 서울시 세부 계획 필요
- 고효율 배터리 전기버스 보조금 차등 지원으로 중국산이 아닌 국산 버스 도입 유도로 이어져야. 시민의 혈세가 중국의 배터리 회사의 이익으로 돌아가선 안돼

환경부는 지난 20일 '전기차 보조금 업무처리 지침'을 통해 올해 전기차 모델별 보조금을 확정 발표했다. 이에 서울시도 정부의 보조금 인하 정책에 따라 보조금을 차등 지원하고, 전기차 보급에 있어 대중교통 및 화물차 중심으로 집중 전환할 계획이다. 특히, 이번 제도 개선에 맞춰 LFP배터리가 탑재된 중국산 전기차에 대한 보조금이 줄어들 것으로 전망되고 있다.

서울시의회 환경수자원위원회 이영실 의원(더불어민주당, 중랑1)은 지난 27일 제322회 임시회 기후환경본부 업무보고에서 "환경부의 전기차 보조금 정책 변경을 환영한다"면서 "시내버스 준공영제로 운영되는 시내버스의 경우, 올해 도입하는 전기버스부터 적용될 수 있도록 서울시의 적극적인 행정개입이 필요하다"라고 주장했다.

서울시는 그동안 전기버스 도입에 있어 LFP 중국산 배터리를 탑재한 버스를 다수 도입해 왔다. 현재 전기버스의 50% 이상이 중국산 버스인 상황에서 중국산 배터리의 안전성 문제가 제기되면서, 시민 안전을 위협할 수 있다는 우려가 커지고 있다.

이에 이 의원은 "가격적인 장점 등 저렴한 중국산 배터리 전기버스가 50% 이상을 차지하고 있다는 것은 국산 배터리를 장착한 버스나 승용차 구입을 권장하는 정책 유도가 부족했기 때문이다"라며 "고밀도 NCM 배터리 장착 국산 전기버스 구입을 유도할 수 있는 정책 설계를 해야 한다"라고 말했다.

덧붙여 "전 세계가 전기차 보조금과 관련해 자국 우선주의 정책을 펼치고, 탈탄소 흐름을 고려한다면, 시민의 혈세가 재활용이 불가능한 LFP 중국산 배터리 회사의 이익으로 돌아가선 안된다"면서 "서울시는 안전하고 지속가능한 국산 전기버스 보급을 확대하여 시민의 안전을 확보하고, 국내 산업의 경쟁력 강화에도 기여할 수 있기를 바란다"라고 발언을 마무리했다.

한편, 환경부가 발표한 '전기차 보조금 업무처리 지침'에는 배터리의 에너지 밀도, 폐기된 이후 배터리의 재활용 가치, 배터리 충전 속도, 충전소 구축 노력 등을 종합적으로 따져 보조금을 차등 지급하는 내용이 담겨 있다.

〈보도자료, 2024년 4월 24일〉

이영실 서울시의원, 기후동행카드가 프리패스카드?
형평성에 맞지 않은 입장료 면제는 역차별

- 기후동행카드 정체성과 맞지 않은 「서울특별시 도시공원 조례 일부개정조례안」의 서울대공원 및 서울식물원 입장료 전액 감면 규정 신설
- 세수에 대한 고려없이 입장료 면제를 추진하는 푸른도시여가국
- 기후동행카드를 소지하지 않고, 친환경적인 이동 수단으로 탄소중립을 실현하는 서울시민에겐 오히려 역차별

서울시가 만든 최근 서울시가 기후동행카드 활성화를 위해 카드를 소지한 이용자에게 서울대공원 및 서울식물원 등의 입장료 면제를 추진하는 것이 기후동행카드의 본래 의도와 맞지 않다는 지적이 제기되고 있다.

서울시의회 환경수자원위원회 이영실 의원(더불어민주당, 중랑1)은 지난 23일 제323회 임시회 푸른도시여가국의 시장 제출 「서울특별시 도시공원 조례 일부개정조례안」 심의자리에서 "통상적 수준의 입장료 감면 대상이 아닌 기후동행카드 소지자에 대해 서울대공원과 서울식물원의 입장료를 전액 감면하는 규정을 신설한 조례 개정은 좀 더 심도있는 논의가 필요하다"라고 주장했다.

현재 기후동행카드는 1회 요금 충전으로 30일간 서울 시내 대중교통을 무제한 연결하여 대중교통이용 활성화 및 승용차 운행량 감소를 통한 온실가스를 저감을 목적으로 올해 1월 27일 도입되었다.

지난 5일 누적 판매 100만 장이 돌파되는 등 기후동행카드 이용 시민이 빠르게 증가하고 있는 상황에서 지난 3일, 오세훈 서울시장은 입장료 면제 규정을 신설한 「서울특별시 도시공원 조례 일부개정조례안」을 서울시의회에 제출했다.

하지만, 이처럼 카드를 소지한 시민을 대상으로 한 입장료 면제는 실제 걸어다니거나 자전거를 이용함으로써 탄소중립을 실현하며 친환경적인 이동수단을 택하고 있는 서울시민들에게는 오히려 형평성에 맞지 않은 역차별이라는 것이 이영실 의원의 설명이다.

특히, 이 의원은 "국가와 서울시 시설의 입장료 감면은 이미 감면 대상과 범위가 관계 법령의 범위를 준용해 사회적 공감을 통해 이루어지고 있다"면서 "서울시는 서울시민 다수가 납득할 수 있는 정책을 펼쳐야 한다"라고 주장했다.

덧붙여, "세수(稅收)가 부족한 현실에서 시민의 혈세가 불공평하고 불공정하게 쓰여져서는 절대 안 된다"라며 "실제 사회적 약자에게 더 많은 혜택을 주면서, 탄소중립 실현이라는 정책의 명분과 형평성 유지를 위한 획기적인 방안을 마련해 줄 것"을 요구했다.

한편,「서울특별시 도시공원 조례 일부개정조례안」은 환경수자원위원회 위원들의 심도있는 논의 끝에 보류되었다.

11 임규호 의원 02-2180-8836

〈보도자료, 2024년 3월 6일〉

"시내버스 관리운영 결과보고서, 사모펀드에 잠식되어가는 상황에도 자화자찬 일색에 충격"

서울시가 만든 〈시내버스 및 마을버스 관리 운영 결과보고서〉에 대해 임규호(더불어민주당, 중랑2)의원은 "사모펀드에게 잠식당하고 있는 서울 시내버스 관리운영의 위험성을 계속 지적했는데도 불구하고 자화자찬 일색"이라고 비판했다.

임 의원은 "보고서 내용을 보면 지난 2년간 행정사무감사에 사모펀드 대표들을 증인으로 출석시켜 지적된 사항들이 전혀 반영되지 않았고, 오히려 시내버스의 경영과 재무구조가 안정적으로 유지되어 서비스질이 높아졌다고 평가하는 것에 대해 매우 황당하다"고 밝혔다.

임 의원은 작년 행정감사 등에서 사모펀드의 버스운송업체의 분식회계, 회계 기준의 자의적 변경, 부동산 땅 장사 등 자산 빼돌리기와 배당 잔치에 대해 조목별로 밝혔고, 이에 대한 개선책이 시급하다고 강조한 바 있다. 그러나 결과보고서는 확인된 문제가 전혀 포함되지 않았을뿐더러, 향후 개선 방향성에 대해서도 일절 언급조차 없었다.

임 의원은 "이것은 시내버스를 매일 이용하는 시민들을 무시하고 농락하는 것"이라고 비판하며, "이렇게 안이한 인식으로는 향후 큰일이 발생할 것"이라고 우려를 표했다.
특히, 임 의원은 "근본적으로 매년 2조 규모가 정산되는 표준운송원가의 문제를 해결해야 한다"고 강조했다. 그는 "표준운송원가 항목에 실비정산 항목 외의 것은 포괄지급 되고 있어, 막대한 돈이 언제 어떻게 사용되는지 파악하지 못한다. 그렇기에 관리감독위원회를 두어 투명성을 제고하고, 수입금공동관리 체계를 손봐야 한다. 또, 정산방식을 인가차량대수가 아닌 운행거리당 최소 표준가를 산출해 지원하는 것이 타당하다"고 역설했다.

〈보도자료, 2024년 3월 7일〉

교통비 할인해주는 기후동행카드의 전후모순
"그럼 교통요금은 왜 올린건가요?"

임규호(더불어민주당, 중랑2)의원은 "서울시의 기후동행카드가 크게 호응을 얻고 있지만, 떨칠수 없는 의문이 든다"고 밝히며, "기후생태, 교통복지 차원에서 도입했다면서, 작년에 올린 교통요금을 올해 다시 인상하려는 이유에 대해 의문이 든다"고 비판했다.

실제 서울시가 제출한 기후동행카드 계획안을 재정 손실금도 상당하다. 월 50만 명 사용기준으로 5개월 시범기간동안 총 750억 원의 손실금을 예상하고 있다. 이는 월 150억 수준의 예산이 필요하다는 것인데, 작년 교통요금 인상에 따른 추가재원분과 비슷한 수준이다. 즉, 교통요금을 올린 효과가 거의 없다는 의미이다.

또한, 손실분은 서울시와 버스 및 지하철 운영기관이 각각 50%씩 분담하는 구조로 되어 있는데, 이도 넌센스라는 지적이다.

임 의원은 "서울교통공사의 누적 적자가 17조 이상이고, 시내버스도 매년 수천 억씩 지원받고 있는 상황에서, 과연 50%의 부담이 가능할지 의문"이라면서 "이들 기관이 서울시가 요구하는 손실금을 메꾸기 위해 대출을 하게되면, 그 원금과 이자까지 서울시가 갚아줘야 하는 것은 아닌지 심각한 우려를 낳고 있다"고 지적했다.

그러면서 "작년 교통요금을 인상할 때, 그동안 쌓여왔던 적자를 해소하기 위한 것이라 강변하지 않았냐"면서, "기후동행카드로 인상분에 따른 재원을 다 소비해놓고, 하반기 교통요금 인상을 또 거론하는 것은 상당한 전후모순"이라고 꼬집었다.

〈논평, 2024년 3월 28일〉

12년 만의 시내버스 총파업
예견된 시민불편에도 수수방관한 오세훈 시장

버스가 멈췄다. 비까지 내리는 새벽 출근길, 버스가 사라진 길 위에서 시민들은 발을 동동 구르며 분통을 터트릴 수밖에 없었다. 그야말로 아수라장이었다.

서울 시내버스 노조가 오늘(28일) 새벽 4시를 기해 총파업에 돌입했다. 지난해부터 수개월 간 이어온 노·사 협상이 결렬되었다. 2012년 이후 십여 년 만에 첫 전면파업이다.

서울시는 시내버스 준공영제를 도입하고 '표준운송원가'를 기준으로 매년 수천억 원의 운송 적자분을 서울시 재정으로 보전해 주고 있다. 따라서 표면적인 임금협상의 주체는 버스회사와 노조지만, 실질적인 협상 주체는 바로 서울시다.

그러나 오세훈 서울시는 합의를 위해 어떠한 노력도 보여주지 않았다. 여기에는 노조를 불법단체로 치부하고, 협상의 대상으로 여기지 않는 오세훈 시장과 국민의힘의 편향된 인식이 자리한다.

서울시의 업무태만과 관리능력 부재도 한몫했다. 그동안 서울시의회는 표준운송원가의 재산정, 중복 임원 및 가족경영과 같은 방만 운영 개선, 운전직·정비직 등 현장 노동자의 처우개선과 합리적인 임금 기준 마련 등을 서울시에 끊임없이 요구해 왔다. 하지만 시의회와 시민들의 요구에도, 서울시는 안일하고 소극적인 대처로 일관해왔다.

오세훈 시장과 서울시는 협상 당사자로서 이번 총파업 사태 해결에 당장 나서야 한다. 매년 수천억 원의 혈세를 지원하면서도 시내버스 노·사간의 문제로 치부하며 개입하지 않겠다는 것은 명백한 직무유기이다.

서울시의회 더불어민주당(대표의원 송재혁)은 수개월의 시간을 낭비하고도 예견된 파업을 막지 못한 오세훈 시장과 서울시를 강력하게 규탄한다. 천만 서울시민의 일상과 생계에 막대한 불편을 초래한 이번 사태에 대한 대시민 사과도 함께 요구한다.

시내버스의 안정적 운영을 위한 합의는 서울시의 의지와 노력에 달려있다. 서울시민은 진영 싸움과 치적쌓기에만 골몰한 채 서울시버스운송사업조합 뒤에 숨어 수수방관하고 있는 오세훈 시장에 엄중한 책임을 물을 것임을 명심해야 할 것이다.

12   정준호 의원 02-2180-8871~2

〈보도자료, 2024년 11월 1일〉

정준호 시의원, 기후동행카드 발전방안 모색을 위해 공론의 장 마련
- 정준호 의원, 그린피스, 우리 모두의 교통 운동본부와 함께 「시민이 바라보는 서울시 대중교통 정책 토론회」 개최.
- 기후동행카드, 이용 편의 개선을 넘어 실질적으로 탄소중립에 기여할 수 있는 요금제로 자리 잡아야.
- 정준호 의원, '기후동행카드'의 자가용 수요를 대중교통 수요로 전환할 유인책 개발 필요성 강조

서울시의회 정준호 의원(더불어민주당, 은평4)이 10월 31일(목) 오전 10시 서울특별시의회 제2대회의실에서 대중교통 요금인상과 기후동행카드를 주제로 「시민이 바라보는 서울시 대중교통 정책 토론회」를 개최했다.

「시민이 바라보는 서울시 대중교통 정책 토론회」는 서울시의회 교통위원회 정준호 의원이 다가오는 행정사무감사를 앞두고 서울시 교통정책에 대한 시민 의견을 수렴하고자 국제환경단체 그린피스, 시민단체 우리 모두의 교통 운동본부와 함께 공동 기획하였다.

정준호 의원은 개회사를 통해 "서울시 대중 교통정책이 나아가야 할 방향에 대해 심도 깊은 논의가 진행될 수 있도록 수도권 시민들의 인식과 요구를 파악하고, 분석해주신 그린피스와 우리 모두의 교통 운동본부 관계자 여러분께 진심으로 감사드린다."고 전했다.

이어서 "기후위기 시대, 온실가스 감축과 교통기본권 보장, 고물가 대응을 위한 공공교통 정책이 그 어느 때보다 주목받고 있는 만큼, 시민을 위한 안전하고 편리한 대중교통 서비스 확충을 위한 정책 발전 방안 마련에 앞장서겠다."라고 말했다.

발제를 준비한 그린피스 정다운 데이터 분석가는 지난 6월 24~27일 서울·인천·경기 등 수도권에 거주하는 만 18세 이상 성인 남녀 3,000명을 대상으로 진행한 '대중교통 및 승용차 이용에 대한 인식' 조사 결과를 바탕으로 대중교통 이용 문화가 확산 필요성과 함께 기후 동행 카드 개선 및 보완점에 대해 언급했다.

이어서 토론자들은 발제 내용에 대한 의견제시와 함께, 서울시 대중교통 정책 전반에 대한 자유토론을 이어나갔다.

최은서 그린피스 기후에너지 캠페이너는 "설문 응답자의 90.2%가 대중교통 이용 문화 확산에 동의하고, 주요 이유로 도로혼잡감소와 미세먼지 및 온실가스 감소를 꼽았다"며, "도로에서 발생하는 온실가스가 서울시 전체 배출량의 18%를 차지하는 만큼 현 서울시 탄소 중립 주요 전략 로드맵에 더 구체적인 탈내연기관 목표와 교통수요관리 정책이 필요하다"고 밝혔다.

김상철 공공교통네트워크 정책센터장은 "기후동행카드는 자가용 이용자의 관점에서는 이용 편리성을 압도할 만큼의 경제적 편익이 약하고 시경계를 이동하는 시민에게 불리한 제도라 서울시는 타깃별로 정책의 유인구조를 구체적으로 설계하는 것이 필요하다"고 말했다.

이상현 우리모두의교통운동본부 상임활동가는 "설문조사 내 요금 인상 계획에 대해 반대하는 시민이 전체 64.5%로 매우 많은데, 특히 10대(87.9%)와 20대(74.6%)의 반대응답이 높아, 대중교통 요금 인상이 청소년·청년층에 특히 부담을 안기고 있다"고 지적했다. 더불어 교통정책 수립 과정에서 이용자 시민들의 참여를 보장해야 한다고 강조했다.

마지막 토론자인 서울시 교통실 기후동행수요관리팀장은 "현재 서울 이외 지역에는 김포골드라인, 별내선, 8호선 성남구간, 진접선 등에서 적용 중인데 다음 달 11월 고양시와 과천시 지하철 구간이 적용되면 이용객과 구성비율이 지금보다 더 크게 올라갈 것으로 예상된다."고 말하며 기후동행카드의 이용편의 개선을 위해 더욱 노력하겠다고 말했다.

정준호 의원은 "기후동행카드가 고물가와 기후위기에 대응하겠다는 목적으로 출시된 만큼 이용 편의 개선뿐만 아니라 자가용 수요를 대중교통 수요로 전환할 유인책을 개발해야 한다."고 강조했다.

이어서 "교통 복지 확대·탄소중립 모두에 기여하는 대안 마련을 위해 교통위원회 위원으로서 앞장서겠다."고 밝혔다.

⟨보도자료, 2024년 11월 14일⟩

정준호 시의원, "25km/h에서 18km/h? 승용차 위주의 신호체계, 버스 중앙전용차로 도입 취지 퇴색시켜."

- 정준호 의원, "중앙차로 도입('04) 당시 25km/h에서 지속 감소해 2023년 18km/h. 신호체계 개편으로 통행속도 회복해 버스 이용수요 높여야."
- 정준호 의원 "서울 시내버스, 중앙전용차로 도입에도 속도 및 정시성 측면의 경쟁력 떨어져," 신호체계 개편 필요성 강조!

서울시의회 정준호 의원(더불어민주당, 은평4)이 제327회 정례회 교통위원회 교통실 소관 행정사무감사에서 시내버스가 경쟁력을 확보해 대중교통 활성화와 기후 위기에 대응하기 위해 중앙차로 속도를 회복해야 한다고 강조했다.

제출받은 자료에 따르면 서울시민은 평일 기준 지하철을 가장 많이 이용했으며, 다음으로는 자가용, 버스, 택시, 기타 수단 순인 것으로 나타났다.

정준호 의원은 "시내버스를 자주 이용하는 시민으로서 몇 년 전과 비교해 통행속도가 느려졌다는 것을 체감하고 있었는데, 제출한 자료를 보니 중앙전용차로 시스템의 효율성이 떨어져 있다는 것을 확인했다."고 말했다.

서울시는 2004년 서울 시내버스 개편(준공영제 도입)부터 중앙 버스전용차로를 도입하기 시작했다. 정의원에 따르면 도입 당시 버스의 평균 통행속도는 25km/h였으나, 이후 지속적으로 감소해 2019년 16.9㎞/h까지 떨어졌다. 2023년에는 18㎞/h 수준으로 회복했지만, 가로변 버스전용차로의 속도는 15.2㎞/h로 여전히 매우 느린 실정이다.

반면, 도심 구간의 승용차 평균 통행속도는 2004년 13.6㎞/h에서 2023년 18.6㎞/h로 약 37% 증가한 것으로 나타났다.

정의원은 "같은 대중교통인 지하철의 수송 분담률이 버스의 2배를 상회하는 이유와 도심이 막힌다고 해도 시민들이 굳이 승용차를 몰고 나오는 이유가 설명된다."고 말하며 중앙전용차로 도입 취지에 맞는 신호체계가 아닌 승용차 위주의 신호체계가 문제의 원인이라고 지적했다.

이어서 서울지방경찰청 협조를 받아 통행속도 최고시기와 최저시기의 달라진 신호체계 비교를 통해 중앙전용차로 이용의 빠른 통행과 정시성이라는 장점을 극대화할 수 있는 신호체계 개편 방안을 마련하라고 당부했다.

참고 1. 교통수단별 수송 분담률

구 분		단위	2018	2019	2020	2021	2022
수송분담률							
·	대중교통		65.1	65.6	61.4	62.9	65.3
	(버스)		(24.4)	(24.0)	(21.7)	(19.6)	(20.7)
	(지하철)	%	(40.7)	(41.6)	(39.7)	(43.3)	(44.7)
·	택시		6.3	5.7	5.3	2.9	3.3
·	승용차		24.5	24.5	28.5	29.9	29.2
·	기타		4.1	4.2	4.7	4.3	2.2

참고 2. 시내 교통수단별 (택시, 버스 등) 교통 속도 변화 현황

구 분	2019년	2020년	2021년	2022년	2023년
택 시 (승용차)	23.8	24.1	23.0	23.1	22.8
버 스 (중앙차로)	17.9 (16.9)	18.1 (17.2)	18.1 (17.0)	18.0 (17.7)	18.0 (18.0)

13 한신 의원 02-2180-8831

〈보도자료, 2024년 11월 6일〉

한신 시의원, "수소충전소도 부족한데 말도 안 되는 공급은 불가능"

서울시의회 환경수자원위원회 부위원장으로 활동 중인 한신 의원(더불어민주당, 성북1)은 지난 5일 제327회 정례회 상임위 소관 기후환경본부 행정사무감사에서 수소차 공급과 수소충전소의 부족에 대해 지적했다.

서울시는 대기 오염물질 및 온실가스 감축을 위해 친환경 수소차 보급사업을 계획했다. 해당 사업은 「대기환경보전법」과 「환경친화적 자동차의 개발 및 보급 촉진에 관한 법률」, 환경부의 '수소전기자동차 보급사업 보조금 업무처리지침'을 근거로 하여 진행되었으며, 수소 승용차 및 사용차 보급에 대한 내용을 담고 있다.

수소전기자동차 보급사업은 2018년 10월에 수소차 선도도시 서울, 마스터플랜을 발표하면서 시작되었으며, 2019년에 수소차 보급 및 수소충전소 조기 확충 계획을 세웠다. 2020년 10월에는 상일, 수아암 충전소의 개장으로 수소버스를 4대 보급했으며, 지난 2021년 1월에 신규 시내버스 무공해차 도입을 의무화했고, 2022년 6월에는 강서 공영주차장 충전소 개장으로 수소버스를 10대 보급했다. 이어 2023년 6월에는 수소모빌리티 선도도시 서울 업무협약을 체결하며 진행됐다.

기후환경본부는 "2024년에 150대의 수소차를 보급하는 것을 목표로 삼고 있으며, 그 중 73%인 110대를 보급완료했다"며 "남은 기간동안 최대한 목표를 달성하기 위해 노력하겠다"고 밝혔다.

한 의원은 "서울시에 3천대가 넘는 수소차가 있는데 충전소는 10개가 겨우 넘는다"며, "심지어 수소 버스는 50대가 넘는데 버스 수소충전소는 강서에 1개 뿐"이라며 기반시설의 부족을 지적했다.

이어 한 의원은 "원래 2026년까지 34,000대를 보급하기로 했는데 2024년 1월 업무추진계획에는 해당 내용이 사라졌다. 사라진 34,000대 대신에 자리를 채운 것은 10,000대라는 숫자"라며 "이는 보급이 부족하니까 목표치를 반대로 줄여버린 졸속행정의 실태"라고 비판했다.

마지막으로 한 의원은 "어느 사업이나 행정을 하던지 계획을 면밀하게 세우고 검토를 잘 해야한다"며 "진행하는데 있어 필수적으로 동반되어야 할 사항을 부차적인 요소로 파악해서 진행에 문제가 생기는 것"이라며 미흡함을 지적했다.

III. 국토교통부·대도시권광역교통위원회·한국교통안전공단

1 국토교통부, 대도시권광역교통위원회

〈보도자료, 2024년 2월 23일, 대도시권광역교통위원회 광역버스과〉

2층 전기버스 확대로,
수도권 광역버스 출퇴근길을 더욱 편안하게
- 혼잡한 광역버스 노선에 수송력 높은 2층 전기버스 50대 추가 보급

□ 국토교통부(장관 박상우) 대도시권광역교통위원회(위원장 강희업, 이하 대광위)에서는 수도권 광역버스 출퇴근길 편의 개선을 위해 올해 연말까지 16개 광역버스 노선에 2층 전기버스 50대를 추가로 투입한다.
● 이는 대통령 주재로 열린 '교통 분야 민생토론회'(1.25)에서 발표한 광역버스 이용편의 제고 방안에 대한 후속 조치로, 노선별 배정 계획을 신속하게 확정함으로써 올해 중 전량 운행 개시할 수 있도록 할 예정이다.

□ 2층 전기버스는 지난 '19년 국토부와 현대차가 공동으로 개발하여 국산 기술로 생산하고 있는 친환경·대용량 교통수단으로, 44인까지 탑승 가능한 1층 버스와 다르게 최대 71인까지 탑승할 수 있다.
● 동일한 대수의 1층 버스 대비 160% 이상의 승객이 탑승할 수 있어 도심부 버스전용차로 등 도로의 정체를 최소화하면서 출·퇴근 시간대 차내 혼잡을 완화할 수 있는 수단으로 주목받고 있다.

□ 이러한 2층 전기버스의 효과를 고려하여 대광위에서는 '2층 전기버스 보급 지원 사업'을 통해 출퇴근시간대 혼잡도가 높으면서 장거리를 운행하는 광역버스 노선에 2층 전기버스를 보급하고 있다.
● 지난 '20년부터 '23년까지 누적 100대를 도입하여 현재 운행 중이며, 올해 7개 지자체의 16개 노선에 50대를 추가로 도입하여 150대까지 확대한다.

□ 대광위 김배성 광역교통정책국장은 "최근 대두된 도심부 도로혼잡 문제와 출퇴근 시간대 광역버스의 이용 불편을 조화롭게 풀어나가기 위한 하나의 해법으로, 2층 전기버스를 지속적으로 확대하여 국민의 출퇴근길 불편을 조금이나마 덜어드릴 수 있도록 노력하겠다"라고 밝혔다.

〈참고〉 24년도 2층 전기버스 배정 결과(최종)

노선번호	기점	종점	배정
8600/8600A	고다니8단지	서울시청	4
(미정)	홈플러스.산림조합	상암DMC	2
(미정)	현대프라임빌	당산역	4
5300	용남고속차고지	신논현역.인터파크	1
M4130	호수자이파밀리에.아이원	서울역	3
M4137	아이파크.호수부영4차	서울역	3
M4448	아이파크.호수부영4차	신분당선강남역(중)	2
7790	협성대정문	사당역(중)	2
5609	새솔고	여의도환승센터	3
3200	포동차고지	삼성서초역삼세무서	2
3008	수원아이파크시티.선일초교	강남역 나라빌딩앞	4
G5100	경희대학교	매헌시민의숲.양재꽃시장	5
7800	호매실동차고지	사당역9번출구앞	1
5000A/B	초당주공3단지후문/명지대	서울역	5
5001	남동차고지	신논현역.주류성빌딩	1
5003A/B	초당주공3단지후문/명지대	신논현역.주류성빌딩	8
합계			50

〈보도자료, 2024년 3월 14일, 대도시권광역교통위원회 광역버스과〉

서울-경기 광역버스 예약제 확대 시행

- 수원·용인·화성·고양·남양주 등 광역버스 탑승객 많은 노선에서 4월부터 확대 시행
- 용인·수원에서 5월부터 급행 광역버스 시범 투입
- 대통령 주재 교통 민생토론회(1.25) 후속조치

□ 국토교통부(장관 박상우) 대도시권광역교통위원회(위원장 강희업, 이하 대광위)는 수도권 출퇴근 시민이 더욱더 편리하게 광역버스를 이용할 수 있도록 4월부터 단계적으로 좌석예약제 확대와 급행화 시범사업을 추진한다.

o 이는 대통령 주재로 열린 민생토론회(1.25)에서 발표한 「교통 분야 3대 혁신 전략」에 대한 후속조치로, 국민께 약속드린 정책을 빠르게 국민이 체감할 수 있도록 관련 행정절차와 유관기관 협의 등을 속도감 있게 추진한 결과이다.

□ 우선, 스마트폰 어플리케이션(MiRi)으로 사전에 시간과 정류소를 지정하여 좌석을 예약하고 동일한 요금을 지불하면서 정류소 대기 없이 광역버스를 탑승할 수 있는 좌석예약제 서비스의 적용 노선(46→65개)과 운행 횟수(107→150회/하루 기준)를 확대한다.

o 작년 연말에 실시한 설문조사*에서 많은 이용객(64.7%)이 좌석예약제 서비스에 대해 만족한다고 답변했으며, 대다수(78.8%)가 좌석예약제의 확대를 요구한 바 있어, 당시 제시된 노선들을 토대로 관계 지자체와 운수사 협의 등을 거쳐 좌석예약제 적용이 적합한 노선들을 선별하였다.
  *(대상) 서울로 정기적으로 이동하는 경기도민 1,000명 / (기간) '23.11.29~12.6- 만족도: 매우 만족(23.3%), 약간만족(41.4%), 보통(27.6%), 약간불만(6%), 아주불만(1.7%)- 적용 노선 확대 필요(76.6%), 운행 횟수 확대 필요(78.8%) 등 좌석예약제 확대 의견 다수

o 이에 따라 수원, 용인, 화성 등 광역버스 탑승객이 많은 노선에서 좌석예약제가 추가되거나 새로 적용될 예정*이며, 노선별 특성을 고려하여 충분한 준비와 홍보기간을 거친 후 단계적**으로 시행한다. ※【참고 1】
  *지역별 확대 계획(日운행횟수): 수원(33→42회), 용인(20→33회), 화성(16→24회), 고양(13→14회), 남양주(10→12회), 성남(6→9회), 안양(2→3회), 오산(0→3회), 파주(0→2회), 광주(0→1회) 등

**(1단계) 4.22(월)~,+26회 / (2단계) 5월(급행화 시범사업),+6회 / (3단계) 6.10(월)~,+11회

□ 이와 함께, 운행 거리가 길거나 많은 정류소에 정차하는 직행좌석버스 노선에 대해 지하철 급행 노선과 유사한 방식으로 정류소를 일부 생략하여 속도를 향상하는 광역버스 급행화 시범사업을 5월부터 시행한다.

ㅇ급행 차량은 용인 5001-1(명지대↔신논현), 용인 5600(명지대↔강변역), 수원 1112(경희대↔강변역)에서 좌석예약제 방식으로 하루 2회씩(총 6회) 시범 운영하며, 모두 증차되어 투입되는 것으로 기존의 이용객은 종전과 동일한 버스(모든 정류소 정차)로 계속하여 탑승할 수 있다. ※【참고 2】
*(5001-1)06:45, 07:40 기점 출발 *22개 정류소 중 8개 정차/(5600)06:40, 07:50 기점 출발 *56개 정류소 중 22개 정차/(1112)07:00, 07:30 기점 출발 *25개 정류소 중 10개 정차

□ 대광위는 좌석예약제의 확대 적용과 급행화 시범사업 등 운영 상황을 면밀히 모니터링하여 개선이 필요한 사항은 즉시 조치하고, 올 하반기 중 서비스의 추가 확대를 검토할 계획이다.

□ 대광위 김배성 광역교통정책국장은 "추운 겨울, 더운 여름 정류장에서 버스를 기다리지 않고 집에서 여유롭게 출발할 수 있도록 좌석예약제를 차질없이 시행해 편리한 광역교통 서비스를 제공하겠다"라고 밝혔다.

〈보도자료, 2024년 6월 17일, 대도시권광역교통위원회 광역버스과 外〉

6월 29일부터 강남·명동을 통과하는
22개 광역버스 노선·정류장 조정
- 강남 방향 20개, 명동 방향 2개 광역버스 노선의 운행경로 조정
- 출·퇴근길 주요 도심의 혼잡·정체 해소와 교통흐름 개선 기대

□ 국토교통부(장관 박상우) 대도시권광역교통위원회(위원장 강희업, 이하 대광위)와 서울특별시(시장 오세훈), 인천광역시(시장 유정복), 경기도(도지사 김동연)는 강남·명동 방향 출·퇴근길 속도향상 등을 위하여 22개 광역버스 노선을 6월 29일(토)부터 분산·조정한다.
ㅇ이번 조치는 지난달 초 정부와 수도권 3개 지자체 합동으로 발표한 33개 광역버스 노선 조정안의 일환으로 그 중 11개 노선은 5월 16일부터 조정*되어 혼잡시간대 버스 통행시간 감축 등 효과를 거둔 바 있다.
*'남대문세무서(중)' 정차 11개 노선을 바로 옆 가로변에 신설한 '명동성당'으로 전환

□ 먼저, 수도권에서 서울 강남으로 향하는 20개 노선이 조정된다.
①(오전·오후 강남대로 운행방향 분리) 용인에서 강남으로 운행하는 5개 노선*은 퇴근시간대 강남대로 중앙버스전용차로의 신논현→양재 방향의 도로혼잡이 심해지는 것을 감안해서 강남역 부근에서 경부고속도로에 빠르게 진입하기 위하여 오후시간대에는 역방향으로 전환**한다.
【참고 1】
*1560번, 5001번, 5001-1번, 5002B번, 5003번
**(현행) 경부고속도로→반포IC→신논현→강남→양재IC→경부고속도로
  (변경) 오전: 경부고속도로→반포IC→신논현→강남→양재IC→경부고속도로
       오후: 경부고속도로→신양재IC→강남→신논현→반포IC→경부고속도로

ㅇ해당 노선을 이용하는 용인 거주 직장인은 서울 출근시와 퇴근시 이용하는 노선번호가 구분(오전A, 오후B)*되며, 출근시에는 현행과 동일하나 퇴근시에는 이용하던 정류장의 차로 반대편 정류장에서 탑승하면 된다.
*각 노선별로 오전A와 오후B로 구분하여, 예컨대 1560A는 오전에 현행과 동일하게 운행하는 한편, 1560B는 오후에 강남대로를 역방향으로 운행

②(강남대로 중앙차로 운행 분산) 강남대로 중앙버스전용차로의 정체를 완화하기 위해 15개 노선을 일부 구간에서 가로변 차로로 조정한다.

ㅇ 인천·고양·김포·파주·포천에서 출발하는 9개 노선*은 강남대로 신논현→양재 구간에서는 '2호선강남역(중)' 정류장부터 가로변에 정차한다.【참고 2】
*인천: 9500번, 9501번, 9802번 / 고양: M7412번, 9700번 / 김포: M6427번, 6427번 / 파주: G7426번 / 포천: 3100번
-다만, 양재에서 회차 이후 강남대로의 양재→신논현 방향으로 운행하는 구간에서는 기존과 동일하게 중앙차로를 운행하므로, 서울에서 퇴근하는 시민들은 기존에 이용하던 정류장에서 탑승하면 된다.

ㅇ 화성(동탄)에서 출발하는 6개 노선은 강남대로 중앙차로의 '신분당선강남역(중)' 정류장 대신 강남역 인근 가로변 정류장*에 정차한 후 '뱅뱅사거리(중)'부터 중앙차로에 합류한다.【참고 3】
*M4403번, 4403번 ⇨ '강남역티월드' 정류장 정차
 1551번, 1551B번, 8501번, 8502번 ⇨ '강남역우리은행' 정류장 정차
ㅇ 또한, 광역버스 목적지 등을 고려해 새로 가로변을 주행하게 되는 상기 노선 외에도 강남대로 가로변 정류장을 일부 재배치한다.【참고 4】

□ 또한, 성남에서 서울 명동으로 향하는 2개 노선*은 혼잡이 심한 명동 일대와 남산 1호 터널을 우회하도록 회차경로를 기존 남산 1호 터널에서 소월로로 조정한다.【참고 5】
*9003번, 9300번
ㅇ 따라서, 서울역 회차 이후 성남으로 향할 때 '명동입구' 정류장을 통과하지 않고 대신 길 건너편 '롯데백화점' 정류장에 정차한다.

□ 이번 광역버스 노선·정류장 조정으로 서울 도심 일대 교통 흐름이 개선되고 출·퇴근길이 빨라질 것으로 기대된다.
ㅇ 실제로 광역버스가 과도하게 집중됐던 '남대문세무서(중)' 정류장의 경우, 지난 5월 16일부터 11개 노선을 인근 가로변에 '명동성당' 정류장을 신설하여 옮긴 결과 혼잡시간대 버스 운행량이 크게 감소*하였다.
*'남대문세무서(중)' 정류장 정차 버스가 시간당 143→116대로 18.9% 감소

ㅇ 광역버스의 운행차로 분산으로 교통 흐름도 개선되어 동일 구간(서울역버스환승센터→순천향대병원)의 운행 소요시간*이 퇴근시간대 5분 내외(약 30분→약 25분) 단축되었다.
*시행일(5.16) 전후 각 2주 간 평일의 17~19시 평균을 비교(중앙차로, 가로변 차로 포함)

□ 대광위 이정희 광역교통정책국장은 "5월 16일 이후 '남대문세무서(중)' 정류장의 노선 분산으로 도로·정류장의 혼잡 완화 효과를 확인한 만큼, 이번 강남 등 22개 노선의 조정을 통해 버스 이용자는 물론 보행자, 운전자 등의 편의도 증진될 것으로 기대한다"고 말하며,
ㅇ "철저한 사전 홍보와 안내, 계도요원 배치를 통해 이용객 혼선을 최대한 방지할 계획이고, 시행 이후의 운영상황을 모니터링하여 향후 광역버스 정책에 반영해 나가겠다."고 밝혔다.

〈보도자료, 2024년 6월 25일, 대도시권광역교통위원회 광역버스과〉

서울 가는 출근길 쉬워진다,
24년 광역버스 준공영제 노선 10개 선정
- 신설노선 8개 및 민영제→준공영제 전환노선 2개, 빠르면 올해 말 개통 목표

□ 국토교통부(장관 박상우) 대도시권광역교통위원회(위원장 강희업, 이하 대광위)는 올해 광역버스 준공영제 대상 노선으로 10개 노선을 선정했다. 【참고 참조】

□ 대광위는 지자체가 신청한 50여개 노선 중에서 지역 간 연결성, 혼잡도, 이용수요 등을 고려해 전문기관의 타당성 평가와 광역버스 노선위원회 심의를 거쳐 노선을 선정했다.

ㅇ 신설 노선은 고양, 광명, 안성, 양주, 양평, 오산, 용인, 평택에서 서울역, 사당역, 영등포, 잠실 등으로 향하는 8개 노선이며, 전환 노선으로는 고양(현 M7412), 화성(현 M4449)의 2개 노선이 선정됐다.

ㅇ 이번에 선정된 10개 노선은 향후 운송사업자 모집 공고와 평가·선정 등을 거쳐 빠르면 올해 하반기부터 운행을 개시할 예정이다.

□ 대광위 강희업 위원장은 "광역버스 신설 필요성이 높은 지역부터 준공영제 노선을 확대하고 있으며, 앞으로도 지속적인 노선 신설로 국민들에게 편리하고 안정적인 광역교통 서비스를 제공할 계획"이라고 밝혔다.

〈참고〉 2024년도 광역버스 준공영제 선정 노선

연번	구분 (신설/전환)	운행형태	관할 지자체	노선번호	기점	종점
1	신설	직행좌석	고양시	-	고양동	영등포
2	신설	직행좌석	광명시	- (現8507번)	오리서원.충현중.광휘고	사당역
3	신설	직행좌석	안성시	-	안성종합버스터미널	문정로데오거리입구
4	신설	직행좌석	양주시	-	덕정역	잠실역
5	신설	직행좌석	양평군	-	문호리	잠실광역환승센터
6	신설	직행좌석	오산시	-	세교2지구	서울역
7	신설	직행좌석	용인시	-	서천지구	서울역
8	신설	직행좌석	평택시	-	안중버스터미널	사당역
9	전환	광역급행	고양시	M7412	중산마을	강남역
10	전환	광역급행	화성시	M4449	(오산시) 한신대입구사거리	강남역

※ 순서는 관할 지자체의 가나다 순

<보도자료, 2024년 7월 25일, 대도시권광역교통위원회 광역버스과>

강남·명동 광역버스 노선 조정 결과, 버스 운행속도 최대 31% 향상

- 강남대로 중앙전용차로(32→22분), 명동 삼일대로(32→25분) 운행속도 개선
- 서울역~동탄(62→57분), 강남~용인(50→37분) 등 퇴근길 버스 소요시간 단축

□ 국토교통부(장관 박상우) 대도시권광역교통위원회(위원장 강희업, 이하 대광위)는 지난 5~6월에 걸쳐 강남과 명동 지역을 지나는 33개 광역버스 노선 및 정류장을 조정한 결과 강남대로 중앙버스전용차로 등 혼잡구간의 퇴근시간 대 운행시간이 최대 31% 단축되었다고 밝혔다.

o 대광위는 지난 5월초, 서울특별시·인천광역시·경기도 등과 함께 최근의 주요 도심 혼잡상황* 해소를 위해 노선 조정안을 발표하고, 5월 16일(11개 노선)과 6월 29일(22개 노선) 두 차례에 걸쳐 이를 시행하였다.

* △중앙버스전용차로의 부하로 버스가 일렬로 길게 늘어서는 "강남대로 버스 열차현상"('23.5월), △"명동입구 정류장에서의 버스 대란"('24.1월) 등 이슈화

o 시행 전후 버스 운행 데이터를 분석*한 결과, 광역버스 노선 수나 운행 횟수를 감축하지 않고 노선과 정류장만 조정했는데도, 강남대로와 명동 삼일대로 모두 운행시간이 줄어든 것으로 확인되었다.

*시행 전후 공휴일이 없는 연속 2주간의 평일(화·수·목) 총 6일간을 비교
 - 시행전: 4월 16, 17, 18, 23, 24, 25일 / 시행후: 7월 2, 3, 4, 9, 10, 11일

□ 강남대로 중앙버스전용차로는 동 구간을 지나는 서울 시내버스와 광역버스, 공항 리무진 등이 신사→양재 구간에 몰리면서, 버스가 일렬로 정체되는 '버스열차현상'이 빈번했으나, 이번 조정 후 혼잡이 완화되며 퇴근시간 대 운행시간이 최대 10분 단축(32분⇒22분, △31%)되었다.

강남대로 중앙버스전용차로 신사→양재 구간 소요시간 (단위: 분)

시간대	6	7	8	9	10	11	12	13	14	15	16	17	18	19	20	21	22	23
시행 전	19	22	23	23	22	21	21	20	21	22	22	23	27	32	29	24	24	22
시행 후	20	21	23	22	21	20	20	20	20	21	21	22	22	22	21	22	22	21
증감	0	-1	-1	-1	-1	-1	0	0	0	-1	-1	-1	-5	-10	-8	-2	-2	-1

ㅇ 이는 인천·화성(동탄) 등에서 오는 15개 노선의 정류장을 중앙차로에서 가로변 차로로 조정하고, 용인발 5개 노선은 오후시간 대 운행노선을 역방향으로 전환(강남대로 중앙차로 양재→신사방향 운행)하면서 신사→양재 간 중앙차로를 지나는 버스 통행량이 완화되었기 때문이다.

ㅇ 한편, 중앙차로에서 가로변 차로와 역방향 운행으로 조정된 노선들도 각각 최대 5분, 16분* 단축되는 등 강남일대의 버스 운행속도가 전반적으로 개선되고 있는 것으로 나타났다.

*(구간) 신논현역 부근(기존주류성빌딩☞조정신논현역 정류장)→청계산입구역 부근(경부고속도로)

□ 명동 삼일대로도 11개 노선의 정류장을 가로변으로 전환('명동성당' 정류장 신설)하고 2개 노선*의 회차 경로를 조정(남산1호터널☞소월로)한 결과, '서울역→명동입구→남산1호터널→순천향대학병원' 구간의 운행시간이 최대 7분 단축(32분⇨25분, △22%)되었다.

*두 노선의 '서울역→소월로→순천향대학병원' 구간 퇴근시 소요시간 최대 12분 단축- 단, 명동('롯데백화점') 탑승시 서울역 우회로 소요시간이 일부 증가하여 모니터링 중

서울역→남산1호터널→순천향대학병원 구간 소요시간 (단위: 분)

시간대	6	7	8	9	10	11	12	13	14	15	16	17	18	19	20	21	22	23
시행 전	15	17	21	24	21	23	24	28	29	30	29	32	30	25	23	23	19	15
시행 후	14	16	19	23	21	20	20	24	25	24	26	25	27	20	18	18	16	15
증감	0	0	-2	0	0	-3	-3	-3	-3	-6	-3	-7	-3	-5	-5	-4	-2	0

□ 대광위 강희업 위원장은 "광역버스 노선 조정으로 서울 주요 도심의 도로와 정류장의 혼잡이 완화되고, 서울에서 경기도로 퇴근하는 직장인분들의 편의도 개선되는 효과가 나타나고 있다"고 평가하며,

ㅇ "함께 보조를 맞춘 서울시, 인천시, 경기도 등 지자체와 운수회사는 물론 적극 협조해주신 이용객분들께 감사드리고, 앞으로도 광역교통 서비스 향상을 위해 노력하겠다"고 덧붙였다.

〈보도자료, 2024년 8월 22일, 국토교통부 교통안전정책과 外〉

통근버스 출퇴근길 안전, 첨단 AI 모니터링 기술로 지킨다.
- AI기술로 버스운전자 위험운전을 예방… 위험운행 시 실시간 위험 경고
- 민간기업과 함께 통근버스에 AI활용 안전운행 시범사업 실시

□ 국토교통부(장관 박상우)와 한국교통안전공단(이사장 권용복)은 안전한 출·퇴근 환경조성을 위해 민간기업과 함께 통근버스를 대상으로 "AI활용 안전운행 지원사업"을 시범적으로 추진한다.

□ AI활용 안전운행 지원사업은 차량 전방과 내부에 설치한 AI 영상분석 카메라로 버스 운전자의 위험운전행동을 실시간 모니터링하고 운전자에게 즉시 피드백을 주는 솔루션으로,
  ㅇ 버스 운전자가 운전 도중 신호위반, 중앙선 침범, 휴대전화 사용, 졸음운전, 전방주시 태만 등 중대 법규위반 행위를 하면, AI 단말기가 즉시 운전자에게 경고음을 울린다.
  ㅇ 또한, AI 단말기는 과속·급정지·급출발 등 위험운전행동이나 사고영상(돌발긴급상황, 사고영상, 아차사고*) 등을 모니터링하고 분석한 결과를 버스 운전자와 운수회사에 제공함으로써 올바른 운행습관을 갖추도록 돕는다. * 사고는 발생하지 않았으나 발생할 위험이 있는 상황
  ㅇ 이 사업은 작년에 2개 시내버스 회사(60대)에 도입되어, 교통사고율 93.5%(0.123→0.008건/대) 감소, 신호 위반 71.4% 감소, 주시태만 33.3% 감소, 안전운전 점수 9.9% 증가 등 큰 안전 개선 효과를 거두었다.

□ 국토교통부는 올해도 사업 효과의 확산을 위해 LG전자, 한국교통안전공단과 "AI활용 안전운행 지원 시범사업을 위한 업무협약*"을 체결하고 LG전자 통근버스에 대해 시범사업을 추진한다.
  * (일시/장소) 8.22(목) 15시~ / LG 스마트파크 R&D 센터
    (참 석 자) 국토부종합교통정책관, TS교통안전본부장, LG전자H&A안전환경/지원담당 등 16명

ㅇ 국토교통부는 시범사업의 효과를 분석하여 첨단안전장치 장착 등 정책적 지원방안을 마련하여 시행한다. 한국교통안전공단은 AI를 활용한 통근버스 운전자의 운행관제 및 교육을 담당한다.

ㅇ LG전자는 AI 안전운전 플랫폼을 창원사업장 통근버스 장거리 노선에 설치·운영하여, 운전자의 졸음운전 등 위험운전으로 인한 교통사고를 예방함으로써 직원들의 출·퇴근길 안전을 확보한다.

o 또한, LG전자는 올해 시범사업의 성과를 바탕으로 타 노선 등으로 이 사업의 확대 추진을 검토할 예정이다.

□ 국토교통부 박정수 종합교통정책관은 "AI 기술을 활용한 운전자 안전운전 지원 사업이 교통사고 예방 및 승객 안전 확보에 크게 기여할 것으로 기대한다"며,

o "정부는 민간기업과 함께 버스 교통사고 예방을 위해 첨단안전장치 장착 사업이 확산될 수 있도록 지속 노력해 나가겠다"라고 밝혔다.

〈보도자료, 2024년 9월 11일, 환경부 대기미래전략과 外〉

2030년까지 전체 광역버스 25%를 수소버스로 보급한다
환경부-대도시권광역교통위, 수소버스 보급 활성화 위한 업무설명회 개최
올해 신설한 준공영제 광역버스 3개 노선에 수소버스를 도입하는 등 확대 지속

환경부(장관 김완섭)와 국토교통부 대도시권광역교통위원회(위원장 강희업, 이하 대광위)는 수도권 광역버스 노선에 수소버스 도입을 확대하기 위해 9월 11일 오후 로얄호텔서울(서울 중구 소재)에서 수소버스 보급 활성화를 위한 업무 설명회를 개최한다고 밝혔다.

이번 설명회는 경기도와 인천광역시의 광역버스 노선 업무 담당자와 해당 지역 내 광역버스 운수사 관계자 등을 대상으로 하며, 수소버스에 대한 업무 담당자들의 이해도를 증진하기 위해 마련됐다.

설명회는 환경부의 수소버스 보급계획 및 지원 현황에 대한 발표를 시작으로, △대광위의 광역버스 대상 수소버스 전환 계획, △현대자동차와 하이엑시움모터스의 수소버스 제원, △에스케이 이앤에스(SK E&S)와 코하이젠의 수소상용차용 수소충전소 구축 현황 및 향후 계획 등이 소개된다.

수소버스는 '2030 국가 온실가스 감축목표(NDC)' 등에 따라 2030년까지 누적으로 2만 1,200대가 보급되어야 한다. 올해 8월 31일 기준으로 수소버스는 지금까지 1,185대가 보급됐다. 현재 수도권 광역버스 노선*에는 수소버스 40여 대가 운행 중이며, '제2차 대도시권 광역교통기본계획(2021~2040)'에서 2030년까지 전체 광역버스의 25%를 수소버스로 보급하는 목표를 설정한 바 있다.
  * '24.9월 광역버스 노선 327개 중 96.3%가 수도권에 해당

수소버스는 대기오염물질을 배출하지 않는 무공해차로 같은 무공해차인 전기버스에 비해 주행거리가 길고*, 충전 시간이 짧은 장점이 있어, 상대적으로 주행거리가 긴 광역버스 노선에 적합하다.
  * (주행거리) 수소버스 약 500㎞ 이상

특히 내연기관 버스가 승용차에 비해 연간 약 30배의 온실가스와 약 43배의 미세먼지를 배출하는 것으로 알려진 만큼, 내연기관 광역버스를 수소버스로 전환할 경우 대기오염물질과 온실가스 감축 효과를 얻을 수 있다.

이정희 대광위 광역교통정책국장은 "올해 신설한 준공영제 광역버스의 10개 노선(77대) 중 3개 노선(23대)에서 수소버스 도입을 조건으로 운송 사업자를 모집 중"이라면서, "버스 기점 지역 인근에 수소충전소가 확보된 경우 등 도입 여건을 검토하여 기존 대차 및 폐차 차량뿐만 아니라 신규 광역버스 노선에도 수소버스의 도입을 적극 확대하겠다"라고 밝혔다.

오일영 환경부 대기환경정책관은 "올해 하반기부터 국내 수소버스 제작사로 현대차에 이어 하이엑시움모터스(두산)가 새로 추가되고, 수도권에 액화수소충전소와 대용량 기체수소충전소도 확충되고 있어 다량의 수소를 소비하는 수소 광역버스 보급 여건이 개선되고 있다"라면서, "정부가 먼저 확고한 탄소중립 노력과 함께 수소차 생태계 육성을 위한 지원을 아끼지 않을 테니, 수도권 수소 광역버스 보급 활성화를 위해 모두가 함께 역량을 모아주길 바란다"라고 밝혔다.

〈참고〉 국내 보급 고상 수소버스 사양

구 분	수소버스(고상) 사양
사진	
차량명	유니버스 수소전기버스
연료용량	약 34kg
출시	'23년 4월~
국고보조금	2.6억원
에너지소비효율	26.08km/kg
길이×폭×높이(m)	11.75×2.5×3.7

2 한국교통안전공단(TS)

〈보도자료, 2024년 2월 22일, 한국교통안전공단 자율주행연구처 外〉

수소버스 안전성 정밀 관리한다.
- 수소버스 안전성 평가기술 및 장비개발 과제 연구성과 발표 -

한국교통안전공단(이사장 권용복)은 수소버스 안전성 강화를 위해 2월 22일 자동차안전연구원에서 수소버스 평가장비 및 검사기술 시연회를 개최했다.

공단은 정부의 "수소 안전관리 로드맵 2.0"에 따라, 향후 보급될 수소버스의 안전성 강화를 위해 수소버스 구동시스템 성능 평가장비와 내압용기 결함을 검사하는 비파괴 검사기술을 개발하는 '수소버스 안전성 평가기술 및 장비개발' 사업*을 추진하였으며, 사업 성과물인 수소버스 구동시스템 통합성능 평가장비 및 내압용기 비파괴 검사기술의 적정성을 확인하기 위해 수소버스(현대 일렉시티 FCEV)를 대상으로 실차에 적용하는 시연회를 가졌다.

  * (사업개요) 주관부처 : 국토교통부 / 총사업비 : 278.52억원 / 사업기간 : '20.4.~'24.3.

이번 연구에서 개발된 '수소버스 구동시스템 통합성능 평가장비'는 수소전기차의 동력 성능(토크, 회전속도, 출력)을 측정하여 차량의 시스템 출력을 평가하기 위한 장비이며, 기존에는 모터동력계를 이용한 부품 단위의 모터 출력 시험만 수행하였으나, 향후에는 해당 장비를 활용하여 차량 단위 출력 시험, 평가를 수행할 예정이다.

특히 자동차 안전기준 국제조화기구(UN/ECE/WP29)에 세계 최초로 제안('23.10.)한 바 있는, 수소전기차 시스템 출력 평가 방법 연구에 해당 평가장비를 활용하였다.

또한, 수소버스 내압용기 정기검사 기술 고도화를 위하여 복합소재(플라스틱 소재+카본 소재) 수소 내압용기의 특성과 내압용기 재검사 환경을 고려한 초음파 방식의 비파괴 검사기술을 개발하였다.

기존에는 육안 검사 위주로 수소 내압용기 표면검사(긁힘, 홈 등)가 진행되었으나, 인적오류 최소화를 위해 초음파 방식의 비파괴 검사방법을 개발하였으며, 향후 이를 내압용기 재검사방법 개선에 활용할 예정이다.

공단 권용복 이사장은 "이번 연구에서 검증된 기술들이 안전한 수소버스 이용을 지원하고, 수소버스 보급 활성화에 기여할 것을 기대한다."며, "공단은 앞으로도 수소 자동차에 대한 안전성 향상을 위해 지속적으로 노력할 것"이라고 밝혔다.

⟨보도자료, 2024년 3월 14일, 한국교통안전공단 교통안전처⟩

한국교통안전공단
노선버스 위험운전, AI로 막는다!

- 신호위반 등 실시간 감지해 경고..시범운영결과 교통사고율 93.5% 감소 -
- 전국버스운송사업조합연합회와 업무협약 체결. 전국 TS 지역본부에서 사업추진-

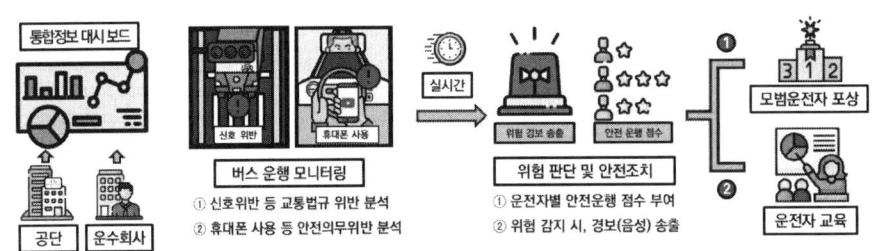

AI 안전운전 플랫폼을 활용한 노선버스 실시간 운행관제 사업 개념도

한국교통안전공단(이사장 권용복, 이하 TS)은 "노선버스 운전자의 신호위반과 졸음운전 등 위험 운전행동을 경고하는 인공지능(AI) 영상 분석 기술을 활용해 국민이 안심하고 이용할 수 있는 버스 운행 환경을 조성한다"고 14일 밝혔다.

이를 위해 TS는 3월 15일(금) 오후 2시 전국버스회관 6층 대회의실에서 전국버스운송사업조합연합회(회장 김기성)와 노선버스 운전자의 법규위반 및 위험운전행동으로 발생하는 교통사고를 예방하기 위한 업무협약을 체결한다.

이번 업무협약으로 TS는 전국버스운송사업조합연합회와 노선버스 교통사고 예방을 위한 'AI 안전운전 플랫폼을 활용한 노선버스 실시간 운행관제 모니터링' 사업을 추진하며 실제 노선버스에 적용할 계획이다.

이 사업은 지난해 국내 최초로 도입한 'AI 시내버스 안전운전 모니터링 시범사업'을 시내버스는 물론 고속·시외버스까지 대상을 확대하고, 정부의 국정과제중 ▲ 사업용 교통수단 안전관리 ▲ 안전관리 체계 디지털화를 실현하는데 그 의미가 있다. TS는 서울·경기남부·대전세종충남·대구경북 등 전국 지역본부에서 사업을 추진한다.

지난해 'AI 시내버스 안전운전 모니터링 시범사업' 성과 분석결과 ▲ 운전자의 신호위반 71.4% 감소 ▲ 중앙선 침범 10.6% 감소 ▲ 전방주시태만 33.3% 감소 ▲ 흡연 86.9% 감소 등 주요 법규위반 건수가 대폭 감소하는 성과를 올렸다.

법규위반 항목	8월(도입 첫달)	11월(3개월 뒤)	개선율
신호위반	2.100	0.600	71.4%
중앙선 침범	0.687	0.614	10.6%
전방주시태만	0.300	0.200	33.3%
운전중 흡연	0.130	0.017	86.9%

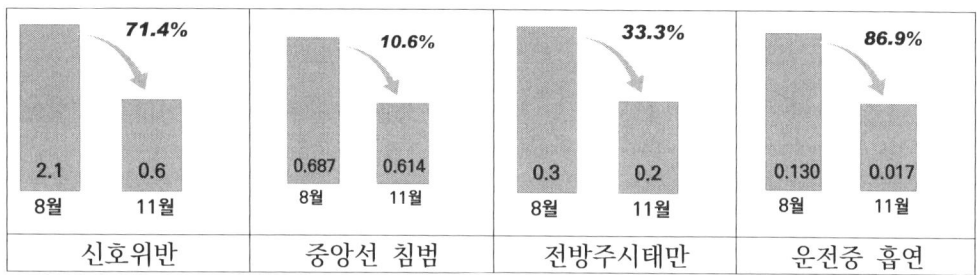

'23년도 AI 시내버스 안전운전 모니터링 사업 효과분석(법규위반 감소율)

특히, 신호위반과 휴대폰 사용, 흡연, 안전벨트 미착용, 아차사고 등 위험운전행동 이벤트 발생 시 AI 안전운전 플랫폼에 자동으로 저장되어, 운수회사에서 법규위반 운전자를 대상으로 한 교육·지도에 적극 활용하였다. 이에 해당 시내버스 회사(2개社, 464명)의 교통사고율이 93.5% 감소(0.123→0.008건/대)하는 등 사업효과가 큰 것으로 분석됐다.

TS는 올해 위험운전 개선효과가 큰 'AI 안전운전 플랫폼을 활용한 안전운전 모니터링' 사업을 고속·광역·시외·시내 등 노선버스 회사 10~16개社로 규모를 전년 대비 5~8배 키울 계획이다. 우선, 참여 운수회사의 노선버스에는 차량 전방 외부와 내부에 AI카메라를 설치하고, 영상분석 장비를 통해 운전자의 위험운전행동을 실시간 모니터링하게 된다. 모니터링 시에는 운전자의 신호위반, 중앙선 침범, 휴대폰 사용, 졸음운전, 전방주시태만 등 중대 법규위반 행위 발생 시 AI 단말기에서 즉시 경고음이 울린다. 모니터링 후에는 과속·급정지·급출발 등 위험운전행동, 사고영상(돌발긴급상황, 사고영상, 아차사고) 등이 안전운전 플랫폼을 통해 운전자·운수회사에 제공되어서 운전자 교정교육에 활용된다.

특별히, TS는 실시간 운행관제 모니터링으로 운전기사의 자율적 안전운행 참여를 높이기 위해 2억원 규모의 우수운전자 포상도 시행한다.

TS 권용복 이사장은 "이번 사업을 통해 노선버스 운전자들의 법규위반, 위험운전행동 등 위험 운전습관을 스스로 개선할 수 있을 것으로 기대한다"며, "이를 통해 버스 이용자인 국민 여러분께는 안전하고 편리하게 대중교통을 이용할 수 있는 환경이 제공될 것"이라고 밝혔다.

〈보도자료, 2024년 3월 15일, 한국교통안전공단 교통안전처〉

버스 "전국 노선버스 교통안전 강화!"
한국교통안전공단-전국버스연합회 맞손
- AI 플랫폼 활용 안전운전 모니터링, 안전관리 교육·홍보 등 6개 사업 협업 -

한국교통안전공단(이사장 권용복, 이하 TS)은 "전국버스운송사업조합연합회(회장 김기성, 이하 전국버스연합회)와 3월 15일(금) 오후 2시 전국버스회관에서 노선버스 교통사고 예방을 위한 업무협약을 체결했다"고 15일 밝혔다.

이번 업무협약을 계기로 TS는 전국버스연합회와 노선버스(고속·광역·시외·시내) 교통사고 예방을 위한 'AI 안전운전 플랫폼을 활용한 노선버스 교통사고 예방' 등 6개 사업 분야에서 상호 협력을 추진한다.

협력 사업 세부내용은 ▲ AI(인공지능) 안전운전 플랫폼을 활용한 노선버스 교통사고 예방 ▲ 고용노동부 버스운전자 양성사업 ▲ 노선버스 안전관리 교육 및 컨설 ▲ 노선버스 무사고 100일 운동 ▲ 버스운전자 대상 경제운전 교육 및 교통안전체험교육 ▲ 안전한 교통문화 정착을 위한 교통안전 홍보·캠페인 등 6개 분야이다.

특히, TS와 전국버스연합회는 'AI 안전운전 플랫폼을 활용한 노선버스 실시간 운행 관제 모니터링 사업'을 통해 노선버스 운전자의 신호위반과 졸음운전 등 위험 운전행동을 실시간으로 경고하는 AI 영상 분석 시스템을 구축해 국민이 안전한 버스 운행 환경을 조성한다.

이 사업은 TS가 지난해 단독으로 시행한 'AI 기술을 활용한 운전자 안전운전 모니터링 시범사업'의 규모를 5배 이상 확대해 추진되는 것이다. 이밖에 TS는 국내에서 TS만이 시행 가능한 버스운전자 대상 경제운전 및 교통안전체험교육과 버스운전자 양성사업을 통해 버스 운전자의 안전운행 문화를 확산시킬 계획이다.

이외에도 TS와 전국버스연합회는 버스회사 안전관리 강화를 위한 교육·컨설팅·캠페인 등 다양한 분야의 교통안전업무에서 상호 협력을 강화한다.

TS 권용복 이사장은 "이번 업무협약은 노선버스 운전자들의 안전운행문화를 정착시키고 버스 교통사고를 사전에 예방하는 데 큰 도움이 될 것으로 기대된다"며, "전국버스연합회와 협력을 통해 전국 노선버스의 교통안전을 확보하고 국민이 안전하고 편리한 교통환경을 조성하는 데 최선을 다하겠다"고 밝혔다.

〈보도자료, 2024년 3월 28일, 한국교통안전공단 교통안전처〉

버스 "AI 기술로 노선버스 교통사고 막는다"
한국교통안전공단-㈜에이아이매틱스 맞손
- AI 영상인식 안전운전 플랫폼 활용, 운전자 위험운전 실시간 모니터링 -
- TS-㈜에이아이매틱스, AI기반 노선버스 교통사고 예방 위한 업무협약 체결 -

한국교통안전공단(이사장 권용복, 이하 TS)은 "㈜에이아이매틱스(대표 이훈)와 3월 28일(목) 오후 1시 30분 한국교통안전공단 본사에서 'AI(인공지능) 기반 노선버스 교통사고 예방을 위한 업무협약'을 체결했다"고 28일 밝혔다. 이번 업무협약을 계기로 TS는 올해 ㈜에이아이매틱스와 함께 노선버스(고속·광역·시외·시내)를 대상으로 하는 'AI 안전운전 플랫폼을 활용한 노선버스 교통사고 예방 사업'을 추진한다.

이번 사업의 일환으로 TS는 민간의 혁신제품인 'AI 영상인식 안전운전 플랫폼'을 사고율이 높은 버스회사(10~16개社)에 도입하고, ㈜에이아이매틱스는 AI On Device와 머신러닝 운영(MLOps) 기술이 적용된 AI 영상인식 안전운전 플랫폼을 공급한다. ㈜에이아이매틱스는 공급된 플랫폼을 통해 데이터 분석 등의 플랫폼 운영 역할도 담당한다.

AI 영상인식 안전운전 플랫폼은 노선버스에는 차량 전방과 내부에 장착된 머신러닝 운영(MLOps) 기술이 적용된 AI On-Device와 차량 ECU(Electronic Control Unit)를 통해 운전자의 행동, 차량의 운행행태 등 데이터를 실시간으로 수집·분석하여 운전자의 위험운전행동을 인식하고 운전자에게 경고하는 시스템이다. 이 플랫폼은 매월 운전자의 위험운전행동 데이터(법규위반 건수, 위험운전행동 건수, 법규위반 영상, 아차사고 영상 등)를 분석하여 운수회사 및 운전자에게 안전운전 리포트를 제공한다. 이를 통해 노선버스 운전자의 위험운전을 실시간으로 관제·경고하고, 매월 위험운전 습관 교정교육을 시행함으로써 노선버스 교통사고 예방에 기여할 것으로 기대된다.

한편, 이번 사업은 지난해 TS와 ㈜에이아이매틱스가 함께 시범사업으로 추진한 'AI 기술을 활용한 운전자 안전운전 모니터링' 사업을 8배 이상 확대해 추진되는 것이다. 지난해 시범사업 결과, 시내버스 회사(2개社, 464명)의 교통사고율 93.5% (0.123→0.008건/대) 감소, 신호 위반 71.4% 감소, 주시태만 33.3% 감소, 안전운전 점수 9.9% 증가 등 사업 효과가 큰 것으로 분석됐다.

올해 참여 대상 운수회사가 확대된 만큼 노선버스의 교통사고 감소에 크게 기여할 것으로 기대된다. TS 권용복 이사장은 "이번 업무협약은 민간의 창의적 역량을 활용하는 첫 걸음으로, AI 등 첨단기술을 활용한 스마트한 안전관리로 노선버스 교통사고 감소에 기여할 것이라"며, "㈜에이아이매틱스와 협력을 통해 전국 노선버스의 교통안전을 확보하고 국민이 안전하고 편리한 교통환경을 조성하는데 최선을 다하겠다"고 밝혔다.

〈보도자료, 2024년 10월 20일, 한국교통안전공단 첨단검사기술처〉

버스TS, 중국산 전기버스 배터리 안전성 확보에 앞장
- 18일(금) 중국산 전기버스 배터리 제조사와 간담회 개최 -
- 내년 1월 배터리 안전검사 시행을 위한 BMS 정보제공 등 협조 요청 -

한국교통안전공단(이사장 정용식, 이하 TS)은 10월 18일(금) 서울역 회의실에서 내년 1월부터 시행하는 "배터리 안전검사"가 차질없이 시행될 수 있도록 중국 전기버스 제조사 및 판매사와 간담회를 개최했다.

배터리 안전검사는 정부에서 지난 9월 전기차 화재 안전대책의 일환으로 발표한 제도로, 전기차 검사 시에 배터리 성능, BMS(배터리관리시스템), 외관 및 물리적 손상 등을 검사할 수 있으며, 그 핵심에는 전기차 BMS에 저장된 정보 확인이 필요하다.

　　* BMS(Battery Management System) : 충전식 배터리의 전류·전압, 충전상태 등 데이터 측정 및 수집을 통해 배터리의 성능을 관리하고 모니터링 하는 전자 시스템

이번 간담회는 국내에서 많이 운행중이나 보안 등 여러 가지 사유로 BMS 정보 확인 자료 제공이 어려웠던 중국산 전기버스 제조사에 BMS 정보 확인 기술 개발을 위한 적극적인 협조와 참여를 요청하기 위해 추진되었으며, 24개 제조사가 참여하였다. 이 자리에 참석한 중국산 전기버스 제조사들은 정부가 시행하는 제도의 필요성에 공감하고, 정부 정책에 적극적으로 협조하겠다고 밝혔으며, TS는 제조사들과의 협업을 통해 빠른 시일내에 배터리 안전검사 기술을 개발하고, 소규모 제작사가 수입한 자동차도 배터리 안전검사가 시행될 수 있도록 지원할 예정이다.

TS는 그간 법적 의무는 아니었으나, 자동차검사 과정에서 전기차 배터리의 BMS 정상 작동 여부 확인이 가능한 KADIS 장비를 '19년 5월 개발하여, 검사소에 방문한 자동차검사 고객을 대상으로 사용하고 있으며, 배터리 안전검사 시행 이후에는 민간검사소 보급을 통해 보다 안전한 전기차 운행 환경을 만들 수 있을 것으로 기대하고 있다.

TS 정용식 이사장은 "배터리 안전성 확보를 위해 자동차 제작·운행 전 과정의 다양한 제도가 추진되고 있고, TS는 보다 실효성 있는 정책 추진을 위해 지속적으로 노력하겠다."고 말하며, "특히, 국내 뿐만 아니라 해외 제조사와의 적극적인 협력을 통해 관련 제도가 문제없이 추진될 수 있도록 힘쓰겠다."고 밝혔다.

〈보도자료, 2024년 11월 6일, 한국교통안전공단 특수검사처〉

TS, 수소·CNG 버스 2만3천대 안전 점검 완료
- 국토부,지자체 등과 5월~10월 5개월간 수소·CNG 버스 특별안전점검 실시 -
- 총 23,611대 점검 결과 가스누출 등 1,123대 결함 조치 -

한국교통안전공단(이사장 정용식, 이하 TS)은 지난 5월부터 10월까지 '24년 수소 및 CNG(압축천연가스) 버스 특별안전점검을 실시한 결과, 총 23,611대 중 1,123대의 결함차량을 조치하였다고 밝혔다. 이번 점검은 TS와 국토교통부, 지자체, 자동차 제작사, 전국버스운송사업조합연합회, 시내버스 운수회사가 국민의 안전한 버스 이용환경 마련을 위해 상호 협력하여 추진하였다.

주요 점검 내용으로는 내압용기와 연료장치의 안전 상태를 집중 점검하였으며, 그 결과 가스누출 등 1,123대의 결함 차량을 조치해 선제적인 안전 확보를 이루었다. 점검을 통해 노후 버스 80대를 조기 폐차 유도하며, 운수업체의 안전관리 강화에 기여하였다. 특히, CNG 시내버스와 마을버스의 결함 차량에 대한 현장 조치를 즉각 시행하여 사고 위험을 최소화하였으며, 수소버스 연료 시스템의 누출이 발견되어 관련 부품에 대한 교체를 제작사에 안내하는 등 CNG 버스 내압용기 및 밸브의 중대결함은 내압용기수시검사를 통해 추가적인 안전성을 확보했다.

한국교통안전공단 직원이 수소 버스 점검을 하고 있는 모습

또한, 이번 특별안전점검의 일환으로 전국 CNG 충전소 203개소에 대해 감압 충전 조치를 실시해 외부 온도로 인한 내압용기 사고를 예방했으며, 운수 종사자 592명을 대상으로 안전관리 교육을 진행하여, 실무 역량을 높이고, 향후 사고 예방에 기여할 수 있도록 지원하였다.

TS는 국토교통부와 함께 이번 점검 결과를 바탕으로 보급 초기인 수소 버스 누출 및 CNG 용기 부식 등의 문제를 해결하기 위한 추가 조사 실시, 관련 협의체를 통한 안전관리 체계 강화 등 수소·CNG 버스의 운행 안전성 개선 방안을 논의할 계획이다.

TS 정용식 이사장은 "수소·CNG 등 친환경 버스가 증가하는 추세인 만큼 국민들의 버스 이용과 관련한 안전성을 확보할 수 있도록 지속적으로 노력하겠다."고 밝혔다.

⟨보도자료, 2024년 12월 20일, 한국교통안전공단 교통안전처⟩

TS, AI 기술 활용해 노선버스 사고 감소 효과 톡톡
- 7월~10월 시범사업 결과 전년 동기 대비 사고율 71.2% 감소 -
- 졸음 운전·신호위반·중앙선 침범 등 위험운전 예방효과 -

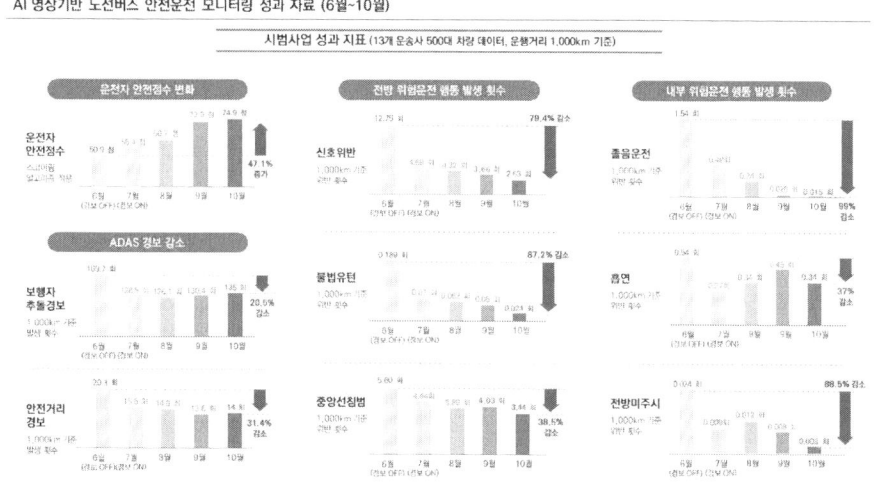

2024년 AI 영상기반 노선버스 안전운전 모니터링 시범사업 성과(6월~10월)

한국교통안전공단(이사장 정용식, 이하 TS)은 노선버스 운전자의 신호위반과 졸음운전 등 위험 운전행동을 경고하는 인공지능(AI) 영상 분석 기술을 활용해 국민이 안전한 버스 운행 환경을 조성하는데 앞장서고 있다. TS는 올해 7월부터 10월까지 'AI 기반 노선버스 안전운전 모니터링 시범사업'을 실시하고 위험운전 행동 개선, 사고율 등을 분석했다.

TS가 이 사업에 참여한 노선버스 운전자의 졸음운전과 신호위반, 안전거리 미확보, 중앙선 침범, 보행자 추돌경보, 휴대폰 사용, 흡연 등 위험운전행동을 성과지표에 따라 분석한 결과, 이번 시범사업을 통해 전년 동기('23.7~10월) 대비 사고율이 71.2%(0.424→0.122) 감소한 것으로 나타났다. 특히, 사업 실시 전과 후의 성과지표를 비교해 분석*한 결과, 노선버스 운전자의 전방 위험운전 행동 발생 횟수는 ▲ 운전자의 신호위반 79.4% 감소 ▲ 불법 유턴 87.2% 감소 ▲ 중앙선 침범 38.5% 감소한 것으로 나타났다.*

13개 노선버스 회사 500대 차량 데이터(운행거리 1,000km 기준) 분석

이어 노선버스 운전자의 내부 위험운전 발생 횟수는 ▲ 졸음운전 99.0% 감소 ▲ 흡연 37.0% 감소 ▲ 전방미주시 88.5% 감소한 것으로 분석됐다. 또한, 이를 통해 시범사업에 참여한 노선버스의 ADAS(첨단운전자보조시스템) 경보 건수는 ▲ 보행자 추돌경보 20.5% 감소 ▲

안전거리경보 31.4% 감소하는 효과를 보였다.

'AI 노선버스 안전운전 모니터링 시범사업'은 AI 영상분석장비를 활용해 버스 기사의 교통 법규 위반 등 위험 운전 행동을 실시간으로 모니터링해 경보음으로 알려주는 사고예방 사업이다. 참여 운수회사의 노선버스에는 차량 전방 외부와 내부에 AI카메라를 설치하고, 영상분석장비를 통해 운전자의 위험운전행동을 실시간 모니터링하게 된다. 모니터링 시에는 운전자의 신호위반, 중앙선 침범, 휴대폰 사용, 졸음운전, 전방주시태만 등 중대 법규위반 행위 발생 시 AI 단말기에서 즉시 경고음이 울린다. 모니터링 후에는 과속·급정지·급출발 등 위험운전행동, 사고영상(돌발긴급상황, 사고영상, 아차사고) 등이 안전운전 플랫폼을 통해 운전자·운수회사에 제공되어서 운전자 교정교육에 활용된다.

TS는 앞으로 'AI 영상분석 기술을 활용한 안전운전 모니터링' 솔루션이 노선버스 외에도 전세버스 등 타 업종으로 확산 될 수 있도록 민간, 국토교통부, 지자체, 운수조합 등과 지속적으로 협력할 계획이다. TS는 본 사업을 확대하기 위해 전국버스운송사업조합연합회(3.15), A.I.matics(3.28), LG전자(8.22)와 업무협약(MOU)을 체결한 바 있다.

한편, TS는 지난 11월 2024 정부혁신 왕중왕전 '디지털로 일하는 정부 분야'에서 AI 영상분석 기술을 활용한 버스 운전자 안전관리로 행정안전부 장관상을 수상하였다.

TS 정용식 이사장은 "이번 사업을 통해 노선버스 운전자들의 법규위반, 위험운전행동 등 위험 운전습관을 스스로 개선하는 효과를 얻을 수 있었다"면서, "앞으로도 AI 등 첨단기술을 활용하여 국민이 안전한 대중교통 이용환경을 조성하는데 최선을 다하겠다"고 밝혔다.

AI 안전운전 플랫폼 실제 장착한 모습

IV. 대한교통학회

〈보도자료, 2024년 7월 1일, 대한교통학회〉

탄소중립 시대 지속가능 도시교통 위해 버스우선정책 전환 필요
- 대한교통학회 '서울 버스의 지속가능한 발전방안' 정책토론회
- 중앙정부 재정지원 확대, 버스우선정책 전환 등 개선 요구 나와
- 중앙버스전용차로 통행속도 자가용 보다 느려도 되나

□ 시행 20년을 맞은 서울 시내버스 준공영제가 지방정부의 재정지원 증가, 교통분담율 하락, 승용차 보다 낮은 전용차로 버스 주행 속도 등 다양한 위기에 직면했다는 조사 결과가 나왔다. 전문가들은 기후위기·탄소중립 시대에 요구되는 지속가능한 도시교통전략을 위해서는 중앙정부의 재정지원 확대, 승용차수요관리를 통한 버스우선정책 전환, 버스회사에 대한 인센티브 및 패널티 확대 등 대대적인 버스 정책 개선이 필요하다는 의견을 제시했다.

□ 대한교통학회(회장 정진혁 연세대학교 교수)는 서울 버스개혁 20주년을 맞아 7월 1일 오후 2시 서울 중구 한국프레스센터 20층 국제회의장에서 '서울 시내버스의 지속가능한 발전방안' 정책토론회를 개최했다. 권도엽 전 국토해양부 장관은 축사를 통해 "시민의 입장에서 이루어진 서울의 버스 시스템 개혁은 성공을 거두었고, 이제는 세계 많은 대도시가 대중교통 정책의 성공사례로 서울을 배우고 있다. 하지만 20년이 지난 지금은 20년 전 개혁에 안주할 수 없는 상황이 전개되고 있으므로, 상황과 현실에 더 밀착할 수 있도록 수정 보완하는 작업이 필요하다"고 밝혔다.

대중교통 우선신호 도입 등 중앙차로 BRT시스템 업그레이드
황보연 교수 "중앙정부의 교통시설특별회계 재원 버스에 투입 필요"

□ 황보연 서울시립대 교통공학과 초빙교수는 '서울 버스개혁 20년의 성과와 과제'라는 주제발표를 통해 "준공영제 검토가 본격화된 2002년 서울은 승용차가 도로의 72%를 점유하며 교통 혼잡의 주원인으로 작용했으며, 교통혼잡비용은 연간 5조원에 달하는 등 과포화로 중병에 걸려 있는 상태였다"고 밝혔다. 황 교수는 "서울시와 버스 사업자, 시민사회 대표, 전문가 등이 참여하는 버스 거버넌스를 통해 만들어진 버스 준공영제로 노선개편, 중앙버스전용차로, 대중교통환승할인요금제, 수입금공동관리를 통한 서비스 경쟁 등이 도입되면서 시민 만족도가 상승하고 이용객이 늘어나는 등의 성과를 거두었다"고 설명했다.

□ 황 교수는 그러나 "대중교통수단분담율이 2014년을 정점으로 점차 감소하고 승용차통행이 코로나 이후 급증하는가 하면, 전용차로 버스통행속도가 승용차 통행속도보다 늦어져 버스

의 경쟁력이 갈수록 약화되고 있다"고 지적했다. 실제 2007년 22.3km/h에 달했던 중앙버스전용차로의 속도(당시 승용차 도심속도 14.4km/h)가 2022년에는 17.2km/h까지 낮아져 승용차 도심속도 19.2km/h에 미치지 못하고 있는 것으로 나타났다.

□ 게다가 대중교통 운영적자가 가중되고 있어 요금인상 및 지방정부 재정지원만으로 감당키 어려운 상태라는 것이 황 교수의 지적이다. 황 교수는 문제 해결을 위해 "2030년 대중교통 분담율을 75% 목표로 하는 대중교통체계 확립이 시급하다"면서 "차량운행제한, 교통유발부담금, 주차요금 인상 등 승용차 수요관리를 통해 버스우선정책을 강력하게 추진할 필요가 있다"고 밝혔다. 황 교수는 구체적 대안으로 도로용량을 고려한 버스노선 배정, 대중교통 우선신호 도입, 중앙차로 BRT시스템 업그레이드 등을 제시했다.

□ 황 교수는 "정부가 도로에만 61%를 배정하고 교통체계 관리계정에는 3.1%만 배정한 교통시설특별회계 교통체계관리계정의 재원을 10%까지만 늘려도 버스 등 교통복지 재원이 확보될 수 있다"고 밝혔다. 황 교수는 이어 3년 단위로 정기적으로 대중교통요금을 현실화하는 노력과 함께 버스회사의 경영능력을 발휘할 수 있도록 인센티브 및 페널티를 확대해야 한다고도 덧붙였다.

Chat GPT도 "서울 버스 서비스 세계적 수준"
교통전문가 "버스 거버넌스의 복원, 버스개혁 버전 2.0 마련"
임삼진 원장 "환승센터 건립 등 경기도 버스 서울 유입 감소 대책 필요"

□ 임삼진 한국환경조사평가원 원장은 '서울 시내버스의 지속가능한 발전방안'이라는 주제발표에서 "이미 서울 버스 서비스는 세계적인 수준이다. 이것을 Chat GPT가 확인해 주고 있고, 세계 여러 도시들이 서울을 벤치마킹하고 있으며, 세계 학계가 서울 버스에 관한 많은 논문과 연구서를 발간하고 있다"고 밝히면서 글로벌 도시들의 버스와 서울 버스를 비교할 수 있는 몇 가지 지표들을 구체적으로 제시했다.

□ 임 원장의 분석에 따르면 서울 버스 요금(월별 요금 기준)은 뉴욕의 36%, 런던의 41%, 파리의 53%, 도쿄의 74% 수준이며, 1인당 월 소득 대비 월 버스 요금 비중은 서울 1.62%로 런던 2.87%, 도쿄 2.52%, 뉴욕 2.33%, 파리 1.86%에 비해 낮은 것으로 나타났다.

□ 현재의 요금 수준에 대해서는 서울시민들은 다수가 '적정하다'고 인식하고 있는 데 비해(시내버스 이용시민 만족도조사, K stat, 2024. 06. 서울시민 2500명 설문조사), 교통전문가들은 84%가 '저렴하다'고 인식하고 있다(서울 시내버스 발전방안에 관한 전문가 델파이조사, 대한교통학회, 2024. 06. 교통전문가 50명 조사). 또한 이렇게 다른 글로벌 도시들 대비 서울의 낮은 버스 요금 수준은 20년간 지속되어 왔다는 것이 임 원장의 분석이다.

☐ 임 원장은 다른 글로벌 도시들과의 비교해 볼 때 서울 버스의 재정지원금은 선진국 도시들에 비해 훨씬 적다고도 밝혔다. 임 원장은 "2022년을 기준으로 볼 때 요금 수입이 전체 운송비용에서 차지하는 비율은 서울 54%, 뉴욕 23%, 런던 42.8%"이라며, "서울시의 시내버스 재정지원금은 2022년 8114억원으로 크게 늘었는데, 그 근본적인 원인은 코로나 팬데믹 기간 동안 서울을 비롯한 글로벌 도시들 모두가 심각한 버스 승객의 감소에 있다. 서울의 버스 수송인원이 2022년 한 해 동안 3억4000만 명이나 줄었다"고 설명했다. 임 원장은 "서울 버스에 대한 신뢰성을 높이고 재정지원금 폭증이라는 오해를 불식시키기 위해 2020~2022년 재정지원금 통계부터 코로나 특별 지원금 형태의 항목을 편성하여 수정할 것"을 서울시에 권고했다.

☐ 임 원장은 "기후위기, 탄소중립 시대에 요구되는 '지속가능' 도시교통전략의 핵심은 승용차 이용을 줄이고 대중교통 이용을 늘리는 것"이라며 "서울시민이나 교통전문가 모두 지지하는 버스 우대정책을 강화해 앞으로 승용차 이용 급감 추세가 지속되도록 철학과 인식, 발상법의 전환이 무엇보다 중요하다"고 밝혔다.

☐ 임 원장은 "감차를 통한 재정지원금 감축 방안은 전문가들은 물론 시민들의 지지도 낮은 것으로 나타났다"면서 "전문가들은 (버스회사에 대한) 서비스 평가제도의 현실화와 서비스 수준이 현저하게 낮은 회사의 퇴출 및 해당노선의 노선입찰제 시행을 통한 M&A 유도 등을 제시했다"고 밝혔다. 임 원장은 이어 "경영투명성 제고를 위해 사업자들의 합의를 기반으로 경영투명성위원회를 설치하고 청렴 옴부즈만을 모셔 시민의 신뢰 수준을 높일 것"을 제안했다.

☐ 임 원장은 "교통전문가들은 버스 거버넌스의 복원, 버스개혁 버전 2.0 마련 등을 제시했다"면서 "서울시도 이 같은 의견에 귀를 기울이길 바란다"고 밝혔다. 또 "경기도 버스가 서울 시계 내에서 운행량이 너무 많아 서울 시내 교통에서 여러 문제가 발생하고 있다"면서 "수도권 교통문제의 통합적 해결방안을 마련하고 서울·경기 경계 요충지에 환승센터를 건립하는 등의 종합 대책도 마련해야 한다"고 덧붙였다.

☐ 대한교통학회는 향후 준공영제의 발전방안에 관한 정책토론회를 오는 9월에 한 차례 더 개최할 예정이다.

□ **별첨자료 1**

〈이 자료는 기자분들의 취재 편의를 위해 정책토론회에 참석할 지명토론자들의 의견을 사전에 받아 보내드리는 자료입니다. 토론회에서는 보다 다양한 의견이 나올 수 있음을 미리 밝혀 드립니다.〉

주제발표에 이어 손의영 서울시 버스정책시민위원회 위원장이 좌장을 맡아 진행된 지명토론에서 전문가들은 서울 버스가 더 나은 미래를 향해 나가기 위한 다양한 대안들을 제시했다.

□ 장수은 서울대학교 교수는 "서울 버스의 향후 발전 방향은 우선 '24시간 도시'로 성장한 서울의 심야 이동 수요를 뒷받침하기 위해 심야버스(올빼미버스)를 대폭 확대해야 한다. 또한 전기차, 자율주행, 공유교통으로 대표되는 스마트 모빌리티 시대를 선제적으로 대비하기 위해, 대중교통, 특히 노선 계획이 유연한 버스를 근간으로 한 서울형 MaaS 체제를 구축하는 사회적 합의를 도출해야 한다"고 밝혔다.

□ 신종원 한국YMCA연맹 실행이사는 "서울버스 개혁을 계기로 버스를 비롯한 한국사회의 전반적인 대중교통의 질적 수준이 향상되었고, 통합환승할인 등 교통복지와 교통정의의 개선이 있었던 것은 분명하다. 그러나 20년이 경과한 지금 버스 개혁 당시의 변화의 역동성이 이어지지 못해, 한계가 노정되고 있다. 또다른 혁신의 노력이 있어야 한다. 대중교통 체계 전반에 대한 중앙정부의 인식 변화와 직접 지원이 필요하며, 버스회사 경영혁신과 경쟁 확대를 위해 인센티브 패널티 강화가 필요하다는 데 공감한다."고 밝혔다.

□ 김종길 서울시의회 의원은 "버스준공영제의 공과에 대한 다양한 시각이 존재한다, 대체적으로 공적이라고 평가되는 부분이 향후 버스 준공영제의 발전에 걸림돌로 작용하는 모순점을 20주년을 계기로 짚어보고 해결 방안을 모색하자."고 밝혔다.

□ 강갑생 중앙일보 교통전문기자는 "서울의 중장기적인 교통수요 추정을 통해 합리적인 교통계획을 수립하고, 이에 따라 버스와 지하철, 자가용 등의 적정 수송분담비율을 도출해 해당 분야별 지원 및 육성, 관리방안을 체계적으로 시행할 필요가 있다. 또 대중교통 활성화를 위한 교통수요 관리방안을 보다 적극적으로 추진해야 한다."고 밝혔다.

□ 이준석 서울시버스운송사업조합 정책위원장은 "준공영제를 통해 서울시민들은 세계가 인정하는 우수한 교통 서비스를 누리게 됐다. 준공영제 개선방안을 마련하는 데 있어서 오늘 발표된 시민들과 전문가들의 의견이 반영되길 희망한다. 서울시와 운송사업자가 힘을 합쳐서 대중교통 서비스를 만드는 계기가 되었으면 좋겠다."고 밝혔다.

□ 이태주 전국자동차노동조합연맹 정책실장은 "버스 운영에 중앙정부의 지원이 이루어지는 것

은 세계적인 추세다. 대중교통 특별회계를 만드는 방식이든 기존 제도를 활용하는 방식이든 대중교통 지원 제도를 만들자는 수십년에 걸친 시민사회의 요구에 정부가 응답하길 바란다."고 밝혔다.

☐ 강인철 서울시 버스정책과 과장은 "오늘 토론회가 준공영제 20주년을 맞이하여 개최된 것을 매우 뜻깊게 생각한다. 오늘 토론회에서 논의된 주요 내용들을 반영하여 준공영제 개선방안을 마련하겠다."고 밝혔다.

☐ 손의영 버스정책시민위원회 위원장은 "서울시가 노선 신설 및 폐선, 배차간격, 1일 대당 보조금 등에 대한 버스 서비스기준을 설정하여 노선별 카드 자료에 대한 계량적 분석으로 버스 서비스를 지속적으로 관리하길 바란다. 또한 명목적으로는 표준운송 원가정산 시스템이지만 전체 운송원가의 80%에 달하는 인건비와 유류비를 실비(실제 비용) 정산하는 현재의 시스템을 실질적인 표준원가로 대체하여 비용 효율적인 시스템을 갖추는 것이 필요하다. 이후에도 형식적인 수준에 머물러 있다고 지적을 받은 버스 거버넌스 강화를 비롯한 준공영제 개선방안 모색에서 서울시가 좀 더 전문가들과 이해관계자들과 논의하는 공론의 장을 마련하길 기대한다."고 밝혔다.

□ 별첨자료 2

○ 주요 해외도시 대비 서울의 버스요금 수준 매우 저렴, 저렴한 요금수준 20년 간 지속

구 분		서울	뉴욕	런던	파리	도쿄
서울 버스요금 수준 월별 요금 기준	도시들 대비		36%	41%	53%	74%
1인당 월소득 대비 월 버스요금 수준		1.62%	2.33%	2.87%	1.86%	2.52%

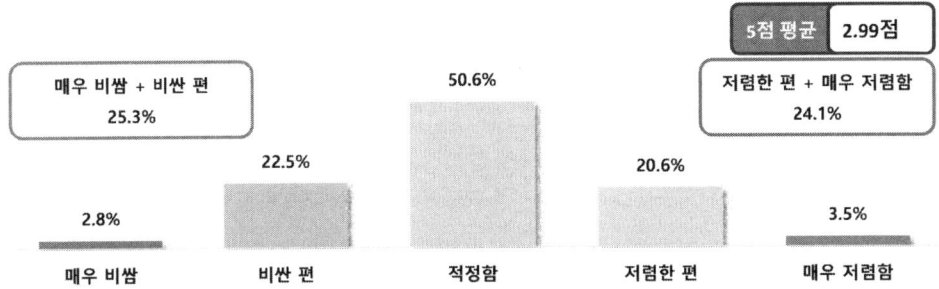

시민 만족도조사, K stat, 2024. 6. 서울시민 2,500명 설문, 『매우 저렴하거나 적정, 74.7%』
교통전문가 대상 델파이조사, 2024. 6. 교통분야 전문가 50명 설문, 『요금수준 저렴하다, 84%』

○ 재정지원금도 코로나기간(20년~22년) 일시적 증가했으나, 글로벌 도시 대비 매우 낮은 것으로 나타나…

- 시내버스 재정지원금 2022년 8114억 원으로 크게 늘었는데, 근본적인 원인은 코로나 팬데믹 기간 승객감소에 기인한 것임.
- 2022년 뉴욕 MTA 수입금의 15%는 연방정부의 코로나 지원금(Federal COVID aid)이었고 추가 지원방식으로 해결했고,
- 런던도 코로나 팬데믹이 버스에 미친 영향에 대응하여 대중교통지원금(Gross Public Transport Support) 규모를 크게 증액했고, 코로나 특별 지원 보조금(COVID19 Bus Service Support Grant: CBSSG)과 버스 회복 보조금(Bus Recovery Grant: BRG)을 도입하여 특별지원을 시행한 글로벌 조사 사례를 소개함.

- 서울 버스에 대한 신뢰성을 높이고 재정지원금 폭증이라는 오해를 불식시키기 위해 2020년~2022년 재정지원금 통계부터 코로나 특별 지원금 형태의 항목을 편성하여 수정할 것"을 권고

○ 04년 버스개혁 이후 서비스 후퇴하는 요인 지적에는 감차에 따른 배차간격의 증가와 차내혼잡 설문결과 제시

구 분		2005년	2023년	비고
배 차 간 격	최소배차	6.8분	8.7분	▸ 지속적 감차에 의한 배차간격 증가
	최대배차	13.8분	14.5분	
인가대수		8,466대 (2003년)	7,399대 (2022년)	▸ 누적감차 : 1,067대 12.8% 감소

- 설문조사 전반적 만족도 3.77에 비해 차내 혼잡 3.11, 배차 간격 3.47, 정시성 3.53, 버스 노선의 적절함 3.54 등 만족도가 상대적으로 낮아 개선이 필요한 것으로 나타남.

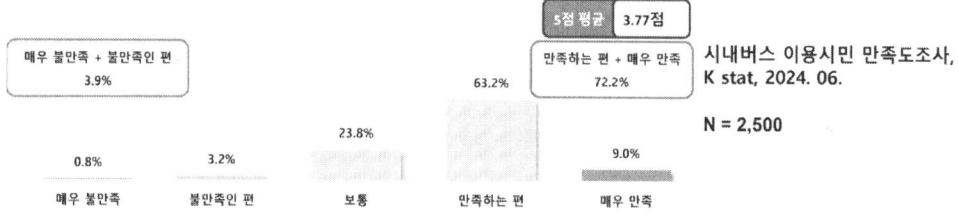

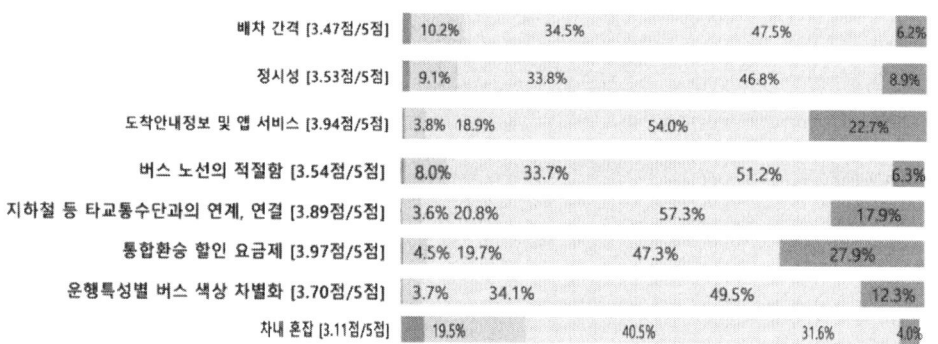

* 이용시민 만족도조사, K stat, 2024. 6. 서울시민 2,500명 설문

○ 중앙차로 버스통행속도, 승용차 통행속도 보다도 느려,
시내버스의 경쟁력은 갈수록 약화되고 있음

※ 버스 / 승용차 통행속도 비교 (2007 → 2013 → 2019 → 2022)
- 중앙버스전용차로 : 22.3km/h → 20.4km/h → 16.9km/h → 17.2km/h
- 시내버스일반차로 : 19.6km/h → 20.0km/h → 17.9km/h → 18.4km/h
- 승용차 도심속도 : 14.4km/h → 18.7km/h → 18.5km/h → 19.2km/h

○ 교통전문가 델파이조사, 서울시내버스 준공영제 개선방안

항목	점수	전혀 동의하지 않음	동의하지않은 편	보통	동의하는 편	전적으로 동의
평가제도의 현실화, 평가 결과의 공개, 합리적 인센티브/페널티 시스템 구축 등 평가제도 개선	[4.38/84.5]	2%	14%	28%	56%	
철도 등 타 교통수단과의 경쟁, 중복 회피를 위한 버스 노선조정으로 대중교통 효율성 제고	[4.12/78]	4%	10%	56%	30%	
중앙정부의 재정지원이 이루어질 수 있도록 교통시설특별회계법의 '버스 계정' 신설	[3.92/73]	8%	18%	48%	26%	
서비스 수준이 현저하게 낮은 회사의 퇴출 및 해당노선 노선입찰제 시행으로 M&A 유도	[3.92/73]	2%	2%	22%	50%	24%
경쟁가능한 시장 여건(Contestability)을 강화하여 서비스 수준 향상 노력의 동기 부여	[3.84/71]	4%	30%	44%	22%	
운송원가를 고려한 버스 요금 현실화	[3.72/68]	2%	10%	26%	38%	24%
통행거리 대비 요금제 시행으로 시장경제에 맞는 비용산출 방법 적용하여 재정적자 해소	[3.64/66]	4%	16%	16%	40%	24%
민간투자유입을 위한 규제완화, 사업다각화 통해 '종합여객운수 플랫폼'으로 전환 유도	[3.3/57.5]	4%	20%	30%	34%	12%
감차 등을 통한 재정지원금 감축	[2.76/44]	16%	24%	32%	24%	4%
준공영제 전면 폐기하고 완전 공영제 혹은 민영체제로 전환	[2.62/40.5]	10%	42%	28%	16%	4%

〈교통학회TV 유튜브, 2024년 7월 1일〉

2024년 7월 1일 대한교통학회 정책토론회, 서울 시내버스의 지속가능한 발전방안

https://www.youtube.com/live/zyIsXG_Gmek?si=rA0Z2JPrVY0mR1sz

⟨서울 시내버스의 지속가능한 발전방안 대한교통학회 토론회 지명토론 요지, 2024년 7월 1일⟩

"다시 버스에 주목할 때"

장수은 서울대학교 교수

○ 지난 2022년 심야 택시 대란이 있을 때 많은 사람들이 문제가 택시 공급 부족에 있다고 진단했음. 그런데 공급 부족과 함께 주목해야 하는 것은 심야 이동 수요 증가임. 코로나19가 한참일 때 주간 교통 수요는 감소했는데 심야 수요는 계속 늘어났음. 이는 서울시와 KT 통신사 빅데이터의 생활 유동 인구 분석으로 알 수 있음. 서울이 글로벌 도시로 거듭나면서 시차가 10~12시간 정도 차이가 나는 주요 파트너 도시들(런던, 뉴욕 등)와의 교류 및 심야 시간의 경제활동이 활발해짐에 따라 '24시간 도시'로 성장했기 때문임. 심야 교통 수요를 유흥 취객의 이동으로 생각하나 그렇지 않음.

○ 2017년 런던과 뉴욕이 각기 시행한 정책이 눈길을 끌고 있음. 이를 참고로 하여 서울이 가지고 있는 국제적 위상을 고려하여 주간 외 심야도 관리해야 함.

- 뉴욕에서는 뉴욕시장 산하에 Office of Nightlife를 운영하고 있으며, 심야만 관장하는 부서가 있음. 2017년부터 매우 체계적으로 심야 특히 교통을 관리함.

- 런던은 거버넌스 특성상 위원회를 만들었고, 위원회에서 심야를 관리하는데 특히 교통수요를 살펴보고 있음.

○ 공유 모빌리티도 주목해야 할 영역임. 스마트 모빌리티에 대해서는 국제적 보고서가 많은데, 그중에서도 맥킨지 컨설팅 보고서를 주목해야 함. 지난 10년의 데이터를 보면 3대 축을 이야기함: 1) e-mobility(전기 에너지 기반), 2) 자율주행, 3) 공유 모빌리티임. 많은 전문가들이 전기 에너지로의 전환은 큰 문제 없이 될 것으로 전망함. 자율주행은 단기적으로 시민 저항은 있겠지만, 실현 가능할 것임. 하지만 공유 모빌리티는 어떻게 될까? 공유 교통체계가 아무리 친환경적이고 미래세대를 위해서 도움이 된다 해도 인간의 욕망은 공유보다는 소유를 원하기 때문에 공유 교통체계가 압도적 비교 우위를 갖지 않으면 스마트 모빌리티 시대는 실패할 것으로 봄.

- 전기차가 내연기관 차와 경쟁할 수 있는 가격은 $500로 보고 있음. 전기차 배터리 팩 가격의 지속적인 감소(1kW당 2022년 161달러 → 2023년 139달러)로 머지 않아 전기차 1대가 $500 시대를 예상하는데, 그렇게 되면 공유하지 않고 소유하려 할 것임. 1인 1차 시대로 인해 Great Congestion(대혼잡) 시대가 도래할 지도 모른다는 예측도 있음. 현재 교통체계에서 버스 위기가 다가온 것은 맞지만, 곧 닥치게 될 (맥킨지 보고서 2035년 예상) 스마트 모빌리티의 3대 축 중 하나인 공유 모빌리티가 흔들리게 될 수 있고, 기술 혁신이 암담한 미래의 전조가 될 수 있다는 우려가 있음.

- 이런 면을 종합해 볼 때 지금은 다시 버스에 주목할 시기임. 공유 교통체계가 압도적 교통체계의 공유 근간으로 자리 잡아야 함. 지하철과 버스의 통합만이 아닌 자전거와 PM(Personal mobility; 전동 킥보드 등)이 공유되어야 함. 서울시 교통 예산이 감소하였는데, 지금은 한가하게 생각해야 할 시기가 아님. 20년 전에 했던 것처럼 지금 버스개혁 2.0이 당장 시작되어야 함. 다시 버스에 주목할 때임.

신종원 한국YMCA연맹 실행이사

- 20년 전 중병에 걸렸던 시내버스를 대대적으로 수술한 버스개혁의 성과는 사유 재산화되어 있던 노선권을 내놓은 버스 사업자들의 결단과 동참 그리고 어려움에 처해 있던 버스 노조의 이해와 협력, 요금 인상과 새로운 제도 도입에 따른 초기 불편을 감수해준 시민들의 이해와 참여 덕분이라 생각함. 버스 중앙차로의 도입과 티머니 제도, 통합 무료 환승제도, 준공영제 도입 등의 정책적 선택도 주효했다고 생각함. 결과적으로 버스의 정시성과 신속성, 편의성, 안정성 등 가시적 성과가 있었고, 시민과 운수종사자 모두의 만족도가 향상된 역사적 사건이 되었음. 교통복지와 교통정의가 준공영제를 통해서 상당 부분 실현됐음을 인정해야 함.
- 버스 개혁이 이루어진 이후 20년이 지난 지금 개혁 당시의 변화와 역동이 이어지지 못하여 또 다른 혁신이 불가피해진 상황이라고 판단됨. 임삼진 원장의 지적처럼 지난 20년간 버스 개혁과 관련해 잘못된 신화와 비판이 언론 보도를 비롯해서 계속 있어 왔음. 재정지원 규모나 요금 수준 또 시민만족도 등에서 특히 왜곡된 비판도 적지 않았음.
- 버스 개혁 이후에 Agenda들이 계속 유지되는 걸 보니 지난 10여 년간 혁신의 큰 변화가 없었다고 생각됨. 교통체계 전반에 대한 중앙정부 인식 변화와 직접 지원이 필요한 시점이 왔음.
- 버스회사의 경영 혁신을 위한 인센티브나 페널티 강화가 필요하며, 승용차 수요 감축을 통한 BRT 등 대중교통수단의 다변화가 필요함. 마지막으로 대중교통의 미래지향적인 큰 그림을 세팅할 때가 됐다고 생각함. 코로나19를 계기로 대중교통의 수요가 크게 감소한 적이 있는데, 이전으로 다시 돌이킬 수 없는 것은 이제 재택근무라든가 모바일 또는 온라인 미팅 등을 통해서 시민들의 이동 수요는 점점 더 줄어들 것임. 이제는 밤 9시가 되면 심야로 설정해서 대중교통 체계도 대낮 시간과 심야 시간을 획기적으로 다르게 접근할 때가 왔다고 생각함. 운수종사자들도 저녁이 있는 삶을 누려야 하는 그런 시대가 왔고 70~80년대 산업화 시대의 대중교통 시스템을 다변화하고, 혁신적으로 바꾸고자 새로운 판을 짤 것을 제안 드림.

김종길 서울시 의원

- 코로나로 인해 버스 지원금이 급격하게 늘었다고 하지만 코로나가 진정된 2023도 지원금 그리고 2024년도 전망치는 근본적인 원인이 코로나가 아니라 대내외적인 환경이 변화로 인한 것이라는 시그널을 보내고 있음.

- 수도권 통합 환승 요금, 소비자 입장에서는 굉장히 좋은 제도지만 각 운송 수단별로 원가에 미치지 못하는 배분을 하다 보니 적자가 누적되고 있음. 국비 지원 없는 무임 승차도 부담을 가중시키고 있음.
- 이윤 개선을 위한 노력을 배가한다면 이런 적자를 개선할 수 있을까? 그러면 일탈이 많아질 것임. 운송수단이 2004년에 비해 다변화되었음. 버스와 경쟁 관계에 있는 대체 수단들이 점점 갖춰지고 있음. 우이선과 신림선 승객 탑승률이 예상치의 50% 밖에 안 됨. 버스노선 조정이 안 된 상태에서 경전철과 버스가 중복 운행하다 보니 양쪽 다 비효율에 허덕이고 있고, 이것을 세금으로 메꾸고 있음.
- 준공영제를 새롭게 설계하려면 20년 전 이 제도를 도입할 때 보여준 담대한 용기가 필요함. 적자 보전을 교통복지라는 이름으로 바꿔 그 뒤에 숨어서는 안 됨. 요금 인상, 정치적 판단으로 수익자 부담의 원칙을 무시하는 것은 옳지 않음.
- 버스 이용 만족도가 높다고 하는 데 그것은 낮은 요금 탓이 큼. 운송원가에 해당하는 요금을 받는다면 우리나라 버스 제도가 그렇게 좋다고 평가하지 않을 것임. 수익자 부담 원칙을 지키면서 노선 간, 운송수단 간 중복에서 오는 비효율을 걷어내는 것이 중요함. 시민들이 적정 요금을 부담할 수 있도록 정책적인 유도가 선행되어야 준공영제가 지속가능할 것임.

강갑생 중앙일보 교통전문 기자

- 2023년 코로나 이후에 교통수단 분담률에 급격한 변화가 있었음. 지하철은 28%에서 43.5%로 늘었고 버스는 24.9%에서 20.1%로 오히려 감소했음. 이런 변화에는 여러 가지 요인이 작용했겠지만, 정시성 요인이 가장 크게 작용했다고 봄. 버스가 이동시간 단축이라는 목표를 달성하고 있는지 유심히 볼 필요가 있음. 발표 자료에도 나왔지만 버스의 운행속도가 계속 떨어지고 있음. 심지어는 버스 중앙차로마저도 속도가 떨어지고 있음.
- 속도가 떨어지는 원인은 광역버스, 특히 경기도에서 도심까지 들어오는 버스들을 그 한 가지 원인으로 들 수 있음. 이 문제를 서울 외곽에 환승센터를 만들어 도심에 교통량을 줄이자는 전문가들이 있음. 편하고 효율적인 대책일 수 있지만 통근객 입장에서 보면 불편할 것임. 광역버스 서울 진입 허용은 노선에 따라 선별적으로 할 필요가 있음. 관광버스같이 노선버스가 아닌 버스들이 버스중앙차로를 이용하도록 허용하는 것은 문제라고 봄.
- 서울시도 모호한 시그널을 보내는 정책을 많이 시행하고 있음. 예를 들면 버스의 경쟁력은 정시성과 시간인데, 속도가 떨어지고 있음. 그것은 차량이 증가하고 있다는 것이고 서울시는 자가용을 타고 다녀도 별로 불편하지 않게 만들고 있음. 수요관리를 하지 않고 있고, 자가용을 타고 다니면 불편하게 만들어 지하철이나 버스를 이용하도록 유도해야 함에도 자가용 이용의 편의를 개선하는 정책을 시행하고 있음. 혼잡통행료를 사실상 인하한 조치가 그 대표적인 예임. 혼잡통행료가 효과가 없었다는 주장이 있는데 그것은 혼잡통행료가 너무 낮았기 때문임. 대중교통도 편하고 자가용 이용도 편한 대도시

는 세계 어디에도 없음. 수요관리를 통해 자가용 억제 정책을 병행해야 막대한 재정보조금 지원하는 시내버스를 살릴 수 있음. 그리고 중장기적으로 인구 변화, 그에 따른 교통의 수요 변화, 자율주행과 같은 기술적 변화 등을 고려하여 거시적이고 종합적인 설계를 해야 할 것임.
- 현재는 버스·지하철·도로·택시 등 각 분야에서 각자의 현안에 매달려 정책을 시행 중이며, 이로 인해 현황에 맞지 않은 정책이 시행되는 경우가 발생한다고 판단됨. 따라서 서울을 비롯한 수도권의 인구 추이 및 이에 따른 교통수단의 니즈와 교통수단의 발전 등 여러 상황을 고려하여 여러 교통수단의 통합적인 큰 틀을 세우고 그 안에서 정책을 시행하는 것이 필요함. 마지막으로 현재의 버스노선에 불편한 점 많음. 추가로 효율적이고 합리적인 노선 개편 및 승객이 감내 가능한 요금수준에 대한 연구를 통해 재정부담을 줄일 수 있도록 적정 요금 수준 확보가 필요하다고 봄.

이준석 서울특별시버스운송사업조합 정책위원장

- 시내버스 회사는 경영을 방만하게 하고 적자가 나고 있는데 이 적자를 세금으로 다 메꿔주고 회사와 경영진의 배를 불리고 있다는 오해가 있음. 이런 오해를 들을 때마다 답답하고 억울함. 서울 시내버스 적자라는 것은 사실임, 그러나 그 적자의 원인은 방만경영이 아니라 요금정책 때문임. 사회 발전에 따라 당연히 비용이 증가하면 가격 인상을 통해 수익을 맞추게 됨. 이것은 지극히 기본적인 경제 원리임. 지난 20년 동안 소비자 물가 54%, 국민소득은 2배 증가했고, 이에 따라 인건비 원자재비 모두 증가했음. 서울 시내버스는 인건비 비중이 전체 비용의 60%를 넘음. 이런 지표는 당연히 운송비용 증가와 직결됨. 하지만 요금 인상에 인색했으며 오히려 할인 혜택을 늘렸음. 결국 이런 이유로 적자가 지속적으로 커졌음.
- 환승할인으로 인한 피해도 큼. 버스 정상 요금은 1,500원이지만 환승할 경우 실제 받는 요금은 1,090원임. 시내버스는 1년 내내 모든 이용객들에게 30%를 할인해 주고 있는 셈임. 결론적으로 수익을 낼 수 없는 요금구조임. 코로나 이전에는 환승할인 금액이 재정지원보다 더 많았음.
- 요금정책이 잘못되었다고 말하는 것은 아님. 다만 적자가 버스회사 경영진 탓은 아니라는 것임. 버스회사의 경영이 방만하다는 지적을 많이 하지만, 이것이야 잘못된 편견이자 오해임. 표준원가 가운데 86%는 버스회사 경영 행위를 통해 통제할 수 없는 부분임. 인건비, 연료비, 차량 감가상각비가 그것임. 통제할 수 있는 비용은 14%에 불과함. 이런 구조에서 적자가 경영진 탓이라는 지적은 성립될 수 없는 것임. 2004년과 비교해 지난 20년 동안 표준원가는 2배 늘었음. 물가 상승률 50%를 감안하면 실질적으로는 40%의 비용 절감이 있었음. 이런 비용 절감을 방만한 경영이라고 말할 수는 없음.
- 서울 시내버스는 서울시 교통의 핵심 파트너로서 미래 교통수단 도입과 관련하여 적극적으로 협의하고 최선의 노력을 통해 빠르게 도입될 수 있도록 기여할 수 있기를 희망함.

이태주 전국자동차노동조합연맹 정책실장

- 서울 시내버스의 임금 인상률이 가장 높은 때가 2004년으로 16.8%가 인상되었음. 전국의 모든 광역시에서 준공영제를 시행하고 있는데, 서울이 준공영제의 효시임. 준공영제는 최고의 대안적 정책이라고 봄. 노동조합 입장에서는 늘 예산을 이야기함. 도시 서민들의 이동권을 보장하고 그 권리를 보장하는 시민의 발이라고 하면서, 요금을 올리라고 하면 난감해짐.
- 서울시의 재정지원을 늘리는 것도 불가피한 사실임. 경제가 발전하면 재정지원은 팽창할 수밖에 없음. 시내버스 운영에 총 1조원의 돈이 든다고 가정했을 때, 70%를 시민이 요금으로 충당한다면, 나머지 30%는 재정지원으로 감당해야 함. 노동조합 입장에서는 재정지원을 지방정부가 다 부담해야 하는 것은 문제가 있다고 있다고 보고, 이를 시정하기 위해 노력하고 있음. 교통환경에너지세를 개정하고, 버스계정을 신설하자는 것임. 중앙정부의 지방자치단체에 대한 지원이 이루어져야 함.
- 버스정책시민위원회라는 위원회의 회의가 열리지 않고 있음. 노사민정의 대화 채널도 한 달에 한 번이라도 정례화하길 바람. 상호 공감대 형성을 위한 상설적 회의체가 활성화 되고, 시너지 효과를 내 한 걸음 더 발전된 버스 준공영제가 실현되길 바람.

강인철 서울특별시 버스정책과 과장

- 인구절벽의 현실을 고려하면 버스 승객 수는 계속 줄어들 것으로 예상함. 또한 경제성장률 둔화 등으로 1인당 구매력이 급격히 늘어나긴 어려운 현실임.
- 운송수지 적자분을 재정지원금에서 조달하고 있는데, 재정지원금의 비중이 더 커질 수도 있다는 우려가 있고, 지속가능성에 대한 우려가 제기되고 있음.
- 현재 서울시에서 재정지원 방식 변경 관련 용역을 진행 중이며, 다양한 옵션을 검토중에 있음. 용역 결과로 200억 원의 재정 절감을 기대하고 있음. 용역이 완료되면 보다 구체적인 논의가 가능할 것으로 봄.
- 경기도 버스가 2022년 530대가 추가 진입되어 버스전용차로의 효용이 저하됐음.
- 서울시는 기후위기에 관심이 큼. 친환경버스에 대해 지속적인 도입을 검토중이며, 연료비 기준에서 연료비가 CNG 15만원일 때 전기버스 4.5만원임. 이렇듯 친환경 버스가 더 우월한 부분이 있기 때문에 친환경버스 증가를 통한 비용 절감도 기대하고 있음.
- 노선 합리화는 고민하고 있는 주요한 과제이며, 인구 구조 변화 및 변화되는 수요에 따른 노선 합리화 발안을 모색할 것임. 또한, 중복노선 관련하여 다양한 계획(지하철 노선 신설 및 재건축 단지 등)을 반영하여 합리적인 노선 계획을 통해 진정한 의미의 수요 맞춤형 노선을 만들어가고자 함. 현재 진행 중인 연구용역 결과를 담아내서 버스 조합 및 버스 업계와의 협의를 통해 향후 20년 뒤에도 사랑받을 수 있는 서울 버스가 되도록 노력하겠음.

〈보도자료, 2024년 11월 18일, 대한교통학회〉

서울 시내버스 재정지원금, 글로벌 도시 대비 크게 낮아

- 대한교통학회 '서울 시내버스의 재정지원제도 개선방안' 정책토론회
- 2022년 시내버스 대당 재정지원금 서울 1.1억원, 런던 1.7억원, 뉴욕 4.6억원(MTA NYCT), 11.2억원(MTA Bus Company)
- 서울의 승객 1통행당 재정지원금은 서울 672원, 런던 837원, 뉴욕은 5,642원(MTA NYCT), 1만 4,640원(MTA Bus Company)
- 수요응답형(DRT) 버스 도입은 초고비용으로 효과 의문
- 미국, 영국처럼 중앙정부의 시내버스 지원 체계화 시급 주장도 제기돼

□ 서울시가 환승할인 등으로 발생하는 적자 보존을 위해 서울 시내버스에 지원하는 재정지원금이 뉴욕, 런던 등에 비해 크게 낮다는 실태조사 결과가 나왔다. 2022년 기준 승객 1통행당 재정지원금은 뉴욕이 5,642원(MTA NYCT)~ 1만 4,640원(MTA Bus Company), 런던은 837원인 반면 서울은 672원에 불과한 것으로 나타났다. 시민들의 교통복지 향상을 위해서는 재정분담금을 늘리는 것은 물론 교통에너지환경세에 대중교통 지원 계정을 신설하는 정부 차원의 대책이 필요하는 대안도 제기됐다.

□ 대한교통학회는 18일 한국프레스센터 19층 기자회견장에서 '서울 시내버스의 재정지원제도 개선 방안' 정책토론회를 개최했다. 김세호 전 국토교통부 차관은 기조연설을 통해 "기후위기 시대의 핵심 교통수단은 지속가능성과 탄소중립에 기여할 수 있는 버스"라며 "버스는 철도와 달리 저비용 고효율의 교통수단임에도 교통시설특별회계를 활용함에 있어서 궤도교통에만 쓸 수 있도록 되어 있는 규정과 제도는 참으로 현실과 동떨어진 잘못된 것"이라고 지적했다. 김 전 차관은 "용인이나 의정부 경전철의 어이없는 낭비는 궤도교통에만 지원이 이루어지는 잘못된 제도가 만든 비극이다. 지금부터라도 교통환경에너지세 재원이 버스와 관련된 투자에 사용될 수 있도록 제도개선이 이루어져야 한다"며 버스에 대한 정부의 재정지원 필요성을 강조했다.

□ 이어 임삼진 한국환경조사평가원 원장은 '서울 시내버스의 재정지원제도 개선방안'이란 주제발표를 통해 서울의 재정지원 규모는 뉴욕, 런던과 같은 다른 글로벌 대도시에 비해 상대적으로 낮은 수준을 유지하고 있다고 밝혔다.

○ 2022년의 경우 시내버스 1대당 재정지원금은 서울이 1.1억 원으로, 런던의 1.7억 원, 뉴욕의 4.6억 원(MTA NYCT), 11.2억 원(MTA Bus Company)에 비해 상당히 낮은 수준이

다. 승객 1통행당 재정지원금도 2022년 기준으로 서울 672원인 반면, 런던은 837원, 뉴욕은 5,642원(MTA NYCT), 1만 4,640원(MTA Bus Company)이었다.

○ 이러한 상황에서도 서울시는 꾸준히 대중교통 서비스의 높은 만족도를 유지해왔다고 임 원장은 밝혔다. 임 원장은 "서울 시내버스는 런던, 뉴욕과 비교할 때, 전체 운영비용 대비 가장 저렴한 요금으로 재정지원금도 가장 적은 규모로 높은 서비스 수준을 유지하고 있다"고 밝혔다.

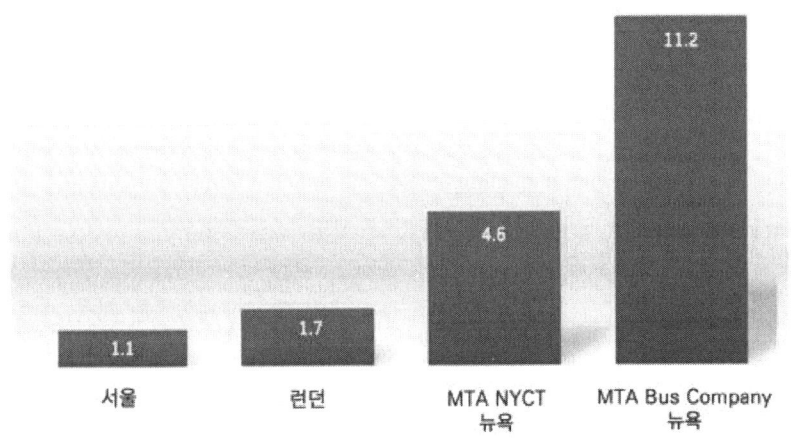

〈그림〉 2022년 시내버스 대당 재정지원금 (단위: 억원)

통행당 재정지원금 비교 (단위: 원)

연도	서울	런던		뉴욕*			
				MTA NYCT		MTA Bus Company	
2019	242	£0.32	480	$2.18	2,542	$4.49	5,235
2022	672	£0.53	837	$4.37	5,642	$11.34	14,640

주: 1. 런던은 2019/20년을 2019로 표기한 것임.
　　2. 1£ 환율은 2019년 1,500원, 2022년 1,580원을 적용했고, 1$ 환율은 2019년 1,166원, 2022년 1,291원을 적용함.
자료: 서울특별시운송사업조합 자료, London Data Store, Public Transportation Subsidies and Racial Equity(2024. 06)

□ 임 원장은 이날 주요 국가와 도시들이 대중교통 활성화를 위해 벌이고 있는 다양한 정책들도 비교 분석해 발표했다.

○ 영국 런던의 경우 'Bus Action Plan'를 세우고 기후 비상사태에 대처하고, 시민의 다양한 통행 수요를 충족시키면서, 지속가능한 교통수단으로 고품질의 버스 서비스를 제공하기 위해 다양한 노력을 하고 있다. 임 교수는 "런던이 고품질의 버스 서비스제공을 중시하는 것은 자동차 사용으로부터 대중교통으로의 전환을 장려하고 탄소 배출을 줄이는 데 중요하다고 봤기 때문"이라며 "런던시와 시장은 버스 서비스의 품질과 안정성을 개선하면 새로운 승객 수요를 끌어들일 수 있다고 판단하고 있다"고 설명했다.

○ 임 원장은 영국에서 시행 중인 양허통행(Concessionary Travel) 환급금 제도도 주목할 필요가 있다고 했다. 이 제도는 1985년부터 시작됐으며 영국 정부는 고령자, 장애인, 학생, 청소년, 어린이, 직업훈련 교육자 등의 교통권을 보장하기 위해 사회적 합의를 전제로 이들의 요금 전부 또는 일부를 지원하고 있다. 영국 정부는 특히 팬데믹 기간 동안 적자운영이 불가피했던 시내버스 지원에도 적극 나섰다. 실제 1억 3,000만~1억 5,000만원이었던 시내버스 1대당 재정지원금은 팬데믹 국면을 맞은 2020~2021년에는 3억원까지 치솟기도 했다.

○ 미국에서도 팬데믹 기간 동안 연방정부의 재정지원은 크게 증가한 것으로 나타났다. 평소 재정지원이 없었던 연방정부는 팬데믹 기간 동안에는 33%(2021년) 42.1%(2022년)의 코로나특별보조금을 지원했다. 이에 따라 MTA Bus Company의 버스 1대당 재정지원금이 팬데믹 이전에는 뉴욕시 보조금 4억3,000만~5억 4,000만원이었지만 2022년에는 뉴욕시 보조금과 연방정부의 지원금이 더해지면서 11억 2,000만원까지 급격히 늘어났다. 임 원장은 "런던과 뉴욕의 코로나 팬데믹 시절 시내버스 재정지원금 규모는 서울의 8,500억 원과는 비교할 수 없을 정도로 큰 것으로 조사됐다"고 설명했다.

○ 임 원장은 운송비용 대비 요금수입의 비율이 높다면 그만큼 재정지원금의 비율이 낮을 가능성이 커질 것이라는 전제하에 3개 도시의 재정지원금 비율도 분석했다. 팬데믹에 의한 승객 감소가 도시별로 큰 차이가 있었으므로, 팬데믹 이전인 2019년 통계를 비교한 결과 서울 74.7%, 런던 64.1%, 뉴욕 26.3%(MTA Bus Company)~31.5%(MTA NYCT)로 나타났다. 임 원장은 "시내버스 운송비용 대비 요금수입의 비율은 거의 모든 시기에 서울이 가장 높은 것으로 나타났다"면서 "이는 서울시민들이 버스 이용에 따른 비용 부담이 크고, 정부의 재정지원금 비중은 작다는 것을 의미한다"고 설명했다.

□ 최근 국내에서도 정책 논의가 진행 중인 수요응답형(DRT) 버스의 운영비용은 초고비용이라는 분석 결과도 발표됐다. 임 원장의 조사 결과 뉴욕에서 운행 중인 수요응답형 버스의 운영비용은 코로나 팬데믹 이전에는 1통행당 12만 4,715원(2019년)이었고, 팬데믹 기간에는

1통행당 24만 2,708원(2022년)에 달했다. 임 원장은 "미국에서 수요응답형 버스 도입 당시 예측했던 수요-비용과는 전혀 달리 초고비용으로 운영되고 있음을 이번 조사 결과 통해 확인했다"고 말했다.

□ 임 원장은 이날 '재정지원금 감축' 강박에서 벗어나 '서비스 강화'를 목표로 삼는 인식 전환 필요하다고 밝혔다. 임 원장은 "단순히 재정지원금을 감축하는 것만을 목표로 삼기보다는, 글로벌 도시들의 기준과 기후 비상사태의 대안으로서 시내버스의 중요성에 대한 인식을 바탕으로 그에 합당한 재정지원이 요구된다"면서 인식 전환의 필요성을 강조했다.

○ 임 원장은 "실제 코로나 팬데믹으로 2020년의 시내버스 이용 승객 수는 전년 대비 3억 4522만명, 23.3% 줄었고, 그에 따라 서울 시내버스 재정지원금이 폭증할 수밖에 없었는데 이것을 코로나 특별회계 등으로 처리하지 않다 보니 사실상 사업조합 측에 부담이 전가되었다"면서 "이런 논란의 과정에서 '특정금액(3,000억원)이 적정하다', '얼마 이상은 안된다'는 흐름이 존재하고 있는데 이것은 적정한 비판이 아니다"라고 덧붙였다.

○ 임 원장은 시내버스에 대한 중앙정부의 적극적인 재정지원이 필요하다고 밝혔다. 그는 "다른 나라들과 달리 우리는 중앙정부의 시내버스 재정지원에 대한 명확한 지원 체계를 갖추고 있지 않다"면서 "이는 지방자치단체의 재정 부담을 증가시키고, 위기 상황에서의 신속한 대응을 어렵게 만든다"고 설명했다.

○ 임 원장은 사회적 약자를 고려한 보편적 교통복지 정책의 필요성도 강조했다. 그는 현재 서울의 교통복지 시스템은 청소년 및 노인 할인 등 일부 정책이 존재하지만, 국제적 수준의 포괄적 교통복지와는 거리가 있다고 지적했다. 임 원장은 "만성적자의 원인으로 늘 지목받는 현재의 도시철도 어르신 무임승차 제도는 품격과 배려가 담긴 영국의 양허통행제도의 철학과 발상법으로 대체되어야 한다. 버스에도 어르신 통행에 대한 교통복지 제도가 마련돼야 한다"고 강조했다.

〈별첨〉
□ 이 보도자료는 기자분들의 취재 편의를 위해 주제발표 내용만 요약한 것입니다.
주제발표에 이어 황기연 카이스트 초빙교수가 좌장을 맡아 진행되는 지명토론에서는 전문가들이 서울 버스가 더 나은 미래를 향해 나가기 위한 다양한 대안들을 제시할 예정입니다.
○ 강갑생 중앙일보 교통전문기자
○ 강인철 서울시 버스정책과 과장
○ 김경민 한국YMCA연맹 사무총장
○ 김유인 국토교통부 교통서비스정책과 과장
○ 유정훈 아주대 교통시스템공학과 교수
○ 이신해 서울연구원 선임연구위원

〈교통학회TV 유튜브, 2024년 11월 18일〉

2024년 11월 18일 대한교통학회 정책토론회, 서울 시내버스의 재정지원제도 개선방안

https://www.youtube.com/live/ACHZp_Bsz_U?si=NwyKoPlz-WbXfhQj

⟨서울 시내버스의 재정지원제도 개선방안 토론회 기조연설, 2024년 11월 18일⟩

"버스는 가장 좋은 기후변화 대응책"

김세호 前 국토교통부 차관

오늘 토론회의 시기나 주제가 아주 중요하다고 느낍니다. 제가 알기로는 교통에너지환경세가 원래는 올해 끝나기로 돼 있었는데 또다시 연장하는 것으로 알고 있습니다. 전 세계적으로 이번에 트럼프 대통령이 당선돼서 조금 주춤하겠습니다만, 지속가능성과 기후 변화 대응의 큰 흐름은 이제 돌이킬 수 없는 시대적인 추세일 것입니다. 약간의 시기적인 변동은 있을지 몰라도 큰 흐름은 어차피 가야 한다는 것입니다. 그리고 또 하나, 제가 위험한 증후로 보고 있는 지표가 있습니다. 서울의 시내버스 수송 분담률이 계속 떨어지고 있습니다. 2014년 27%였던 것이 2019년도에 24%, 2021년도에는 24.9%, 2년 전에 조사한 결과는 20.1%입니다. 제가 사무관 시절이었던 1982~83년도에 김수철 박사님과 대도시 교통조사 사업을 처음으로 했습니다. 그 조사를 거쳐서 서울, 부산, 대구, 대전, 광주 등 5대 도시에 대한 교통기본계획을 수립하고, 그 실효성을 높이기 위해 도시교통정비촉진법을 제가 직접 만든 사람입니다. 교통영향평가제를 만들고 교통연구원을 만들고 교통기술사를 만들었습니다. 제가 영국에서 쓴 논문에도 나와 있습니다만 서울 시내에 과감히 버스전용차로제를 도입해야 한다고 1980년대 초에 얘기했습니다. 그 당시 서울시나 건설부, 경찰청 모두 버스전용차로제에 반대했습니다.

1980년대 초에 서울의 버스 수송분담률이 얼마였는지 아십니까? 2022년도 20.1%라고 말씀드렸는데 가장 높았던 것은 87%까지 갔었습니다. 그런데 당시 우리 정부 당국자들은 전부 버스를 '대도시 교통난의 주범'이라고 했습니다. '주범(主犯)', 대도시 교통난을 일으키는 문제가 버스에 있다고 생각했고, 이걸 어떻게 해결하느냐가 초미의 관심사였습니다. 그 당시 IBRD 사람들이 와서 저한테 한 얘기는 "이게 굉장히 좋은 지표다. 대한민국은 이걸 그대로 끌고 나가는 노력을 해라."였습니다. 처음에는 제가 이해하지 못했는데요, 한참 지난 다음에야 이해하게 됐습니다. 저는 그때나 지금이나 지하철보다는 버스 우선주의론자입니다. 저는 여러분이 계신다고 해서 듣기 좋으라고 드리는 말씀이 아닙니다. 이유가 있습니다. 그때의 수송분담률 83%를 우리가 50%까지만 유지를 했더라도 지금보다 얼마나 좋은 도시가 됐겠습니까? 왜 그럴까요? 버스는 가장 좋은 기후변화 대응책입니다. 과거의 버스는 경유를 썼지 않습니까? 앞으로 나오는 버스들이 경유 쓰겠습니까?

지하철에 대한 재정지원은 찬성하는데요, 버스보다 더 막대한 돈이 들어가지요. 더 들어 갑니다. 지하철 분담률이 얼마입니까? 승용차보다는 월등히 높죠. 높긴 하지만 예산이나 재정이 엄청나게 소요가 됩니다.

저는 철도 우선주의자입니다. 철도청장까지 하고 고속철도 계획부터 개통까지 담당한 철도

애호론자이기 때문에 제가 드릴 수 있는 말씀은 지하철이나 철도가 좋은 점도 있지만 단점이 큽니다. 뭡니까. 도어투도어(Door to Door) 서비스가 안 됩니다. 지하철 중심으로 만들기 위해서는 정밀한 연계 교통 시스템을 확고하게 구축해야 합니다. 지하철 단독으로는 절대로 안 됩니다. 그런데, 지하철이 들어갈 수 있는 영향권은 제한돼 있습니다. 아무리 많이 해줘도 영향권이 제한됩니다. 그래서 선진국들이 요새 뭐 합니까? 우리보다 앞서가는 선진국들이 반성하고 어디로 갑니까? 오늘 임삼진 원장님이 정밀하게 분석해 주셨습니다만, 런던이나, 심지어 자동차 왕국인 미국의 맨하탄 한번 가보십시오. 지금 과거의 승용차 다니던 도로를 두 개 차선까지 지금 버스전용도로로 내주지 않습니까? 공공기관에 대한 재정지원은 특혜가 아닌데 민간이 운영하는 버스에 대한 지원은 특혜라고 합니다. 뭐가 특혜입니까? 예산이 들어가는 건 똑같습니다.

조금 더 구체적인 말씀을 드리면 가장 우선적으로 지원해야 할 부분이 뭔가요? 사회적인 약자나 저소득층을 위한다는 정부나 서울시가 가장 등한시하는 부분이 뭡니까? 제가 볼 때 재정지원 규모로 보면 버스, 지하철 다음으로 가장 취약한 데가 어디입니까? 마을버스 아닙니까? 여기에 가장 먼저 지원을 해줘야죠. 지하철 제일 먼저, 버스 다음 마을버스 그다음이죠. 그런데 서민들이 가장 필요한 건 뭡니까? 지하철이 서민들 교통수단입니까? 저는 학교 강의를 하면서 수십 년째 이 질문을 학생들에게 제일 먼저 합니다. 지하철이 서민들의 교통수단입니까? 중산층의 교통수단입니까? 고소득층의 교통수단입니까? 여러분은 어떻게 생각하십니까? 뭐라 답변하시겠습니까? 지하철 역세권 주변에 있는 아파트 가격이 마을버스가 있는 주거지보다 높습니까, 낮습니까? 우리 생각을 바꿔야 합니다.

지하철과 버스 중에 어느 수단이 친서민적입니까? 정부 당국자나 서울시 당국자들이 늘 친서민을 외칩니다. 전기 승용차에 대한 보조금은 당연한 걸로 생각합니다. 맞습니다. 큰 목표로 보면 이산화탄소를 줄여야 하는데, 가장 먼저 줄여야 할 게 승용차거든요. 그런데 승용차를 뭘 해서 줄이자는 겁니까? 보조금을 줘서 전기로 바꾸자는 거 아닙니까? 전기 승용차에 대한 보조금은 당연하게 생각하고, 많이 줍니다. 지금 환경을 주장하시는 분들이 늘 얘기하는 게 뭡니까? 교통에너지환경세를 전부 에너지환경세로 바꿔야 한다는 것 아닙니까? 이산화탄소 대응에서 수송부문이 차지하는 비중이 25~30%입니다. 그중에서 가장 친환경적인 수단이 뭘까요? 가장 저렴한 수단이 뭘까요? 접근을 이렇게 해야 합니다. 그런데 우리 국토교통부의 버스 교통을 담당하시는 분들이나 서울시에서 담당하시는 분들도 거기에 대해서 답변을 안 합니다. 가장 친환경적인 교통수단은 전기자동차가 아니죠. 전기 버스입니다. 안 그렇습니까? 왜 여기에 대한 답변을 안 하고 있나요. 교통에너지환경세의 일몰제 때마다 나오는 것에 대해서 공식적으로 반론을 제기하고 당당하게 얘기를 해야죠.

오늘 임 박사님 주제발표를 제가 미리 봤습니다. 정말 이렇게까지 촘촘하게 비교를 합리적으로 해낼 수 있는 연구는 처음 봤습니다. 런던, 뉴욕, 도쿄를 실증적으로 분석을 하고, 결론을 보면 제 생각과 똑같습니다. 우리나라 버스가 어떻습니까? 선진국하고 비교해도 가장 저렴한 요금으로 운영되고 있습니다. 지하철보다 싸게 운영됩니까? 비싸게 운영됩니까? 답은 간단합니다. 그리고 전체 운영 대비 비교해도 요금 수입이 선진국보다는 월등히 적습니다. 운임 수입이. 그리고 재정지원금도 사실은 가장 적은 상태입니다. 선진국하고 비교해보면. 서비스 수준은 어떻습니까? 요즘 지하철 서비스 관련해서 외국 사람들이 올리는 유튜브 한번 보십시오. 우리나라 대중교통 굉장히 편하다고 돼 있죠. 이것을 임삼진 원장님께서 실증적으로 비교분석을 했고요, 마지막에 코멘트하신 게 제 가슴이 많이 와닿습니다.

그럼에도 불구하고 최근 논의되는 초점은 버스에 대한 재정지원금 감축, 여기에 초점을 맞추고 있습니다. 버스 서비스 목표를 이 수준까지 가자는 것은 없습니다. 저는 유심히 매일 서울시나 국토교통부의 홈페이지도 자주 들어가서 봅니다. 후배들이 놀랄 정도로 자주 들어갑니다. 버스 교통에 대해서는 전부 재정지원 감축만 얘기가 나오죠. 버스 분담률이 줄어들었다. 버스 속도가 줄어들었다. 여기에 대한 지적은 없습니다. 주무 당국이 그렇습니다. 그래서 마치 버스에 대한 재정지원금 감축이 중요한 시대적인 사명처럼 되고 있는 상황은 적절치 않다고 오늘 임 원장님이 발표하시는데요, 저는 백 번 동감을 합니다. 교통수단에 대한 정책 목표가 재정지원금 감축이 돼서는 안 되죠. 서비스 수준을 어디에 둘 거냐에 초점이 맞춰져야지요. 재정지원을 여기에 할 거냐, 저기 할 거냐라는 목표를 놔두고 거기에 따른 수단이죠, 지금 수단이 목표가 되고 있는 겁니다. 그건 안 됩니다.

그래서 저는 오늘 토론회를 계기로 우리나라가, 중앙정부나 지방정부나 대중교통 지원이 확실한 기후변화에 대응하는 가장 우선순위를 두고 추진해야 될 과제다라고 명시를 해야 한다고 생각합니다. 중앙정부, 지방정부, 학계, 언론이 기후변화 대응에 가장 초점을 맞추고 지원해야 할 분야는 전기자동차 보조가 아닙니다. 대중교통 우선, 대중교통 분담률 확대, 그 안에서 지하철, 전철과 버스를 어떻게 가지고 갈 것이냐, 순서가 그렇게 되어야 합니다. 그런데 지금 논의는 어떻게 됩니까? 재정지원금 감축이 목표처럼 돼 있습니다. 아닙니다. 이건 잘못된 겁니다. 그러면 지하철·전철과 버스를 어떻게 운영할 것이냐, 이 부분은 또 다른 문제입니다. 저는 지하철·전철도 좋지만, 지하철·전철은 정책 목표를 어떻게 세우느냐에 따라서 어떻게 가지고 갈 거냐 거기에 달려 있습니다. 우리 정부는 어떤 정부든 전부 중산층 이하 서민들을 위한 정부가 되겠다고 하면, 대중교통 중에서도 어디에 부족한 부분이 있는가를 명확히 살펴야 합니다. 그리고 비용 대비 수송 효율을 잘 따져야 합니다. 여러분 지하철·전철이 아무리 좋아도, 서비스를 할 수 있는 지역이 제한돼 있고요. 제일 큰 걱정은 재정 소요입니다. 막대한 재정 소요입니다. 그 막대한 재정을 가지고 얼마든지 효율적으로 더 나누어 쓸 수가 있습니다. 오늘날 홍콩과 싱가포르 가 보면 지하철 잘돼 있는 거 같지요, 그런데 우리보다 지하철을 훨씬 늦게, 천천히 했습니다. 지금도 싱가폴, 홍콩은 뭘 집중적으로 육성합니까? 버스, 돈 안 드는 버스입니다. 돈 안 들고 수송 효율이 가장 높고 이산화탄소를 가장 적게 발생시킬 수 있는 수단은 버스입니다. 이것은 제 평소의 지론입니다.

그리고 왜 경전철입니까? 경전철 돈 많이 듭니다. 경전철 한 대가 수송할 수 있는 수송 수요, 수송 능력은 3중 굴절 버스가 충분히 해결할 수 있습니다. 1980~90년대 시절에는 기술발전이 이루어지지 않았기 때문에 승객을 많이 태우기 위해서는 철제 바퀴가 필요했습니다. 지금은 어떻습니까? 철제 바퀴 필요 없습니다. 중국이나 유럽에 가면 3중 굴절 버스가 막 다닙니다. 3중 굴절 버스를 전기버스로 하고 최첨단 수소 버스로 하면 충분한데, 왜 똑같은 수송 용량에 수많은 돈을 들여서 경량전철을 합니까? 김포 경전철이나 용인 경전철, 굴절 버스 한 대만 못합니다. 생각을 완전히 바꿔야 합니다.

　그리고 서울 시내에 굴절 버스를 도입하자고 하면 "아 도로가 좁아서 안 됩니다."라고 합니다. 이층 버스는 영국 같은 역사와 전통이 있는 나라에 하는 겁니다. 트렁크 라인, 간선 라인에 전부 굴절 버스가 들어가야 합니다. 이층 버스나 굴절 버스의 장단점은 이미 다 나와 있습니다. 우리나라만 이층 버스에 꽂혀 있습니다. 도시교통에서 굴절 버스가 이층 버스보다 훨씬 유리하다는 건 학계에서 이미 검증이 된 문제인데 우리나라에서만 안 하고 있습니다. 우리나라에서 하더라도 이층 버스가 다닐 노선이 있고, 굴절 버스가 다닐 노선이 있습니다. 유럽 대도시에 가보십시오, 이층 버스가 다닙니까? 영국을 제외한 유럽 대도시에서 다 굴절 버스가 다닙니다.

　제가 분명히 말씀드리고 싶은 것은 이제는 정책 목표를 분명히 세워야 합니다. 재정 절감은 정책 목표가 아닙니다. 큰 목표는 기후변화 대응, 이산화탄소 줄이기 그러면서 교통 편의 증진시키기 아니겠습니까? 그렇게 정책 목표를 세워놓고 어느 수단에 우선순위를 둘 것인가, 거기에는 여러 가지가 있습니다. 돈 적게 들고 수송 서비스 확실하게 해줄 수 있는 수단 아닙니까? 그렇게 카테고라이즈를 해서 접근해야지, 재정 감축에 우선순위를 두는 것은 잘못입니다. 이렇게 하기 위해서는 교통에너지환경세를 개편할 때 교통시설 특별회계의 관점부터 바꿔야 한다고 봅니다. 왜 지방자치단체가 지하철·전철에만 우선권을 주느냐, 그것은 국토교통부가 운영하는 교통시설 특별회계가 레일 바퀴 달린 데에 중점적으로 지원을 하기 때문에 그렇습니다. 이제는 그 시스템을 바꿔야 합니다. 교통시설 특별회계를 지하철·전철 우선주의로 하고 도로에서 많은 돈을 배분하는데, 도로에 더 많은 돈을 배분한다는 건 뭡니까? 한편에선 이산화탄소 줄이자고 하면서 이산화탄소 늘리는 쪽에 재정지원을 많이 해주는 것 아닙니까? 중앙정부부터 목표를 바꾸고 수단을 바꿔야 합니다. 교통시설 특별회계 배분 기준을 이제는 중앙정부가 도로에 몇 %, 지하철에 몇 % 이렇게 정할 게 아니고, 패키지로 지방자치단체가 지하철, 버스, 마을버스 전부 운영하는 계획을 어떻게 내놓느냐에 따라서 평가를 하고 줘야지요. 교통시설 특별회계 운영 구조를 바꿔야 합니다. 그리고 재정지원이 적고, 수송 효율이 높은 수단부터 교통시설 특별회계 배분도 많이 해야죠. 그런 면에서 앞으로 중앙정부나 서울시나 지방정부도 교통정책의 목표를 지속가능성, 이산화탄소 감축에 확고하게 방점을 찍고 가야 한다고 생각하고요, 그걸 위해서 가장 효율적인 교통수단이 어디냐 거기에 중점을 두는 방향으로 교통시설 특별회계 운영 체계를 바꿔야 한다고 봅니다. 이 교통세 제도는 제가 1991~92년 청와대 사회간접자본기획단에 있을 때 만든 것인데요, 지금까지 운영하고 있습니다. 이젠 틀을 바꿔야 할 때입니다. 벌써 몇십 년 전입니까? 교통영향평가제도 옛날 그대로, 교통시설 특별회계도 옛날 그대로… 사회가 이만큼 바뀌었지 않습니까? 이제 바꾸어야 합니다. 오늘 그런 면에서 임삼진 원장님이 정말 좋은 주제도 잡아주셨고 분석도 정말 아주 정밀하게 합리적으로 하셨다고 봅니다. 그래서 정책 목표를 분명히 하고 버스가 어떤 교통수단이 돼야 하는지 정부가 자리매김을 해주면 재정지원을 많이 해주느냐 적게 주느냐는 본질의 문제가 아니라고 보거든요. 그다음 문제입니다.

그리고 이 자리를 빌어서 버스 사업자들께 한마디 부탁드리고 싶은 게 있습니다. 늘 요구만 하지 마시고요. 준공영제가 뭡니까? 준공영제는 같이 책임을 지는 겁니다. 반은 개인 사업자면서, 반은 공공입니다. 공공의 책임에 맞는 역할도 같이 해야 한다고 봅니다. 지금까지 버스연합회라든지. 사업하시는 분들은 늘 "재정지원금을 늘려주십시오" "지원을 늘려주십시오"라고만 하 경우가 많았는데요, 최근 서울시장과 서울시에서 외국 자본이 들어오는 데 대해서 규제를 가하겠다는 방침을 내놓은 적이 있었죠. 이런 부분은 사실 정부에서 하기 이전에 민간 스스로가 알아서 하면 제일 좋은 겁니다. 그게 쉽진 않을 겁니다. 그래서 그런 부분 말고도 저는 조금 더 체계적으로 연구 개발을 해서 요구할 거는 요구하고, 또 업계 스스로 정부의 입장에서, 서울시 입장에서 업계 스스로가 고쳐야 할 것도 고칠 여지를 남겨줘야 한다고 봅니다. 그래야 준공영제가 지속될 겁니다. 저는 완전한 공영제에 절대 반대하는 사람입니다. 완전한 민영제도 그동안 여러 가지 폐단이 있었지 않습니까? 준공영제는 나름대로 전 세계에서 효율적인 제도로 보고 있는 시스템이거든요. 저는 시와 정부와 민간사업자가 함께 모여서 이끌고 나가서, 발전을 시킬 수 있는 좋은 제도라고 봅니다. 정부는 정부대로 해야 할 일이 있겠지만, 사업자들께서도 다른 업종과 달리, 스스로 공공적인 기관이라 생각하고 먼저 해야 할 부분이 있으면 먼저 찾아서 해야 할 것입니다. 감사합니다.

〈서울 시내버스의 재정지원제도 개선방안 토론회 지정토론문, 2024년 11월 18일〉

"재정지원 절감보다 버스 서비스를 우선시해야"

김경민 한국 YMCA 연맹 사무총장

- 준공영제 제도에서는 수요가 확대되면 운송 수입이 늘어나면서 공공성도 높아진다는 발상에 기초한 것임. 적자가 나면 운영경비를 보전을 해주므로 결과적으로 돈먹는 하마 아니냐는 라는 비판이 제기되기도 함. 통계상으로 보면 버스 수요가 급감하고 있음. 그 구체적인 원인을 파악하고 분석할 필요가 있음.
- 80년대에는 버스 교통분담률이 83%에서 22년 현재 20.1%로 나타나 있음. 그런데 버스 교통분담율 그 자체보다 더 중요한 것은 지하철, 버스, 따릉이를 포함한 자전거와 보행 등 녹색교통이 서울시 전체 교통분담률의 몇% 인지를 보는 것이 더 중요하고 합리적이라고 봄.
- 버스가 우선적인지, 지하철이 우선적인지를 파악하는 것보단 두 교통수단이 어떤 시너지 효과를 나타낼 수 있을지, 두 교통분담률을 어떻게 상승시킬 수 있을지, 버스와 지하철이 서로 상호 연계 교통이 되어 도어투도어(Door to Door)에 근접할 수 있는지가 중요함.
- 준공영제 도입으로 버스에 대한 특권적 지위를 부여한 중앙차로 운영은 정시성 문제를 해결하는 데 기여한 것으로 볼 수 있음. 재정지원과 관련해서는 무엇보다 중요한 것이 적정성과 투명성을 확보하는 것임. 표준운송원가를 위한 합리적 효율적인 관리방식을 마련하는 것이 중요하고, 구체적으로 관리하는 운송원가 관리비용 산정을 위한 위원회 등이 잘 운영이 되어야 함. 교통복지와 관련해서 영국의 양허 통행과 관련하여 버스, 지하철 무상 운행과 관련해서 이를 확대하고, 버스 회계로 잡아줄 필요가 있고 문제 제기는 적절하고 공감함.
- 기후대응과 관련하여 공공교통, 대중교통, 녹색교통의 분담률이 얼마인지, 탄소 감축을 위한 구체적인 계획이 필요함. 19.5%에 달하는 수송부문 탄소를 어떻게 감축할 때의 발생하는 버스업계의 ESG 접근이 중요하다고 봄.

이신해 서울연구원 선임연구위원

- '재정지원'이 초기에 비해 크게 증가하면서 서울연구원이 차라리 이럴 바에는 공영제로 가야 하는 게 아니냐는 검토를 한 적도 있지만 '그래도 준공영제를 고쳐 써야 한다'고 결론을 내린 바 있음.
- 교통도 복지임. 처음에는 그렇게 얘기하면 비웃음을 사기도 했지만, 이제는 고령화 시대가 도래하고 노인 인구 통행이 늘어나면서 그런 교통약자를 위한 통행을 지원하기

위해, 그분들의 원활한 통행으로 인해 사회 복지에 기여하고 있는지 연구가 필요하다고 생각함. 그런데 재정지원이라는 표현은 마치 운영이 미흡하고, 잘못된 운영을 해서 적자가 난 것 같은 느낌을 주기 때문에 용어의 자체가 바뀔 필요가 있음. 민영이든 공영이든 세계 어느 나라에도 대중교통을 요금 수입으로 운영하는 나라는 없음. 명분이 필요한데, 적자를 메꾼다는 건 구시대의 뉘앙스를 풍기기 때문에 분명한 정비가 필요함. 따라서 시각의 교정이 필요함. 다만 필요하기는 한데 그 필요성에 관한 얘기보다 매년 모니터링을 통해서 재정지원금이 합리적으로 지출이 됐는지, 적정하게 잘 쓰였는지, 시민의 복지나 시민의 서비스에 기여했는 지에 대한 검토가 더 필요한 시기임.
- 예전에는 철도, 지하철, 버스, 승용차 외에는 교통수단이 없었지만, 버스를 대신할 수 있는 교통수단들 PM, DRT 같은 새로운 서비스, 마을버스를 대신하는 따릉이 등 이들 여러 교통수단들과 어떻게 상생해 나갈 것인지 깊이 고민해야 함. 버스가 재정지원금을 기반으로 기득권에 안주하는 것은 앞으로 불리해질 수 있음. 현재 서울시가 시민의 접근성을 강화하는 정책을 펼쳐나갈 때 버스가 얼마만큼의 서비스를 감당할 수 있을지에 대한 깊은 고민이 필요함.
- 한가지 짚고 넘어갈 것은 여전히 승용차에 대해 지나치게 관대한 정책임. 주차비용이 지나치게 싸고, 도로공간에서 승용차가 우대를 받고, 승용차가 더 빠르고 중앙차로에 버스에 갇혀 있는 것 같은 느낌을 줄 정도로 잘못된 교통운영, 중앙차로를 더 늘릴 수도 있다는 발상법으로 승용차에 대한 지나치게 관대한 시각을 바꿔야 함.

유정훈 아주대학교 교통시스템공학과 교수

- 20년 전 버스체계를 개편하고 시민들의 큰 호응을 받고, 수도권과 지방으로 확산되면서 10년 이상 황금기를 누려왔음. 예전에는 재정지원이 3,000억원 수준일 때 좀더 깊이 있는 연구를 하고 대처를 했으면 더 좋았을텐데, 코로나 이후 8,000억원 규모로 늘어나고 여러 어려움에 처하기에 이르렀음. 지금이라도 이렇게 대안을 모색하는 자리를 만들고 고민하는 것은 늦었지만 다행임.
- 안타깝게도 버스가 느려지고 막히고 나빠졌다고 느꼈을 때 개선 대책 마련이 이루어지지 않으면서 시민들의 버스에 대한 관심이 예전에 비해 많이 낮아지고, 많은 부분 지하철로 이미 가벼렸음.
- 경기도는 여전히 버스의 이동 수단이 높음. 물론 승용차가 압도적으로 많으나, 아직 광역 철도가 부족하기 때문임. 여전히 버스에 대한 수요가 높은데 이럴 때 출퇴근 시간 버스 공급을 크게 늘려 수요를 흡수해 나가야 할텐데, 수조원을 투자해서 광역철도를 놓는 방식으로 논의가 되고 있음. 그 중 일부만 버스에 투자해도 확실하게 개선을 할 수 있을텐데 아쉬움이 큼. 시민들의 의식을 바꿔야 하는데, 버스 관련 연구자도 너무나 적고 투자도 적은데 비해 철도는 많은 것이 현실임. 이슈를 만들고 투자도 철도 중심으로 이루어지고 있음.
- 현재와 같이 공공이 운영사에게 직접 지원하는 재정지원 방식은 시민 입장에서는 '회사 퍼주기'로 오해되고, 수십년간 유지해 온 요금으로 60~70%를 충당하고 나머지 적자를

지방정부가 메꿔주는 방식에서 탈피하여 요금은 정상화시키고 운영사는 높아진 요금으로 운영비용과 이윤을 확보하고, 이용자에게 정부가 지급하는 방식으로 전환할 필요. 하지만 이런 대안에 대한 관심이 없음. 정부가 이용 시민에게 직접 환급해 주는 방식으로 근간을 바꾸자는 것이고, 이와 관련한 기술적 문제는 예전과 달리 전혀 없음. 최근 약간 개선된 것이 국토부의 K Pass인데 그런 방향의 실현가능성을 기초단계 수준으로 보여줌. 요금을 정상화하고, 매년 대중교통 요금을 최저임금위원회와 유사한 대중교통요금위원회를 만들어 시스템 기반으로 적정 수준의 요금 인상을 하는 방식으로 합리화한다면 훨씬 바람직할 것임.

강갑생 중앙일보 교통 전문기자

- 재정 절감이 버스노선 개편이나 버스 재정지원 체계 개편의 목표가 되어서는 안 됨. 합리화나 효율화의 결과로 자연스럽게 재정 절감이 되는 것은 효과적이겠지만, 가장 중요한 목표는 버스 서비스의 향상이 되어야 함. 따라서 서비스를 향상하기 위해 재정지원 체계를 바꾸고 노선을 조정하는 것은 필요한 일이지만 재정 절감이 목표가 될 수는 없는 것임.
- 그런데 서울시의 교통정책 전반을 보면 방향성이 모호하다는 생각이 들 때가 많음. 지하철 위주의 정책인지, 버스 위주의 정책인지를 떠나 대중교통을 활성화하기 위한 정책방향으로 가고 있는 것인지가 갸우뚱하게 됨. 예를 들면 남산 혼잡통행료 한쪽만 받으면서 절반으로 낮춤. 승용차 더 많이 타고 다니라는 얘기임. 정부도 영동고속도로 주말 버스전용차로 없애버림. 민원에 따라 구간을 줄였고, 나중에는 이용률 저하라며 아예 없애버림. 당초 그렇게 가서는 안되는 것이었음. 이런 식의 정책을 하면서 대중교통 우대를 말하는 것은 공염불임.
- 교통정책의 선택과 집중이 중요함. 교통수단으로 PM이나 자전거, 따릉이, 전동 킥보드 등 여러 수단들을 이야기하지만, 기본적으로 서울은 언덕이 많아 자전거를 타기에 쉽지 않음. 게다가 서울 시내에서 제대로 된 자전거 전용도로도 보기 힘듦. 자전거가 인도로 올라와 자전거보행자겸용도로라는 말도 안 되는 제도로 억지 춘향을 하고 있음. 그런 식의 정책을 펼쳐서는 안됨. PM에 대해서도 시민들의 불만이 높음. 100년 전 유럽이나 미국에서 오토패드가 범죄 이용이나 난폭운전으로 사고가 많이 나면서 시민들의 불만이 고조되어 사라진 것을 기억할 필요. 그런 것을 서울시가 육성하고자 한다면 제대로 투자를 하는 특별한 노력을 기울이지 않고 있음. 그런 상황에서 이것이 교통수단으로 정착되기를 기대할 수는 없어. DRT의 경우도 뉴욕에서만 초고비용으로 이루어진 것이 아님. 우리나라에서도 인천지역에서 4군데에서 바이모드라는 DRT 서비스를 시험 운행한 결과 통행당 연간 보조금이 20배 가까운 비용이 들었고 시간당 재차인원이 1명에도 미치지 못하는 효율성의 한계를 드러낸 바 있음. 서울시가 DRT도 하고 자전거도 하고 PM도 하고 한강 수상버스도 한다고 하는데, 정작 가장 중요하게 관심을 갖고 전력을 기울여야 할 버스 자체의 문제에 대해서는 노력이 거의 없음. 강남에서 남북방향은 그래도 버스전용차로가 있어서 버스를 이용할 수가 있지만, 동서방향은 완전 지옥인

데도 버스전용차로를 늘리겠다는 얘기는 없음. 대중교통을 확충하고 버스 경쟁력을 높이려면 당연히 해야 하는 것 아닌가? 서울시가 그런 노력을 하고 그런 방향으로 시민을 설득하는 것을 본 적이 없음. 그런 상황에서 서울시가 노선을 개편한다고 해도 버스가 빠르게 다닐 수 있는 길을 제대로 확보해 주지 않는 한 과연 노선 개편에서 무슨 성과를 기대할 수 있을지 의문임.

○ 지하철이나 철도 위주로 가는 것은 정부에서도 줄이려 하고 있음. 비용이 너무 많이 들고 시간도 10년 이상 너무 길게 소요되기 때문임. 버스는 상대적으로 투자비가 적고 잘 운영하면 효율성이 있음. 김세호 차관이 말씀한 3중 굴절버스도 잘만 운영하면 트램보다 훨씬 나을 것임.

○ 물론 지역 주민들은 집값 등을 고려하여 지하철이나 경전철을 선호하겠지만 교통 면에서 효율성이 가장 중요함. 정부가 지역 주민의 민원에만 귀를 기울여서 효율성이 떨어지는 지하철이나 경전철에 대해서는 다시 한번 정비할 필요가 있다고 생각됨. 버스정책 방향을 세움에 있어 다른 교통정책들과 종합적으로 보고, 보다 효율적인 정책을 세워야 하며, 선택과 집중이 중요하다는 것을 다시 한번 강조함.

강인철 서울시 버스정책과 과장

○ 얼마 전 서울시가 발표한 준공영제 혁신 방안 3가지 내용 중 재정에 관한 내용을 살펴보면 기존에 사후정산 방식으로 지급이 되던 재정지원 제도를 사전 확정 방식으로 바꾸고자 하는 것임. 일부 실비 정산 항목이 유지되었던 것을 표준 단가 정산으로 바꾸는 것임. 비유하면 신용카드를 주어 쓰게 하고 이를 채워주던 방식에서, 동일한 금액의 체크카드를 주고 쓰게 하는 방식으로 제도가 달라지는 것임. 그 취지는 비용 절감이나 재정 절감을 유도하려는 것임. 사업자의 본성인 '사익 추구'를 하면 자연스럽게 공익을 달성하는 방향으로 작동하도록 제도를 바꾸는 것이 주안점임. 그 일환으로 사후정산 제도를 사전 확정 제도로 바꾸겠다는 것임. 이렇게 해서 비용이나 재정 절감을 기대하고 있음. 서울시도 재정 절감을 목표로 두고 있는 것은 아니지만, 절감된 비용은 서비스 개선에 사용할 수 있도록 할 것임. 이렇게 해서 체질이 바뀌면 궁극적으로 비용 구조 자체가 바뀌고 재정지원 금액이나 규모도 바뀌게 될 것으로 기대함.

○ 두 번째로 노선 개혁과 관련해서는 서울 버스의 노선 체계가 확립되고 난 뒤 전면적으로 들여다본 적이 없음. 국지적으로 일부 수요가 발생하면 조금씩 조정을 해 왔으나, 장거리 노선이나 중복노선, 굴절도가 높은 노선 등이 있음. 이들 노선들을 모두 운행 효율을 높이고 개선하기에는 어려운 현실적인 문제들을 안고 있음. 이런 면들을 상세히 들여다볼 것임. 일부 개선이 되는 부분이 있을 것이라고 보고, 장거리노선은 단축하고 두 개의 노선으로 나눈다든지 하는 방식으로 조정하고. 중복노선은 통합하거나 조정하고, 굴절노선은 직선화해서 통행속도도 높이고 운영효율도 키우려고 함. 이렇게 하면 동일한 운행대수 혹은 지금보다 적은 운행대수로 지금보다 높은 수준의 서비스를 제공할 수 있게 되고 그것이 실질적인 재정 절감이라고 기대함.

○ 재정 절감과 버스 노선 전면 개편을 통해서 대중교통의 접근성을 높이고 '5분 대세권'

등 대중교통을 보다 쉽게 이용할 수 있게 하고, 운행시간을 줄여서 통근이나 통학시간을 조금이라도 단축하는 것을 목표로 삼고 있음. 이 두가지 혁신 방안을 통해 실질적인 재정 절감을 꾀하는 것이 개혁안의 주요 내용이고, 전문가, 시민단체에서 내놓는 의견들을 포함, 더 고민하고 다듬어 보다 나은 서비스를 제공할 수 있도록 노력하겠음.

정일웅 국토교통부 사무관

- 재정지원 규모를 줄이는 것 자체가 최우선이 되어서는 안 된다라는 말씀에 대해서는 당연히 공감함. 준공영제 자체가 어떻게 보면 버스 회사의 운행 손실을 보전하는 제도인데, 국토부도 벽지 노선 지원 사업이라는 지방 소도시의 시내버스에 대해서 국비 지원을 하고 있음. 그 원가를 이렇게 얼마나 효율적으로 그 산정하기 위해 관할 관청과 사업자의 협력이 필요하다고 봄. 그냥 마냥 버스가 빨리 오고 잘 다니네. 그렇기 때문에 준공영제가 문제없다고 하는 것은 무리가 있음. 왜냐하면 당연히 비싼 옷이 좋고 당연히 비싼 음식이 맛있는 건 당연함. 비싸고 좋은 음식을 싼 값에 먹고자 하는 것이 정책이기 때문임.
- 준공영제 자체가 버스 회사의 운행 손실을 보전하는 제도여서 도덕적 해이와 그 관할 관청의 관리 부실이 필연적으로 발생할 수밖에 없는 구도임. 준공영제로 운영되는 시내버스는 관할하는 지자체가 버스 노조나 버스 사업자의 과업에 대한 언론의 민감성이나, 서비스 중단에 따른 시민 불편에 대한 우려 등으로 조금 과하게 표현하면 사실상 면허권을 가진 버스 사업자 위주로 유리하게 작용할 수 있는 여지가 많음.
- 준공영제에는 개선할 여지가 몇 가지 있는데, 우선 현재 준공영제 제도는 신규 사업자의 시장 진입이 원천적으로 차단된 구조임. 버스 산업을 영위하고자 하는 사업자는 기존 사업체를 양도, 양수하지 않는 이상 들어올 수 없음. 서울시가 기존 사업자에게 대수 단위로 재정지원을 해주고 있고, 원가 산정 시 규모의 경제를 반영하지 못하는 구조여서 어떻게 보면 과다 산정될 여지가 크다고 볼 수 있음.
- 여러 지자체가 사업자의 도덕적 해이 방지를 위해서 성과 이윤의 차등 지급이라는 제도를 통해 운영한다고 하지만 사실 상당히 미흡한 부분이 있음. 사업자로서는 서비스 개선을 위해 노력할 경영 효율화 동기가 부족하다고 볼 수 있음.
- 사모펀드와 관련해서도 최근에 논의가 많은데 어. 사실 그 사모펀드 자체가 문제라고 할 수는 없음. 사모펀드의 진입과 관련해서 우려가 되는 부분은 이들이 버스 산업 자체를 투자 상품으로 보는 것임. 그들의 이 버스 회사 인수의 목표는 단 하나, 사업 수익률 극대화임. 준공영제는 민자고속도로 분야에서 최소 운영 수입을 보장하는 MRG 제도의 재현을 보는 것 같음. 사실 그 사모펀드 입장에서는 이 준공영제 버스 사업은 마치 국채 같이 사업 수익률이 보장되는 것이라는 것. 바꿔서 생각을 해보면 사모펀드라는 그 주체가 버스 회사에 투자하고 관심을 갖는다는 것 자체가 준공영제가 얼마나 비효율적으로 운영되고 있으면, 반대로 사업자 입장에서 얼마나 높은 수익률의 안정성이 담보되는 상품이면 과연 이 상품에 진입할까 라는 반증이라는 볼 수 있음.
- 준공영제가 거창한 제도도 아니고 지자체의 재정 낭비가 과도하게 되는 것도 아니고

단순히 수익성이 없는 버스 노선에 대해서 안정적으로 운영할 수 있도록 정부나 지자체가 재정지원하는 제도임. 준공영제를 보다 효율적으로 운영할 수 있도록 국토교통부도 최근 여러 지자체와 함께 개선방안을 연구하고 있음. 최근 서울시에서 발표한 혁신전략 방안을 검토해 보면 명확한 이해가 어려운 부분도 있으나 국토교통부와 같이 제도를 개선해 나가야 한다고 봄.

⟨전문가 델파이조사 결과, 2024. 6. 24. 대한교통학회⟩

서울 시내버스 발전 방안에 관한 전문가 델파이조사 분석 결과

1. 조사 개요
- 조사 일시 : 1 Round 20024년 6월 7일 ~ 6월 12일
  2 Round 20024년 6월 17일 ~ 6월 21일
- 조사 방식 : 1 Round 조사 결과를 토대로 2 Round 설문지를 구성하여 2라운드 조사를 수행하고 이를 분석함.
- 참여 전문가 50명
- Likert 5점 척도 100점 만점 환산식은 다음 수식을 사용함
  $Y=[(X-1)/(N-1)] \times 100$
  (X는 응답치, N은 척도)

2. 분석 결과
1. 기후위기와 탄소중립 시대를 맞아 지속가능한 도시 교통수단(Sustainable Urban Mobility)으로 시내버스의 위상을 정립하고, 버스우대정책을 강화하고 서비스 수준을 높여 대중교통 수송분담률을 높여 나가야 한다는 견해에 대한 의견.
   - Likert 척도 4.6/5.0, 90/100

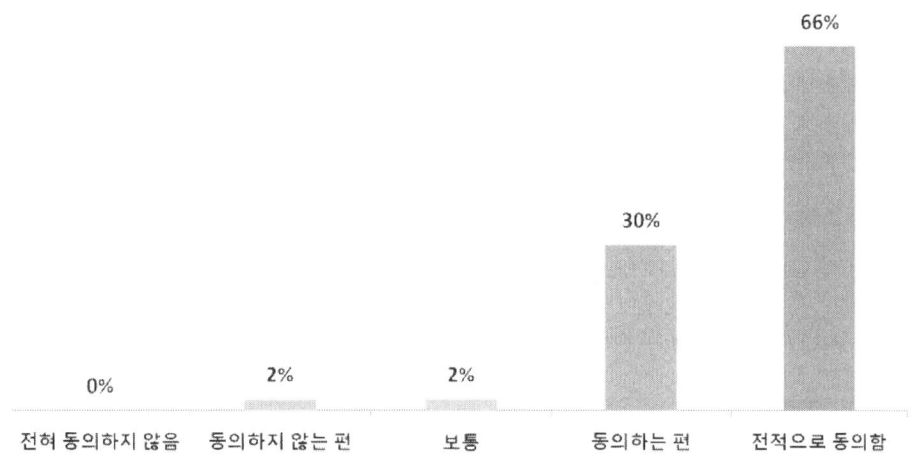

2. 서울 시내버스 준공영제의 문제점
- 총 50명 중 4명 복수응답, N=54

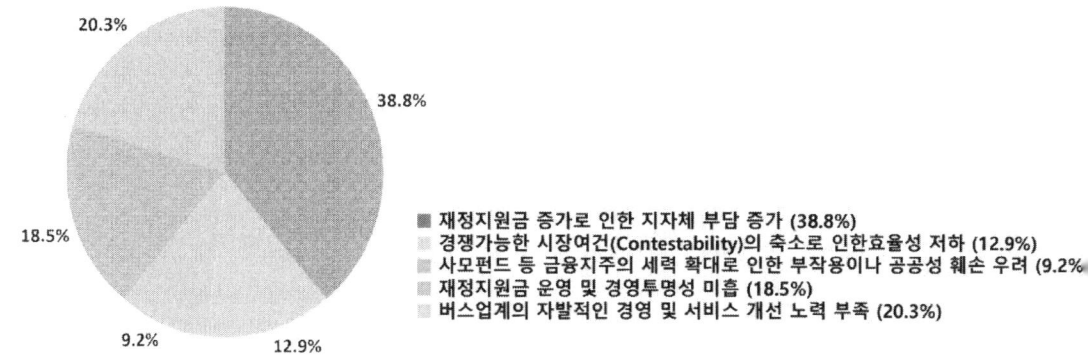

■ 재정지원금 증가로 인한 지자체 부담 증가 (38.8%)
■ 경쟁가능한 시장여건(Contestability)의 축소로 인한효율성 저하 (12.9%)
■ 사모펀드 등 금융지주의 세력 확대로 인한 부작용이나 공공성 훼손 우려 (9.2%)
■ 재정지원금 운영 및 경영투명성 미흡 (18.5%)
■ 버스업계의 자발적인 경영 및 서비스 개선 노력 부족 (20.3%)

3. 델파이조사 1R에서 전문가들이 제시한 버스 준공영제의 개선방안에 대한 의견

① 중앙정부의 재정지원이 이루어질 수 있도록 교통시설특별회계법의 '버스 계정' 신설
- Likert 척도 3.92/5.0, 73/100

② 평가제도의 현실화, 평가 결과의 공개, 합리적 인센티브/페널티 시스템 구축 등 평가제도 개선
- Likert 척도 4.38/5.0, 84.5/100

③ 운송원가를 고려한 버스 요금 현실화
- Likert 척도 3.72/5.0, 68/100

④ 철도 등 타 교통수단과의 경쟁, 중복 회피를 위한 버스 노선조정으로 대중교통 효율성 제고
- Likert 척도 4.12/5.0, 78/100

⑤ 감차 등을 통한 재정지원금 감축
- Likert 척도 2.76/5.0, 44/100

⑥ 통행거리 대비 요금제 시행으로 시장경제에 맞는 비용산출 방법 적용하여 재정적자 해소
- Likert 척도 3.64/5.0, 66/100

⑦ 서비스 수준이 현저하게 낮은 회사의 퇴출 및 해당노선 노선입찰제 시행으로 M&A 유도
- Likert 척도 3.92/5.0, 73/100

⑧ 경쟁가능한 시장 여건(Contestability)을 강화하여 서비스 수준 향상 노력의 동기 부여
- Likert 척도 3.84/5.0, 71/100

⑨ 민간투자유입을 위한 규제완화, 사업다각화 통해 '종합여객운수 플랫폼'으로 전환 유도
- Likert 척도 3.3/5.0, 57.5/100

⑩ 준공영제 전면 폐기하고 완전 공영제 혹은 민영체제로 전환
- Likert 척도 2.62/5.0, 40.5/100

- 공감도 순으로 공감도 높은 5개 대안과 공감도 낮은 5개를 정리하면 다음과 같음.

대안	전혀 동의하지 않음	동의하지않은 편	보통	동의하는 편	전적으로 동의
평가제도의 현실화, 평가 결과의 공개, 합리적 인센티브/페널티 시스템 구축 등 평가제도 개선	2%	14%	28%	56%	
철도 등 타 교통수단과의 경쟁, 중복 회피를 위한 버스 노선조정으로 대중교통 효율성 제고	4%	10%	56%	30%	
중앙정부의 재정지원이 이루어질 수 있도록 교통시설특별회계법의 '버스 계정' 신설	8%	18%	48%	26%	
서비스 수준이 현저하게 낮은 회사의 퇴출 및 해당노선 노선입찰제 시행으로 M&A 유도	2%	2%	22%	50%	24%
경쟁가능한 시장 여건(Contestability)을 강화하여 서비스 수준 향상 노력의 동기 부여	4%	30%	44%	22%	

대안	전혀 동의하지 않음	동의하지않은 편	보통	동의하는 편	전적으로 동의
운송원가를 고려한 버스 요금 현실화	2%	10%	26%	38%	24%
통행거리 대비 요금제 시행으로 시장경제에 맞는 비용산출 방법 적용하여 재정적자 해소	4%	16%	16%	40%	24%
민간투자유입을 위한 규제완화, 사업다각화 통해 '종합여객운수 플랫폼'으로 전환 유도	4%	20%	30%	34%	12%
감차 등을 통한 재정지원금 감축	16%	24%	32%	24%	4%
준공영제 전면 폐기하고 완전 공영제 혹은 민영체제로 전환	10%	42%	28%	16%	4%

4. 현재의 서비스 수준이나 시민만족도, 다른 해외도시의 교통요금 등을 종합적으로 고려할 때 서울 시내버스의 요금 수준에 대한 인식
- Likert 척도 4.06/5.0, 76.5/100
- 전문가 84%가 시내버스 요금이 저렴하다고 인식[저렴한 편 60+ 매우 저렴 24%]

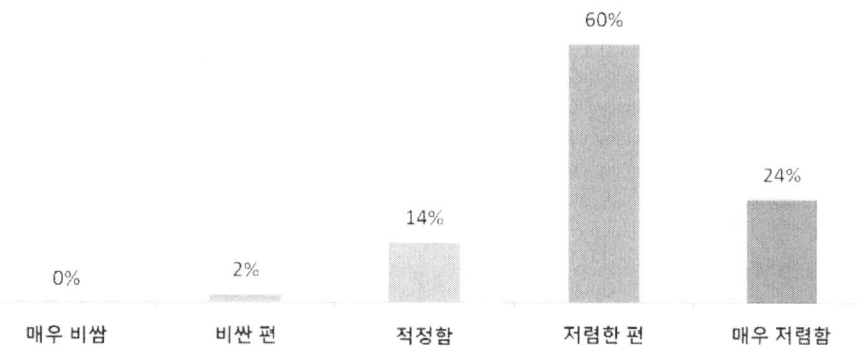

5. 델파이조사 1R에서 서울 시내버스 정책 개선사항으로 제시된 대안들에 대한 의견

- 기후위기에 대응 친환경버스(전기, 수소) 도입 적극 확대, 버스 운영체계, 준공영제, 노선 및 요금 등에 관한 종합적인 버스개혁 version2.0 마련, 대중교통 소외지역 및 비수익노선에 수요응답형 DRT 버스 시스템 확충하여 서비스 및 효율성 제고 등이 높은 공감도를 보임

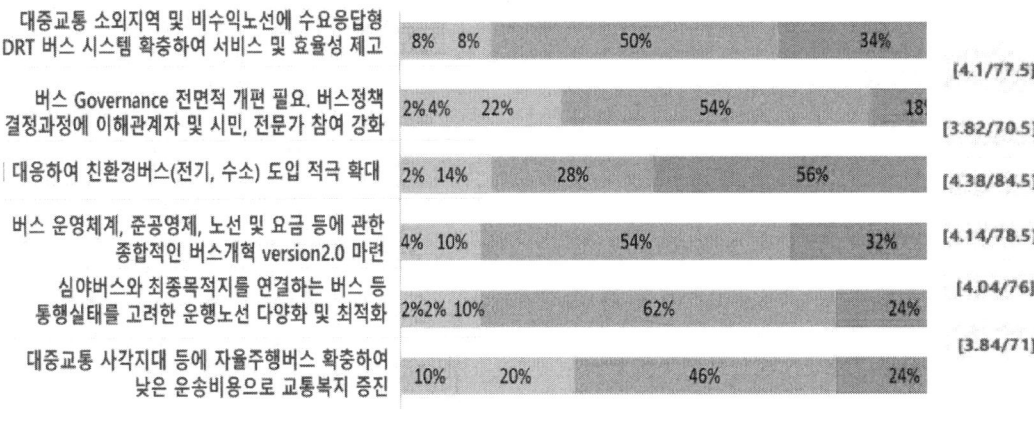

6. 2004년 서울 시내버스 개혁 성공의 핵심 요소

- 총 50명 중 1명 복수응답, N=51
- 지하철-시내버스 통합환승 요금제도 시행(39.2%), 준공영제 도입과 최소수익을 보장하는 서울시의 재정지원 정책(21.5%), 버스체계 및 노선 개편 등 버스 개혁을 위한 종합적인 방안 마련(15.6%) 등이 핵심 요소로 꼽힘.

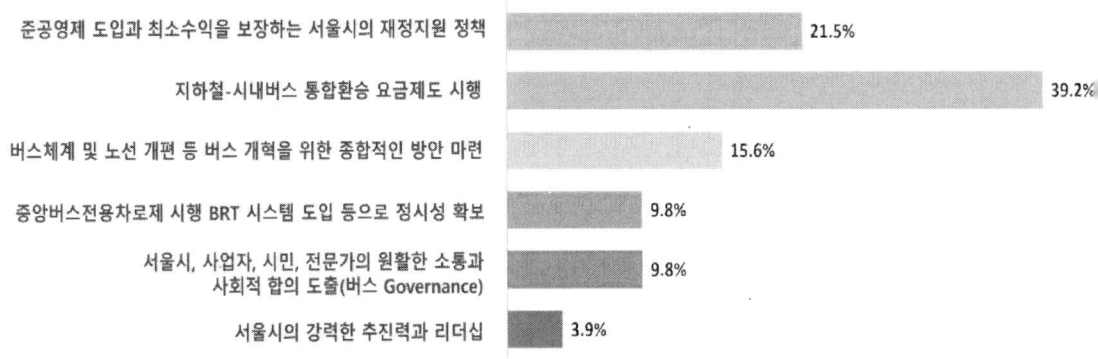

7. 델파이 1R 조사에서 전문가들이 제시한 서울 시내버스 서비스 수준이나 시민만족도, 안전성을 높일 수 있는 정책 대안들에 대한 의견
- 교통전문가들의 공감도 순으로 10개의 대안을 정리하면 다음과 같음.
- 지하철, 경전철, 마을버스, 지선버스, 간선버스 등 교통수단간 연계성 강화하고 환승 편의를 증진(Likert 척도 4.36/5.0), 배차간격 단축, 정시성 확보와 통행시간 단축을 위한 버스우선신호, 전용차로 확대 등(Likert 척도 4.28/5.0), 지하철 노선이 없는 지하철 취약지역에 대한 시내버스 특별교통대책 수립, 시행(Likert 척도 4.36/5.0) 등이 높은 지지를 받음.
- 마을버스의 전면 공영제 실시 및 무상교통으로 전환(Likert 척도 3.02/5.0), 사고 다발지점에서 시민들 대상 아차사고 사례 수집 '아차사고 내지 않기' 운동 전개(Likert 척도 3.4/5.0) 등은 지지도가 낮은 것으로 나타남.

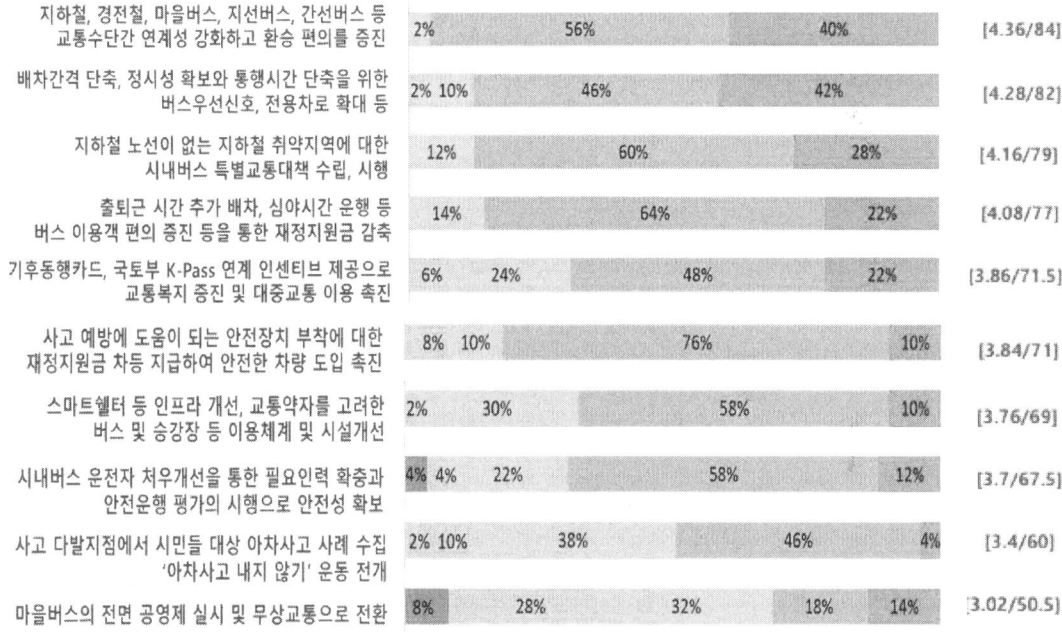

8. 미국 뉴욕(New York) 시의 경우 2년마다 물가인상률 수준의 요금인상을 정례화하는 법 제도를 만들어 시행하고 있음. 이런 제도적 장치를 통해 요금인상을 해야 하는 시장의 정치적 부담을 줄이고 안정적인 대중교통 운영을 도모함. 서울시에도 이와 유사한 조례가 있지만 사실상 작동되지 않고 있음을 고려하여 실효성 있는 법 제도를 만들어야 한다는 전문가들의 제안에 대한 의견.
- Likert 척도 3.96/5.0, 74/100

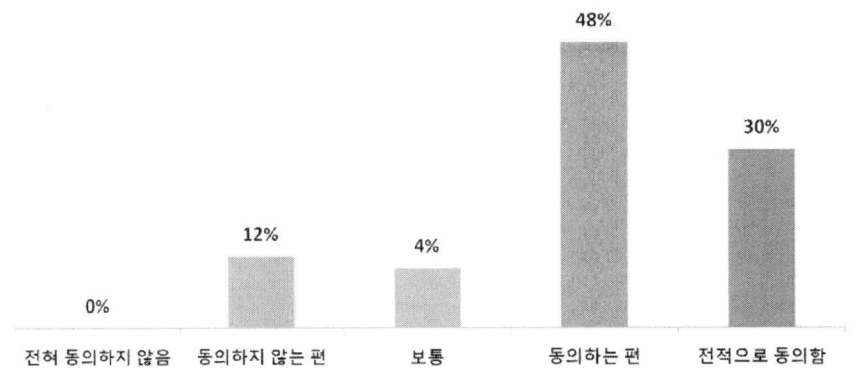

9. 서울시와 경기도는 사실상 단일 생활권을 형성하고 있고, 경기도 버스가 서울 시계 내에서 운행량 과다로 인해 서울 시내 교통에서 여러 문제가 발생하고 있음. 수도권 교통문제의 통합적 해결을 위해 수도권 대중교통정책을 일원화하고, 서울-경기 경계 요충지에 환승센터의 건립, 환승체계의 고도화 등 종합대책을 마련해야 한다는 전문가들의 제안에 대한 의견
   • Likert 척도 4.44/5.0, 86/100

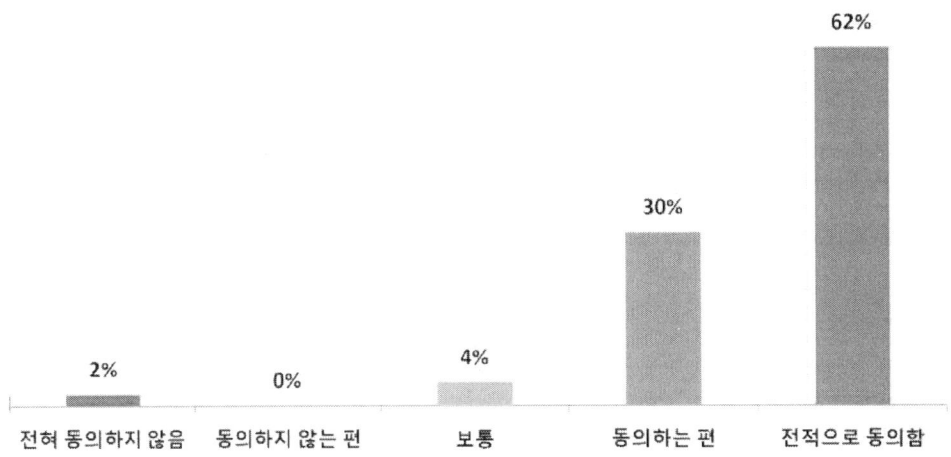

〈책 출판, 파이낸셜뉴스 보도, 2024년 10월 18일〉

'서울 버스에 관한 7개의 미신과 7개의 사실' 발간

교통전문가 임삼진 한국환경조사평가원 원장이 '서울 버스에 관한 7개의 미신과 7개의 사실'(㈜KSS, 250쪽)을 출판했다.

지난 2004년에 이루어진 서울 대중교통 개혁 20주년을 맞아 발간한 이 책은 우선 심각한 중병 상태였던 서울 버스가 개혁을 통해 세계적인 수준으로 발전했다고 밝힌다. 저자는 '미신은 사실을 이길 수 없다'라는 메시지와 함께 준공영제, 재정지원금 문제, 중앙차로의 속도 저하 문제 등 현재 서울 버스의 현안과 쟁점들을 분석했다. 또 국제 비교와 통계 분석을 통해 서울 버스에 관한 14개의 명제를 사실과 미신으로 구분하면서 그 논거들을 제시한다. 특히 상당히 복잡한 뉴욕 버스나 런던 버스에 관한 상세 분석은 국내에서 처음 이루어진 것이다.

이 책은 2024년 현재의 글로벌 도시들과의 버스 요금 비교, 지난 20년간의 요금인상 횟수, 서울·런던·뉴욕의 재정지원 방식과 대당 재정지원금 비교, 이들 도시의 코로나 팬데믹의 영향과 대응, 버스와 보편적 교통복지 등을 다루면서 서울 버스가 어떻게 발전해야 하는지 그 방향을 제시한다.

임삼진 원장은 "오래전부터 대중교통은 '서민의 교통수단'이 아니라 '시민의 교통수단'임을 강조해 왔다"면서 "어떤 이유로든 대중교통을 선택한 시민의 선택과 자긍심은 존중되어야 한다. 대중교통 서비스 증진을 위한 노력이 더 강화되어야 한다"고 말했다.

그러면서 "모든 시민이 자유롭게 평등하게 이동할 수 있는 교통 시스템을 구축하여 사회적 약자를 포함한 모두의 교통권을 보장하는 것이 책임 있는 교통복지"라고 강조했다. 그는 "이 시대의 화두인 지속가능성과 보편적 교통복지, 시민 교통권 실현을 상징하는 교통수단으로 시내버스의 위상을 정립하는 것은 다른 무엇보다 중요한 도시정책의 근간이 되어야 한다"고 덧붙였다.

한편, 임삼진 원장은 서울대 철학과, 성균관대 행정대학원을 거쳐 서울대 환경대학원에서 도시계획학 박사학위를 받았다. '보행권'이나 '녹색교통'이라는 용어를 만든 그는 1993년 시민단체인 '녹색교통운동'이라는 시민단체를 만드는 데 참여했고, 사무총장으로 일했다. 환경단체인 녹색연합의 사무처장과 에너지시민연대 대표, 한국철도협회 상임부회장 등을 지냈고, 김대중 정부와 이명박 정부의 청와대에서 민정비서실 국장과 시민사회비서관으로 일했다. 한양대학교 교통공학과 연구교수와 서울대학교 공과대학 연구부교수, 생명존중시민회의 상임대표 등을 역임했다. 롯데홈쇼핑 CSR동반성장위원장과 롯데케미칼 상근고문을 거쳐 지금은 한국환경조사평가원 원장으로 일하고 있다.

courage@fnnews.com 전용기 기자

V. 서울특별시버스운송사업조합

1 서울특별시버스운송사업조합 02-415-4101

〈경향신문 기고, 2024년 8월 4일〉

버스준공영제 20년, 미래지향 전면 재설계 시급하다

이준석 서울버스운송사업조합 정책위원장

파리 올림픽이 한창이다. 파리 올림픽에서 스포츠만큼 주목받은 것이 탄소제로 실천이다. 선수촌과 버스에 에어컨도 없다. 선수 중 일부는 불편을 호소하기도 하지만, 전 지구적으로 환경 문제의 심각성과 실천의 필요성을 실감케 하는 효과를 거두고 있음은 분명하다.

국내에서도 시민들이 편하게 대중교통을 이용할 수 있도록 하여 승용차 이용을 억제해 에너지 사용을 줄이려는 정책이 이미 시행되고 있다. 2004년 7월 서울에서 시작된 시내버스 준공영제다. 중앙버스전용차로 설치로 도심 차로의 선형까지 바꾸면서 버스의 신속성과 정시성을 향상했다. 노선도 전면 개편했다. 버스를 우대하고 승용차 이용을 불편하게 한 대표적 정책이다.

시민들이 서울 어디서도 버스를 이용할 수 있도록 했다. 통합환승할인 시스템을 만들어 세계 어느 대도시보다 저렴한 요금으로 대중교통을 이용할 수 있게 됐다. 버스에 색을 입혀 도시의 심미감도 높였다. 효과는 상당했다. 도봉구 미아로는 시내버스 준공영제 시행 직전인 2004년 6월 평균 운행속도가 시속 11㎞였지만 그해 12월엔 20.3㎞로 빨라졌다. 교통수송 분담률 중 시내버스는 25.6%(2003년)에서 28.1%(2010년)까지 상승했다. 승용차는 26%에서 23.1%(2012년)로 줄었다.

대중교통 이용 증가는 에너지 절감에 큰 역할을 했다. 경유에서 CNG로의 연료 전환도 대기질 개선에 기여했다. 최근에는 모든 버스회사가 전기버스 교체에 가세하면서 탄소배출 절감에 힘을 보태고 있다.

그러나 최근 시내버스 매력이 퇴보됐다는 쓴소리가 나오고 있다. 지난 7월1일에 대한교통학회 주최로 열린 '준공영제 20주년 기념 정책토론회'에서 발표된 자료를 보면, 시내버스 수송 분담률은 20.1%(2022년)까지 추락했다. 대신 승용차는 코로나19(2020~2022년)를 기점으로 27.3~38%까지 급격히 증가했다.

버스업계 현장에서 느끼는 배차간격과 혼잡도 문제도 크다. 서울시는 지난 20년간 10% 이상의 시내버스를 감차했다. 재정 부담을 일부 줄일 수는 있었지만, 감차 부작용으로 배차간격이 늘어나면서 시민들의 불만이 커지고 있다. 반면 민영으로 운영되는 마을버스는 40% 가까이 늘어나는 엇박자 행정이 벌어지고 있다. 특히 경기도 버스의 서울 진입이 크게 늘어나 버스전용차로는 혼잡도가 심각해졌다.

더 늦기 전에 해결책을 찾아야 한다. 이젠 리모델링이 아니라 미래지향적인 재구조화 수준이어야 한다. 방법은 간단하다. 20년 전과 마찬가지로 서울시, 버스업계, 시민사회, 전문가 그룹이 머리를 맞대는 것이 기본이다. 이 자리에서 노선 구조를 현재 서울에 적합하도록 재설계하는 것이 우선이다. 이용자 부담 원칙에 따른 합리적인 요금 정책을 합의해 시 재정 부담을 경감시켜야 한다. 경기도 광역버스의 무분별한 증차를 해결하기 위한 환승시스템 개편은 물론 수도권 대중교통망 체계를 정비하는 방안도 설계하는 게 마땅하다. 정부의 대중교통 재정지원 확대 방안도 요구해야 한다.

이 모든 활동이 제대로 운영된다면, 서울의 시내버스 준공영제는 탄소제로 실현에 중요한 한 축을 담당하게 될 것이다. 대중교통 우선 정책은 이제 선택이 아니라 필수이다.

〈보도자료, 2024년 10월 22일, 서울특별시버스운송사업조합〉

서울시 준공영제 혁신안 발표에 따른
서울시버스운송사업조합 입장

서울시가 10월22일 서울시내버스 준공영제 시행 20주년을 맞아 재정·공공성·서비스 3대 분야에 대한 혁신을 추진하겠다고 밝혔습니다. 서울특별시버스운송사업조합(이하 서울버스조합)은 서울시 혁신안에 대한 입장을 말씀드리려고 합니다.

올해는 서울시내버스 준공영제가 시작된 지 20년이 되는 해입니다. 당시 서울시와 서울버스조합은 물론 학계, 시민사회, 노동계 등이 머리를 맞대면서 시민들의 대중교통 이용 편의를 위해 전국 최초로 준공영제를 도입했습니다.

대한교통학회는 지난 7월1일 프레스센터에서 준공영제 정책토론회를 열었습니다. 이 자리에서 20년을 맞이한 준공영제의 장점과 성과는 물론 많은 문제점들과 해결과제가 개진됐습니다. 서울버스조합은 아무리 좋은 제도도 오랜 시간과 함께 문제를 노정할 수밖에 없으며 대신 부단한 개선 노력이 필요하다는데 공감하고 있습니다.

서울버스조합은 이같은 각계 전문가들의 소중한 의견을 바탕으로 서울시와 준공영제 개선방안에 대해 지속적인 논의를 진행하는 중입니다. 서울버스조합은 오늘 서울시가 발표한 준공영제 개선방안의 큰 틀에 대해 동의합니다. 노선개편은 이미 서울시와 서울버스조합이 구체적 준비에 착수했습니다.

다만 서울버스조합은 이견이 있는 부분과 사안별 구체적 내용과 실행 방안에 대해서는 회원사들의 의견과 학계 등 전문가의 의견을 적극 수렴해 서울시와 긴밀한 협의를 통해 성공적인 결과를 도출할 수 있도록 최선을 다하겠습니다.

서울버스조합은 앞으로도 회원사들의 의견을 충분히 수렴하는 것은 물론이고 학계, 시민사회, 노동계 등 준공영제를 만들고 가꿔 온 많은 관련 기관들과 협의를 지속하겠습니다. 서울버스조합은 이를 통해 다양한 전문가들의 의견이 합리적으로 서울시 정책에 적극 반영될 수 있도록 진정한 거버넌스를 구현하는 매개체 역할을 하겠습니다.

아래는 서울시 발표에 대해 부연 설명하는 내용입니다.
○ 사후정산제 → 사전확정제 전환의 건
- 준공영제 20년 동안 애초의 취지가 퇴색되어 사후정산이 반복되고 있습니다. 그러나 경기

상황에 따라 달라지는 서울시 세수 때문에 시의 재정지원금 규모가 버스 회사들이 이미 지출한 실비를 쫓아가지 못하는 현상이 반복됐습니다.

- 서울시와 서울버스조합은 코로나19(2020년~2022년) 동안 시민 안전과 편의성을 위해 정상 운행을 했습니다. 다른 지자체보다 선진적인 방역활동으로 평가받았습니다. 다만 이 과정에서 수천억 원의 운송적자가 발생했습니다. 대출이자도 해마다 수백억원씩 발생하는 현상이 벌어지고 있습니다. 그러나 서울시의 재정재원금은 불규칙하게 편성되면서 누적 적자는 증가되고 있는 게 현실입니다.

- 서울버스조합은 앞으로 서울시와 협의를 통해 사전확정제가 합리적으로 정착될 경우 운송적자 누적이라는 악순환이 크게 개선될 여지가 있다고 봅니다. 다만 새로운 제도 도입이 정착되기 위해서는 회원사들의 충분한 의견이 존중되고 이 과정에서 제기되는 문제점들에 대해 서울시와 충분히 협의하는 과정이 필요하다는 판단입니다.

○ 사모펀드의 건

- 서울버스조합은 사회적으로 사모펀드에 대한 우려가 크다는 점을 인지하고 있습니다. 서울시가 밝혔듯이 공공성이 필요한 대중교통사업에 사명감 없이 진입하는 악의적 펀드는 걸러내야 한다는 입장입니다. 아울러 버스사업에 진입한 뒤에는 준공영제 취지가 훼손되지 않고 서울시민의 편리한 이동권 보장이 최우선 되도록 운영되는 것도 맞다고 봅니다. 서울버스조합은 앞으로도 서울시와 함께 사모펀드 진출 업체에 대한 철저히 관리, 감독을 통해 건전한 준공영제가 유지될 수 있도록 노력하겠습니다.

- 다만 자유경제를 기반으로 하는 현 경제체제에서 사모펀드는 한국 경제 곳곳에 진입해 있으며 이를 근본적으로 막을 수는 없다는 현실도 전제되어야 한다는 점을 덧붙입니다.

○ 노선 개편의 건

- 서울버스조합은 20년 전인 2004년 만들어진 서울시내버스 노선이 변화된 상황을 충분히 반영하지 못하고 있기 때문에 버스를 중심으로 대중교통 체계를 구축하기 위해 노선 개편이 필요하다는 서울시의 정책방향에 적극 찬성하는 입장입니다.

- 서울은 20년 동안 지하철이 새로 운행되고 아파트와 신도시가 들어섰지만 그동안의 짜집기성 버스노선 부분변경만으로는 변화된 환경을 충분히 반영했다고 보기 힘든 것이 사실입니다.

- 서울버스조합은 이번 기회에 시민들의 눈높이에 맞춰 노선의 다양화, 굴곡노선의 직선화, 편리한 환승시스템 구축 등 시민편의성 제고를 노선개편의 원칙으로 삼고 충분한 검토와 대안 마련에 적극 노력할 계획입니다.

VI. 노동조합

1 전국자동차노동조합연맹 02-3463-8303

〈성명서, 2024년 2월 16일, 전국자동차노동조합연맹〉

버스노동자들의 근로조건 개선, "버스 살리기"의 첫걸음이다.

버스가 죽어가고 있다. 열악한 근로조건은 운전인력의 유입을 차단하는 가장 커다란 원인이 되고 있으며 운전인력의 부족은 전국적인 노선버스의 정상 운행을 방해하는 심각한 사유로 작용하고 있다. 운전인력의 확보가 이루어지지 않는다면 대중교통의 가장 중심축인 버스가 회생할 수 없는 상태로 무너지고 만다.

진단은 명확하다. 30인 이상 상용근로자의 70% 수준의 저임금을 받고, 사고에 따른 손실임금을 고스란히 감수한 채 새벽녘에 출근하고, 자정을 넘어서 퇴근하는 열악한 버스노동자의 삶이 운전인력 부족의 핵심 원인이다.

선거를 앞두고 도로와 철도의 지하화가 유행하고 있다. 여든 야든 가리지 않고 도로든 철도든 전부 지하로 넣겠다고 연일 총선 공약을 제시한다. 진보와 보수의 차이가 없이 누가 더 많이 더 빨리할 수 있느냐가 쟁점이 되었다. 이제 질문하자. 땅만 무조건 파자는 지도자들에게 어떻게 대한민국의 미래를 기대할 수 있을까? 천문학적인 소요 재원은 어떻게 조달하자는 것인가? 그리고 그렇게 만들어진 길에 다니는 버스는 누가 운행할 것인가?

국민들의 이동권을 보장할 수 있는 핵심 수단, 탄소중립 정책을 구현할 수 있는 중요한 현실적 대안, 고물가 시대에 맞는 교통수단이라는 점은 노선버스가 가지고 있는 부정할 수 없는 장점임을 누구나 인정하고 있다.

이러한 노선버스의 장점을 살려 나가는 가장 우선적인 정책은 버스라는 이동수단을 움직이는 버스노동자들에 대한 처우를 획기적으로 개선하는 것이다. 일하고 싶은 산업분야로 자리매김 되도록 함으로써 노동인력이 유입될 수 있는 디딤돌을 놓아야 한다. 최소한 열악한 근로조건으로 인해 외면 받는 일자리로 전락하고 있는 버스업종의 현실을 반드시 개선해야 하는 것이다.

4월 10일, 제22대 국회의원 선거를 앞두고 우리 10만 버스노동자들은 대안 없는 정치 토건족들의 표만 바라는 헛된 약속이 아니라, 진정 국민들의 이동권을 보장하기 위해, 핵심 주체인 운수노동자들의 근로조건을 개선해야만 한다는, 살아 있는 정책약속이 공언되기를 엄중히 지켜볼 것이다. 아울러 버스를 이용하고 사랑하는 모든 국민들의 성원을 가슴에 담아 죽어가는 버스를 살리기 위한 버스노동자들의 근로조건 개선 투쟁에 모든 방법을 총 동원 할 것이다.

〈보도자료, 2024년 2월 19일, 전국자동차노동조합연맹〉

죽어가는 노선버스, 운전기사가 없다.
열악한 근로조건이 원인

저임금 구조 해결을 위한 실효성 있는 합의 요구
요구안이 관철되지 않을 경우 3월28일 전국적인 총파업 투쟁 결의

전국자동차노동조합연맹(위원장 서종수) 산하 21개 지역 및 업종별 노조 대표자들은 지난 2월 16일, 자동차노련 회의실에서 "자동차노련 산하 전국 대표자회의"를 개최하고 2024년도 단체교섭 진행상황을 점검하였다. 이날 회의에서는 현재 노선버스가 당면하고 있는 운행위기의 핵심 원인이 운전기사 부족 때문이라는 점에 대해 인식을 같이하고 운전기사 부족 문제를 해결하기 위한 본질적인 해법으로 저임금 문제 해결을 바탕으로 한 열악한 근로조건 개선이 필수적인 과제임을 분명히 확인하였다.

이날 회의에서 자동차노련은 노선버스의 위기를 극복하고 국민들의 이동권을 지키기 위해 적정 수준의 임금인상에 총력 투쟁을 기울이기로 하였으며 요구안이 관철되지 않을 경우, 다음 달 19일 파업찬반투표를 거쳐 3월 28일부터 전국적인 총파업을 진행하기로 결의하였다.

이날 자동차노련 대표자회의에서는 『버스노동자들의 근로조건 개선, "버스 살리기"의 첫걸음이다.』라는 제하의 성명서를 채택하고 도로와 철도의 지하화 등 실현 가능성 없는 '표(票)플리즘' 공약을 지양하고 "4월 10일, 제22대 국회의원 선거를 앞두고 10만 버스노동자들은 대안없는 정치 토건족들의 표만 바라는 헛된 약속이 아니라, 진정 국민들의 이동권을 보장하기 위해, 핵심 주체인 운수노동자들의 근로조건을 개선해야만 한다는, 살아 있는 정책약속이 공언되기를 엄중히 지켜볼 것"이라며 "버스를 이용하고 사랑하는 모든 국민들의 성원을 가슴에 담아 죽어가는 버스를 살리기 위한 버스노동자들의 근로조건 개선 투쟁에 모든 방법을 총 동원 할 것"이라고 밝혔다.

이번 파업이 현실화 할 경우 전국 500여개 업체의 4만5천대에 가까운 노선버스가 멈추게 된다. (끝)

첨부 ; 성명서 『버스노동자들의 근로조건 개선, "버스 살리기"의 첫걸음이다.』 1부. 끝.

〈보도자료, 2024년 3월 26일, 전국자동차노동조합연맹〉

서울시내버스 파업 초읽기,
서울시 정부와 사업자들의 교섭의지가 원인이다.

전국자동차노동조합연맹 서울시버스노동조합(위원장 박점곤) 파업이 초읽기에 들어갔다. 서울시내버스를 운행하는 1만7천여명의 버스노동자들로 구성된 서울시버스노동조합은 26일, 교섭결렬에 따른 단체행동 여부를 묻는 전체 조합원 대상 파업찬반 투표에서 90% 참석에 88.5% 찬성으로 단체행동 돌입을 의결하였다. 버스노조는 27일 자정까지 최종 조정회의를 통해 합의점에 도달하지 않을 경우 3월 28일 첫차부터 동시 파업에 들어가게 된다.

그간 서울시내버스 노사는 사전조정 절차 등 총 9차례에 걸쳐 합의점을 도출하기 위한 협상을 진행해 왔다. 그러나 실질 교섭 과정에서 서울시정부와 사용자들은 대안 없는 교섭태도로 일관해 왔고, 이런 불성실함이 파업의 핵심 배경이 되고 있다는 의견이 지배적이다. 3월 22일, 시민들의 불편과 파업으로 인한 불필요한 사회적·경제적 비용을 최소화할 수 있는 절호의 마지막 기회였던 사전조정회의에서조차 합의를 도출하기 위한 임금인상안 제시가 전혀 없었다는 것은 노조의 공분을 불러일으키는데 결정적인 요인이 되었다는 것이 중론이다.

서울시내버스가 겪고 있는 운전기사 수급 부족도 심각한 상황으로 알려졌다. 서울시버스노동조합은 운전기사 수급부족의 주요 원인을 인천등 인근 시내버스 준공영제 지역보다 뒤처진 임금수준 때문으로 진단하고 있다. 서울의 실질적인 생활비가 인천에 비해 18% 정도가 더 높음에도 불구하고 서울시 버스운전기사들의 시간당 임금이, 인천 버스운전기사들보다 낮게 되어 있어 서울시내버스의 신규입사자 감소, 인천, 경기 등 인근지역으로의 이직으로 이어지고 있다는 것이다.

인근 준공영제 지역에는 없는 암행감찰과 이로 인한 과도한 징계와 손실임금 발생, 빠른 첫차시간과 늦은 막차시간, 계약직 임금차별 등 서울의 악화된 노동환경으로 급속히 이탈되는 인력 유출을 막기 위해서라도, 인근 시·도 동종 버스노동자의 임금수준 이상으로 임금 개선을 하는 것이 필요하다고 밝히고 있다.

서울시버스노동조합의 상급 단체인 전국자동차노동조합연맹은 서울시버스노동조합의 파업에 대해 강력한 지지의사를 밝히면서, 모든 역량을 총동원하여 서울시버스노동조합의 정당한 권리행사를 적극 지원하겠다고 밝혔다.(끝)

⟨성명서, 2024년 11월 18일, 전국자동차노동조합연맹⟩

"즉흥적이고 비용 중심적인 정책으로 시민의 안전을 짓밟지 말라"
서울시는 외국인 마을버스 운전기사 채용방안을 즉각 철회하라!

노선버스 운전기사 부족 문제는 심각하다. 이는 주지의 사실이다. 그러나 이 문제를 해결하기 위한 공론의 장은 없었다. 더욱 어이가 없는 것은 서울시가 운전기사 부족의 원인에 대한 철저한 진단 없이 대안으로 내놓은 것이 "외국인 버스기사 고용추진"이라는 일방적인 선언이다.

열악한 근로조건을 해소함으로써 양질의 운전인력을 확보하고, 이를 통해 시민들의 안전수송에 만전을 기해야 한다는 가장 원칙적인 대중교통 운영철학은 전혀 없이, 현재의 열악한 근로조건은 그대로 둔 채, 열악한 근로조건을 받아들일 수 있는 저임금 외국인을 고용하겠다는 서울시 정책은 어이가 없을 뿐이다.

국민들의 '이동권 보장'은 '안전'이 담보될 때만 의미가 있다. 그러나 서울시의 대책에 외국인 노동자를 고용함으로써 발생 할 수 있는 다양한 문제들에 대한 고민은 없다. 안전외면, 주먹구구식 선언행정, 시민안전수송에 최선을 다하고 있는 버스노동자들의 철저한 무시 등 과거 독재정권에서나 행했을 법한 수구적인 퇴행 행정은 이제 답답함을 넘어 안타까움이 들 지경이다.

이에 전국자동차노동조합연맹 10만 조합원 일동은 아래와 같은 이유로 외국인 노동자들의 노선버스 운전기사 고용에 대해 분명한 반대 입장을 밝히고자 한다.

-- 아　래 --

하나, 마을버스는 짧은 '굴곡' 노선을 운행하는 노선버스이다. 이러한 구간에서 외국인 운전기사와 승객간의 의사 소통이 원활하지 않다면 언어적 이해 부족으로 인해 발생할 수 있는 안전과 친절은 포기될 수 밖에 없다.

하나, '대중'교통인 버스운전은 기능적 업무를 벗어난 하나의 문화현상 영역에서 이해해야 한다. 교통관련 법규가 다르고 이를 이용하는 시민들의 정서도 나라마다 다르다. 이용자와 버스기사간의 교감이 배제될 수 밖에 없는 외국인 버스기사는, 승객과 기사간의 소통을 단절하게 하고, 결과적으로 이는 대중교통 기피 현상을 초래하여 대중교통 우선 정책을 후퇴시키게 될 것이다.

하나, 외국인 기사가 해당 국가의 도로 교통 법규에 대한 충분한 이해가 부족할 경우 사고 발생 위험이 증가할 수 밖에 없다. 따라서 외국인 기사를 대상으로 한 특별한 교육과 훈련이 필요할 수 밖에 없고 이는 상당한 비용과 시간을 추가로 요구하게 될 것이다.

하나, 외국인 기사의 비자만료, 혹은 예상할 수 없는 기타의 사유로 인해 운전직 수행이 불가능할 경우 외국인 기사 양성비용은 매몰될 수 밖에 없고, 이는 외국인 기사 채용의 취지를 퇴색시키는 '하지 않은 것보다 못한 결과'를 낳을 것이다.

하나, 현재도 일부 승객들의 운전기사에 대한 비하심리가 작용하고 있다. 여기에 더하여 제3세계 외국인에 대한 사회적 편견과 차별이 존재하는 지금의 상황에서 외국인 운전기사에 대한 몰이해적인 행위는 외국인 운전기사의 심리적 안정성을 크게 저하시킬 수 있고 이는 대형 사고로 이어질 것이다.

하나, 상기한 문제들을 잘 관리하고 해결하기 위해서는 철저한 준비가 필요하며, 따라서 책임 있는 당사자인 서울시정부의 아니면 말고 식의 숙고 없는 정책발표는 철회되어야 한다. 정부와 서울시정부는 당사자들과의 폭넓고 깊이 있는 논의를 통해 시민들에게 안전하고 친절한 버스가 될 수 있도록 버스운전기사 수급 정책을 세밀히 준비해 나가야 할 것이다.

2 전국자동차노동조합연맹 서울시버스노동조합 02-771-8416

〈보도자료, 2024년 11월 14일, 전국자동차노동조합연맹 서울시버스노동조합〉

서울시의 일방적인 버스정책으로 고통받는 서울시 버스 노동자
"노사갈등 촉진하여 파업 유도하며
일관성 없는 서울시 버스정책"

서울시버스노동조합, 수능일에 침묵 집회로 서울시 버스 정책 비판…
서울시 버스, 20년간의 준공영제로 눈부신 성과 이뤘지만,
일방적인 준공영제 제도개편안 발표로 노사갈등 예고
"현장의 목소리 외면한 탁상행정, 노사 모두 반대하는 준공영제 개선안"

1. 오세훈 서울시장은 공공연하게 임기 중 최고의 성과로 '기후동행카드'를 뽑고 있습니다. 서울시는 강력한 대중교통 이용 활성화 정책인 '기후동행카드'를 통해 서울시민의 가계 부담을 덜고, 자가용 이용을 억제하고 '대중교통 수송분담률'을 끌어올림으로써 기후위기에 대응하며 탄소중립시대를 맞이하겠다고 홍보하고 있습니다. 더 나아가 오세훈 서울시장은 종전 65,000원으로 버스, 지하철, 따릉이(공공자전거)를 무제한으로 이용할 수 있는 정기이용권에 불과 3천원만 추가하면, 2025년도부터 이용가능한 '리버버스'까지 무제한으로 이용할 수 있다고 홍보하고 있습니다. 이는 서울시민이 이용하는 대중교통 제도를 '비용'과 '수익'으로 보지 않고, 시민의 이용을 활성화할 수 있는 '교통복지' 제도로 바라보겠다는 선언이자, 대중교통 활성화를 위하여 시민의 선택권을 폭넓게 보장하는 정책을 펼쳐나가겠다는 선언이기도 합니다. 오세훈 서울시장은 기후동행카드를 가장 성공한 '교통복지 정책'이라고 자평하기도 하였습니다.

2. 그러나, 서울시의 위와 같은 형식적인 발표와 달리, 서울시 버스 현장에서는 서울시의 탄압으로 고통받고 있습니다. 서울시는 2024. 8월 경기도와 서울을 오고가는 버스노선(106번, 542번, 773번, 9714번, 704번 노선)을 일방적·전격적으로 폐선하더니, 2024. 11월 '준공영제 개혁안'까지 발표하였습니다. 여기에는 서울시 전체 버스노선을 2026년까지 전면 개편하여 서울시에서 운행하는 전체 버스대수의 감축을 예고하였고, 서울시의 버스회사 재정지원 방식을 '사전확정제' 및 '표준단가제'로 개편하여 운수회사가 자발적으로 수익창출 노력을 도모할 수 있도록 유인하는 내용을 포함하고 있습니다. 서울시는 준공영제 개편안을 통해 '사후정산제도**'를 '사전확정제'·'표준단가제'로 변경하여 버스회사에 정해진 금액만 지급하고, 수익이 나지

않는 노선은 자발적으로 경영혁신 및 비용절감을 하라고 지시하고 있습니다. 결국, 수익이 나지 않는 버스노선 및 버스회사는 폐선 또는 폐업으로 이어지게 될 수 밖에 없고, 서울시민의 대중교통 이용권은 축소될 수 밖에 없습니다.

**서울시는 현재 '사후정산제도'를 시행하여 서울시 버스회사에게 운전직 노동자의 인건비와 버스 연료비 등을 실비로 보전하고 있는 바, 서울시는 버스회사가 수익을 낼 수 없는 버스노선도 폐선하지 않고 안정적으로 운영할 수 있도록 재정을 지원함으로써 서울시민의 이동권을 폭넓게 보장하고 있습니다.

3. 이처럼 서울시는 앞에서는 대중교통 수송분담률을 끌어올려 탄소중립시대에 대응한다고 하고, 뒤에서는 서울시 버스 준공영제를 개편하며 노선의 폐선 및 감축을 진행하는 '일관성 없는 행정'을 지속하고 있습니다.

4. 서울시의 준공영제 제도 개선 발표에 대하여 다수의 버스회사는 '결국 아낄 수 있는 금액은 인건비' 밖에 없다며, 추후 준공영제 제도가 개선되면 인력을 대규모로 감축하고, 노동자에 대한 징계권을 적극적으로 사용하겠다고 공언하고 있습니다. 서울시 버스회사는 인건비를 절약하기 위하여 임금교섭에 소극적으로 임할 수 밖에 없으며, 노동조합은 조합원을 인위적으로 구조조정하고 징계권을 남용하는 회사를 상대로 헌법상 부여받은 노동3권을 적극적으로 사용할 수 밖에 없습니다. 고령자 운전의 위험성이 지속적으로 사회에 보고가 되고 있음에도 불구하고, 버스회사는 인건비를 아끼기 위한 노력으로 정년이 지난 고령자의 채용을 늘려나가게 될 것인 바, 극한의 노사갈등과 대규모 노선 감축, 고령운전자의 증가로 인한 피해는 결국 모두 서울시민만이 받게 됩니다. 즉, 서울시는 공공기관 노사관계에서 이미 수많은 갈등을 초래하여 폐지가 논의되고 있는 총액인건비제(Salary Cap)를 차용하겠다고 선언하여, 준공영제 주체로서의 책임을 스스로 포기하고, 헌법상 기본권인 노사당사자의 자율적인 교섭권을 침해하는 강압적인 조치를 발표하였는 바, 이로 인해 파생하는 모든 피해는 결국 서울시민이 받게 됩니다.

5. 제도개선을 통한 예산절감액이 500억원이라는 서울시는, 500억원의 구체적인 근거나 산식은 전혀 제시하고 있지 않음으로써 현장의 혼란은 더욱 가중되고 있는 바, 서울시가 일방적으로 발표한 준공영제 제도 개선안에 대하여는 노·사가 모두 반대의 입장을 분명히 하고 있습니다.더 큰 문제는, 서울시민의 이동권에 심대한 영향력을 줄 수 있는 '준공영제 제도 개선'을 발표할 때까지 현장에 있는 노동조합과 버스회사의 목소리를 전혀 듣지 않았고, 앞으로도 듣지 않겠다는 데에 있습니다. 서울시는 향후에도 현장의 목소리를 들을 생각이 없다는 입장이며, 자신들의 제도 개편안이 모두 마련되면 그제서야 준공영제 개편안을 현장에 통보하겠다고 합니다. 심지어, 서울시는 2024. 11. 7. '재정지원방식과 표준운송원가의 결정사항은 노동조합과 협의할 사항이 아니'고, '근로자의 임금수준 및 근로조건에 미치는 영향에 대해 향후 설명하겠'고 발표하였는데, 이는 서울시가 제도 개편안에 대하여 현장에는 필요한 부분만큼만 통보할 예정만 갖고 있을 뿐, 현장의 의견은 수렴할 의지가 전혀 없다는 점을 분명히 표명한 것입니

다.

6. 전국자동차노동조합연맹 서울시버스노동조합(위원장 박점곤)은 서울시의 일관성 없고 무책임한 대중교통 정책에 들러리가 되고자 하는 생각이 전혀 없습니다. 이에 전국자동차노동조합연맹 서울시버스노동조합은 2024. 11. 14.(목) 오전 9시 30분부터 서울특별시의회 의원회관 부근에서 서울시 준공영제 개편안 철회 등에 대하여 강력한 투쟁을 선포하는 집회를 예고하고 있습니다. 전국자동차노동조합연맹 서울시버스노동조합은 당일이 대학수학능력시험이 시행된다는 점을 고려하여, 노래를 부르고 구호를 외치는 종전 집회와는 달리 '침묵 집회'를 진행하고자 합니다(참여인원: 약 200여명). 기존 노동조합의 투쟁방식과 달리, 시민과 동행하며 새로운 방식으로 투쟁하는 노동조합을 현장에서 지켜봐주십시오.

7. 전국자동차노동조합연맹 서울시버스노동조합은 '준공영제 개편은 시민들의 이동권과 생존권에 직접적이고 막대한 영향력이 있는 만큼, 서울시버스노동조합, 일선의 버스회사 관계자들의 참여가 보장된 기구에서 숙고하여 논의하며 장단점을 파악한 후 시행되어야 한다'고 입장을 분명하게 밝히고 있습니다. 서울시장은 당장 보이는 대권의 꿈에 눈이 멀어 현실을 외면하는 지도자를 누구도 바라지 않는다는 점을 분명하게 인지하고, 현장과 함께 서민의 목소리에 귀를 기울이는 리더의 모습을 갖춰나가길 바랍니다.

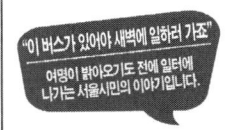

중앙일보 2024. 10. 28. 서울시버스노동조합 광고

<보도자료, 2024년 11월 18일, 전국자동차노동조합연맹 서울시버스노동조합>

청년 일자리 보호에 역행하는 서울시의 외국인 버스 기사 채용계획은 즉각 중단되어야 한다.

서울시가 마을버스 운전기사로 외국인 고용을 추진하겠다고 한다. 17일 서울시는 외국인 마을버스 운전기사 도입을 위해 정부에 비전문취업(E-9) 비자 발급 대상으로 '운수업'을 포함시켜 달라고 공식 건의했다고 한다.

서울시는 마을버스 기사들의 인력수급이 쉽지 않고 마을버스 기사들의 고령화도 심각한 상황이어서 외국인 운전기사 도입을 검토하고 있다고 밝혔다.

그러나 마을버스 기사들의 인력수급이 힘든 진짜 이유는 박봉과 격무 때문이다. 청년들은 더 이상 마을버스에 입사 지원을 하지 않는다. 급여와 처우가 더 좋고 부담이 적으며 손실 임금은 발생하지 않는 배달 업무로 전직한다.

서울시내 버스기사들은 근로기준법상 노동자에게 보장된 당연한 권리인 연차휴가, 육아휴직, 산전후휴가, 휴게시간조차 마음대로 사용하지 못한 채 강제 노동에 시달리고 있다.

수십명의 승객을 안전하게 수송해야 하는 버스 기사의 책무가 배달 업무 노동자에 비해 작지 않음에도, 훨씬 열악한 근무 환경에서 일하며 보다 적은 급여를 받는다. 이런 상황에서 일과 삶의 균형(Work & Life Balance)을 중시하는 청년층이 서울의 버스 기사로 지원할 리 만무하다.

더욱이 서울 시내 마을버스 운전 기간이, 일반 버스 기사가 되기 위해 경력을 쌓기 위한 인내의 기간으로서의 의미도 퇴색해 버렸다. 서울시가 자율주행으로 인간의 노동을 대체하며 자율주행 버스를 도입해 운영 비용을 줄일 수 있다고 대대적으로 홍보하고 나서고 있어, 청년 구직자들은 평생직업으로서의 버스 기사에 대한 꿈을 버린 지 오래다.

멀지 않아 쉽게 사라질지 모를 직업을 선택할 청년은 한 명도 없다. 더욱이 암행 감찰의 노동 감시로 극한의 스트레스를 받고 있는 서울시내버스 노동자들의 처지가 알려지면서 운전 전문직들은 인천이나 경기 인근의 타 시도로 '전직 러쉬'를 계속하고 있다.

기후 동행 카드를 만들어 대중 교통 이용을 활성화한다고 하면서 탄소 중립에 앞장선다고 하면서, 버스 우선 통행의 기준 마련에는 소홀히 하고있다. 급정거 급출발하지 않고 안전하게 운행하면서, 동시에 빨리 운행을 하라고 한다. 양립 불가능한 요구를 하고 있다.

서울시의 최근의 버스 정책 관련 계획 발표 들을 보면 "노동인지감수성"이 현저히 떨어진다. 공공성에 대한 책임감도 현저히 부족하다.

그저 사람의 노동을 비용으로만 인식하고 있다. 편의점에서 물건 사듯이 싸게 사서 한번 쓰고 버리면 그만이라는 생각이다.

OECD 국가의 대부분은 소위 3D업종에 근무하는 노동자의 급여가 사무직 급여보다 높은 경우가 많다.

선진국이라 불리는 대부분의 국가들은 저임금으로 외국인 노동자들 사용하기 전에, 자국 노동자의 일자리 보호를 먼저 생각한다. 외국인 노동자를 저임금으로 고용했다가 내국인 노동자들의 일할 기회를 박탈하고 결국 경제에도 악영향을 미쳤던 시행착오를 겪고 나서다.

한편, 외국인 노동자들이라고 해서 열악한 근로조건으로 대우해도 괜찮다는 인식도 안타깝기 그지없다. '동일노동 동일임금'은 헌법상 기본권인 평등권에 기반한 것이고, 외국인을 특별히 차별해야 할 이유도 찾기 힘들다.

시내버스 운전은 고용노동부가 밝히고 있는 것처럼 1종대형면허, 버스 운전 자격증을 취득해야 하는 전문 직역이고, 여러 승객을 응대해야 하는 감정노동이며, 생계를 책임져야 하는 시민의 출퇴근을 위한 필수업무이다.

서울시내 마을버스 운전기사 인력을 확보하기 위해서는 우선 열악한 근무 환경을 개선하고, 급여 등 처우를 현실화하는 것이 필요하다.

그러기 위해서는 중앙정부의 재정지원과 서울시의 대중 교통예산 특히 필수 교통수단인 버스 예산의 증액이 절대적으로 필요하다.

아울러, 서울시는 노동을 기계와 기술이 완전히 대체할 수 없으며, 대체해서도 안된다는 사실을 명확히 인식해야 한다. 자율주행 자동차는 운전이라는 인간 노동의 보완재로서 작용하는 데 머물러야 한다. 서울시는 노동의 기계화에 대비해 노동의 가치를 존중하고 노동자를 배려하는 '정의로운 전환'에 집중해야 한다. 청년들로 하여금 버스 운전을 미래의 평생직업으로 선택할 수 있도록 가치를 부여하는 정책을 펼쳐야 한다.

그것이 진정한 약자와의 동행이다.

VII. 시민단체

1 녹색교통운동 02-744-4855

〈논평, 2024년 1월 19일, 녹색교통운동〉

「기후」도 「동행」도 사라진 기후동행카드

서울시가 오는 23일부터 '기후동행카드' 판매를 시작하기로 하였다. 기후동행카드란 서울 시내에서 62,000원에 횟수에 상관없이 한달 동안 대중교통을 추가요금 없이 이용할 수 있는 대중교통 정기권이다. 서울시는 카드 도입을 앞두고 '전국 대중교통 정책역사에서 전무한 신규 서비스를 개발했다'며 마치 대중교통의 접근성을 높이고 기후위기에 대응할 수 있는 정책인 듯 자화자찬했다. 그러나, 과연 서울시의 기대만큼 극적인 효과가 나타날지는 의문이다.

결론부터 이야기 하면 기후동행카드는 많은 시민들의 호응을 받지 못할 것이다. 높은 판매금액 대비 할인 효용성이 낮고 혜택을 받을 수 있는 대상과 규모가 매우 한정적이기 때문이다. "비싸고 혜택 조건이 까다롭다."

횟수에 상관없이 대중교통 이용요금을 할인받기 위해서는 월 40회 이상 대중교통을 이용해야 한다. 월 40회 이상 대중교통을 이용하기 위해서는 일상적으로 주중(월~금)에 출퇴근을 정기적으로 하고 있는 직장인이 하루도 빠짐없이 대중교통으로 출·퇴근을 해야 한다.

월 40회 이상 대중교통을 이용한다고 해도 추가요금없이 대중교통을 이용해왔던 시민은 기후동행카드의 할인혜택을 못받을 가능성이 매우 높다. 단순 계산으로 서울시내에서 추가요금없이 대중교통을 이용할 경우 56,000원의 교통비가 소요된다. (지하철 기본요금 1,400원(기본요금) × 40회)

김포와 인천을 제외하고 경기도권에서 서울로 대중교통을 이용하는 시민들에게는 기후동행카드의 혜택을 받기 어렵다. 서울시가 서울시 권역내 이동에 대한 통행만 동행카드의 할인횟수에 적용하기로 하였기 때문이다. kosis 통계 자료에 따르면 수도권 도시 중 서울로 출퇴근 및 통학하는 인구 비율이 20%가 넘어가는 곳만 총 12개이다. 그 중 상위 6곳은 30%를 넘는다. 서울을 중심으로 형성된 수도권의 특성을 고려했을 때 단순히 서울시내에 한정하여 해당 정책을 추진하는 것은 이용혜택 대상을 축소하려는 의도로 밖에 보이지 않는다. 서울시의 어리석음과 탁상행정의 절정이다. 이용 요금이 할인되거나 도시철도 무임승차가 이루어지고 있는 청소년·노인에게 기후동행카드는 남의 이야기나 다름없다. 사회적약자와 '동행'하겠다는 서울시의 슬로건이 무색할 정도의 실효성 없는 정책이다.

서울시는 「기후」와 「동행」이라는 좋은 말로 서울과 수도권 시민을 기만하고 있다. 서울시의 목표대로 기후위기 극복을 위해 자가용 이용자를 대중교통 이용으로 유도하고, 취약계층의 교통비 부담을 덜겠다면, 대다수의 시민이 공감하고 체감할 수 있는 「기후」「동행」카드를 만들기 바란다.

⟨성명서, 2024년 1월 24일, 녹색교통운동⟩

국민의 생명과 안전을 위협하는 노선버스 차령 연장에 반대한다

국회에 법안 상정 중인 노선여객자동차(노선버스) 차령 연장기간 확대는 국민의 생명과 안전을 위협하고 버스 서비스를 악화시킬 수 있는 제도로 즉각 폐기되어야 한다.

여객자동차 운수사업법 일부개정법률안에 따르면(홍석준 의원 대표발의, 의안번호 2120400) 노선여객자동차의 차령을 현 최대 11년(9+2년)에서 최대 16년(9+7년)으로 연장하는 것이다.

법률 개정 취지는 자동차 제작기술의 발달등으로 내구연한이 높아지고, 조기폐차로 인한 운수사업자의 경제적 손실을 줄이는 등 차령제도 운영의 합리성을 제고하고자 함이며 어디에도 국민의 생명과 안전을 지키고, 버스 서비스 개선을 위한 목적은 없다.

국토교통부는 국회 국토교통위 법안심사소위에서 노선여객자동차 차령 연장으로 예상되는 추가적인 차량의 안전성 확보 등 객관적이고 과학적인 검증조차 제대로 제시하지 못하였다. 국토교통부가 제시한 안전성 검사라는 것은 교통안전공단에서 시행하는 자동차 검사(주행·조향·제동장치·배출가스 등)로 차량 주행에 가장 최소한의 검사일 뿐 노선버스의 운행에 필요한 노후화에 대한 안전을 담보할 수는 없다.

또한, 버스의 운영대수가 적은 소규모 운수업체의 경우 제작사의 보증기간 이후의 발생될 여러 가지 차량 문제에 대해 인력과 기술 등을 투여해 차량 관리를 엄격하게 할 수 있을지도 의문이다.

최근(2018년)에 들어서야 버스의 졸음운전, 화재피해 방지등을 위한 안전장치 장착이 의무화 되어 있을 뿐, 이전 차량은 권고 사항일 뿐이다. 운전자 입장에서도 차량 운행으로 인한 운전 피로도 증가를 이유로 안전장치가 미비한 차량의 운행을 꺼릴 수 밖에 없을 것이다.

게다가, 2050년까지 탄소중립을 목표로 하는 기후위기 시대에 사라져야할 내연기관 차량을 지속적으로 운행가능하게 함으로써 정부가 수송 부문에서 역점적으로 추진하는 친환경차 보급 정책에도 반하게 되는 것이다.

버스 사고는 한 번의 사고만으로도 대규모의 사상자(사망+부상)가 발생할 수 있는 중대사고이다. 모든 사고가 차령 노후화로 인한 원인은 아니지만 차령 연장으로 사고 발생율이 늘어나지 않을 것이라고 누가 장담할 수 있을 것인가?

공공교통수단인 노선버스는 많은 국민들이 이용하고 편의성과 함께 안전성이 최우선으로 고려되어야 한다. 정부와 국회는 즉각 시내버스의 차령연장 법안을 폐기하고, 국민의 생명과 안전을 지키는 방안이 어떤 것인지 심사 숙고하기 바란다.

〈기자회견문, 2024년 2월 7일, 녹색교통운동〉

월권 서대문구청, 불통 이성헌 구청장은
지금 당장 신촌 지구단위계획 재정비용역 재검토하라

　서대문구청이 합리적인 의사결정 절차를 무시한 채 권한 밖의 연세로 대중교통전용지구 해제를 밀어붙이고 있다. 연세로 대중교통전용지구의 운영방향은 다가오는 6월 서울시의 상권분석 결과발표 후 결정될 예정이었다. 하지만 서대문구청은 주무부서인 서울시 교통정책과와 소통 없이 지난 1월 22일 연세로 대중교통전용지구의 해제를 전제로 한 신촌지구일대 지구단위계획 재정비 용역을 입찰공고하는 등 시민, 관계부처, 전문가 소통 없이 일방통행하고 있다.
　더욱이 상권분석은 기후위기 대응과 시민의 보행권 확보의 중요성을 주장해온 시민사회의 의견보다 서대문구의 의견이 더 많이 반영된 결과이다. 서대문구가 신촌일대의 상권하락의 원인을 연세로 대중교통전용지구로 지목하였지만 명확한 근거를 제시하지 못해 진행됐었다. 하지만 그 결과와 진행과정을 수용하기 보다는 이렇듯 막무가내로 신촌 지구단위 재정비 용역을 진행하고 있는 것이다.
　그리고 정말 신촌일대 상권하락의 원인이 정말 대중교통전용지구의 운영 때문인지도 따져봐야 한다. 코로나 팬데믹과 고물가로 인한 소비위축, 주변 상권의 확대와 이동, 신촌의 높은 임대료, 연세대 인천 송도 캠퍼스로 인한 배후인구의 감소 등 복합적인 요인이 존재한다. 이렇듯 찬반의견이 팽팽하고, 연세로 대중교통전용지구 해제근거가 명확하지 않은 상황에서 구청장의 공약과 의지라는 이유만으로 중요한 정책결정이 밀어붙여지고 있다.
　이번 지구단위계획 재정비 용역은 2년에 6억에 가까운 예산이 사용된다. 6월 서울시의 결정에 따라 6억에 달하는 시민의 혈세가 낭비될 수 있는 것이다. 시민의 혈세가 이성헌 구청장의 쌈짓돈이 아니듯, 연세로 대중교통전용지구의 해제나 운영의 결정이 구청장의 마음대로 되서는 안된다. 도입시기 많은 논의가 있었듯 해제도 시민들과 소통하고, 이해관계자 간의 설득과 대안을 마련하기 위한 토론의 장이 필요하다.

연세로공동행동

〈성명서, 2024년 8월 30일, 녹색교통운동〉

국회는 즉각 탄소중립법 개정 논의를 시작하고, 정부는 2030년까지의 부문별 이행계획을 전면 재검토 해야 한다.

지난 29일 헌법재판소는 탄소중립·녹색성장기본법(이하 '탄소중립법') 제8조 1항이 국민의 기본권을 침해한다며 헌법 불합치 판결을 내렸다.

국가는 2050년 탄소중립을 선언을 하였음에도 불구하고 탄소중립법은 2018년 대비 2030년까지의 온실가스 감축 비율 만을 명시하였고, 2031년부터 2049년까지의 구체적 감축 목표를 정하지 않았다. 국가가 국민의 기본권리에 대해 적절하고 효율적인 최소한의 보호조치를 취하지 않은 것이다.

헌법재판소는 2030년까지 정부가 설정한 온실가스 감축 목표가 국민의 기본권을 침해하지 않는다고 보고 관련 청구는 기각하였다. 그러나 이러한 결정에 대해서는 아쉬움이 남는다. 정부가 수립한 제1차 국가 탄소중립·녹색성장 기본계획에 따른 2030년까지의 연도별 감축 목표는 2028년 이후 과도한 감축을 요구하며, 이는 미래 세대에 책임과 피해를 전가시키는 것이다.

국회는 2026년 2월이라는 기한을 두지 않고 즉시 탄소중립법 개정을 위한 논의를 시작해야 한다. 이 과정에서 기업과 정부의 의견만 들을 것이 아니라, 지난 제1차 탄소중립·녹색성장 기본계획 수립과 탄소중립법 제정 시 우려를 표명했던 청소년, 시민단체, 지역 주민들의 목소리를 반드시 반영해야 한다.

정부 또한 이번 판결을 계기로 2030년까지의 부문별 이행 계획을 전면 재검토 해야만 할 것이다.

현재 수송부문의 이행 계획이 진행 중이지만, 2022년의 온실가스 감축량은 2018년 대비 1%도 되지 않는다. (2018년 98.1백만톤CO_2eq → 2022년 97.8백만톤CO_2eq)

자동차 총주행거리 감소 목표가 있음에도 불구하고 경제 활동 위축을 이유로 유류세 인하를 지속적으로 연장하고 있고, 대중교통 이용 확대에도 불구하고 대중교통 수단 분담 목표 조차 제시하지 않고 있다. 매년 신규로 판매되는 자동차의 온실가스 배출량이 기준을 40프로 초과하는 상황에서도 아무런 대책을 내놓지 않고 있다.

이번 헌법재판소의 판결은 국회의 법안 개정만을 요구하지는 않는다는 것을 명심하고, 정부도 책임있고 효과적인 대책을 마련하길 바란다.

〈보도자료, 2024년 12월 11일, 녹색교통운동〉

녹색교통운동, '움직이는 소나무' 캠페인으로 소나무 12,479그루의 탄소감축 성과

- 시민과 함께한 친환경 교통수단 이용 및 제로웨이스트 실천 확산

사단법인 녹색교통운동은 올해 4월부터 11월까지 시민 2,867명과 함께 '움직이는 소나무' 캠페인을 통해 122.2톤의 탄소를 감축했다고 밝혔다. 이는 25년생 소나무 약 12,479그루가 1년 동안 흡수할 수 있는 탄소량이다. 승용차 이용으로 계산해보면 승용차 1대가 연간 2.4톤의 이산화탄소를 배출하는데, 실제 챌린지 진행기간이 6개월이었다는 점을 고려하면 승용차 102대를 이용하지 않은 것과 동일한 감축량이다. 본 캠페인은 한국환경민간단체진흥회의 후원으로 진행되었다.

'움직이는 소나무'는 승용차 대신 녹색교통수단(걷기, 버스, 자전거)을 이용해 온실가스를 감축하는 캠페인이다. 온실가스를 감축한 만큼 포인트를 제공해 제로웨이스트 제품을 구매할 수 있도록 함으로써 일상적으로 친환경 생활을 실천해 나갈 수 있도록 하고 있다. 녹색교통수단 이용이 환경에 미치는 영향을 시각적으로 보여주고, 지속가능한 소비로 연결되는 선순환 구조를 제시한다는 점에서 특징적이다. '움직이는 소나무' 앱은 구글 플레이 스토어 및 애플 앱스토어에서 누구나 다운로드 받을 수 있다.

국토교통부 발표에 따르면, 2023년 기준 우리나라 자동차 등록 대수는 2,595만대에 달한다. 인구 2명당 1명꼴로 자동차를 보유하는 셈이다. 승용차 수송 분담률이 20년 넘게 52% 이하로 떨어진 적이 없는 한국과 달리, 네덜란드, 덴마크 등 교통 선진국은 자전거와 대중교통 이용을 적극 장려하며 교통 부문의 탄소 배출을 효과적으로 줄여가고 있다. 예컨대, 네덜란드의 경우 국민 3명 중 1명이 자전거를 주요 이동 수단으로 사용하며, 자전거도로와 같은 인프라가 이를 뒷받침한다. 이러한 선진국 사례는 한국이 교통 분야의 탄소 감축 목표를 달성하기 위해 적극적으로 변화를 도모해야 함을 시사한다.

녹색교통운동 담당자는 "움직이는 소나무는 시민들에게 일상 속 친환경 실천을 장려하기 위해 기획된 캠페인"이라며 시민들의 참여가 많아질수록 더 큰 환경적 변화를 만들 수 있다"고 강조했다. 또한, "교통분야의 탄소 감축을 위해 다양한 캠페인과 정책 제안을 지속할 예정"이라고 덧붙였다.

움직이는소나무들의 기록

얼만큼 소나무를 심었을까?

가장 많이 이용한 이동수단은?

1위 걷기	2위 버스	3위 자전거
421,029km	562,316km	62,717km

가장 많이 온실가스를 줄인 이동수단은?

걷기 48%	버스 45%	자전거 7%
58,944 kg	54,487 kg	8,781 kg

우리가 심은 소나무는 얼만큼?

 **12,479**

그루를 심었어요!!

※ 온실가스를 가장 많이 흡수하는 중부지방 25년생 소나무를 기준으로 계산해요.
국립산림과학원에 따르면, 중부지방 25년생 소나무의 연간 CO_2 흡수량은 9.8kg/Co_2 입니다.

〈입장문, 2024년 12월 24일, 녹색교통운동〉

스스로의 원칙을 무너트린 서울시의 교통정책
- 연세로 대중교통전용지구 해제와 관련한 녹색교통의 입장문

연세로 대중교통전용지구가 내년 1월 1일자로 해제된다. 결국 서울시는 교통정책의 기본원칙을 스스로 무너트렸다.

그 동안의 교통정책은 단순히 자동차의 통행과 소통만을 고려하는데에서 벗어나 교통안전과 보행자 및 장애인등 교통약자를 최우선으로 하는 정책이 중심이 되었다. 여기에 최근 가장 큰 사회문제인 기후위기의 심각성이 더해지면서 자동차 이용을 억제하고 대중교통과 자전거, 보행 등 녹색교통 이용을 확대하는 정책에 더욱더 무게가 실리게 되었다.

이번 대중교통전용지구의 해제로 인해 서울시에 더이상의 전용지구는 존재하지 않게되었다. 대중교통 수단분담율이 70프로 이상 되는 도시에서 대중교통 전용지구가 하나도 없는 상황이 생기게 된것이다.

자가당착에 빠진 서울시는 주말, 그것도 방문객이 가장 적은 일요일에 한해 보행자전용거리(차없는거리)를 하겠다고 발표했다. 궁색한 변명밖에는 보이지 않는다.

그동안 혼잡통행료(남산1,3호터널) 징수와 대중교통전용지구 해제와 같은 문제가 발생하게 된 것에는 제대로 된 정책의 확대가 없이 보여주기식 시범사업에 그쳤기 때문이다.

25프로 남짓한 승용차 이용자를 위한 해제가 얼마나 지역경제를 살릴 수 있다는 것인지 모르겠고, 그나마 힘들게 만든 전용지구 해제가 얼마나 그 지역을 방문하는 방문객에게 편리함과 안전함을 증가시켜줄지 모르겠다.

이번 결정이 지역사회에 어떠한 도움이 될 수 있을지 모르겠지만 분명한 것은 보행자가 편리하고 안전할수록 지역 활성화에 도움이 된다는 것이다.

서울시는 이번 결정처럼 원칙도 개념도 없는 교통정책을 더 이상 추진하지 말아야 할 것이다.

2. 공공교통네트워크 02-792-6781

[참여단체] 녹색교통운동, 대구지하철참사희생자대책위, 사회공공연구원, 서울환경운동연합, 안동청년공감네트워크, 안전사회시민연대, 전국공공운수사회서비스노동조합, 공공운수노조 민주버스본부, 전국철도지하철노동조합협의회, 전국장애인차별철폐연대, 한국YMCA전국연맹

〈논평, 2024년 2월 1일, 공공교통네트워크〉

국회 국토위 버스 차령 연장안 통과, 국민의 안전을 위협하는 개악이다.
시민과 노동자의 안전, 생존을 담보할 수 없는 결정은 즉시 철회해야

지난 1월 23일 시내 및 광역 노선버스에 투입하는 차량의 수명을 현행 11년에서 최대 16년까지 연장하는 '여객자동차 운수사업법 시행령' 개정안이 국회 국토교통위 전체 회의를 통과했다. 사유는 버스 제작기술의 발전, 친환경 차량 보급에 따른 시장환경 변화, 조기 폐차에 들어가는 자원을 절약할 수 있다는 점이다. 이번 시행령 개정안은 득보다 실이 더 크며 이용자와 종사자의 안전을 크게 위협하는 나쁜 법 개정이다. 동시에 버스 현장에서 벌어지는 일을 제대로 파악하지 못한 책상머리 행정의 비극이다.

정비인력 부족, 안전장치 노후화... 현행 버스는 불량 상태
이번 개정안에서 차령 연장에 따라 존재할 수 있는 위험성에 대해 고민하였는지, 혹은 현장 상황을 적절히 판단하였는가를 되짚어볼 필요가 있다. 특히 차량이 출고되면 제조사가 보증기한을 설정하여 차량의 이상이 없는가를 살피는데, 반대로 보증기한이 지나버리면 그에 대한 책임은 버스를 구입하고 관리해야 할 운수업체가 전적으로 책임져야 한다. 만에 하나 정비인력 확충이나, 제때 정비가 이뤄지지 않는다면 그에 관한 결과는 사고다. 게다가 같은 차종, 같은 연식이라도 노선의 거리 및 총 운행회수, 심지어 도로 환경 등에 따라 노후화가 진행되는 속도도 천차만별인 만큼 국회가 이런 현황을 제대로 파악했는지 의문이다.

아무리 기술력이 좋아졌다 한들 사고는 끊임없이 발생하고 있는데, 10년 이상 노후화된 버스는 첨단 안전장치 설치에 제외된다는 점도 간과할 수 없다. 대표적으로 범퍼 등에 센서를 설치하여 운행 중 추돌사고를 사전에 방지하여 자동으로 멈추게 하는 '비상자동제동장치(AEBS)'를 예시로 들면, 졸음운전으로 인한 광역버스 사고에 대응하기 위하여 2018년 이후 출고되는 버스에 의무적으로 차로 이탈 경고장치(LDWS)와 앞서 언급한 AEBS를 적용하도록 했다. 하지만 법 제정 이전에 출고된 차량은 권고사항에 그쳐 사각지대에 놓여있으며, 2015년 제작 모델은 이 두 장치를 설치할 수 있는 시스템이 전혀 갖춰져 있지도 않다.

마지막으로 전기 및 수소 전기버스는 개정안이 실제로 시행될 시 오히려 내연기관보다 더 많은 사고 위험성을 안고 있다. 최근부터 보급이 확대되어 기술력이 발전된 건 부정할 수 없는 사실이나, 장착된 배터리의 안전성 강화 없이 시행하는 건 더 큰 위험을 자초할 것이며, 이미 전기버스 위주로 출고를 증가시킨 몇몇 운수업체에선 충전기와 배터리에 대형 화재 사고가 발생한 사례도 적지 않다.

시민 불안과 자동차 산업의 문제는 어쩔 건가

국회는 이번 개정안이 대중교통 소외지역의 교통권 보장에도 도움이 된다고 말한다. 하지만 현실에서는 하나의 운수업체가 독점하는 지방 중소도시의 사정 상 사업주들이 꼼수로 악용될 소지가 더 크다. 차량의 정비가 불량하거나, 노후화가 너무 심하여 시민들이 대차를 요구하더라도 개정안에 따라 16년이 지나지 않았다는 이유만으로 무시할 수 있어서다. 실제로 대중교통 소외지역일수록 막대한 시민의 혈세로 보조금을 투입하더라도 업체들이 경영 악화를 이유로 내세워 정비가 매우 불량하거나, 노후화된 차량을 유지하는 업체가 많다. 시민의 안전을 책임져야 하는 것은 운수업체지만, 이용 시민이 운수업체를 걱정하는 일종의 '주객전도'가 이어지고 있는 현실을 어떻게 받아들여야 하는가도 막막한 노릇이다.

더불어 자동차 부품을 생산하는 기업들. 우리나라에 존재하는 버스와 트럭 부품을 생산하는 협력기업이 대략 1,000여 곳이 존재하는데 상당수가 중소기업인데, 이번 시행령 개정안의 통과로 인하여 상용차 매출이 절반을 넘는 기업들은 생존 위험에도 노출된다. 무엇보다 전기차 전환이 시급한데도 기존 차량의 차령을 늘려버리면 차량의 교체가 늦어질 수밖에 없을 것이다. 전기버스를 생산하는 업체의 입장에선 물량을 늘릴 이유가 사라진다. 자일대우버스의 국내 사업 철수 후 사실상 '현대자동차'가 유일한 제작사다. 장기적으로 버스 제작의 독점화가 더욱 심화될 수밖에 없다.

사업자 말고 누구에게 유리한 법개정인가

공공교통네트워크가 보기에 이번 법 개정안은 불이익을 보는 측이 많은 데 반면 이익을 보는 측이 너무 적다. 솔직히 버스 사업자 한쪽만 이익을 보는 구조다. 그런데 사업자의 이익이 대중교통 정책에 있어서 이토록 우선순위인지 묻지 않을 수 없다.

버스는 불특정 다수가 이용하는 것을 넘어서 안전성이 기본적으로 지켜져야 할 수단이자 법령을 지금보다 강화하는 것이 중요하다. 무엇보다 수명을 최대 16년까지 결정하는 것은 매우 후퇴시키는 것이며, 이용하는 시민들과 현장에서 체감하는 노동자들의 불안감을 더 크게 만든다. 기후 위기 대응에 있어 공공교통의 역할 강화도 늦어지게 하는 만큼 이번 국회 국토교통위의 결정에 다시 한번 유감을 뜻하며, 잘못된 정책 결정을 규탄하며 철회할 것을 강력하게 촉구한다. [끝]

⟨논평, 2024년 4월 8일, 공공교통네트워크⟩

버스는 준공영제를 전제로 '시내버스 필수공익사업 지정' 결의안, 고작 파업금지가 대안인가?

- 헌법재판소 판결 및 ILO 권고를 무시…97년이 아니라 06년 법개정에 주목해야
- 시의회의 적극적 감시 및 조정역할 고려 못한 '파업금지' 만능주의 보여줄 뿐

권리를 제한할 수 있는 결정은 신중해야 한다. 특히 입법권을 지닌 대의기구의 경우에는 권리의 제한을 용이한 방법으로 택해서는 안된다. 그런 점에서 서울시의회 영등포구 출신 김종길 의원이 대표발의하고 국민의 힘 의원 24명이 함께 이름을 올린 '시내버스 필수공익사업 지정을 위한 '노동조합 및 노동관계 조정법' 개정 촉구 결의안'은 부적절한 수준을 넘어서서 시의원이라는 자격에 대한 의구심이 들 정도다.

공공교통네트워크는 시내버스를 포함한 지하철 등 대중교통의 공공성이 무엇보다 중요하고 그 배경에는 시민들의 기본권에 가까운 이동권을 보장하는 것과 동시에 기후위기 시기에 자가용 중심의 교통환경을 급격히 바꿔야 한다고 생각하기 때문이다. 특히 공공교통 수단은 상대적으로 가난한 이들이 일을 하러가는 유일한 수단이기도 하다는 점에서 사회적 형평성이라는 측면 역시 간과할 수 없다. 그런 점에서 시내버스는 필수적인 공익 서비스임에는 틀림없다.

하지만 김종길 시의원이 주장하는 맥락은 틀렸다.

우선, '준공영제'이기 때문에 공익성이 중요해졌다고 보는 관점은 넌센스다. 준공영제는 기존에도 있던 재정지원금의 특수한 지원방식일 뿐이다. 시내버스가 갖는 공익성은 준공영제냐 아니냐가 아니라 시내버스라는 공공교통서비스 자체에 대한 판단이어야 한다. 특히 '준공영제'라는 맥락을 강조하면서 사업자가 아니라 노동자의 권리 제한에만 주목한 것은 김종길 시의원이 해당 사태를 정확하게 파악하고 있지 못하다는 것을 보여준다. 이미 사업자들은 코로나19 시기를 포함하여 매년 수백억원의 배당을 해왔다. 당장 2022년 기준으로 700억원이 넘는 순이익이 확인된다. 이런 상황에서 노동자들이 정당한 몫을 요구하는 것은 당연하다.

즉 문제는 사업자의 이익을 배타적으로 보호하여 사업 적자에도 불구하고 막대한 사업이윤을 가져갈 수 있는 준공영제 자체다. 준공영제 제도는 노동자에게만 혜택을 주는 제도가 아니다. 오히려 사업자에겐 막대한 이윤을 보장하는 황금거위다. 이런 구조적인 문제를 해결하지 않고 준공영제=공익사업이라는 단순한 논리를 주장하는 것은 타당하지 않다. 그렇게 공익적인 서비스를 어째서 서울시가 직접 제공하지 않고 민간사업자를 통해서 제공하나?

다음으로 이를 필수공익사업으로 지정하자는 주장은 퇴행적이다. 김종길 시의원은 결의안 제안문을 통해서 원래 시내버스가 1997년 법개정에 들어가 있었으나 국회의 방치 속에서 폐기되었다고 말했다. 우스운 논리다. 오히려 1997년 환경노동위원회 안으로 제안된 노동조합및

노동관계조정법안에는 한국은행을 제외한 은행과 시내버스에 대한 필수공익사업 지정을 2000년까지만 유지한다고 명시되어 있다. 그리고 해당 시기에 의원 발의되었으나 임기 만료로 폐기된 법률은 조성준 의원안, 방용석 의원안, 허남훈 의원안을 비롯해 정부발의안까지 총 4건에 달했다. 김종길 의원은 이런 맥락을 무시하고 자신의 주장에 걸맞는 단 하나의 폐기안을 가지고 '무관심' 운운했을 뿐이다. 심각한 건 이마저도 사실과 다르다는 점이다.

알다시피 한국의 필수공익사업 지정을 통한 파업권의 제약은 ILO를 통해 지속적으로 문제가 있다고 권고를 받아온 항목이다. 국제적으로는 생명, 안전에 해당하는 제한적인 업종에만 적용하도록 한 것을 한국은 공익성이라는 이유로 정부가 교통 등을 임의로 확대 적용하고 있기 때문이다. 특히 1996년에는 기존 노동위원회를 통한 직권중재 자체에 대한 헌법재판소의 판결에서 위헌 판단이 더 많았다. 그러니까 김종길 시의원이 주장하는 것처럼 당시 상황에서 노동관계법 상 필수공익사업 지정과 관련한 쟁점에 대해 '무관심'할 수 있는 상황이 아니었고, 오히려 사회적 논의를 통해서 시내버스가 배제되었다고 보는 것이 합리적이다.

사실 이런 사실 관계도 문제지만 공공교통네트워크 차원에선 시내버스 파업 이후에 시의회가 할 수 있는 일이 고작 '파업을 금지하는 것' 밖에 없는가라는 점에 더욱 큰 문제의식이 있다.

앞서 지적한 바와 같이 현재 사업자와 노동자의 비대칭적인 관계는 준공영제 때문에 발생한다. 시내버스 사업자마다 사업 이익이 다를 텐데도 불구하고 재정지원금 지급 기준에 불과한 표준운송원가에 따라서 동일한 임금을 지급받는다는 것은 분명 이상하다. 이익이 많이 나는 버스회사는 더 많은 임금을 주어야 하는 것이 맞고, 수입이 덜 나는 버스회사는 적정한 임금 수준에 대해 노사간 합의를 해야 한다. 그런데 지금 상황은 노사간 논의는 늘 형식적으로 끝나고 노동조합이 파업에 들어가면 서울시가 개입해서 임금 상승분에 대해 중재하는 방식으로 타결되어 왔다. 너무 반복하니 뻔한 연극처럼 보일 지경이다. 그리고 이런 사태의 원인은 일차적으로 준공영제라는 허술한 제도를 20년 동안 운영해온 서울시다. 그리고 이런 서울시의 행정을 감독하고 대안을 마련해야 하는 것은 시의회의 책임이다. 그런 점에서 시의회는 현행 버스 준공영제를 개선하기 위해 무슨 노력을 해왔는가 되묻지 않을 수 없다.

공공교통네트워크는 이번 결의안은 사실관계의 무지나 왜곡이라는 맥락과 함께 시의원 스스로 시의회의 역할을 도외시하는 무책임하고 후안무치한 행태로 볼 수 밖에 없다. 문제는 준공영제에 있다. 왜 버스노동자의 임금을 서울시가 재정으로 지원해야 하는가, 그리고 사업자들은 매년 수백억원의 영업 이익이 나는데도 추가적인 재정으로 임금 상승분을 제공해야 하는가. 서울시의회가 살펴보고 개선해야 할 부분은 이런 것이다.

누군가의 권리를 제한하여 문제를 해결한다는 발상은 민주적이지도 않고, 특히 이 건과 관련해서는 실효성도 낮다. 결의안이 국회로 전달되어 봤자 제대로 논의될 가치 조차 없이 폐기될 것이라 확신한다. 하지만 김종길 시의원의 주장을 검증없이 기사화하는 언론들의 행태를 보고 논평을 낼 수 밖에 없었다. 이 점은 추가로 유감을 표한다. [끝]

〈논평, 2024년 4월 15일, 공공교통네트워크〉

서울시 기후동행카드, 과장하지 않아도 좋은 정책이다
- 곳곳에서 성과 과장하려는 무리수 … "신뢰성 반감"
- 한계를 보완하려는 의지 보여야지 자화자찬에 머물러서야

서울시가 기후동행카드의 성과에 대한 보도자료를 내놓았다. 전체 100만 장 이상이 발급되고 일 평균 50만 명이 사용하고 있다는 것과, 4%에 달하는 사람이 자가용 이용자에서 대중교통 이용자로 전환했고 이를 통해서 월 180만톤의 탄소배출을 저감할 수 있었다고 말한다. 또한 기후동행카드를 이용한 시민들은 평균적으로 3만원 정도의 혜택을 보았다고 전했다. 이 내용만 보면 그동안 서울시가 해온 기후위기 대응 정책 중에서 단기간에 가장 분명한 성과를 보인 정책으로 꼽아도 무방하다. 하지만 조금만 자세히 보면 서울시가 기후동행카드의 성과를 과장했고 나아가 사실상 왜곡했다는 것을 알 수 있다. 그래서 서울시가 오히려 기후동행카드 정책 효과의 신뢰성을 해치고 있다고 해야 할 정도다.

1. 정책효과 산정의 근거가 설문조사다. 하지만 설문조사 공표의 기본적인 조건인 설문조사의 방법과 신뢰도에 대한 정보가 없다. 그러니까, 서울시가 말하는 설문조사의 타당성은 어디서 확인되는가? 특히 해당 설문조사의 결과를 바탕으로 전체 이용자에 대한 추정 분석을 하고 있다. 그러므로 설문조사 표본의 신뢰성은 매우 중요하지만 해당 정보가 제공되지 않고 있다.

2. 온실가스 감축효과로 내세우는 것은 자가용 이용자에게 자가용 사용 대신 월 20회 이상 기후동행카드를 사용한다고 응답한 비율로 4%다. 그런데 왜 20회일까? 서울시가 말한 대로 기후동행카드 이용자의 하루 평균 이용횟수는 3회가 넘고 그 전이라 하더라도 2회가 넘는다. 그러면 상식적으로 자가용 이용자가 대중교통 이용자로 전환되었다고 보려면 최소 40회는 되어야 하고 기후동행카드의 혜택까지 고려하면 45회 이상이 되어야 한다.

2-1. 이 때문에 20회 이상 이용자는 자가용을 놓고 기후동행카드를 이용한 사람이 아니라, 자가용만 이용하다가 이제는 자가용과 대중교통을 함께 이용하는 사람으로 보는 것이 그나마 합리적이다. 그런데 서울시는 이를 '완전 수요전환'으로 간주해서 탄소 감축량을 계산했다.

2-2. 여기에 앞서 지적한 설문조사의 표본 신뢰성을 고려하면, 127명이라는 숫자를 2만 명이라는 숫자로 일반화해서 보는 것이 타당한가라는 질문이 나온다. 즉, 탄소 감축량을 과장하기 위해 무리하게 숫자를 부풀렸다고 볼 수밖에 없는 부분이다.

서울시 기후동행카드는 중앙정부에서 시행 예정인 K-패스에 비해 보장수준이나 혜택 대상이라는 측면에서 한계가 있다. 그럼에도 그 자체로 서울시가 선도적으로 시행한 제도라는 장점은 분명 있다. 구태여 무리하게 성과를 과장하지 않아도 된다는 것이다. 오히려 다음과 같은 부분을 어떻게 보완할 것인가라는 점을 고려해야 한다.

3. 서울시는 기후동행카드의 하루 사용량이 50만 건이라고 밝혔는데 이는 하루 930만 건의 대중교통 이용 건수에 비교하면 18%에 불과하다. 즉 대중교통을 이용하는 시민들의 80% 가까이가 기후동행카드를 사용하지 않고 있다는 사실이다. 이는 애당초 기후동행카드의 사용자가 '혜택을 볼 수 있을 것이라' 기대할 수 있는 사람에게만 한정되었다는 것을 의미한다.

4. 서울시는 월 3만원 정도의 혜택을 강조하지만, 그 결과가 설문조사의 결과라면 신뢰하기 어렵다. 오히려 소수의 다 이용자에게 그 혜택이 집중되고 더 다수의 이용자들은 혜택의 폭이 적을 것으로 예상된다. 특히 서울시의 재정지원을 통해서 이루어진다면 설문조사가 아니라 실제 2월과 3월분의 지급 데이터를 분석하는 것이 더 나았다.

5. 2023년 서울시가 교통요금을 인상한 것과 기후동행카드를 도입해서 운영하는 것 사이에는 정책 효과가 대립하는 것인 만큼 이에 대한 교차 평가가 필요하다. 서울시가 말한, 일 3회 이용을 기준으로 하면 300원 대중교통 요금인상은 월 18,000원의 비용 인상이 발생한 것이다. 930만 건의 하루 이용 건에 300원 부담을 시키고, 그중에서 50만 명에게 500원 혜택을 집중한 것이 서울시가 강조한 약자와의 동행에 부합하는 이전 효과가 있었는지 따져볼 일이다.

결론적으로 공공교통네트워크는 기후동행카드의 정책 방향에 동의하지만, 여전히 보완되어야 할 부분이 많다고 생각한다. 특히 서울시가 4월 15일에 밝힌 보도자료는 자료의 신뢰성과 도출된 결과의 타당성이라는 측면에서 기후동행카드가 가지고 있는 장점은 고사하고 오히려 정책신뢰를 심각하게 해치고 있다고 판단한다.

왜 이런 무리수를 두는지, 상식적인 생각으로는 이해할 길이 없다. [끝]

⟨정책 논평, 2024년 04월 16일, 공공교통네트워크⟩

현재 버스 정비의 실태를 알고도 차령 연장을 하려는가?
- 버스 정비 현장을 도외시하는 탁상 행정 … "차령 연장은 사업자 이익에 불과"
- 차량 수급 때문에 대중교통 사각지대 생긴다는 근거도 부재, 정부의 최소 서비스 제공 책임 회피에 불과

노선버스의 차령을 최대 16년까지 연장하는 '여객자동차 운수사업법 개정안'이 국회 국토교통위를 통과한 데에 이어 법사위로 넘어가 다시 논란이다. 이와 관련하여 공공교통네트워크는 차령 연장안 통과에 대해 '시민과 노동자의 안전을 위협하는 개악'이라는 논평을 한 차례 발표한 바가 있는데, 자동차 업계와 산업부를 포함한 모든 이해당사자가 반대하고 있음에도 법사위로 넘어간 부분에 대해 심히 유감이라는 점을 분명히 밝힌다.

이번 여객자동차법 개정안은 '대중교통 소외지역 주민들의 이동권 보장'이라는 명목이 있지만, 정확하게는 버스업계의 경영 부담을 완화하는 부분에 초점이 맞춰져 있다. 이는 매우 잘못된 판단일뿐만 아니라, 버스의 수명을 연장한다고 하여 시민들의 이동권이 보장될 것이란 논리에 더욱 동의하기 어렵다. 오히려 버스업계 전반적으로 유리한 여건만 조성할 뿐 시민, 노동자의 안전과 생존은 전혀 담보할 수 없는 개악성 법안이다. 아니 안 봐도 너무 뻔한 결과로 이어질 가능성이 크다.

현행 여객자동차법에선 기본 9년에 상태 및 검사 결과에 따라 2년을 연장하여 최대 11년을 사용할 수 있도록 규정하고 있다. 문제는 현행 수명 역시 조금이라도 안전에 소홀히 여기면 위험하다는 점인데, 국토교통부와 국회는 이런 현실을 망각하고 있다는 점이 개탄스럽다. 당장 14년 전인 2010년도에 성동구 행당동에서 발생한 버스 폭발 사고를 보더라도 가스통을 점검하는 규정, 충전 시 가스가 누출되지 않도록 하는 자동차단장치와 감압충전 규정 자체가 부재하였는데 큰 인명 피해가 발생한 후에야 도입되었다. 아울러, 사고 버스 역시 내구연한 10년째가 되는 구형 차량이었다.

추가로 36년 전인 1988년엔 천호대교를 건너던 시내버스가 주행 중 균형을 잃고, 휘청거리다가 중앙선을 넘어 반대편 난간을 들이받고 한강으로 추락한 큰 사고도 있었다. 사고 원인은 모든 업계에 만연했던 촉박한 배차시간도 있었지만, 앞뒤 모두 재생 타이어를 사용한 것이 근본적 원인이었다. 이 사고를 계기로 현행 여객자동차법 시행규칙 제44조에선 버스 앞바퀴에 재생 타이어를 사용하면 안 된다는 규칙이 마련되었는데, 불특정 다수를 수송하는 버스에서 재생 타이어를 사용하는 것 자체가 말이 안 된다. 그런데도 다수 버스업계는 후면에 재생 타이어를 공공연하게 사용하고 있으며, 여름철에는 도로 열기로 폭발하여 승객이 다치는 사고도 여

전하다.

　이상 두 가지 사례만 보더라도 버스의 안전사고는 늘 예고되어있는 것이나 다름없는데, 그나마 현행 11년이 최소한의 안전성을 확보하는 기본적인 수단이다. 그런데 차령을 16년으로 연장하겠다는 것은 국토부와 국회 스스로가 안전사고 위험성을 더 높이겠다 자명한 꼴인 만큼 절대로 추진되어선 안 된다. 물론, 과거보다 생산력과 기술력이 향상되었다곤 하지만, 사용된 부품들이 길게 사용할 수 있을 정도의 내구성을 가졌는지에 대한 의문도 있거니와 길어진 보증기간을 책임져야 하는 업계의 부담감을 해소할 방안이 있는지도 따져야 할 것이다. 만에 하나 운수업체 사업주 입장만 생각한 채로 자동차 업계의 입장을 생략했다면 정말로 큰 죄를 짓는 것이다.

　기후위기에 대응하고자, 내연기관 고상 버스에 대한 단산이 결정됨과 동시에 전기버스가 계속 늘어나는 시점에서 중국산 전기버스가 여전히 국내 시장을 압도하고 있다. 반대로 국내 기업들이 점유율을 끌어올리지 못하는 상황에서 16년을 사용하게 된다면, 중국이 국내 시장을 더 크게 지배할 가능성이 농후하다. 아무리 친환경이라도 전기버스는 충전의 과부하, 배터리 관리가 소홀해질 경우 안전사고가 발생하면 곧바로 화재로 이어져 피해 규모가 클 뿐만 아니라 부품 생산지가 해외라 수급이 어렵다는 점을 고려할 때 법안이 통과된다면 국내 업계에 상당한 타격을 입힐 수 있기에 수명을 늘리는 것이 아닌, 철저한 안전을 보장하는 법안을 만드는 것이 현실적이다.

　이에 공공교통네트워크는 다시 한번 촉구한다. 국토부와 국회는 이동권 보장을 핑계로 삼아 시민과 노동자의 안전 및 생존을 위협하는 차령 연장이라는 위험한 도박을 멈춰야 할 것이며, 기후위기 대응과 공공성 보장에 퇴행한다는 점을 인식해야 한다. 아울러, 불특정 다수의 시민과 노동자가 함께 이용하는 만큼 생산을 민간에만 맡기는 것이 아닌 국가가 책임지는 방향을 구축하여 장기적으로 모달시프트를 구축하는 것만이 유일한 해법이라는 점을 강조한다.

　마지막으로 올해는 세월호 참사 10주기를 추모하는 해이다. 버스를 포함한 모든 공공교통수단에서 최소한의 안전을 소홀히 여겨 시민과 노동자들이 위험에 처하는 상황이 더는 반복되어선 안 된다. 하여 국토교통부와 국회 국토위는 안전과 생명에 위협하는 개악성 법안을 즉각 철회하기를 재차 촉구하면서 이번 법안은 제2, 제3의 참사를 가져올 수 있다는 점 역시 분명하게 경고한다. [끝]

⟨논평, 2024년 11월 3일, 공공교통네트워크⟩

왜 버스산업 인력이 부족한가
: 본질적인 구조를 봐야 풀린다

- 운전할 사람이 없어서가 아니라, 업체가 입사를 거부하는 것이 실질적 원인이다
- 버스 운전을 꺼릴 수밖에 없는 요인이 있음에도 언제까지 외면할 것인가

버스 종사자의 고령화가 심각해지고 있음을 언급한 언론 기사가 지난 10월 30일 자로 보도되었는데, 고령화도 고령화지만 당장 버스를 운행할 사람이 적어지는 현상이 문제다. 불과 몇 년 전까지만 하더라도 인력난은 격일제 근무 방식을 채택하는 경기도를 비롯한 일부 지방에 한정되었으며, 반대로 버스 준공영제를 시행하고 있는 지역에선 들어오려고 하는 사람이 넘쳐나는데도 제한된 인원수로 진입하기 여간 까다로운 일이 아니었다.

이 말인즉슨 민영제 업체에서 격일제 근무를 무사고로 최소 1년만 버텨내면, 준공영제로 올라갈 수 있는 희망이 생긴다는 것이고 처우나 근로 환경에서 차이가 크기에 이직하는 비율도 높다는 뜻이다. 하지만 이제는 상황이 달라졌다. 지난 4년 동안 이어진 코로나를 거치면서 민영제나 준공영제 구분 없이 전 지역적으로 운전직 종사자의 인원이 부족해진다는 점이다. 보도 내용대로 해석하면 정규직부터 촉탁직을 거친 뒤 퇴사자가 생기면 신규 인원이 채워져야 함에도 그렇지 못하다는 뜻인데, 인원이 채워지지 않으니 정년을 훌쩍 넘긴 고령자들이 운전석을 떠나지 못한다는 의미다.

여기서 의문이 생긴다. 원래 서울시 버스는 예비 종사자들이 꿈꾸거나 희망했던 최고의 직장으로 여겨지다가 이제는 입사를 꺼리거나 외면하는 것이다. 하물며 운수업체들 역시 기사가 없어서 난리인 데다가, 한시적으로 대수를 축소하는 일까지 벌어지고 있음에도 채용 속도는 더디기만 하다. 결국 이런 배경이 반복되는 원인에는 지금의 채용방식에 문제가 존재하여 개선이 필요하다는 점을 시사하고 있음을 보여준다.

하여 이번 사안은 단순 버스 종사자의 고령화만을 따져서는 정확한 설명이 어렵다. 즉, 정말로 운전할 사람이 없어서 그런 건지 아니면 각각의 업체들에만 존재하는 내부 규정의 존재, 즉 전근대적인 운수사업 내의 채용방식이 바뀌었는지를 확인해야 비로소 전 지역적으로 논란이 되는 인력난과 종사자 고령화 문제를 객관적으로 판단할 수 있을 것이다.

사람의 부족이 아니라 자의적인 채용기준이 문제
현행 '여객자동차법 시행규칙' 제49조에서 20세 이상인 자가 사업용 자동차를 1년 이상 근무해야 자격이 갖춰진다고 명시하는데, 시내버스 종사자가 되려면 마을버스에서 최소 1년의

경력을 쌓으면 가능하다는 뜻이다. 하지만 현재까지 업체들의 채용방식은 법과 차이가 컸다. 예시로 준공영제 업체들은 평가 점수와 성과 이윤이 달려있어 안전사고에 매우 예민하기에 나이가 어리면 책임감도 없고 사고를 잘 낸다는 고정관념이 운수업체 전체적으로 뿌리 깊게 박혀있다. 하여 법에선 1년을 명시했으나 업체들은 최소 2년, 많게는 3년을 요구할 정도였다.

그나마 요즘은 준공영제 업체들도 인력난이 가속화되어 마을버스 경력 1년만 채우면 지원 및 입사할 수 있도록 규정을 완화했지만, 기존에는 마을버스 1년의 경력으로는 준공영제 지원 자체가 불가하여 민영제 업체에서 격일제 무사고로 추가 경력을 쌓은 뒤에야 준공영제로 이직할 기회가 주어졌다. 현실이 이랬기에 대부분의 업체에서 청년은 찾아보기 어렵고, 가장 어리다고 속하는 연령대가 40대였다.

한마디로 운수종사자의 고령화는 버스업체들이 자초했다고 봐야한다. 여기에 최근 일부 업체들은 인건비를 줄이겠단 명목으로 정규직이 아닌 촉탁직만을 선호하는 예도 목격되고 있다. 이는 준공영제를 인수한 사모펀드 업체들에서도 뚜렷하게 나타나는데, 이러한 관행들이 근절되지 않을수록 버스 운전직을 자칫 촉탁직 맞춤형 직업으로 만들거나 제한적 노동시장을 형성시킬 가능성이 농후해진다. 사람이 없어서 부족한 게 아니라, 들어올 사람이 있는데도 막아내는 상황들이 고령화로 인력난을 부추긴다고 언급하는 것이 정확하다.

통합채용시스템을 무력화하는 전근대적 관행들

과거 일부 업체에선 준공영제 입사를 희망하는 예비 종사자들의 간절함을 악용하여 정규직을 시켜주겠단 명목으로 뒷돈이나 뇌물을 챙기는 사례가 빈번하게 발생했다. 따라서 이런 부작용을 사전에 방지하기 위해 지난 2020년부터 각각의 업체별로 직접 지원하던 기존의 방식에서 벗어나 하나로 통합하여 지원하는 '통합채용시스템'을 도입했으며, 현재 서울과 부산의 버스조합에서 관리하고 있다. (단, 계약직 노선인 심야버스와 한시적 맞춤형 버스는 업체에 직접 지원해야 한다.)

무엇보다 정해진 규정에 따라 지원할 수 있기에 과거보다 투명성을 보장할 수 있다는 장점이 존재한다. 이와 관련하여 작년 부산시 버스조합이 자체적으로 공개한 자료가 현실을 적나라하게 보여줬다. 부산시의 경우 2023년 기준 필요 인력이 718명이었던 데 반해 실제 채용 인원은 354명, 전체의 절반에도 미달하는 49.3%만이 채용되었다. 대전에서도 인력이 부족하여 54대를 감차했는데, 두 지역 사례만 보더라도 과연 인력 부족 문제가 단순히 지원자가 없는 문제인가 의심할 수밖에 없다.

더구나 여전히 전근대적인 고용방식도 있다. 서울을 비롯해 많은 지역에서는 공식적인 채용절차 외에 비공식적인 면접 과정이 존재하는데 많은 경우 노동조합 위원장이 참여하는 면접이 별도로 존재하거나 혹은 경력 사항을 확인하여 운수업계 근무 경력이 있는 경우 지원자의 성향을 파악하는 식의 검증절차를 거친다. 이런 관행은 업체 간 이동을 강하게 통제하고 있는 현행 버스산업 구조 내에서 진입 경로를 강하게 통제함으로써 높은 동질성의 집단으로 구성원 간의 카르텔을 만드는 현행 노동구조를 만들어낸다. 특히 최근 기존 종사자들과 사업체 간에 의도적인 비채용 담합 정황도 확인된다. 이를테면 한 쪽에서는 신규고용이 어렵다 하고 다른 쪽에서는 이를 근거로 정년 이후 촉탁직 근무를 확대함으로써 일자리를 보호하는 것이다. 이런 행태는 다른 산업에 비해 노사 간의 담합구조가 잘 나타나는 버스산업의 특수성을 통해 쉽게 이해될 수 있다.

이는 결과적으로 서울과 부산에서 채용 투명성 확보를 위해 마련한 '통합채용시스템' 자체의 실효성이 떨어진다는 것을 의미하며, 근무 태도 및 인성까지 마치 개인의 신상을 털거나 사상을 검증하는 것에 가까운 면접으로 회사와 잘 맞는 사람을 고르는 관행이 더해져 인력난을 부추기는 꼴이 된다는 것이다. 여기에 사무직이나 배차 담당 사원도 예외가 아니기에 속된 말로 토 달지 않고 회사에 고분고분한 사람이 인재라는 뜻인데, 누가 쉽게 버스 운전을 하려고 하겠는가 말이다.

결과가 아니라 원인을 봐야 한다

버스산업의 인력 부족 문제는 현재 버스 서비스의 악화를 만들어내는 원인이 아니다. 오히려 그렇게 보이고 싶은 욕망이 있을 뿐이다. 오히려 인력 부족은 결과에 가깝고 그 원인은 현행 준공영제로 대표되는 운영체계의 문제가 있다. 알다시피 버스산업은 대부분 가족 기업에 가깝고 그것들이 일종의 계열화되어 있는 넓은 '근친 사업망'을 가진 형태다. 이는 고용의 측면에서도 그런데, 한번 버스로 진입한 노동자들은 가급적 하나의 업체에서 장기 근속하게 되며 이를 위해 전별금 제도와 같은 강제적 장치가 존재한다. 면접 과정에선 사업주나 노동조합의 추천이 여전히 영향력을 행사하고 이를 '면접 절차'라는 이름으로 정당화된다. 급기야 고령화된 현직 노동자들의 정년 이후 일자리 보장과 인건비를 낮춰서 더 많은 보조금 차액을 이윤으로 가져가려는 업체의 욕망이 구조적으로 담합한다. 이것이 현재 버스산업의 인력 고령화 원인이다.

애당초 서울시가 자랑하는 준공영제는 보조금의 정산도 하지 못하기 때문에 당연히 고용구조에 대해서도 전혀 개입하지 못한다. 사실상 인건비를 서울시가 직접 지원함에도 불구하고 개별 업체들이 고용 권한을 전적으로 행사한다. 남의 돈으로 월급을 주면서 사실상 생색은 민간 업체가 내는 셈이다. 이런 구조를 내버려 두고 '외국인 노동자의 도입을 고려해야 한다'(아주대 유정훈 교수)와 같은 주장은 피상적인 주장일 뿐이다. 이런 구조를 내버려 두고 외국인 노동자를 도입하면 사실상 현행 버스 구조에서 새로운 '노예 계급'이 만들어질 뿐이다.

그런 점에서 지금 필요한 것은 정확한 실태를 파악하는 것이다. 현재의 버스노동자들이 어떤 경로로 채용이 되었는지 정확하게 파악하고 이를 점검함으로써 현행 채용 구조를 개선해야 한다. 하지만 어디에서도 현재 버스업계의 고용이 어떻게 이루어지는지 파악하고 있지 못하다. 형식적으로 지원자가 적다거나 적격자가 부족하다는 말로는 되지 않는다. 상식적으로 연 6천만원 이상의 연봉을 받는 버스준공영제 일자리가 인력 부족을 겪는 다는 것이 쉽게 납득이 되는가? 상식이 통하지 않으면 그런 조건이 있을 것이라 추정하는 것이 합리적이다.

따라서 인력난은 결코 가볍게 다룰 사안이 아니다. 앞서 언급했지만, 서울시 일부 업체들이 기사가 모자란다는 이유로 대수를 줄이고 있는데 비록 한시적이지만 나중에는 노동자를 해고하거나 버스를 축소하여 사익을 챙길 소지를 조장할 수 있을 것이며, 조속히 해결하지 못한다면 기본적인 이동권을 누려야 하는 버스 산업의 붕괴와 이용하는 시민들이 직접적으로 피해 볼 수 있다. 공공교통네트워크는 버스산업의 인력구조 개선을 위해서라도 현행 민영제 중심 운영구조가 근본적으로 바뀌어야 한다고 제안한다. 또한 현행 버스 인력 채용구조에 대한 실태조사를 통해서 버스산업의 '의도된 고령화'의 문제를 지속적으로 대응할 예정이다. [끝]

〈기자회견문, 2024년 11월 4일, 우리모두의교통운동본부〉

■ 상현 우리모두의교통운동본부 상임활동가

서울시민들은 공공성 훼손하는 대중교통 요금인상 반대하고, 기만적인 '기후동행'을 넘어, 보행·자전거·대중교통 중심의 교통시스템 전환을 요구합니다!

서울시의 갈팡질팡 교통정책으로 시민들은 큰 혼란과 불안감을 느끼고 있습니다. 지난해 대중교통 요금 인상이 강행되었고, 서울시 지하철 2차 요금 인상이 올해 10월로 예고되었다 내년으로 연기되기도 했습니다. 기후위기와 고물가 상황, 버스산업에 개입한 사모펀드, 외주화와 인력부족으로 인한 지하철 안전사고 등… 지난해 서울시민 6,358명이 서울시의 대중교통 요금인상 시도가 교통공공성을 훼손한다고 판단하여 시민참여 기본조례에 의거, 자필서명을 통해 시민공청회를 청구했지만, 서울시는 이를 묵살하고 지난해 8월부터 순차적으로 버스, 지하철 요금 인상을 강행하고 있는 참입니다.

그 와중에 기후동행카드에 대한 서울시의 대대적인 홍보 및 성과에 대한 과장에도 불구하고, 최근 우리 모두의 교통 운동본부와 그린피스가 수도권시민 3000명을 조사하고 서울시의회가 주최한 토론회를 통해 발표한 결과에 따르면, 수도권 시민 10명 중 9명은 현재 기후동행카드를 이용하지 않고 있으며, 20명 중 1명은 이용한 경험이 있지만 현재 사용하지 않는다고 응답해, 기후동행카드의 효과와 확장성이 현재 함량미달임이 여실히 드러났습니다. 서울시가 차가용 수요를 대중교통 수요로 전환하기 위한 내세우고 있는 거의 유일한 정책 수단이 기후동행카드라는 점에서 더욱 우려스럽습니다.

대중교통 이용 적자라는 이유로 요금 인상을 밀어부친 서울시는, 수상교통으로 관광을 활성화하겠다는 것을 주요 목적으로 출퇴근 및 일상교통 수단으로 실효성이 없는 '한강버스'를 적자임에도 불구하고 추진하겠다고 합니다. 시민의 이동권 보장보다는 부대사업을 통한 수익창출이 주 목적인데, 수요 및 수익성 보장조차도 매우 불투명하며, 한강 하천 생태계 파괴와 이용자 안전문제도 끊임없이 제기되고 있습니다. 대중교통정책을 마치 도박판처럼 짜는 서울시 교통정책을 서울시민이 신뢰하기는 어려울 것입니다.

교통부문 온실가스 감축과 기후위기 대응 또한 국가 및 지자체가 의무화한 사안이지만, 서울시는 도로교통 수요를 대폭 늘 것으로 전망하여 도로건설에 예산을 편성하는 등 일관성 없는 '갈팡질팡' 교통정책으로 이해하기 힘든 행보를 가고 있습니다. 철도지하화와 상부복합개발 또한 개발사업으로, 보행자 및 대중교통 이용자 시민의 편의와 이동권을 저해할 가능성이 매우 높습니다.

이에 서울시의회는 서울시민의 대의기관으로서, 현재 서울의 교통정책이 과연 시민의 이동권 보장이라는 기본 목표 충족을 최우선으로 짜여지고 있는지, 시민들의 이동권을 보장하고 온실가스를 감축하기 위한 사업계획을 충분히 마련하고 있는지, 그러한 정책목표와 전면 충돌하기에 철회해야 하는 정책들은 무엇인지, 전면적으로 검토하고 개선할 수 있도록 해야할 것입니다.